大学生心理健康

（修订版）

卢　琰　主　编

宋英杰　周亚聪　于　晴　张丽丽　副主编

科　学　出　版　社

北　京

内 容 简 介

本书根据教育部《普通高等学校学生心理健康教育课程教学基本要求》，以及《高校思想政治工作质量提升工程实施纲要》的文件精神和要求，结合当前大学生身心特点和需求进行编写，具有一定的可读性、实用性、实操性。

本书共十三章，内容丰富，主要涉及心理健康基础知识，大学生的自我意识与培养、健康人格的塑造、学习心理与调适、人际交往心理、恋爱心理及性心理、压力管理与挫折应对、情绪管理、网络心理、常见心理障碍及应对、心理咨询、生命关怀与心理危机应对等方面。每章后设置有拓展阅读、课后作业、心理测验、心理训练等模块。

本书可作为各类高校心理健康教育相关专业的学习用书，也可作为教育工作者的参考用书。

图书在版编目（CIP）数据

大学生心理健康（修订版）/卢琰主编. —北京：科学出版社，2022.8
ISBN 978-7-03-061886-3

Ⅰ.①大…　Ⅱ.①卢…　Ⅲ.①大学生-心理健康-健康教育　Ⅳ.①G444

中国版本图书馆 CIP 数据核字（2019）第 150764 号

责任编辑：万瑞达 / 责任校对：王　颖
责任印制：吕春珉 / 封面设计：东方人华平面设计部

科 学 出 版 社出版
北京东黄城根北街 16 号
邮政编码：100717
http://www.sciencep.com

三河市骏杰印刷有限公司印刷
科学出版社发行　各地新华书店经销
*
2019 年 10 月第　一　版　开本：787×1092　1/16
2022 年　8 月修　订　版　印张：18 1/2
2022 年　8 月第七次印刷　字数：418 000

定价：52.00 元

（如有印装质量问题，我社负责调换〈骏杰〉）
销售部电话 010-62136230　编辑部电话 010-62130874

修订版前言

加强大学生心理健康教育是全面推进素质教育、培养高素质人才的迫切要求。随着社会的快速发展，人们生活水平的提高，各种竞争、压力也随之而来。大学生长期在无形的压力下，容易产生不同程度的心理问题，甚至还会出现伤害自己和他人的极端行为。因此，加强大学生心理健康教育成为高校人才培养的重要任务。

大学生心理健康教育课程作为大学生公共必修课，以习近平新时代中国特色社会主义思想为指导，坚持生命至上、健康第一的教育理念，将育心与育德相统一，加强人文关怀和心理疏导，培育大学生自尊自信、理性平和、积极向上的健康心态，促进大学生心理健康素质与思想道德素质、科学文化素质协调发展。编写组成员根据多年的实践积累，围绕高校人才培养定位，坚持基础性、趣味性、实用性、创新性相结合的原则，在教材内容和结构等方面进行了研究和探索，编写了集知识性、实操性于一体的教材。

本书以提高大学生心理素质、培养健全统一人格，促进全面发展为培养目标，内容包括三个部分：了解心理健康的基础知识；了解自我，发展自我；提高自我心理调适能力。其中，知识层面：使学生了解心理学的有关理论和基本概念，明确心理健康的标准及意义，了解大学阶段心理发展特征及异常表现，掌握自我调适的基本知识。技能层面：使学生掌握自我探索技能、心理调适技能及心理发展技能。自我认知层面：使学生树立心理健康发展的自主意识，了解自身的心理特点和性格特征，能够对自己的身体条件、心理状况、行为能力等进行客观评价，正确认识自己、接纳自己，在遇到心理问题时能够进行自我调适或寻求帮助，积极探索适合自己并适应社会的生活状态。

本书于 2019 年 9 月第一次出版发行，经过三年使用，收集读者反馈意见，编写组在原有基础上对教材进行修订，并且增加了二维码数字资源，实现线上线下学习的有机结合，同时将思想政治元素融入教材中。

本书由卢琰主编，审核定稿。各章节编写分工如下：卢琰编写第一章，第七章的第三节；于晴编写第二章、第五章；樊敏编写第三章、第四章；周亚聪编写第六章、第七章的第一、第二节；张丽丽编写第八章、第九章；唐琪编写第十章；宋英杰编写第十一章、第十二章；孙小晗编写第十三章；卢琰、樊敏负责章节校对工作。

本书在编写过程中参阅了大量文献资料，引用了国内外专家学者的研究成果。在此，谨向这些从事大学生心理健康工作并取得丰硕成果的专家学者致以衷心的感谢！同时，感谢出版社对本书所给予的大力支持！

由于作者水平有限，加之心理健康教育探索也需要进一步提高，书中不足之处在所难免，恳请广大读者批评指正！

编　者

2022 年 5 月

第一版前言

目前，我国经济的快速发展、生产生活方式的变化使大学生面临更多的发展机遇，同时也使大学生面临价值观念冲突、心理压力增大的挑战，一些大学生在对待人生目标和人生态度方面陷入迷茫、困惑和挣扎之中。加强和改进大学生心理健康教育是全面落实教育规划纲要、促进大学生健康成长、培养造就高级人才的重要途径，是全面贯彻党的教育方针、建设人力资源强国的重要举措，是全面提高高等教育质量、加强和改进大学生思想政治教育的重要任务。

将大学生心理健康课程设置为大学生的公共必修课，是全面贯彻习近平总书记在全国高校思想政治工作会议中的重要讲话和国家 22 个部门共同印发的《关于加强心理健康服务的指导意见》，以及中共教育部党组印发的《高校思想政治工作质量提升工程实施纲要》的充分体现。本书编写组成员在多年实践经验的基础上，围绕高校人才培养定位，坚持基础性、可读性、趣味性、实用性、实操性、创新性相结合的原则，从结构和内容等方面对本书构建了特点鲜明的框架体系。

本书旨在从以下三个层面提高大学生的心理素质、培养大学生健全统一的人格、促进大学生全面发展：知识层面，使学生了解心理学的有关理论和基本概念，明确心理健康的标准及意义，了解大学阶段心理发展的特征及异常表现，掌握自我调适的基本知识；能力层面，使学生掌握自我探索能力、心理调适能力及心理健康发展能力；自我认知层面，使学生树立心理健康发展的自主意识，了解自身的心理特点和性格特征，能够对自己的身体条件、心理状况、行为能力等进行客观评价，正确认识自己、接纳自己，在遇到心理问题时能够进行自我调适或寻求帮助，积极探索适合自己并适应社会的生活状态。

本书由卢琰任主编，樊敏、孙小晗、唐琪任副主编。各章节的编写分工如下：卢琰编写大纲、通改定稿，并编写第一章；于晴编写第二章、第七章；樊敏编写第三章、第四章；张丽丽编写第五章、第六章；张巧燕编写第八章、第九章；唐琪编写第十章、第十一章；孙小晗编写第十二章、第十三章；宋英杰编写第十四章；周亚聪负责部分章节的校对工作。

编者在编写本书的过程中参阅了大量文献资料，引用了国内外专家学者的研究成果。在此，编者谨向这些从事大学生心理健康工作并取得丰硕成果的专家学者致以衷心的感谢！

尽管编者付出了很多的努力，但是由于时间限制，加之编者的学术水平有限，书中不足之处在所难免，恳请广大读者批评指正。

编　者

2019 年 8 月

目　录

第一章　心理健康导论

第一节　健康与心理健康概述

一位哲人说："你的心态就是你真正的主人。"心理学家研究发现，健康的心态是成功的基础。

科学理解心理健康

现代社会，人们生活节奏不断加快，竞争压力不断加大，导致出现心理问题的人日益增多，并呈现出低年龄、高学历的倾向。当代大学生作为具有较高智力、较高文化和较强自尊心的群体，有着更高的追求，面临更多的机遇和挑战，因而也承受着更大的心理压力。大学生成长成才，不仅需要掌握知识和技能，还需要开发心理潜能，拥有健康的心理。所以，培养良好的心理素质是当代大学生成长的重要内容。

一、心理的实质

（一）心理的含义

关于人类心理的本质，各种学派众说纷纭。辩证唯物主义认为，心理是人脑的机能，是人脑对客观现实的反映。也可以概括地说，心理是人脑对客观现实的主观映象。

1. 心理是人脑的机能

在人类历史的发展过程中，认识到脑是心理的器官经历了一个漫长的过程。古人认为心脏是心理的器官，认为人之所以能产生心理反映是因为心脏的作用。例如，孟子认为"心之官则思"，汉字中与人的精神活动有关的词，多带"心"字，如"感情""想象""思考""心情"等。随着科学的发展和实践经验的总结，人们逐渐认识到心理现象并不与心脏相联系，而与脑相联系。人们发现，人在入睡以后，什么都不知道，而心脏仍在跳动。而脑受严重损伤后，尽管心脏还在正常跳动，却可能出现严重的心理障碍。于是，人们逐渐认识到脑的反映对人的心理活动更为重要。

那么，人脑是以怎样的活动影响人的心理现象呢？现代科学研究表明，人的一切心理活动就其产生方式来说都是脑的反射活动。反射是有机体借助神经系统对刺激做出的有规律的反应。脑的反射活动分为三个主要环节：①开始环节，即外界刺激和它在感觉器官中引起的神经过程，经传入神经向脑中枢输入信息；②中间环节，即脑中枢将感觉信息进行加工、储存的神经过程，表现为主观上的心理现象；③终末环节，即从脑中枢沿传出神经将信息传至效应器官，引起效应器官的活动，如动作、语言等。所谓终末环节，并不是说活动就此结束。在一般情况下，反应活动本身又会成为新的刺激，引起新的神经过程，新信息又返回传入脑中枢，这一过程称为反馈。反馈使人的心理活动成为完整的、连续的过程，这样人才能更加全面地认识客观世界。心理现象在反射的中间环节产生，由反射的始端的外界刺激引起，同时反映外界事物，并对反射终端的反应活动具有调节作用。

由此可以看出，人脑处于中枢神经系统的最高部位，是全部活动的主宰。它使人体各器官组成一个整体，使人体与环境发生联系、保持平衡，具有对外界信息进行接收、传递、加工、储存和提取等复杂的心理活动功能。所以，人脑是心理的器官，心理是人脑的机能。

2. 心理是人脑对客观现实的反映

心理是人脑的机能，人脑是心理的器官，但人脑本身并不能单独产生心理，心理就其内容来说，是客观现实的反映，客观现实是心理的源泉和内容。

客观现实可分为自然性现实和社会性现实两大方面。人的各种心理活动，无论是低级的，还是高级的，其内容都受到这两个方面客观现实的制约，并以各种形式反映客观现实。

人的心理按其内容和源泉来说是客观的，但对客观现实的反映总是由一定的具体人进行的。每个人的认识、经验、兴趣、世界观存在差异，因此对客观现实的反映是不同的，从而表现出人的心理的主观性特点。如同一棵树，农民、木匠和植物专家对它的反映就会有所不同。人对客观现实的反映，总是受他所积累的个人经验和个性心理特征制约，带有个人的独特的色彩。所以说，心理是人对客观现实的主观映象。

人对客观现实的反映是一种积极、能动的反映。主要表现在：第一，人对外界事物的反映具有选择性；第二，人对客观事物的反映是积极的、主动的，并根据事物的规律以其行动去反作用于客观事物，从而达到改造世界、改造环境的目的。正是在客观事物的刺激下不同的人才表现出各种不同的丰富多彩的心理状态，说明人对客观事物的反映具有鲜明的主观能动性。

有了人脑作为心理的生物前提，有了客观现实作为心理的源泉和内容，有了人脑对客观现实的特殊反映方式，还不能保证人能产生心理活动。这是因为在人脑、客观现实与心理活动之间，还缺少一个必要的中介或桥梁，这就是“实践”。只有通过实践活动，让大脑与客观现实在实践中发生联系，才能实现心理反映。可见，没有社会实践活动，人的心理活动就会成为无源之水、无本之木。心理是在社会实践中产生和发展的，是人类社会实践的产物。恩格斯指出：“首先是劳动，然后是语言和劳动一起，成了两个最主要的推动力，在它们的影响下，猿脑就逐渐地过渡到人脑。”没有劳动就不会形成人脑，没有人脑也就不会有人的心理现象。

综上所述，人的心理实际上是人的浅层次的思想意识，是人脑的机能，是客观事物在人脑中的能动反映，是在社会实践中形成和发展起来的，包括认知、情感和意志的过程。心理特征表现为人的能力、气质和性格。

（二）心理素质的含义

素质是人发展的条件与前提，是人才成功的内在因素。所谓素质，是指由先天的遗传条件及后天的经验所决定和产生的身心倾向的总称，是人的一系列基本特点和品质的综合。人的素质内涵丰富，包括生理素质、心理素质、思想道德素质和文化素质等。

心理素质是人的重要素质，主要是指人在后天的环境和教育影响下形成的稳定的心理品质。它是通过人的情绪、气质、意志和态度表现出来的一种浅层次的社会意识。在本质上，它是人的世界观、人生观和价值观的一种具体反映。

心理素质是人的心理过程和个性心理所体现的心理品质的总和，也是人的智力因素与非智力因素的总和。心理素质的内容从心理现象的角度来看，可分为心理过程、心理状态、个性心理三类。心理过程包括感觉、知觉、记忆、思维、想象、注意、情绪、情感、意志等，即人们常说的知、情、意；心理状态包括激情、心境、心情、心态等；个性心理包括气质、性格、能力、需要、动机、兴趣、态度、理想、信仰、观念等。

我们也可以把心理素质的内容分为智力和非智力两大类。智力类包括注意力、观察力、记忆力、思维力、想象力等一般能力，也包括表现在方方面面的特殊能力，如表达能力、社交能力、组织能力等；非智力类包括需要、动机、兴趣、情绪、情感、意志、态度、理想、信念等。

在人的整个素质体系中，生理素质是基础，它又渗透到其他素质之中，影响和制约着其他素质的发展。生理素质和心理素质密不可分，而社会素质、政治素质、道德素质、科学文化素质等都是建立在身心素质基础之上的。随着社会经济的快速发展、生活水平的不断提高，人们对良好的心理状态、生活的幸福感的需求越来越迫切。特别是长期以来，心理素质的培养没有受到重视，加上社会转型期的社会矛盾和竞争的加剧，人的心理压力越来越大。心理素质直接影响人们其他素质的培养。

二、心理健康的含义

每个人都关心自己的健康，但人们对健康的理解各有不同。有人认为“没有病痛和不适，就是健康”，也有人认为“只要能吃、能喝、能睡就是健康”……到底怎样才算是健康的人呢？健康不仅指机体的强健和没有疾病，更意味着稳定的情绪、和谐的人际关系、强大的抗挫能力及良好的社会适应能力。1989 年，世界卫生组织将健康明确定义为“躯体健康、心理健康、社会适应良好和道德健康”。这就说明，随着社会的发展，过去那种“无病即健康”的传统健康观日渐为人们所抛弃，一种新的健康观应运而生。

1946 年，第三届国际心理卫生大会上提出，心理健康是指在身体、智能及情感上与他人心理健康不相矛盾的范围内，将个人心境发展到最佳状态。

精神医学专家孟尼格尔（Karl Menninger）认为，心理健康是指人们对于所处环境及相互间具有高效率及快乐的适应情况。不只是要有效率，也不只是要能有满足感，或是能愉快地接受生活的规范，而是需要三者俱备，心理健康的人应能保持平静的情绪、敏锐的智能、适于社会环境的行为和愉快的气质。

心理学家英格里斯（H·E·English）认为，心理健康是指一种持续的心理状态，当事者在这种状态下能进行良好的适应，富有活力，并能充分发挥其身心的潜能。心理卫生学者阿可夫认为，心理健康是指具备有价值心质的人。有价值心质包括：①有幸福感；②和谐（指情绪平衡，以及欲望与环境协调）；③自尊感（包含自我了解、自我认同、自我接纳与自我评价）；④个人成长（潜能充分发展）；⑤个人成熟（个人发展达到该年龄应有的水平）；⑥个人统合性（能有效发挥其理智判断力及意识控制力，积极主动，能应变）；⑦保持与环境的良好接触；⑧从环境中自我独立（独立自主，自由而自律）；⑨有效适应环境。

心理健康是一种持续的、积极的心理状态，人在这种状态下能够良好地适应环境，其生命具有活力，能充分发挥身心潜能。据此，人的心理健康水平大体可分为三个等级：一是一般常态心理，表现为心情经常保持愉快，适应能力强，善于与别人相处，能较好地完成与同龄人发展水平相适应的活动，具有调节情绪的能力；二是轻度失调心理，表现出不具有同龄人所应有的快乐，与他人相处略感困难，生活自理能力较差，经主动调节或通过专业人员帮助后可恢复常态；三是严重病态心理，表现为严重的适应失调，不能维持正常的生活和工作，如不及时治疗可能恶化为精神疾病。

有的人习惯将人的心理正常与否看作黑白分明的事情：要么你是一个正常人，要么你是一个精神疾病患者。这种认识仅将人的心理正常与否进行了简单的区别，忽视了正常人与精神疾病患者之间心理存在着巨大差别的事实。人的心理正常与不正常没有明确的界限，它是一个连续变化的过程。具体来说，如果将人的心理正常比作白色，将心理不正常比作黑色，那么在白色区和黑色区之间存在着一个巨大的缓冲区域——灰色区。灰色区又可以进一步分为浅灰色区和深灰色区（图 1-1）。浅灰色区人的心理只有心理冲突，而无人格变态，突出表现为失恋、丧亲、家庭不和、学习困难、工作不顺心、人际关系不和睦等各种矛盾带来的心理不平衡和精神压抑。深灰色区人的心理具有种种异常人格或患有神经症，如强迫症、恐惧症、癔症等。浅灰色区与深灰色区之间没有明确的界线。大多数人散落在这一灰色区域内。也有学者将此区域（既非疾病又非健康的中间状态）称为亚健康状态或第三状态。对多数大学生而言，在人生的发展过程中出现心理问题是正常的，不必惊慌，应积极进行矫正。与此同时，个体灰色区域也是存在的，大学生应提高自我保健意识，及时进行自我调整。人的健康状态是发展性的，一个人产生了某种心理障碍并不意味着永远保持或行将加重。在心理上产生冲突是非常正常的，而且是可以自行解决的。不健康的心理可能是人成长过程中不可避免的发展性问题，随着逐渐成长，会自行调整而趋于健康。

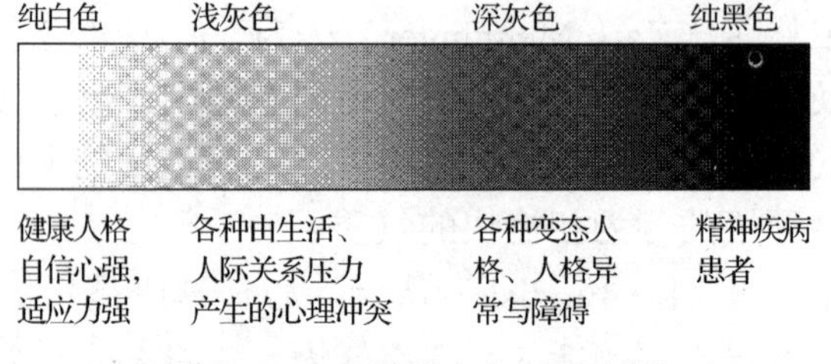

图 1-1　心理健康灰色区示意图

心理健康的标准是一种理想尺度，它既为人们提供了衡量心理健康的标准，也为人们指出了提高心理健康水平的努力方向。如果每个人在自己现有基础上能够做不同程度的努力，都可追求自身心理发展的更高层次，从而不断发挥自身的潜能。

第二节　大学生心理特点与心理健康

身心健康是大学生接受良好思想道德教育和科学文化知识的自我载体。身心健康，特别是心理健康，不仅关系到大学生的健康成长，也关系到人民素质的提高及国家的发展。因此，了解大学生的身心特点，提高大学生的心理健康水平，是社会主义高等教育的内在要求。大学生正处在身心急剧变化的阶段，会承受不同程度的心理压力，比较容易出现各种心理冲突和问题。因此，维护与提高大学生的心理健康水平、提高大学生的心理素质、促进大学生健康成长是大学生心理教育工作的目标，也是每个大学生应该努力的方向。

一、大学生心理发展的特点

大学生是一组特殊人群，正确认识和准确把握自身的心理特点，是大学生增进心理健康、提高心理素质的前提。大学阶段是从少年到成年的过渡期，也是人生旅途的一个转折期。青年研究领域一般把青年期的心理发展划分为三个阶段：青年初期，年龄为14～18岁（中学阶段）；青年中期，年龄为18～22岁（大学阶段）；青年后期，年龄为22～27岁（一般为成人阶段）。大学生正处在青年中期，他们虽然生理发育基本成熟，但心理发育正处于趋向成熟而又尚未成熟的阶段。由于大学生心理素质发展的不平衡性，在现实生活中，大学生往往显现复杂的个性特点。具体来说，大学生心理素质发展不平衡主要表现出以下几个特点。

1. 自我意识逐步增强，但发展不成熟

自我意识是指主体对自己的认识和对自己的态度的统一，包括自我观察、自我评价、自我检验、自我监督、自我教育、自我完善等。大学生自我意识增强，迫切需要深入了解自己和发展自己，增强自我评价能力及自我教育能力等方面。但是，由于社会生活方面的知识、能力和经验的不足，一部分大学生还不善于正确处理自我完善与社会发展需要之间的关系，往往对自己评价过高，一旦遇到自己无力解决的困难或遭遇某种挫折，便容易产生对现实的不满或强烈的自卑感，甚至导致行为失控，做出不理智的事。大学生自我意识的发展状况，充分反映了他们正迅速走向成熟但又尚未完全成熟的心理特点。

2. 情感、情绪日益丰富，但波动较大

大学生风华正茂，也非常关注自我的成长，对周围环境的变化、学业的好坏、他人的评价、与他人的关系、社会要求与自身状况的差距等非常敏感。他们热爱社会，富有理想，关心国家的发展和命运。但大学生控制和调节情绪的能力比较弱，容易产生较大的情绪波动，表现出两极性和矛盾性。两极性使大学生的情绪容易从一个极端跳到另一个极端，摇摆起伏不定。情绪的两极性特点是由大学生的生理、心理发展状况决定的，是生理、心理、社会诸因素矛盾冲突的结果。矛盾性是大学生的生理与心理之间的矛盾、个人需求与社会满足之间的矛盾、理想与现实之间的矛盾在情绪上的反映，常常表现为

稳定性与波动性并存、外显性与内隐性并存、冲动性与理智性并存、单纯性与复杂性并存的现象。两极性和矛盾性往往使大学生的情绪显得不稳定、不成熟，然而这种不稳定、不成熟是与大学生的身心发展相吻合的，因而是正常的。不过，这种情绪状况又会影响大学生的身心健康、心理发展和日常行为，常使一些大学生陷入理智与情感的矛盾和冲突之中。

3. 容易接受新事物，但相对缺乏辨别真伪的能力

大学生喜欢求新、求异、求变，对社会、校园中出现的新鲜事物和新理论、新观点表现出浓厚的兴趣，容易受其影响。但受自身条件的限制，大学生辨别真伪的能力有限，加之这个年龄段的逆反心理，大学生往往接受不了老师和家长的教育，有时会表现出偏激的言行。

4. 性意识觉醒，但处理问题的能力较为欠缺

大学生的性生理已发育成熟，性意识开始觉醒，感情欲望逐渐增强。许多大学生开始注重自我形象，关注异性，希望与异性交往并渴望获得爱情。但部分大学生因欠缺科学的性知识，对自身的性问题感到困惑和疑虑；有的大学生因缺乏交往经验和技巧而不知如何与异性进行正常交往；还有的大学生产生单相思和失恋的情绪且久久不能化解。

5. 抽象思维迅速发展，但思维易带主观性、片面性

大学生由于知识的增加，抽象思维的能力获得了迅速发展，并逐渐在思维活动中占据主导地位。但是，他们的抽象思维水平并未达到真正成熟的程度，主要表现在思维品质发展不平衡，思维的广阔性、深刻性和敏感性发展较慢。尤其是不善于运用马克思主义的唯物辩证法和理论联系实际的观点去指导认识活动和观察社会现象，所以，他们常常把社会问题看得过于简单，以至于陷入主观、片面的境地。

6. 意志水平明显提高，但不平衡、不稳定

多数大学生已能逐步自觉地确定自己的奋斗目标，并根据目标制订实施计划，排除内外障碍和困难，去努力实现目标。这个时期大学生的自觉性、坚韧性、自制性和果断性有了一定程度的提升。但处于意志形成时期的大学生，他们的意志品质发展是不平衡、不稳定的。在不同活动中，大学生意志水平的表现也不一样。即使在同一活动中，其意志水平的表现也有较大差异，心境好时意志水平较高，心境差时意志水平则显得较低。情绪波动对大学生意志水平的影响比较明显。

二、大学生心理健康的标准

（一）大学生心理健康标准的内容

1946 年，第三届国际心理卫生大会提出的心理健康的标准：①身体、智力以及情感十分调和；②适应环境；③有幸福感；④在工作中能发挥自己的能力，过着有效率的生活。

人本主义心理学家马斯洛提出了心理健康的十条标准：①有充分的自我安全感；②能充分了解自己，并能恰当地评价自己的能力；③能与周围环境保持良好的接触；④生活的理想切合实际；⑤能保持自身人格的完整与和谐；⑥善于从经验中学习；⑦能保持适当和良好的人际关系；⑧能适度地表达和控制自己的情绪；⑨能在不违背团体要求的前提下，有限度地发挥个性；⑩能在不违背社会规范的前提下，适度满足个人的基本需求。

中国台湾学者王沂钊历经多年的研究，认识到唯有健康的心理，才会有健康的生活习惯与身体的健康，才能在社会上保持较高的效能。他提出以下六项衡量心理健康的准则：①要有工作而且乐于工作（这是人性最高的心理需求和快乐的来源）；②要有朋友而且乐于与他人交往（通过与人分享心情，体会爱的幸福感，能够稳定情绪）；③要适当地了解自己并且悦纳自己；④能客观地评估他人与认可他人；⑤能与现实环境保持良好的接触；⑥经常保持满意的心情。

中国台湾学者黄坚厚在 1982 年提出了衡量心理健康的四条标准：①乐于工作，能在工作中发挥智慧和能力，以获取成就和满足；②乐于与人交往，能和他人建立良好的关系，与人相处时正面态度多于反面态度；③对自己有适当的了解和悦纳的态度；④能与环境保持良好的接触，并能运用有效的方法解决所遇到的问题。

以上关于心理健康的概念与标准的理解，角度有所不同，但基本理念是一致的。心理健康是一个相对概念，它不像生理健康那样具有精确的、易于度量的指标。人的心理健康可以从相对不健康变得健康，也可以从相对健康变得不健康。因此，心理健康与否是一个动态的过程，不是固定不变的。

综合上述各种观点，根据我国大学生年龄特征、社会角色和心理发展的特点，一般认为，我国大学生心理健康的基本标准有以下几点。

1. 智力正常、意志坚强

智力是指生物一般性的精神能力；指人认识、理解客观事物并运用知识、经验等解决问题的能力。它以思维为中心，包括观察力、记忆力、思维力、想象力和认知力等，一般认为通过斯坦福-比奈智力量表测量，智力水平达到 80 分以上，就是有基本的生活、感受和生存能力，可以达到正常的智力标准。正常的智力是大学生进行学习、适应环境、建立和谐的人际关系的心理基础和保证。智力正常与否是衡量大学生心理是否健康的基本标准。这里需要注意的是，智商高低与心理是否健康无关。高智商的人心理不一定健康；而心理健康的人，智力水平虽然有所不同，但智力是正常的。

意志坚强的主要标志是人的行为的自觉性、果断性和顽强性。意志坚强的大学生无论做什么事，都有明确的目的，在困难和失败面前能采取合理的反应方式，有毅力，能持之以恒，进而保持正常的学习和生活。懒散、拖拉，学习不自觉、不主动，做事情虎头蛇尾等，都是意志不坚定的表现。

2. 情绪稳定

情绪是人对客观事物能否满足自己需要的一种主观体验，以及所产生的身心激动的状态。它属于一种关键的非智力因素，是一种涉及面较广的心理体现。情绪的稳定、情绪的控制和管理是心理健康的重要方面。情绪的稳定反映个体在环境中情绪基调的一致性、情绪波动的合理性和控制性。美国心理学家丹尼尔·戈尔曼系统地提出了与智商相对应的情商的概念，认为情商是重要的健康因素和成功因素。情商主要指人在情绪、意志、耐受挫折等方面的品质，包括五个方面的能力：认识自己情绪的能力、控制自己情绪的能力、自我激励的能力、感受他人情绪的能力和处理人际关系的能力。

情绪健康的大学生能够真实感受自己的情绪体验，能恰当地调控自己的情绪，心胸开阔，经常保持愉快、乐观的心境，对生活和未来充满希望，虽然也有悲、忧、哀、愁等消极体验，但能主动调节，并能适当表达和控制情绪，喜不狂、忧不绝，胜不骄、败不馁。

3. 人格完整

人格是指一个人与社会环境相互作用表现出的一种独特的行为模式、思想模式和情绪反应的特征。人格完整指人格的各要素（如气质、能力、性格、理想、信念、人生观等）完整统一，平衡发展。人格完整的人其精神风貌能够协调、和谐地表现出来。人格健全的人具有正确的动机、广泛的兴趣和坚定的信念，对外界的刺激不会有偏颇的情绪和行为反应，能够与社会的步调合拍，也能够与集体融为一体。

一个心理健康、人格完整的大学生，其所思、所想、所行是协调一致的，表现为热爱生活、积极进取、乐于助人、富有同情心，生活学习有目标、活得很充实。经常内疚、自责，或两面三刀、阳奉阴违，或所做不同于所想，所做不同于所说，都是心理不健康的表现。

4. 悦纳自我

悦纳自我是内心和谐的重要表现，包括认识自我、接纳自我、发展自我。心理健康的大学生能够体验到自身的价值，这就要求大学生要学会认识自我、接纳自我，从而发展自我。

认识自我是基础，只有在认识自我的基础上才能更好地接纳自我，包括认识自己的过去和现在、成长经历、情感模式、行为模式、自尊模式、自我防御机制、自我认同过程、心理信念等。接纳自我是关键，大学生心理健康的一个重要维度就是对自己各个方面的接纳与否。认识的过程其实就蕴含接纳的心理过程，接纳过程也会让自我认识更加深刻。接纳自我的内容主要包括自己的容貌、性格、能力、情感、成长背景、各种关系状况等方面，只要是自身存在的，不管在这些方面表现如何，都要接纳。不但要承认自己的优点，而且要看到自己的不足。相反，任何一方面的不接纳都会产生心理和行为的不健康。发展自我是目的，人的一生是一个成长的过程，在心理上接纳各种现实状况实际上就是自我完善的过程，就是促进自己更好地成长的过程。

心理健康的大学生应该有正确的自我评价，能够客观地认识自己、了解自己、接纳自己，既不妄自尊大，做自己力所不能及的事情，也不妄自菲薄，甘愿放弃可以发展的机会。

5. 人际关系和谐

和谐的人际关系体现内心的和谐。心理健康的大学生不仅能接纳自己，还能接纳别人。和谐人际关系的内心感受是对人的排斥感越来越少，个体更加愿意亲近他人而不是逃避他人。另外，他们也越来越能够被他人和群体接纳。在与他人的交往中能够更多地看到别人的优点，不苛求别人，对待他人能够保持同情、友善、信任、尊敬等积极情感，很少去猜疑、畏惧、嫉妒和敌视对方。同时，对于他人的敌意和嫉妒等态度，也能多一分理解和宽容。心理健康的大学生懂得如何和人相处，懂得交往的技巧。当需要融入群体时，能够轻松地融入，不会被人排斥；而当需要个人独处、思考时，也能够抽身而出。人际交往对他们来说不是一件困难的事情，而是一个自然的过程。他们能与人分享友谊，乐于助人，团结协作。

6. 适应能力强

物竞天择，适者生存。心理健康的大学生往往对生活、学习、工作和未来充满热情。他们积极投身于现实生活，体验生活的乐趣。当面对人生挫折时，他们能保持一种积极的态度，并努力克服各种困难，使个人行为符合新环境的要求。心理健康的大学生求知欲望强烈，学习效率较高，精力充沛，而且这种良好的状态可以传递给身边的人。

7. 心理行为符合年龄特征

每个人都具有四种年龄，即生理年龄、思维年龄、自然年龄和社会年龄。其中，生理年龄是指个体成长的实际情况。每个人所处的地理环境、所拥有的营养条件等不同，会造成生理年龄与自然年龄的差异。大学生精力充沛、思维敏捷、情感活跃，与此相适应，行为上应表现为朝气蓬勃、热情洋溢。过于老成、幼稚都是心理不健康的表现。

（二）大学生心理健康标准的注意事项

理解和运用大学生心理健康的标准应注意以下问题。

（1）心理健康的标准不是固定不变的，而是由青年发展的特殊规律决定的，呈现动态性和变化性，因此，大学生不应机械地照搬套用，而应灵活地加以掌握和应用。

（2）心理不健康是一种持续的不良状态，偶尔出现一些不健康的心理和行为，并不等于心理不健康，更不等于患有心理疾病。因此，大学生不能只看到一时一事就简单地对人对己作出心理不健康的结论。

（3）心理健康与不健康是一种连续的状态，在许多情况下，异常心理与正常心理、变态心理与常态心理之间没有绝对的界限，只是有程度的差异。

（4）心理健康状态不是固定不变的，而是动态变化的。随着人的成长、经验的积累、环境的改变，心理健康状态也会有所改变。

（5）心理健康的标准是在综合健康者的特点的基础上，对大学生心理状态的一般要求，而不是最佳的心理境界。每个大学生都应该在自己现实的基础上，追求心理健康和心理发展的更高层次，充分发挥自己的潜能，促进自我的全面发展。

三、大学生心理健康状况及其影响因素

（一）大学生心理健康状况

处在成年初期阶段的大学生群体，仍未渡过发展的“危机”。从内因来看，这一时期的情绪波动、内心冲突等“动荡不安”的特点十分显著；从外因来看，当代大学生处于一个竞争越来越激烈、生活节奏日益加快、科学技术急剧发展的大变革时代，内外压力的交互使许多大学生产生心理障碍。

1. 心理问题的含义

心理问题是指各种心理及行为异常的情形。心理的正常和异常之间并没有明确而绝对的界限。一般认为，人的心理及行为是一个由正常逐渐向异常、由量变到质变，并且相互依存和转化的连续过程。因此，生活在现实社会中的每个人都不同程度地存在心理问题，即人的心理问题是普遍存在的，只是程度不同而已。

2. 心理问题的类型

根据严重程度，心理问题可分为心理困扰、情绪与行为障碍和精神障碍。

（1）心理困扰，主要是指各种适应问题、应激问题、人际关系问题等。

（2）情绪与行为障碍，主要是指焦虑障碍、性心理障碍和人格异常等轻度心理失调。

（3）精神障碍，是所有心理障碍中最严重的疾病，包括心境障碍中的双向情感障碍、精神分裂症和妄想性障碍等。

3. 大学生常见的心理问题

事实上，有心理障碍或精神障碍的大学生极少，多数大学生遇到的是一般性心理困扰。但是，即使一般性心理困扰也会在很大程度上影响大学生的成长。

大学生常见的心理问题可以分为以下几个方面。

1）大学生常见的心理困扰

（1）生活适应问题。这一问题在新生中较为常见。新生来到大学后，在自我认知、同学交往、自然环境等方面面临着全面的调整适应。由于当前大学生的自理能力、适应能力和调整能力普遍较弱，大学生的生活适应问题广泛存在。

（2）学习问题。大学生的主要任务是学习，学习上的困难与挫折对大学生的影响最为显著。学习问题涉及学习方法、学习态度、学习兴趣等方面。

（3）人际关系问题。进入大学后，每个人待人接物的态度不同、个性特征不同，加上青春期固有的闭锁、羞怯、敏感和冲动等心理，大学生在人际交往过程中不可避免地会遇到各种困难，从而产生困惑、焦虑等心理问题，这些问题可能严重影响他们的健康成长。

（4）恋爱与性心理问题。性发育成熟是此时期大学生的重要特征，恋爱与性心理问题不可回避。很多大学生的青春期教育不足，对性发育成熟缺乏心理准备，对异性的神秘感、恐惧感和渴望交织在一起，由此产生了各种心理问题，严重的还会导致心理障碍，如单相思等。

2）大学生常见的情绪与行为障碍

（1）焦虑障碍，主要包括以下几种。

① 特定对象恐惧症，指个体对某个或某些物体或场所强烈的、持续的恐惧，尽管知道它实际上并不具有威胁，如对蛇、猫等动物，或对高处、黑暗、空旷的场所、飞机和电梯等特定情景恐惧。

② 社交焦虑症，是指对暴露在陌生人面前或可能被别人注视的一个或多个社交场合产生持续、显著的畏惧。

③ 强迫症，是以明知不必要但又无法摆脱，反复呈现的观念、情绪或行为为临床特征的一种心理障碍。强迫症包括两类症状：强迫思维和强迫行为。

④ 广泛性焦虑，其特征表现为广泛性和持续性的焦虑，常伴有头晕、胸闷、口干、尿频、尿急、出汗、震颤等自主神经症状和运动性紧张，但其紧张不安与恐慌程度与现实处境很不相称。

（2）创伤后应激障碍，主要是指由异乎寻常的痛苦事件引发的精神障碍，即对异乎寻常的威胁性、灾难性事件的延迟或持久的反应。它能够诱发恐惧、无助，或对损伤、死亡威胁反映出的恐惧。典型的表现是做与痛苦记忆或与创伤性事件有关的噩梦、试图避免引发创伤的线索及生理性唤醒的提高。

（3）性心理障碍，是指个体的性行为与生殖活动没有直接关系，但在寻求性满足的对象和方式上与常人不同，且违反社会习俗。常见的性行为变态有性欲倒错，如恋物癖、裸露癖、窥视癖、异装癖和施虐癖等。还有一种性心理障碍称为性别认同障碍，是指个体具有与自身生物性别相反的性别认同或性别感。

（4）人格障碍，是指明显偏离正常的人格，并与他人及社会相悖的一种持久且牢固的适应不良的情绪和行为反应方式。人格障碍患者形成了特有的行为模式，对环境适应不良，常影响其社会功能，甚至与社会发生冲突，给自己或社会造成恶果。人格障碍常开始于幼年，定型于青年期，持续至成年期或者终身。

① 偏执型人格障碍，是一种以猜疑和偏执为主要特点的人格障碍。此类患者表现出普遍性的偏疑，不信任或者怀疑他人的忠诚，过分警惕与防卫；强烈地意识到自己的重要性，将周围发生的事件解释为“阴谋”，具有不符合现实的先占观念；过分自负，认为自己是正确的，将挫折和失败归咎于他人；容易产生病理性嫉妒；对挫折和拒绝特别敏感，不能谅解别人，长期耿耿于怀，常与人发生争执，人际关系不良。

② 强迫型人格障碍，以要求严格和完美为主要特点。此类患者希望遵循一种他所熟悉的规则，认为这样才能万无一失，无法适应新的变化；缺乏想象，不会利用时机，做事过分谨慎与刻板，事先反复计划，事后反复检查，不厌其烦；犹豫不决、优柔寡断。

③ 回避型人格障碍，其典型特征是长期和全面地脱离社会关系。此类患者回避社交，特别是涉及较多人际交往的职业活动，害怕被取笑、嘲弄和羞辱；自感无能，过分焦虑和担心，害怕在社交场合被批评或拒绝。

（5）心境障碍，包括情绪与行为障碍中的心境障碍，主要指抑郁症，其中自杀问题也是值得我们关注的一个重要问题。抑郁症是一种常见疾病。抑郁症严重干扰患者的生活和工作，给家庭和社会带来沉重的负担，约15%的抑郁症患者死于自杀。抑郁症患者心境不良，情绪消沉，对日常活动丧失兴趣，丧失愉快感，精力减退，严重者感到绝望无助，大部分患者有结束自己生命的意念。患者思维缓慢，自我评价降低，精神运动明显抑制，联想困难，言语减少，语音低沉，行动缓慢。

3）大学生常见的精神障碍

双向情感障碍，又称躁狂抑郁症，是一种涉及一次或多次严重的躁狂和抑郁发作的疾病。这种疾病使人的情绪摇摆于极度高涨（或易怒，或二者兼有）和悲伤失望之间，在这两种状态之间可能存在情绪正常的状态。双向情感障碍是可以治疗的，并且是可能康复的。患有双向情感障碍的人可以保持良好的人际关系和从事有意义的工作。

精神分裂症，是一种由于大脑功能出现问题，具有感知、思维、情感、行为等多方面的障碍和精神活动的不协调，以及以精神活动与环境不协调为特征的常见的精神病。患者的思想、情感、行为与现实脱节，不能分辨幻想与现实，因而丧失或降低自理能力及在社会生活的适应能力。它属于严重型精神病之一，严重影响患者的日常工作、社交、生活。

（二）影响大学生心理健康的因素

影响大学生心理健康的因素是多种多样的。了解大学生心理健康的影响因素，目的在于预防和矫正异常心理，维护大学生心理健康。下面从个体、家庭、学校和社会四个方面做简要分析。

1. 个体因素的影响

个体因素包括个体生理因素和个体心理因素。个体生理因素包括遗传因素、躯体疾病、外伤及中毒造成的大脑器质性病变等。在心理疾病中，如精神分裂症、躁狂抑郁症、癫痫、发育不全、脑神经萎缩、性格怪癖等受遗传因素的影响很大。在生理因素中，特别是涉及中枢神经系统的感染、中毒、外伤、肿瘤、缺氧、代谢障碍、内分泌障碍、营养缺乏、中暑、血液病变、放射性损伤，都可能直接或间接地损害大脑的正常结构与功能，从而引起心理疾病。例如，内分泌机能障碍就可能出现敏感、易怒、暴躁、情绪不稳定和自制力减弱等。个体心理因素包括自我同一性危机、个性缺陷、心理素质缺陷、情绪不稳定、心理发展过程中的内在冲突等。

2. 家庭因素的影响

父母及家庭其他成员对大学生心理健康的影响是深远的。研究表明，个体与父母和家庭其他成员建立和保持良好的关系，对个体的社会适应和人际关系有着积极的促进作用，否则将产生消极作用。另外，父母对子女的态度和教养方式也直接影响着子女的心理健康。在冷漠型、严厉型及过分保护型的教育模式下成长起来的子女，其人格特征和人际关系都存在着较多的问题。例如，患有恐惧症、强迫症、焦虑症和抑郁症的子女，与其父母对子女所给予的较少的情感温暖、较多的态度拒绝、较多的争吵打斗或较多的过度保护密切相关。在家庭缺乏信任感和安全感的人，很容易产生心理异常。

3. 学校因素的影响

学校及其环境对大学生心理健康产生的影响是直接而深刻的。高校历来重视大学生的德、智、体全面发展，但仍存在不利于大学生心理健康的因素：从学校教育来看，重智力因素、轻非智力因素，重知识传授、轻人格培养，重学生的共性、轻学生的个体差异；从校园环境来看，学习生活紧张，人际关系复杂，业余生活单调。另外，有些大学生一边工作一边挤时间学习。这些都可能使大学生感到压抑、焦虑、生活缺乏乐趣等。

4. 社会因素的影响

随着改革开放的深化、社会生活节奏的加快，人们的工作方式、生活方式、价值观念也发生了重大变化。中西文化的交叉和多种价值观的冲突使部分大学生感到茫然、疑虑、混乱；还有大众传播媒介对大学生的思想及行为带来的消极影响，阻碍了他们身心的健康成长。

第三节　大学生心理健康的维护与促进

大学生的身心素质关系到大学生的学习、生活和工作，关系到大学生的健康成长、社会发展和民族的未来。掌握心理健康知识，学会自我调节方法，培养理性平和的健康心态，有助于塑造新时代大学生良好的形象和健全的人格。

一、大学生心理健康的意义

1. 心理健康对生理健康具有直接的影响

不良情绪易于引发生理疾病，如高血压、心脏病、胃溃疡、癌症等。俄国生理学家巴甫洛夫说："一切沉重顽固的焦虑和忧郁足以给各种疾病打开大门。"

不良情绪易于导致心理障碍。过度或长期的不良情绪会使人的大脑功能严重失调，容易引发生理疾病，导致各种神经症或精神病。严重的抑郁症、焦虑症、强迫症患者会选择自杀。

关于这一点，古人很早就认识到了。《黄帝内经》就指出"怒伤肝、喜伤心、思伤脾、忧伤肺、恐伤肾"。现代心理学研究已证明，积极的心理对生理健康具有促进作用。相反，如果一个人的心理长期处于不健康状态，则必然导致生理异常或发生病变。医学专家经过研究发现，不少癌症患者并不是癌细胞扩散导致快速死亡，而是心里过分恐惧导致了寿命大大缩短。那些能够在医生的治疗下战胜癌症的人，都有一个共同的特征：始终保持自信、乐观。所以，心理因素对健康的影响已引起医学界和心理学界的广泛关注。因此，要想保持身体健康，除了加强锻炼之外，保持良好的心境也是必不可少的。

2. 心理健康是智力发展的必要条件

大量调查表明，心理问题和心理疾病已成为干扰大学生正常学习、生活的重大问题，也是大学生休学、退学的主要原因。大脑是心理活动的器官，也是智力活动的器官。心理活动通过大脑直接影响智力活动。轻松、愉快、乐观的情绪，使人记忆力增强、反应敏捷、思维活跃；焦虑不安、悲观、苦闷、愤怒等不良情绪，则使人心烦意乱、思维停滞。长期的心理紊乱必然导致大脑机能失调，破坏正常的智力活动。对于以脑力劳动为主的大学生来说，如果心理不健康，就难以进行正常的学习。因此，心理健康是大学生进行正常学习与生活的基本保证。

3. 心理健康是成才的重要保证

（1）心理健康有助于大学生的全面发展。健康的心理品质是大学生全面发展的基本要求，也是将来走向社会，在工作岗位上发挥智力水平，积极从事社会活动和不断向更高层次发展的重要条件。一个人德、智、体、美、劳几个方面全面发展，是以健康的心理品质为基础的，心理健康状态直接影响和制约着人的全面发展。所以，大学生在追求全面发展的成才目标时，必须重视心理健康。

（2）心理健康有助于提高大学生的社会适应能力。大学生经过努力的拼搏告别了中学时代，跨入了大学校门，进入了一个全新的生活天地。上大学前，他们想象中的大学浪漫奇特、美妙无比；上大学后，紧张的学习、陌生的环境使他们难以适应。要想立足社会、发展事业，除学业优秀、身体健康外，还必须具有从容应对各种社会变化的心理承受能力和应变能力。因此，大学生应注重心理健康，调整心态，克服依赖性，增强独立性，积极主动地适应环境，度过充实而有意义的大学生活。

（3）心理健康有助于大学生事业成功。人们向往事业成功，渴望成功时刻的辉煌。居里夫人是世界上唯一两次获得诺贝尔奖的女科学家。她在求学时和在科学实验室所经历的困难和挫折数不胜数。但她以顽强毅力和个性，取得了卓越成就。事实证明，很多成功人士的成功奥秘在于他的非智力因素。健康的心态会使人时时刻刻清醒地认识到前进的目标，有执着的信念，善于利用环境中的有利因素，抓住机遇，在挫折面前保持旺盛的斗志，能充分发挥自己的潜能。然而，不少大学毕业生在就业、创业过程中会遇到一些困难，产生一定的心理压力和负性情绪，影响自己的选择和发展。因此，大学生更加需要保持心理健康，培养自立、自强、自律的良好品质，锻炼社会交往能力，使自己能在复杂的社会环境中，做出适合自身角色的选择，敢于面对困难和挑战，塑造健康人格，从而为今后的事业发展奠定坚实的心理基础。

（4）心理健康有助于培养大学生健康人格。健康人格是一种内部心理机制和谐发展、外部活动具有高度效能的人格。大学生只有具备健康人格才能成为合格人才。在组成健康人格结构中，心理品质起着重要作用。心理健康的大学生心理特征普遍表现为思想活跃、善于独立思考、参与意识较强、具有朝气蓬勃的精神状态等。所以，要积极教育和引导大学生加强心理品质修养的建设，为成才打下良好的基础。

二、提升心理健康水平的方法与途径

（一）学习心理健康常识

心理健康水平的维护和提升主要依靠大学生自己。掌握心理健康的知识，树立身心健康意识，通过科学的方法进行自我调适，修正自己的行为，无论对己还是对他人都非常有益。

（二）培养良好的个性品质

良好的个性品质对心理失调有免疫能力，对心理健康有促进作用。大学生应了解自己，发挥主观能动性，自觉主动地优化个性品质。

1. 树立正确的世界观、人生观和价值观

正确的世界观、人生观和价值观，能够使大学生正确认识社会发展规律，认识国家的前途命运和自己的社会责任，为今后的人生道路指明方向，提供前进的动力。同时，正确的世界观、人生观和价值观也为大学生提供价值标准和行为规范，能够使大学生在逆境中看到光明，始终保持积极乐观的态度面对生活，树立信心、磨炼意志，不断提高挫折承受能力和环境适应能力，保持心理健康。

2. 客观全面地认识自我、悦纳自我

心理学研究表明，个体对自我的认识和评价越接近现实，自我防御就越少，社会适应能力就越强；反之，过低评价自己或过高评价自己，常会使个体感到焦虑、紧张不安，从而产生心理问题。只有客观评价自己、不苛求自己，不为自己的缺点而沮丧，也不为自己的长处而自傲，能扬长避短，乐观自信，宽容豁达，才能促进个性的发展与完善。

3. 提高挫折承受能力

挫折是指个体在通向目标过程中遇到难以克服的障碍或干预，致使目标不能实现，需要无法满足时所产生的紧张状态或情绪反应。由于受各种主客观因素的影响和制约，大学生难免会遇到挫折，如环境不适应、学习不如意、身体不健康、专业不满意、人际关系出现冲突、择业不理想等，从而导致心理失衡。提高挫折承受能力，首先要正确面对挫折，不害怕、不逃避、不气馁，在挫折的磨炼中成熟，在困境中崛起；其次要分析产生挫折的原因，是主观原因还是客观原因，并对它进行正确的归因；再次要寻找战胜挫折的对策；最后要对自己充满信心，相信自己一定会战胜困难。

（三）学会自我调适的方法

自我调适是心理保健的核心。它包括调整认知结构、调整情绪状态、锻炼意志品质和提高适应能力等。

学会心理调适的方法可以帮助大学生在遇到心理困惑和冲突时，改变原有思考问题和解决问题的方式，使自己能够适应新环境、解决新问题，帮助大学生能客观分析自我，有效排除心理困扰，控制和调节自己的不良情绪，保持良好的心情。大学生在就业前和求职过程中，可能会产生自卑、焦虑、紧张等不良情绪，因此，掌握一些简单的自我调适方法是非常必要的。

1. 理性情绪疗法

美国临床心理学家埃利斯创立的理性情绪疗法（又称 ABC 理论）认为，情绪困扰并不一定由诱发事件直接引起，常常是由经历者对事件的非理性解释和评价引起的。如果改变非理性观念，调整对诱发事件的认识和评价，领悟理性观念，情绪困扰就会消除。例如，有的大学生择业不顺利就怨天尤人，认为“人才市场提供的岗位太少”“用人单位要求太高”，其原因就在于他只从客观上找原因，认为“大学生择业应当是顺利的”“社会应该为大学生提供充足的岗位”等。正是这些不正确的认知和观念造成了他的不良情绪，而这种不良情绪恰恰来自他自己。所以，大学生在处于消极的情绪状态时，要善于从中分析、提取非理性的观念，综合、概括出理性的观念，并对比两种观念下个人的内心感受，使自己走出非理性的误区。运用理性情绪疗法时要把握以下三点：①要认识到不良情绪不是源于外界，而是源于自己的非理性观念；②情绪困扰得不到缓解是因为自己仍持有过去的非理性观念；③只有改变自己的非理性观念，才能消除情绪困扰。具体做法：一是分别列出引发不良情绪的事件；二是找出对事件认识中的非理性观念；三是通过对非理性观念的认识和纠正，找出合理的观念；四是建立合理的信念，实现情绪的改变。

2. 适度宣泄法

大学生在择业中处于焦虑、抑郁等消极的情绪状态时，不能一味地把不良情绪藏在心底，而应进行适当的宣泄，如向知心朋友、老师倾诉，把心中的不快说出来，或者大哭一场，使紧张的情绪得以缓解或消除。另外，大学生可以通过参加一些户外活动，如打球、爬山等，宣泄不良情绪。宣泄情绪要注意场合、身份、气氛，宣泄要适度，且没有破坏性。

3. 自我慰藉法

自我慰藉法又称自我安慰法。大学生在学习和生活中常常会遇到挫折，当经过主观努力仍无法改变时，可适当地进行自我安慰，缓解焦虑、抑郁、烦恼和失望的情绪，保持心理稳定。比如，在受挫而被消极情绪困扰时，大学生可用“亡羊补牢，犹未为晚”“塞翁失马，焉知非福”等话语来自我安慰，消除烦恼。这样就能化解因心理矛盾引起的悲观、失望等消极情绪，重新找回自信，树立继续努力的信心。

4. 注意力转移法

注意力转移法就是把注意力从消极情绪转移到积极情绪上。当消极情绪出现时，大学生可以采取转移注意力的方法寻找一个新的刺激，激活新的兴奋中心以抵消或冲淡原来的兴奋中心，使消极情绪逐渐消失。例如，大学生遇到不如意事时，可以参加一些体育运动或娱乐活动，接受大自然的熏陶，使自己没有时间沉浸在消极情绪中，以求得心理平衡。

5. 自我暗示法

有些大学生常常会出现胆怯、信心不足等现象，这时可以通过积极的自我暗示、自我激励进行调节，增强自信心。例如，在心里默念“我会发挥得很好”“我一定能成功”等语句，或者将这些语句写在纸上，或者找个空旷的地方大声地喊出来。这些方法对走出自卑、消除怯懦有一定的作用。运用自我暗示法要特别注意必须使用积极的暗示。积极的暗示能帮助大学生树立信心、缓解紧张情绪，有助于取得面试成功；而消极的暗示负面影响很大，必须加以淡化。

6. 松弛练习法

松弛练习法又称放松法，是指通过训练掌握放松心理和身体的方法，常用的方法有肌肉松弛训练、意念松弛训练等。松弛练习可以帮助大学生减轻和消除各种不良的身心反应。例如，一些大学生在面试前会出现焦虑、恐惧、紧张、失眠等症状，这时可通过松弛练习法缓解自身的压力。症状严重者可在专业人员的指导下进行松弛练习。

（四）养成良好的生活习惯

生活方式对心理健康的影响已为科学研究所证明。健康的生活方式主要是指生活有规律、劳逸结合、科学用脑、坚持体育锻炼、不酗酒、不吸烟、凡事都有节制。

现代社会，人们的生活节奏紧张，忙于学习和工作，不少人的情绪长期紧张而得不到缓解，是造成心理异常的重要原因。有的人遇到休息日却不知如何打发，也有的人遇到休息日便通宵达旦地拼命娱乐，于是反而比工作日、学习日更累更忙。大学生应该合理安排休息时间，经常改变休闲方式，或郊游、访友、聚会、参观等，更好地恢复体力，调剂脑力。此外，还可以参加课余文体活动、学术交流活动，以及社会调查、科技服务、勤工助学等社会实践，培养多种兴趣和爱好。这样，既能起到发挥自身潜能、振奋精神、缓解紧张情绪的作用，还有助于维护和增进身心健康。

（五）寻求专业心理咨询人员的帮助

心理咨询是指受过专业训练的咨询人员运用心理学和医学的理论、方法和技巧对那些面临心理问题而自己又不能解决的人提供帮助和指导。通过心理咨询找出心理问题产生的原因，进行心理治疗，从而缓解心理冲突，恢复心理平衡，增进心理健康，促进人格健全。

大学生在面对自身无法调节的心理问题时，可以求助于有丰富经验的心理医生或长期从事心理咨询的专业人员。心理咨询能够帮助求助者自强自立。咨询者通过与求助者的交谈，针对求助者提出的问题，帮助其正确认识自身心理问题的根本原因，引导求助者更好地面对现实，增加心理自由度，帮助求助者改变过去的心理状态，最终恢复健康的心理。心理咨询能为来访者创设一个良好的社会心理环境和条件，提高其精神生活质量和心理效能水平，以达到降低和减少心理障碍、防治精神疾病、保障心理健康的目的。

心理咨询的对象不一定都是有心理问题的学生。大学生还可以进行发展咨询，通过心理咨询可以更好地了解自身的心理特点，开发潜能、优化人格，促进全面发展，学会正确处理学习、交往、择业、恋爱、成才等方面遇到的困惑，增强适应能力，提高生活质量，培养健康情绪，改变不良性格，提高挫折应对水平。为了健康成长和早日成才，每个大学生都应努力提高自己的心理健康水平。

拓展阅读

良好心态是人生健康快乐之本

提出著名“人口论”的马寅初就曾讲过：“良好的心态是人生健康快乐的根本”。那份闲定和悠然正是他健康长寿的秘诀。我们都会有这样的经历，如果今天心情舒畅，走在街上就会感到天格外蓝，空气格外清新，世界上的一切都变得很美好。但是不可能事事尽如人意，遇到困难和烦心的事就要自己化解，时刻拥有乐观的心态和快乐的心境就如同给健康快乐注入了新鲜的血液，使其长久地保持活力。这件事说起来容易，做起来却很难，所以在生活中，努力做到以下几件事，使自己永葆好心情。

1. 学做三件事

学会关门，是要努力做到的第一件事。这句话的意思就是要关紧昨天这扇门，过好每一个今天和明天。每一个今天过得好就是一辈子过得好。当伤心、失望的时候，对自己说：“没关系的，明天太阳依然会升起的。”认真努力地去生活，有太阳就有希望。

学会计算，是要努力做到的第二件事。就是说不要总是计算自己做错了多少事，这样会给自己太大的压力，而是应该计算自己做对的事，计算自己的幸福。计算幸福会使自己越计算越幸福。计算做对的事会使自己越计算越对自己有信心。

学会放弃，是要努力做到的第三件事。我们常说的“舍得”就是这个意思。“舍”在前，“得”在后，有“舍”才有“得”。人在一生中不可能样样都会得到，我们经常会遇到许多的选择，选择一个就会放弃另一个，鱼和熊掌不可兼得，如果样样都不想放弃，反而会事与愿违，一样都得不到。

2. 学说三句话

第一句话是“算了吧”。生活中有许多事，可能你经过再多的努力也无法做到，因为一个人的能力必定有限，会受各种条件的限制。只要自己努力过、争取过，其实结果已经不重要了，那么就让我们用包容的心态来接受这个现实。

第二句话是“不要紧”。不管发生什么事，都要对自己说“不要紧”。因为积极乐观的态度是解决任何问题、战胜任何困难的第一步。遇到挫折，可以这样安慰自己：“上天对每一个人都是公平的，它在关上一扇门的同时，必定会打开一扇窗，那么现在我的目标就是要寻找那扇打开的窗子。”

第三句话是“会过去的”。不管雨下多么大，连续下了多少天，你都要对雨过天晴充满信心，因为天不会总是阴的，一切都会过去。人活在世上随时会有各种各样的问题，面对问题，解决问题，这也许就是生活本身的意义。所以，不论什么时候，我们都要以积极的心态去面对生活，坚信总有雨过天晴的时候。

3. 不要做三件事

不要做的第一件事就是“不要拿别人的错误惩罚自己”。在生活中有许多人不怕苦、不怕累，但就是受不得委屈。由于别人的错误，自己被冤枉，从而感到委屈，容易自己生闷气。生气就是拿别人的错误惩罚自己，是不值得的，所以最好的办法就是不生气，一笑了之。

不要做的第二件事就是“不要拿自己的错误惩罚别人”。一个人在生气时，经常会迁怒于别人，这样做就会伤害真正关心自己的人，所以在日常生活中应该特别注意“不要拿自己的错误惩罚别人”。

不要做的第三件事就是“不要拿自己的错误惩罚自己”。俗话说“金无足赤，人无完人”，每个人都会犯错误。犯错误是我们生活的一部分，也是人生的一种经历，不怕犯错误，关键是要认真地找出犯错误的原因，认真地吸取教训。错误其实是人生的一笔财富，不要总让自己沉浸在自责中。

课后作业

1．结合实际谈谈心理健康对大学生健康发展的意义。
2．大学生心理健康的标准是什么？
3．结合实际评估自己的健康状况。

心理测验

症状自评量表

指导语：下面是一些关于对人可能会有的问题的陈述。请仔细阅读每个条目，然后根据最近一星期之内这些情况对你影响的实际感觉，在最符合的一项上画“√”。答案没有对、错之分。不要对每个陈述花太多的时间去考虑，但所给的回答应该最恰当地体现你现在的感觉。

本问卷共90题，作答时间约15分钟。

	没有	轻度	中度	偏重	严重
1．头痛。	□	□	□	□	□
2．神经过敏，心中不踏实。	□	□	□	□	□
3．头脑中有不必要的想法或字句盘旋。	□	□	□	□	□
4．头昏或昏倒。	□	□	□	□	□
5．对异性的兴趣减退。	□	□	□	□	□
6．对旁人责备求全。	□	□	□	□	□
7．感到别人能控制你的思想。	□	□	□	□	□
8．责怪别人制造麻烦。	□	□	□	□	□
9．忘性大。	□	□	□	□	□

	没有	轻度	中度	偏重	严重
10．担心自己的衣饰不整齐及仪态不端正。	□	□	□	□	□
11．容易烦恼和激动。	□	□	□	□	□
12．胸痛。	□	□	□	□	□
13．害怕空旷的场所或街道。	□	□	□	□	□
14．感到自己的精力下降，活动减慢。	□	□	□	□	□
15．想结束自己的生命。	□	□	□	□	□
16．听到旁人听不到的声音。	□	□	□	□	□
17．发抖。	□	□	□	□	□
18．感到大多数人不值得信任。	□	□	□	□	□
19．胃口不好。	□	□	□	□	□
20．容易哭泣。	□	□	□	□	□
21．同异性相处时感到害羞、不自在。	□	□	□	□	□
22．感到受骗、中了圈套或有人想抓住你。	□	□	□	□	□
23．无缘无故地忽然感到害怕。	□	□	□	□	□
24．自己不能控制地大发脾气。	□	□	□	□	□
25．怕单独出门。	□	□	□	□	□
26．经常责怪自己。	□	□	□	□	□
27．腰痛。	□	□	□	□	□
28．感到难以完成任务。	□	□	□	□	□
29．感到孤独。	□	□	□	□	□
30．感到苦闷。	□	□	□	□	□
31．过分担忧。	□	□	□	□	□
32．对事物不感兴趣。	□	□	□	□	□
33．感到害怕。	□	□	□	□	□
34．你的感情容易受到伤害。	□	□	□	□	□
35．感到旁人能知道你的想法。	□	□	□	□	□
36．感到别人不理解你，不同情你。	□	□	□	□	□
37．感到人们对你不友好，不喜欢你。	□	□	□	□	□
38．做事必须做得很慢以保证做得正确。	□	□	□	□	□
39．心跳得很厉害。	□	□	□	□	□
40．恶心或胃部不舒服。	□	□	□	□	□
41．感到比不上他人。	□	□	□	□	□
42．肌肉酸痛。	□	□	□	□	□
43．感到有人在监视你、谈论你。	□	□	□	□	□
44．难以入睡。	□	□	□	□	□
45．做事必须反复检查。	□	□	□	□	□
46．难以做出决定。	□	□	□	□	□

	没有	轻度	中度	偏重	严重
47．怕乘电车、公共汽车、地铁或火车。	□	□	□	□	□
48．呼吸有困难。	□	□	□	□	□
49．一阵阵发冷或发热。	□	□	□	□	□
50．因为感到害怕而避开某些东西、场合或活动。	□	□	□	□	□
51．脑子变空了。	□	□	□	□	□
52．身体发麻或刺痛。	□	□	□	□	□
53．喉咙有梗阻感。	□	□	□	□	□
54．感到前途没有希望。	□	□	□	□	□
55．不能集中注意。	□	□	□	□	□
56．感到身体的某一部分软弱无力。	□	□	□	□	□
57．感到紧张或容易紧张。	□	□	□	□	□
58．感到手或脚发重。	□	□	□	□	□
59．想到死亡的事。	□	□	□	□	□
60．吃得太多。	□	□	□	□	□
61．当别人看着你或谈论你时感到不自在。	□	□	□	□	□
62．有一些不属于你自己的想法。	□	□	□	□	□
63．有想打人或伤害他人的冲动。	□	□	□	□	□
64．醒得太早。	□	□	□	□	□
65．必须反复洗手、点数目或触摸某些东西。	□	□	□	□	□
66．睡得不踏实。	□	□	□	□	□
67．有想摔坏或破坏东西的冲动。	□	□	□	□	□
68．有一些别人没有的想法或念头。	□	□	□	□	□
69．感到对别人神经过敏。	□	□	□	□	□
70．在商店或电影院等人多的地方感到不自在。	□	□	□	□	□
71．感到做任何事情都很困难。	□	□	□	□	□
72．一阵阵恐惧或惊恐。	□	□	□	□	□
73．感到在公共场合吃东西很不舒服。	□	□	□	□	□
74．经常与人争论。	□	□	□	□	□
75．单独一人时神经很紧张。	□	□	□	□	□
76．别人没有对你的成绩做出恰当的评价。	□	□	□	□	□
77．即使和别人在一起也感到孤单。	□	□	□	□	□
78．感到坐立不安、心神不定。	□	□	□	□	□
79．感到自己没有什么价值。	□	□	□	□	□
80．感到熟悉的东西变得陌生或不像是真的。	□	□	□	□	□
81．大叫或摔东西。	□	□	□	□	□
82．害怕会在公共场合昏倒。	□	□	□	□	□
83．感到别人想占你的便宜。	□	□	□	□	□

	没有	轻度	中度	偏重	严重
84．为一些有关性的想法而很苦恼。	□	□	□	□	□
85．认为应该因自己的过错而受到惩罚。	□	□	□	□	□
86．感到要很快把事情做完。	□	□	□	□	□
87．感到自己的身体有严重问题。	□	□	□	□	□
88．从未感到和其他人很亲近。	□	□	□	□	□
89．感到自己有罪。	□	□	□	□	□
90．感到自己的脑子有问题。	□	□	□	□	□

【评分标准与结果解释】

1．项目和评定标准。本量表共有 90 个项目，包含较广泛的精神症状学内容，从感觉、情感、思维、意识、行为直至生活习惯、人际关系、饮食睡眠等，均有涉及。它的每一个项目均采取 5 级评分制，具体说明如下："没有" 计 0 分，"轻度" 计 1 分，"中度" 计 2 分，"偏重" 计 3 分，"严重" 计 4 分。

（1）没有：自觉无该项症状（问题）。

（2）轻度：自觉有该项症状，但对受检者并无实际影响，或者影响轻微。

（3）中度：自觉有该项症状，对受检者有一定影响。

（4）偏重：自觉常有该项症状，对受检者有相当程度的影响。

（5）严重：自觉该症状的频度和强度都十分严重，对受检者的影响严重。

这里所指的"影响"，包括症状所致的痛苦和烦恼，也包括症状造成的心理社会功能损害。"轻""中""重"的具体定义，则应由自评者自己去体会，不必做硬性规定。

2．统计指标。SCL-90 的统计指标主要为两项，即总分和因子分。

（1）总分：90 个项目单项分相加之和，能反映受检者病情的严重程度。

总均分：总分/90，表示从总体情况来看，该受检者自我感觉位于 1～5 级的哪一个分值上。

阳性项目数：单项分≥2 的项目数，表示受检者在多少项目上呈现"有症状"。

阴性项目数：单项分=1 的项目数，表示受检者"无症状"的项目有多少。

阳性症状均分：（总分-阴性项目数）/阳性项目数，表示受检者在"有症状"项目中的平均得分。反映该受检者自我感觉不佳的项目，其严重程度究竟介于哪个范围。

（2）因子分：共包括 10 个因子，即所有项目分为 10 个大类。各因子名称、所包含项目及其简要解释如下。

① 躯体化（somatization）：包括第 1、4、12、27、40、42、48、49、52、53、56 和 58 项，共 12 项。该因子主要反映主观的躯体不适感，包括心血管、消化、呼吸等系统的主要不适，以及头疼、背痛、肌肉酸痛和焦虑的其他躯体表现。

② 强迫症状（obsessive-compulsive）：包括第 3、9、10、28、38、45、46、51、55 和 65 项，共 10 项。它与临床强迫症表现的症状、定义基本相同。主要指那种明知没有必要，但又无法摆脱的无意义的思想、冲动、行为等表现；还包括一般的感知障碍，如"脑子变空了""记忆力不好"等，也会在这一因子中反映出来。

③ 人际关系敏感（interpersonal sensitivity）：包括第 6、21、34、36、37、41、61、

69 和 73 项，共 9 项。它主要指某些个人不自在感和自卑感，尤其是在与他人相比较时更突出。自卑、懊悔及在人际关系中明显相处不好的人，往往是这一因子获高分的对象。

④ 抑郁（depression）：包括第 5、14、15、20、22、26、29、30、31、32、54、71 和 79 项，共 13 项。它反映的是与临床上抑郁症状群相联系的广泛的概念。抑郁、苦闷的心境是其代表性症状，它以对生活的兴趣减退、缺乏活动愿望、丧失活动力等为特征，并包括失望、悲观、与抑郁相联系的其他感知及躯体方面的问题。该因子中有几个项目包括死亡、自杀等概念。

⑤ 焦虑（anxiety）：包括第 2、17、23、33、39、57、72、78、80 和 86 项，共 10 项。它涉及一些通常在临床上明显与焦虑症状相联系的精神症状及体验，一般指那些无法静息、神经过敏、紧张及由此而产生的躯体征象。那种游离不定的焦虑及惊恐发作是本因子的主要内容。本因子还包括一个反映“解体”的项目。

⑥ 敌对（hostility）：包括第 11、24、63、67、74 和 81 项，共 6 项。它主要从思维、情感及行为三个方面来反映受检者的敌对表现。其项目包括从厌烦、争论、摔物，直至争斗和不可抑制的冲动爆发等各个方面。

⑦ 恐惧（phobic anxiety）：包括第 13、25、47、50、70、75 和 82 项，共 7 项。它与传统的恐惧状态或广场恐惧所反映的内容基本一致。引起恐惧的因素包括出门旅行、空旷场地、人群、公共场合及交通工具等。此外，还有反映社交恐惧的项目。

⑧ 偏执（paranoid ideation）：包括第 8、18、43、68、76 和 83 项，共 6 项。偏执是一个十分复杂的概念。本因子只包括一些基本内容，主要涉及思维方面，如投射性思维、敌对、猜疑、关系妄想、被动体验与夸大等。

⑨ 精神病性（psychoticism）：包括第 7、16、35、62、77、84、85、87、88 和 90 项，共 10 项。其中有幻听、思维涣散、被控制感、思维被插入等反映精神分裂症状的项目。

⑩ 其他：包括第 19、44、59、60、64、66 和 89 项，共 7 项。它主要反映睡眠及饮食情况。

心 理 训 练

解开千千结

一、活动目的

让学生从游戏中体会到团队协作的重要性，增强学生的归属感，激发其奋斗热情。

二、活动时间

根据人数确定时间。

三、活动场地

室内外均可，宽敞为宜。

四、活动程序

1．学生分组，每组 15～20 人，让每个小组围成一圈。

2．请学生按辅导教师的指示做：看清你的左手边和右手边分别是谁，确认之后松手，在音乐声中自由走动。当辅导教师喊“停”时，原地不动，伸手去拉住你原来左右两边的伙伴，从而形成许多交互错杂的“手结”。

3．现在要求不能松手，但可以钻、跨、绕、转。请大家想想办法，如何恢复到起始状态。

4．变式：举起你的左右手放在胸前，握住身边两人的左右手，在不松手的情况下，把这张人网打开，成为一个所有成员手拉手的圆。

5．讨论：在开始时，你们是否觉得思路混乱？当解开一点后，你们的想法是否改变？在整个过程中你学到了什么？

五、注意事项

最重要的规则是不允许松开手，否则算犯规。

第二章　大学生环境适应与心理发展

孔子到吕梁山游览，那里瀑布几十丈高，水花远溅出数里，甲鱼、扬子鳄和鱼类都不能在里面游，却看见一个男人在那里游泳。孔子认为他可能很痛苦，想投水自尽，便让学生沿着水流去救他，他却在游了几百步之后出来了，披散着头发，唱着歌，在河堤上漫步。

大学生适应问题的调适方法

孔子赶上去问他："刚才我看到你在那里游泳，以为你可能很痛苦要去寻死，便让我的学生沿着水流来救你，你却游出水面。请问你能到那种深水里游泳有什么特别的诀窍吗？（蹈水有道乎？）"他说："没有，我并没有什么特别的方法。我起初是故常，长大是习性，有所成就在于自然。我跟水里的漩涡一块儿下到水底，又跟向上的涌流一道游出水面，顺着水势而不作任何违拗。这就是我游水的方法。（亡，吾无道。吾始乎故，长乎性，成乎命。与赍俱入，与汩偕出，从水之道而不为私焉。此吾所以蹈之也。）"

孔子说："什么叫作起步于原来本质，成长于习性，成功于命运？"他回答说："我出生于山地，安于山地，这便是原来本质；从小到大都与水为伴，便安于水，这就是习性；不知道为什么却自然能够这样，这是命运。（吾生于陵而安于陵，故也；长于水而安于水，性也；不知吾所以然而然，命也。）"

物竞天择，适者生存。试图让整个世界适应自己，这是很幼稚的举动，更是一种不明智的行为。

第一节　环境适应与心理发展概述

一、适应的含义

"适应"源于"生物适应"的概念。朱智贤主编的《心理学大辞典》中是这样定义的：适应是源于生物学的一个词，用来表示能增加有机体生存机会的那些身体上和行为上的改变。心理学中用"适应"来表示对环境变化做出的反应。适应是人们在与环境的互动关系中，个人通过对自己心理状态和行为模式的不断调整，使个人需要能够不断得到满足的过程，是在自我与环境和谐统一的前提下，不断地认识和改造环境、完善和发展自我的过程。

瑞士儿童心理学家让·皮亚杰认为，智慧的本质从生物学的角度来说是一种适应，它既可以是一个过程，也可以是一种状态。适应的形成在生物学上是同化和顺应的平衡，在心理学上就是有机体在不断运动变化中与环境取得的平衡。适应过程存在两种相辅相成的作用：同化和顺应。

适应状态则是同化和顺应这两种作用取得平衡的结果。这种平衡不是绝对静止的，某一个水平的平衡会成为另一个水平的平衡运动的开始。如果机体与环境失去平衡，就需要改变行为以重建平衡，这种"平衡—不平衡—平衡"的动态过程就是适应。

从不适应到适应有一个过程，这个过程需要不断地进行心理调整。调整的重点，一是人的认知，二是人的行为。调整包括外部调整和内部调整。外部调整就是发挥人的主观能动性，通过改造环境来优化环境；内部调整就是调整自己的内心体会和感受，学会正确认识和对待自己、接纳自己，化解自己的冲突情绪，以达到个人精神生活的内在和谐。从调整的功能意义上讲，调整的目的是寻求发展。现代人只有积极调整自己的心态，努力使自己的言行与社会、环境协调，才能正常发挥自己的水平和潜能。

适应是一种放弃，放弃原有的成见和习惯；或者说，适应是一种接受，是有辨别、有选择性的接受；适应还是一种改变，随时调整视角、心态乃至身份，这是成功的必要前提。

关于适应，可以先看一下美国心理学家桑代克（Thorndike）做的一个迷箱实验：他用铁丝制作成一个迷箱，箱外放有食物，然后将一只活泼好动而又饥饿的猫关进迷箱。箱门上装有门闩，猫必须操作与门闩相连的绳子或把手等装置，箱门才能打开。实验开始时，猫受饥饿驱动力的刺激，先是用爪抓取箱外的食物，取不到，便在箱子里表现出极度不安的状态，然后乱抓乱跳，用头和爪子乱撞箱门，或时坐、时咬箱壁。在这一系列的反应中，猫偶然碰到门闩装置，于是门打开了，猫吃到了食物，然后平静了下来。该实验形象地告诉我们，对于不能满足需要的环境进行适应，是动物的生存本能。动物为了满足自己的动机需要，会使用一系列的反应方式进行尝试，直到能够达到需要满足、重新适应为止。人的适应和发展过程与动物有相似之处。当个体产生了某种需要的欲望，而原有的问题解决模式又不能使自己的需要达到满足时，“阻挠”就产生了，个体从而产生不同程度的紧张和焦虑。为了满足需要，个体就尝试着寻找新的解决问题的方式。在一次次的尝试中，个体找到了成功的适应方式，缓解了心理压力，满足了自身的需要。在这个过程中，个体学会了适应，自身也得到了发展。

二、心理发展的含义

对于心理发展这一概念，许多心理学家从不同的角度进行理解，并且提出了各种各样的解释，所以，我们很难给出一个统一的、概括的定义。不过，谈到“发展”就会有变化，我们可以将心理发展看作一个变化过程，即由儿童到成年人的变化过程，并在此基础上去理解它。

在从儿童到成年人的变化过程中，人们首先会注意到身高、体重、体力、语言能力等一系列个体显性的变化。心理发展不仅仅是量的变化，更重要的是质的变化，即生理的成熟、语言的发展导致人的思维能力和自控能力的不断增强。

此外，心理发展不仅包括身心机能的进步与成长，还包括某些机能的衰退。也可以说，在人的成长中某些心理现象、心理机能的产生，必然伴随着某些机能的衰退。所以，在研究心理发展与变化过程时，对某些机能衰退现象的研究是不可缺少的。

总之，心理是在量变和质变、成长和衰退过程中发展起来的。在这个发展过程中，遗传和生理成熟是生物前提，而环境条件和教育状况是人的心理发展的决定因素。前者为人的心理发展提供了可能性，后者则使人的心理发展变为现实。

三、青年心理发展的基本观点

1904 年，美国心理学家霍尔（Hall）的《青年期：它的心理学及其与生理学、人类学、社会学、性、犯罪、宗教和教育的关系》一书的问世，标志着青年心理发展研究的开始。此后，众多学者从各自不同的角度对青年期的理论进行了阐述，为我们认识青年的心理发展提供了多种视角。

（一）复演说和心理断乳理论

霍尔指出，人的心理永恒不变的观点是错误的，人的心理是不断进化的，人类个体的发展完全重复着人类种族进化的过程，即个体从婴幼儿、儿童到青年的发展过程就是重复着人类经过动物到原始人、从蒙昧时代到文明时代的发展过程。也就是说，个体的成长过程即是人类种族进化过程在时间上的压缩、在形式上的复演。更具体地说，婴儿期重复着动物到人的进化，儿童期重复着原始人的狩猎时代，少年儿童期重复着人类由蒙昧时代向文明时代的过渡，青年期相当于人类的浪漫主义时代，这是“狂飙突起”，充满内部和外部冲突的时期，人在冲突中表现出“个性”，并在经历了冲突之后，才最终成为人类文明社会的一员。这一学说促进了年龄心理学的发展，但把个体发生发展和神经发生过程的表面相似性作为论述心理发展的规律性，有碍于理解心理发展的具体规律，也显示出这一学说的不全面。与此相对照，20 多年后美国心理学家霍林沃斯的《青年心理学》则更加重视青年的心理适应问题，他首先提出了“心理断乳”的概念。他认为青年期是儿童期向成年期的过渡阶段，在这一过程中如果出现认识的错误，就会引起心理疾病或心理不适应。其中，12～20 岁的青年人要经历摆脱家庭、获得独立的过程，就如同婴儿断奶后要改变营养的摄取方式，青年期的“心理断乳”必然导致许多习惯的改变，造成青年期心理适应问题的产生。

（二）斯普兰格（E.Spranger）的“第二次诞生”理论

德国心理学家斯普兰格在其《青年的心理》和《价值的等级》等著作中指出，人的价值不是外部力量赋予的，而是潜藏在人的内部世界里的，人的发展就是个人内在价值的展现过程。这是人类精神生活的主要方面。人格发展之所以在人与人之间有所不同，主要不在于人的本性，而在于自我意识及自我同社会文化、历史的关系。他进而指出：“在人的一生中，没有像青年期那样强烈渴望被人理解的了。”他还进一步强调应把深刻地了解青年的精神生活内涵、研究青年个性作为青年心理学的首要任务。斯普兰格用“第二次诞生”来形容青年期的心理特征。他指出，儿童世界不同于成人世界，尤其是处在儿童期后期的儿童处于一种既是孩子且又已长大的稳定的状态。然而，进入青年期后，这种稳定的状态被打破，青年要求对自我意识的内容进行重新改造。所以，青年期既是人格形成和发展的时期，也是自我意识蓬勃发展、精神生活结构发生巨变的时期。这突出地表现在青年开始意识到自我与非自我的区别，体验到内心的动摇与不安及对未来生活充满渴望和设想，生活视野扩大，参与社会生活的主动性增强等。

（三）弗洛伊德（Sigmund Freud）的精神分析理论

奥地利心理学家弗洛伊德将无意识作为研究对象，在研究人格结构深层潜意识的活动规律时，追溯到人的童年，对人格发展做了探索，把性本能作为人的心理动力，在研究人的发展时提出了心理性欲发展理论。在弗洛伊德的人格发展理论中，人的心理活动分为意识、前意识和潜意识三个层次，即意识的心理内容、容易回忆起来的心理内存和构成人的行为内驱力的本能欲望。弗洛伊德把人格分为三个系统：本我（id）、自我（ego）和超我（superego）。他认为在人格中这三者是可变的，但在整个人格中可变的能量总量却是不变的，人的行为和心理发展取决于本我、自我和超我三者的相互作用。如果三者处于和谐状态，个体心理便能得到健康发展；如果三者的平衡状态遭到破坏，则个体心理便不能得到健康的发展，甚至出现心理疾病。他还特别强调性欲的内在驱力，把它命名为“力比多”（libido），将力比多的发展作为划分心理发展的标准。

弗洛伊德认为，个人的性生活不是始于青春期，而是始于婴儿期。在他看来，儿童性生活的内容不仅包括两性关系，还包括使身体产生舒适、快感的体验。他指出，人身体上的绝大多数部位都能成为性感带，但在儿童期，主要的性感区是口腔、肛门、生殖器，三个区域以特有的阶段次序成为儿童的兴奋中心，于是产生相应的心理发展阶段。他把心理性欲的发展阶段分为口腔期（0～1 岁）、肛门期（1～3 岁）、性器期（3～6 岁）、潜伏期（6～11 岁）、生殖器期（11～20 岁）五个阶段。如果每个阶段的欲望都能获得满足，那么人格便可以正常发展，否则就会导致人格发展的不完善。

（四）社会发生论

为了弥补上述理论的缺陷，社会发生学派从社会结构、社会化的方式及青年与社会相互作用的方式出发来阐释青年的心理发展。德国心理学家勒温（Kurt Levin）认为，人的行为一方面是个体的机能，另一方面是其周围环境作用的结果，一个人的心理活动是在一种心理场或空间中发生的。生活空间（life space）包括有可能影响个人的过去、现在和将来的一切事件，这些事件的每一个方面都能决定任何情景下的行为。个性因素与环境因素相互联系、相互作用构成了生活空间和心理空间。心理学家不应仅停留于对个体的人或团体的研究，而应深入研究这个生活空间。他认为，青年期“是由一个领域过渡到其他领域时的一种状态”，即由儿童的心理场向成人的心理场的过渡时期。由于生活空间的扩大，行动范围更加广阔，青年在遇到自己未知的环境时，就会出现无法确定行为模式的情况。

另外，伴随着性的成熟，青年还会产生新的体验和困惑，人们也把处于儿童向成人过渡的人称作“边缘人”（marginal man）。在勒温的理论中，青年期最重要的发展任务就是实现社会化，而基本内容和方式就是不断扩大青年的活动和交往范围，从而建立起新的心理场。勒温把青年的心理发展和他们与社会环境的相互作用联系起来是很有意义的探索。他强调社会环境是个人的生活空间，即按需要选择的生活环境，而不是社会的物质生活条件，其强调的社会关系也不是社会的政治经济和文化思想的关系，而主要是指有可能满足或损害个体当前需要的人际关系。

勒温的观点忽视了青年是在具体的历史及社会环境中存在的观点，使人很难把握青年心理问题的实质。

（五）心理发生论

心理发生论着重把心理过程本身的发展放在首位。心理发生论认为不能把个人的内部世界归结为自然的决定因素或社会的决定因素。持这一理论的学者认为，人格的发展是潜在价值的展现，人人都可以发挥出最高价值，达到人格的尽善尽美。这也是人精神生活的主要方面。青年期既是人格形成和发展的时期，也是自我意识蓬勃发展、精神生活结构发生巨大变化的时期。这一观点又可分为三种见解：①用情绪、信仰及其非理性的心理成分来解释人的行为的心理动力学派观点；②侧重人的认识能力和智力发展的认知发生论；③以道德发展为出发点的道德认知发展论。

心理动力学派的代表人物是美国心理学家埃里克森（Erik H Erikson）。他认为人的发展是由既相互联系又相对独立的过程构成的，在人格发展中，自我逐渐形成的过程在个人及其周围环境的相互作用中起主导和整合的作用。人的成长中普遍存在着生物的、心理的和社会的三个发展过程，按一定的成熟程度分阶段地向前发展，即身体发展过程、有意识的“自我”发生过程和社会发展过程。各个发展阶段都会产生一些以前没有的新现象和新特点，都会出现发展的危机。人的成熟是在先天因素和环境因素的相互关系中生长、发展的过程。个人在其发展的各个阶段只有具备克服各种困难和矛盾的毅力，才能获得自身发展的力量，获得与外界的协调和内部秩序的稳定，发展成为健康的人格。

埃里克森特别提出在青年期出现的“自我同一性危机”。所谓“自我同一性”是指个人对自身的本质、信仰和一生前后一致的比较完善的意识。如果家庭、学校、社会提供的工作和社会经验不能使青少年获得明确而一致的性别角色、社会角色和职业角色，则自我同一性的发展就会出现危机。埃里克森用同一性危机理论来解释青少年对社会不满等社会问题。他的理论指出了人的发展中生理、心理、社会各因素的统一和相互作用，指出了人的发展的阶段性和连续性，以及各发展阶段所面临的任务。这一理论对我们研究复杂环境中青年心理发展的本质具有启发意义。

认知发生论的代表人物让·皮亚杰（Jean Piaget）强调应从人的智力发展、认识过程和个人完成某种逻辑运算的能力上，完全根据智力发展的状况来判定心理发展的程度及其健康与否的问题。他指出，处于大学时代的青年人最明显的两个特点：一是对理论的爱好，即创造自己的政治理论，制定自己的爱情和幸福公式；二是在处理可能性与现实性的关系上把现实性放在首位。青年人有独特的自我中心主义，把整个世界同化到自己的一般理论之中。让·皮亚杰认为，青春期的自我中心状态体现为相信：反省思考是全能的，似乎世界应服从于一种观念格式，而不应服从于现实的系统。这是一个典型的形而上学的年龄阶段，自我中心较为明显，足以改造宇宙，而且自我十分巨大，足以吸收宇宙。这种不平衡在社会实践的调节中得以缓和，积极参与社会实践对青年人脱离自我中心、形成人格具有极大的作用。

与让·皮亚杰持同一观点的科尔伯格进一步充实和发展了他的理论，指出智力发展仅是人生整个发展过程中的一个侧面，与之相联系的还有道德的发展。他认为，道德发展过程中的每一个阶段，都反映着对道德更恰当、更成熟的接近，因此，对儿童和青年适当地提出一些符合其接受能力的道德要求，造成他们认识上的矛盾或形成认识不平衡导致的紧张状态，推动其主动寻求解决矛盾的方法，更有利于青少年身心的发展和对社会的良好适应。

总之，以上有关青年心理发展的理论看似互相对立、互相排斥，实则具有相似的过程描述，并由此说明青年心理发展是由各种因素相互作用、相互制约的。它们只是从不同的角度来研究同一个问题，应该是相互作用、互为补充的。

四、适应与发展

（一）适应与发展的关系

适应是一个人通过不断调整身心，使个人需要在环境中得到满足的过程，也是自我与环境和谐统一、相互协调的一种良好的生活状态。总体来讲，人在环境中要达到理想的适应状态，需要两种途径：一种是个体自身做出改变，另一种是环境发生改变。由于改变环境需要成本等问题，一般情况下，大部分人选择改变自身以适应既定的环境，对于大学生来讲，要想在大学期间获得最优的发展，最有效的方法是调整自己适应现实环境。由于生活环境的不断变化，人的适应就是一个连续不断的过程。

适应与发展是人生的两大基本任务。适应与发展是密切相关、相互促进的，它们是同一过程的两个方面，二者是辩证统一的关系。人的发展是适应推动的结果，同时发展过程也是获得新的适应能力的过程，发展要通过积极的适应来实现，同时又使个体在更高水平上获得新的适应。适应促进发展，发展是适应的结果和体现，积极的适应就是发展。由于人的生存环境总是不断地变化，个体就不断地适应、发展、再适应、再发展，如此周而复始，人生的境界和品位也就不断提升。

（二）大学生七向量发展理论

西方学者于 1969 年提出了大学生的七个发展范畴的理论，并使用了“向量”一词。此后，七向量发展理论在西方大学教育的学生发展领域中被广泛使用和认同。其主要内容如下。

（1）发展能力。在大学期间，大学生可以增进和发展多方面的能力，使自己更有信心来表现这些能力，包括智力、社交及人际交往能力等。

（2）管理情绪。大学生每天要面对许多挑战，有的来自学习，如选修科目、考试、写论文，也有些来自人际关系、家庭、生活等方面，从而产生种种不同的情绪，有积极的也有消极的。大学生要充分认识自己的情绪，并以恰当的方式来处理情绪，这对整个人生都有着深远的意义。

（3）从自主迈向互相帮助。作为大学生，学习独立、承担责任是十分重要的。在学习独立的同时也要学习如何互相帮助、互相包容，因为每一个行动都会影响自己和他人，在有些情况下个人需要做出牺牲、让步等。

（4）发展成熟的人际关系。与别人建立关系对大学生的生活有很大的影响。建立成熟的人际关系难度很大：一是要容忍和欣赏别人与自己的不同；二是要有能力与别人发展亲密关系。维持这样一种亲切的关系需要有正确的自我认识和沟通、自信心的支持等。

（5）确立自己的角色地位。确立自己的角色地位对大学生来说十分重要，它既影响自尊心、自信心的建立，也影响他人对自己的满意及接纳程度，还会影响对自己的评价等。

（6）发展目的。发展目的包括不断增强自己的能力，制订计划，确定方向、目标。人生目标的确定往往与大学生个人的价值观及信念有关。

（7）发展整合。大学生的价值信念引导他们的行为方向，这也是他们为人处世的原则。整合是指确保行为与价值的一致，顾及别人的利益，尊重别人的意见，同时能够肯定自己内在的价值观及信念。

（三）大学生适应与发展的任务和要求

大学生适应与发展的任务和要求包括以下几个方面。

（1）适应社会要求。大学生应把握社会需求的多样性和发展性。只有把握好社会需求的多样性，才能开阔选择发展模式的视野，避免把发展的目标禁锢在某一种社会需求上。只有选择的发展模式适应某种社会需求，才会有光明的前途。同时，社会需求又是发展变化的，选择发展模式一定要顺应社会需求的发展趋势，只有这样前途才会光明。

（2）善于把握自我。选择发展模式要把握发展的主客观条件。把握发展的客观条件较易，把握发展的主观条件则较难，尤其在正确认识自我上。因为大学生自我认识的能力有限，社会经历比较简单，缺乏检验自身素质的实践，自律能力差，容易从众，也容易偏执，等等，所以要引导大学生努力学习一些自我认识的知识，掌握一些自我认识的方法，积极参加展现自身素质的实践。只有认识清楚主观条件，选择发展模式才会变得容易。倡导充分发挥自己的长处，绝不意味着可以忽视自己的短处，了解自己短处的目的不是将其作为支持点，而是尽可能避免它。

（3）学会做人。适应与发展的目的在于使人日臻完善，使人格成熟，不断增强自主性、判断力和个人的责任感，使人拥有正确的人生观、价值观，拥有明确的伦理道德观念和是非观念，能够遵守社会公德，使自己的各项行为符合新时代大学生的行为规范。

（4）学会做事。大学生要有敬业精神和社会责任感，要有独立的生活管理能力，独立选择、独立决断、独立处理问题的能力，应对各种情况及各种环境的能力，能够不断积累实践经验，使工作更有成效。

（5）学会交往。在现代社会中，与人和谐相处是一种人际交往的能力，通过这种能力可建立良好的人际关系。大学生对他人应当持有尊重、真诚的态度，能够接纳他人的长处与不足，能够与他人进行良好的沟通，并在沟通中建立亲密的合作关系，在相互交流与分享中促进自我和他人的成长与发展。

（6）学会学习。学习是一个人终身的任务，也是大学生的主要任务。在科技迅猛发展的信息时代，大学生不仅要善于学习书本知识，而且要善于学习实践知识；不仅要能够在教师的指导下进行学习，而且也要善于自主学习和创造。因此，大学生要不断激发和提高学习动机，学会计划和安排学习，总结学习经验，提高学习技能和技巧。

（7）提升个人素质。素质，简而言之，就是人的内在素养和品质，是在先天和后天形成的人的身心发展的总体水平。素质的最大特点是它的内在性，是本而不是末，是里而不是表，是质而不是量。它可以通过外在形式表现出来，如一个人的行为方式、思维品质、精神境界、处理各种问题的能力等。素质的另一个特点是综合性，包括思想道德素质、文化素质、专业素质和身心素质，其中思想道德素质是根本，文化素质是基础。大学生要重视创新能力、实践能力和创业精神的培养。

（8）实现角色转换。大学生毕业进入社会也就意味着承担新的社会角色。但这种新的社会角色的确立并不是一蹴而就的，而是一个行为过程。获得承担某个角色的认可，表现出扮演这个社会角色必需的社会品质和才能，积极地从精神上和行为上完全投入这一社会角色。择业的过程就是选择新社会角色的过程。新角色的获得使角色转变成为可能。大学生要学会从一个受教育者转变成一个能承担社会责任的、通过工作能为社会做贡献的人。

第二节　大学新生适应不良的原因及影响因素

一、适应不良的类型

适应不良不仅会影响大学生的生活和学习，也会阻碍大学生的进步和发展。大学生适应不良的原因可以分为以下几种类型。

（一）成长的失落

新生进入大学后，生活环境、生活条件、人际关系、学习方式与方法都与中学时期大不相同。这一系列的变化逐渐打破了他们原有的生活习惯、心理结构与心理定式。但他们还残留有依赖性、理想化、盲目自信等心理特征，表现为留恋家庭、父母、同学和中学环境等。由于盲目地向往未来，容易随心所欲地把生活理想化，一旦遇到问题就会引发复杂的心理矛盾。由于摆不正个人与社会、个人与集体的关系和位置，盲目自信很可能变成自我膨胀或自暴自弃。如此种种心理反应都会引起大学生成长过程中的失落感。

（二）生活陋习

部分大学生吸烟、喝酒、通宵上网等，这些不良的生活习惯在一定程度上影响了他们的心理和生理健康。所谓“习与性成”，就是指长期习惯于怎样的生活环境，就逐渐养成相应的习性。于是“积习难改”，所以生活陋习会给大学生带来很多麻烦甚至危害。

（三）社交困惑

大学生最棘手的问题莫过于人际关系适应不良。大学生的社交热情极高，他们积极主动地联系老师、同学以及社会中积极向上的人，渴望从这些“无字之书”中获得真正意义上的交往体验和真知灼见。然而，一室难以交往，何谈走向社会。社交活动中，语言艺术、沟通技巧的缺乏和认知偏差带给他们更多的是打击和困惑，从而产生了社交恐惧和孤独感。

（四）厌学、逃学

有些大学生缺乏明确的学习目标、理想，缺乏学习动力而形成“混日子”的心理，一味追求享乐、潇洒，得过且过，没有上进心、进取心。有些大学生学习习惯不良，方法不当，计划不周，成绩不佳，出现“挂科”的次数多到无法应付的地步，觉得学习索然无味，对其失去信心，以致厌学或逃学。

（五）贫困的重压

大学校园里有一个贫困生群体，家庭的经济困境使他们生活艰辛，吃、穿、住、行都不如别人，心理适应能力弱的贫困生就会产生自卑、焦虑、抑郁等不良情绪，或者怨天尤人、责怪父母，或者嫉妒、仇富，或者感到无奈、无助，陷入极度的烦恼、困惑与苦闷之中。

（六）择业的彷徨

就业是人生的重要转折点，也是目前大学生最为关心的问题。在求职、择业过程中，有部分就业观念陈旧的毕业生面对人才市场时会感到困惑，抱着“铁饭碗”“银饭碗”“金饭碗”的思想不放，在求职、择业过程中产生种种矛盾心态。迷茫和困惑干扰了他们正确的就业心态，彷徨和无奈使他们成为徘徊在高校附近的“校漂族”，错失了不少较好的就业机会。

（七）情爱的迷失

从大学生的身心发展状况来看，这一年龄段应是爱情的快速发展时期。大学生谈情说爱无可厚非，是精神需要，但为情所困的大学生也不在少数。当恋爱以其特有的魅力闯入大学生的心扉时，他们都希望恋爱成功，但有时也会酿成一杯杯爱的苦酒，他们既会为得不到爱而焦虑，也会为失去爱而伤心，所以失恋、暗恋、单相思、一见钟情的现象比比皆是。失恋后的烦恼和迷茫严重影响了大学生的生活和学习，而网恋更可能使他们失恋、伤心、伤身、伤感不已，甚至精神崩溃，断送一生。

二、适应不良的原因

（一）生活角色的变化

大学生的身份和生活角色相对于中学时期已发生了明显的变化。在中学时期，学生一般住在家里，生活起居由父母安排照顾，在周围人的眼中还是孩子。大学生离开家庭，踏入大学校园则是住在集体宿舍，过集体生活。在这个小集体中，大家都拥有相同的生活资源，都是平等人，不再有父母在身边的宠爱，凡事都要靠自己处理。而在社会的眼中，大学生已是成人，很多时候需要大学生作为一个完全负责任的“社会人”。这种生活角色的变化，对缺乏独立生活能力的大学生来说，是一个很大的挑战。尤其是当前00后的大学生，被人戏称为“他人的一代”。也就是说，在中学以前，周围人对他们的照顾可谓面面俱到，这导致他们养成了依赖的习惯，而一旦进入大学校园，自己可依赖因素将不再存在，需要自立自强地适应环境。如何迅速适应大学全新的生活角色，往往是大学生面临的第一道难关。

（二）生活环境的变化

生活习惯是一种由于重复而形成的并巩固下来的行为方式，包括劳动习惯、饮食习惯、消费习惯、嗜好等。进入大学之后，大学生首先感受到的就是气候、饮食、语言等环境的变化。地域与习俗的改变会使某些大学生在生活上产生不适，给未来的学习和生活带来负面影响。从生理学角度来讲，人都是有习惯的动物，一旦打破原有的习惯，就会面临生理习惯被打乱的危险，反馈到心理，就会导致心理不适。此外，大学同学来自祖国各地，方言、起居习惯、饮食习惯等都有着很大的不同，相互适应也需要一定的耐心和时间。同时，大学生摆脱了以往的学习压力，课余生活与中学相比也更加丰富多彩，各种比赛、晚会、讲座、学术报告会，既让许多新生感到新鲜，又让他们感到无所适从。有的新生拒绝参加一切活动；有的新生则来者不拒，以至于应接不暇。

（三）学习环境的变化

大学与中学分属学校教育的不同阶段，其教学目的、教学内容、教学方法方面都存在明显的差异。

（1）教学目的的差别。中学的教学目的主要是向学生传授基础性知识，为后续的学习或深造打下坚实的基础；而大学的教学目的主要是向学生传授各种专业知识和专业技能，培养的是社会发展所需要的各种专业人才。

（2）教学内容的差别。中学的教学内容主要是不定向的文化基础课；大学的教学内容主要是定向的专业课，教学内容无论是在深度上还是在广度上都比中学有了很大的拓展。

（3）教学方法的差别。中学的教学方法主要是以教师讲授为主，教师是教学的中心；大学的教学方法是以学生自学为主，以教师讲授为辅，学生居于相对中心的地位，教师的主要作用是引领入门、答疑解惑。

（四）人际环境的变化

在中学时代，学生生活单调，主要任务是学习，很少接触社会，主要是和父母、老师、同学打交道，人际环境相对简单；在人际交往方面，没有语言的障碍、乡土的差异，交往相对容易。到了大学，人际关系、交往范围都发生了很大的变化。

（1）人际交往的范围扩大了。大学生不仅要和不同地域、不同习俗的同学打交道，还要和院系等有关部门的教职工打交道，如果参加各种社团活动或社会活动，还要与不同年级、不同学院、不同专业的同学打交道；如果勤工助学、参加教学实习或网络交友等，还要广泛地接触社会。

（2）人际交往的难度也增大了。大学的人际关系比较复杂，再加上同学之间语言、生活习惯、价值观、性格等方面的差异，增大了交往的难度。

三、影响环境适应的主要因素

（一）主观因素

1. 生理因素

（1）神经系统的类型特点对大学生的适应能力有很大影响。人的高级神经活动具有强度、平衡性和灵活性三个基本特征。强度是指神经系统所能承担的工作能力。强的神经系统能承受较繁重的、较长时间的负荷，而弱的神经系统却不能，在同样的负荷下易发生心理障碍。平衡性是指神经活动过程的兴奋和抑制力量的对比。力量相当，是平衡的；若一方占优势，则是不平衡的，不平衡易引发过度兴奋或抑制方面的障碍。灵活性是指兴奋和抑制的变换速度，变换快，是灵活的；反之，则为不灵活的，不灵活的易引发刻板、固执等心理障碍。

（2）内分泌活动也影响着大学生的适应性。青春期是内分泌活动加剧、激素分泌旺盛的阶段，某一种腺体活动失调就会影响人的心理活动。例如，甲状腺功能亢进者，神经系统兴奋性提高，易激动、紧张、烦躁、多语、失眠等；肾上腺功能发达者，易兴奋、激动，而功能不足者则易抑郁、疲劳，缺乏工作兴趣。

（3）青春期性发育会给青少年带来最初的性生理和性心理的冲击，如女子的月经和男子的遗精，往往使一些缺乏性知识的青少年产生羞耻感、罪恶感、焦虑、烦恼甚至恐慌。如果不正确处理则会造成将来的性心理障碍。

（4）身体疾病和营养状况也会产生适应不良。例如，身体不适会引起焦虑，某些疾病会导致神经系统紊乱，产生心理障碍；高糖分食物的大量食用，易引起疲劳、抑郁等；如果每天饮用较多的咖啡则易导致神经过敏、失眠、易怒、心悸等。

2. 心理因素

（1）具有正确人生观、价值观的人，能够正确看待人生、金钱、地位等问题。在千变万化的现代社会生活中始终保持头脑清醒，具有明确的生活目标，即使在生活中遇到挫折和打击，也能在正确的人生观、价值观的指导下，克服障碍，化解烦恼，保持健康的心理状态。人生观、价值观是心理适应的动力，也是大学生一生发展的根本动力。

（2）能力素质、气质特征、性格特征等对个体适应大学生活和各种环境具有重要影响。比较而言，有以下特征的大学生更易陷入适应不良：①情绪特征表现为不稳定、易冲动、易怒、消沉、冷漠、郁郁寡欢等；②意志特征表现为固执、刻板、胆怯、优柔寡断、缺乏自制力、耐挫力差等；③自我意识特征表现为过分自尊或自负、缺乏自信等；④社交特征表现为孤僻、退缩、自我封闭、敏感多疑、心胸狭窄、嫉妒心强等；⑤认知特征表现为以偏概全、夸大后果、爱钻牛角尖等；⑥人格特征表现为认知能力不高、脾气急躁、粗暴、执拗、性格不健全等。

（3）个人的主观努力水平和积极实践活动也是影响大学生适应能力的重要因素。大学生应该积极进取、奋发努力、满怀激情地投入大学生活之中。倘若悲观、消极、退缩、回避、自卑、自轻、自怨自艾等，不仅会出现适应不良，严重的还会出现心理障碍和心理疾病。

（二）客观因素

1. 独立生活的困扰

独立生活的困扰主要是指离开父母和家庭后在集体生活、饮食习惯、钱财管理及如何处理各种生活事务方面的困惑。如何克服孤独感和思家情绪是新生适应阶段的重要课题。另外，由于经济水平的提高，大学生所缴费用与上学花销在逐年递增，经济困难成了一部分大学生尤其是贫困生面临的严峻挑战。这些大学生在与同学交往中有自卑感，因为缺乏经济保障而深感忧虑。

2. 学习方面的困扰

学习方面的困扰主要是指对大学的学习方法、内容和形式的不适应。大学的教育内容多，进度快，没有人直接督促学生的学习，学生自由支配的时间多，习惯于中学阶段的被动学习而自学能力不强的大学生容易产生学习上的压力与困难。

社会竞争日趋激烈，体现在大学生身上主要是学业的竞争。一方面，大学生要完成繁重的学习任务，承受考试的压力；另一方面，为了适应将来社会的需要，大学生又要参加各种各样的技能培训班，如近年来在大学校园内出现的“考证热”。担心考试不及格，导致部分大学生在考试前后紧张不安、焦虑和恐惧。

3. 人际关系的困扰

人际关系的困扰主要是指在新的环境中如何结交新的朋友和建立良好的人际关系，如何与异性沟通，如何融入新的班集体，如何摆脱对中学人际关系的依赖感等方面的困扰。大学里来自五湖四海的同学共同生活在一个新的集体里，地域风俗、语言的不同，生活习惯、个体心理、观念文化的差异，加之当代大学生自我意识、个人空间强化等原因，使大学生在人际交往中面临不少困难。面对新的人际环境，不少大学生出现退缩心理，表现为不想交往、不敢交往、不会交往等心理困扰。不想交往是因为多数大学生是独生子女，他们性格内向，自我保护意识强，不愿主动与人接触。不敢交往是因为自卑羞怯、过于胆小、防卫心理过重。不会交往是因为许多大学生对自己的社交能力评价不高，缺乏交往的基本知识和技能，虽然喜欢交往，但不知道如何交往；即使交往，也是广而不深，大多是点头之交，难以寻觅到真心好友。

4. 职业目标的困扰

职业目标的困扰是指对就读专业的了解、满意度及对未来职业的茫然感。社会对专业人才的需求是不断变化的，并没有永远时髦的热门专业。不少大学新生是根据父母的意愿报考专业的，自己对所学专业的培养目标和就业市场并不熟悉，缺乏职业生涯规划。

职业目标困扰感强的学生，不能正确认识和评价自己的专业，容易产生失落感，不少大学生深感择业、就业的压力。一方面，他们认同竞争，赞成双向选择；另一方面，他们又担心机会不均，害怕找不到自己满意的工作。不少新生从高年级同学身上感受到就业的压力，也为自己的前途感到焦虑、担忧，不知所措。

5. 家庭环境的困扰

家庭中，父母的教养方式和态度是最关键的。心理学家弗洛姆指出，如果个体被父母多年错误对待，他们将变得虚弱，长大成人后将变得焦虑和喜怒无常，其结果就形成神经官能症的性格结构。另外，家庭正常结构的破坏，如父母不和或离异，继父（母）虐待以及亲人死亡等，往往使一个人失去良好的家庭教育和家庭温暖，备受精神磨难，因而造成心理创伤，形成心理障碍等。

第三节　大学生适应与发展路径

一、培养自立和自理能力

大学生只有解放思想、实事求是、与时俱进、勇于实践，才能适应不断变化着的客观环境，才能在复杂多变的自然环境和社会环境中健康地生活和积极地发展。每一个人都不可能处处、时时、事事顺心如意，大学生同样处于这个客观规律的控制之中，同样需要正视现实，适应环境。

1. 培养生活自理能力

现代大学生中独生子女越来越多，很多大学生在家过惯了依赖父母的生活。衣来伸手，饭来张口，不会做家务、不会收拾房间、不会洗衣服、不会邮寄东西的大有人在。新生报到时，很多家长会陪送孩子到学校，替孩子做好一切。家长们长期的悉心照料，不利于孩子生活自理能力的培养，致使许多新生到校很久后仍料理不好日常生活，一遇到大事小情就向父母发信息、打电话求助。因此，摆脱依赖心理，培养独立生活的自理能力，是新生入学后重要的一课。

独立的生活能力还体现在理财上。很多新生不会合理支配自己的钱财，有的新生一开学就把父母给的几个月的生活费统统花掉，超前消费，还有的新生在每月收到父母的生活费后，上旬执行“市场经济”，中旬执行“计划经济”，下旬开始解决“温饱问题”。新生经济超支的现象相当普遍，究其原因，基本是不会理财、不会计划消费造成的。

要学会理财，就需要有一个起制约作用的计划。首先，要明确开支中哪些是必要的和基本的，哪些是可有可无的；其次，要根据家庭的经济条件和经济来源的可能性来安排开支。消费计划的制订和执行，要建立在对这些情况基本把握的基础之上。

2. 培养良好的生活习惯

生活习惯代表一个人的生活方式，它直接影响身心健康。到了大学，离开了父母，一切生活均由自己支配，新生在感受到周围环境不适的同时可能也会有一种“解放”或自由的感觉。没有了父母的控制、老师的监督，部分新生开始放任自流，养成了不良的生活习惯，饮食没有规律，作息没有保证，娱乐没有节制，这都会严重地影响身心健康。

大学生正处于长身体、学知识的阶段，身心健康是确保大学生能够顺利度过大学阶段的重要基础。因此，应从进入大学时起就重视这个问题，注意养成良好的生活习惯。

（1）要制定严格的作息时间，按时起床、锻炼、学习和休息。生活的规律性是身体健康的基本保证。

（2）要有良好的饮食习惯。大学生中患胃病者较多，主要原因有两个：一是饮食不规律。有的大学生早晨喜欢睡懒觉，来不及吃早饭便匆忙去上课；有的大学生索性不吃早饭，而以零食充饥。二是暴饮暴食。有的大学生赶不上吃饭就饿着或随便吃点东西对付，等到下一顿时大吃大喝，个别大学生还有嗜酒的不良习惯。这样不良的饮食习惯必然会影响身体健康。“早饭要吃好，午饭要吃饱，晚饭要吃少”，是有一定科学道理的。此外，坚持合理的饮食结构对身体健康也非常重要。

（3）要坚持锻炼身体。健康的体魄是学习和做好其他一切事情的基础。高校中常有大学生因病休学、退学而致学业被迫中断的，这种情况的发生多与不注意身体锻炼有关。没有健康的身体，就没有学习的本钱。为了自己的前程着想，大学生也必须坚持锻炼身体。

3. 摸索适应大学的学习方法

对大学学习的不适应，使大学生最易产生情绪波动与自我评价偏差。很多大学生在入学一段时间后猛然发现大学的学习并非像中学老师所说的那么轻松。大多数大学生在开学初的那段时间采用中学的学习方法，希望通过老师的反复灌输掌握知识，不会合理地安排时间，不会科学、充分地利用图书馆这种资源来进行学习。有些大学生适应较快，而有些大学生到了考试时才发现问题。因此，大一上学期“挂科”的大学生比较多，有的大学生甚至“挂科”两三门。如果不及时调适，一些大学生就会产生厌学、逃学行为。因此，大一新生应该多与学长们交流，请教学习的秘诀，逐渐适应大学的学习特点，找出规律，不断提高学习效率和质量。

大学生学习适应不良常用的调适方法有：①树立科学的学习观。学习观是价值观在学习生活中的反映，是人们在了解学习的内涵及其特征的基础上逐步形成的，是对学习的规律、方法、途径、目的、意义和价值等所持有的看法、立场和态度。大学生要树立终身学习的观念，包括学会认知、学会做事、学会共处、学会生存、学会发展。②掌握科学有效的学习方法，如探索和发现式学习、创新性学习等。这些都是学习的利器，对学习起事半功倍的作用。③培养优良的学风。学风是指学习的风气，包括学习态度、学习精神、学习风格和学习方法等。优良的学风能促进和保证学习任务的完成，有利于丰富大学生的精神世界，有利于美好心灵的塑造。而且在参加工作以后，这种优良的学风会转化为优良的工作作风。具体来说优良的学风是指勤奋刻苦、严肃认真、求实创新。

二、强化环境应对能力

1. 全面提高对大学管理环境的适应能力

有大学新生这样写道："我们似乎成了没人管的羔羊。辅导员每周到我们宿舍的次数不到一次，上课的教授下课就不见了，同学之间也都不太了解。难道我们就要在这样的状态下度过大学生活吗？如果真是这样，我可真要受不了啦！"实际上，刚从中学跨入大学的新生对大学的管理普遍感到不适应，他们不了解、不适应大学管理的特点，仍然渴望像中学一样，有人监督，有人管理，于是便出现一些适应不良的现象。大学的管理是针对青年的特点来进行的，大学生正处于青年中期前的一段时间，这段时间是人生中心理变化最大的时期，也是身心发展最不稳定的时期。他们的认知、情感、意志还不太稳定，不太均衡，不太协调统一，容易出现缺乏主见、人云亦云、情绪波动、变化剧烈、意志薄弱、自制力差等现象，这些都需要引导和教育。由于大学生文化层次较高，思想活跃，对大学生的管理不能沿用对中学生管理的模式。大学管理环境适应不良调适常用的方法有：①积极参加各种活动。学校开展各种活动的主要目的是丰富精神生活、陶冶道德情操等。参加的活动多了，对学校管理环境的适应能力自然也增强了。②了解大学的管理制度和管理办法，提高对大学管理环境的适应能力。③增强自立意识，提高自理能力。大学生要克服依赖思想，学会自觉、自制地去学习，主动解决学习中的问题，培养独立思考、独立生活和适应社会的能力，通过自己的努力去提高各方面的素质。

2. 迅速实现角色转换

许多大学生在中学时代是优秀学生、班干部、模范团员，平时深受家长、老师和同学的关注和关怀，是生活中的中心人物。进入人才济济的大学后，接触面变广了，他们才发现自己不再拥有这些优势，好像是河流汇入大海，由此产生了心理的失衡。大学生角色转换适应不良常用的调适方法：①以平常心态接纳现实。重新排定座次，只能有少数人保持原来的中心地位和重要角色，而大多数学生会面临着从中心角色向普通角色的转变。大学生应知道山外有山、天外有天、人外有人的道理，适当地降低自己的期望值，接受"不完美"的自己。②向同学学习。大学生要发现和学习其他同学的优点和长处，而不是嫉妒，或自怜自卑、自暴自弃。只有这样才能以阳光的心态投入大学生活，从而实现丰富多彩的人生。③正确对待学习成绩。大学生要明白入学成绩不是评价自身的唯一标准，要以发展的眼光、进取的心态发现自己的优势，不断完善自己，不断提高自己的竞争力，树立自信心。

三、全面提升心理调适能力

1. 自卑心理的调适

自卑心理，即自卑感，是一种因个人自认为不如别人而产生的一种轻视自己的不良心理，平常的表现是忧郁、悲观、孤僻等。自卑感形成的原因有：①生理存在缺陷。例如，残疾、丑陋、身材矮小等。②家境贫寒。生活拮据容易使人感到卑微、不如人。

③自我认识不足。过低估计自己，用自己的短处与别人的长处做比较，常有如“我不行”的消极自我暗示。④性格内向。悲观地反省自己，容易发现自己的不足，忽视自己的长处，从而加重自卑感。⑤遭受挫折。例如，多次的交往挫折使心理脆弱的人变得害怕交往，产生自卑感。

自卑心理常用的调适方法有：①正确认识生理缺陷及家境贫寒。生理条件与家庭是无法选择的，但我们可以通过自己的奋斗不断增长知识，提高自身的全面素质，改善家庭状况，提高社会地位，减轻生理缺陷的影响。②正确认识自我，提高自我评价。要善于发现自己的长处，肯定自己的成绩，改善自我形象。③进行积极的自我暗示，自我鼓励。面对新局面，尤其是处于不利地位时，要在内心鼓励自己“一定行”，竭尽全力争取成功。④积极与人交往。自卑的人往往容易把自己孤立起来，越怯于交往就越自卑，并形成恶性循环。平时要积极与人交往，并通过交往开阔自己的胸怀，走出自卑心理的阴影。

2. 焦虑心理的调适

焦虑是个体主观上预感到似乎即将发生不幸的一种不安情绪，并伴有烦恼、害怕、紧张等情绪体验。大学生焦虑的表现是怀疑自己的能力，常常夸大自己的失败（哪怕只是一次小小的挫折），经常闷闷不乐，讨厌别人，脾气古怪等。过度焦虑若频繁发生会导致身体衰弱、食欲减退、睡眠不良和过度疲劳，恐惧、紧张和无助感加剧，注意力涣散，夸大自身的无能，顾虑重重，灰心丧气。有时对恐惧的预期还会导致易怒、暴躁、怨天尤人和厌烦。严重的焦虑会使人失去一切希望和情趣，甚至导致心理疾病。

焦虑心理常用的调适方法有：①正视现实。分析引起焦虑的原因，认识自己，宽容自己。过度的焦虑常常隐藏在潜意识中，它往往是由对某事耿耿于怀或过分自责引起的。认真分析引起焦虑的原因，正确评价自己，可以逐渐摆脱焦虑的困扰。②强化自我调节作用。排除情绪障碍，避免焦虑加剧，同时掌握人际交往技能，提高社会适应能力，减轻社会应激压力，也能减少焦虑、恐惧等负性情绪。③积极参加集体活动。在集体活动中交流思想感情，有利于恢复心理平衡，缓解心理压力。④默想法。默想自己置身于某个安静的环境中，那里空气清新、色调淡雅；或者依据个人的生活体验，默想那些容易让人平静愉悦的情景，默想越具体越有效。⑤转移注意力。把引起焦虑情绪的注意力转移到其他事物上。有的大学生在特定的时间、地点、任务、事物面前容易产生焦虑，应让注意力尽可能离开这类刺激物，尽可能做些有利于转换心境的事，避免坏的想法在大脑中回旋。注意力转移的幅度越大，焦虑情绪转变的可能性也越大。

3. 抑郁心理的调适

抑郁是大学生常见的情绪困扰，表现为情绪低沉、兴趣丧失、不安或反应迟钝，干什么事都没心思，并伴有失眠、食欲减退、心跳减缓、血压降低等现象。导致大学生抑郁的因素有两个：一是反应性抑郁，是由一定的事件（社会或心理的）引起的。生活或学习中的交往挫折引起心境的改变，如悲伤、失望、无助等强烈而持久的负面情绪，破坏了心理的平衡；或者由于自尊心受到伤害，动摇了自己对能力和品格的信心等。二是体因性抑郁，是由一些身体疾病或外来有害物质（如药物）引起的。轻度抑郁情绪在大学生中表现较多，因神经衰弱产生抑郁情绪的大学生，通常性格孤僻、内向、不爱说话与交往，严重影响身心健康。

抑郁心理常用的调适方法有：①改变生活习惯。如早晨早起，进行稍稍出汗的慢跑训练。②制订计划要切实可行、留有余地，以保持对完成工作的满足感。③尽量多参加讨论会、演讲会，多与充满活力的人接触，养成积极主动的习惯。④如果可能的话，脱离现在正在做的事情，休养一段时间，恢复元气。⑤保持满足感。想想境遇不如自己的人，这样能使心情舒畅。⑥精神上要充实，物质上要简朴，怀着感恩的心生活。⑦要积极处理自己所能办到的事情，不要耽搁拖延，要有效地利用笔记本，把所有要办的事情记下来，一件一件解决。

4. 恐惧心理的调适

恐惧心理是人面临危险而又难以立即摆脱时产生的情绪体验。见到生人会脸红、害羞、说话紧张、怯于人际交往等，是大学生中常见的社交恐惧。社交恐惧分为三种：一是气质型恐惧。这种人生性孤僻，害怕与人交往，常怀有胆怯心理，谨小慎微，顾虑重重。二是挫折性恐惧。由交往中受到挫折使自尊心受到较大刺激而产生，一遇到类似的社交场合就会产生恐惧心理。三是怕在社交活动中暴露自己的弱点而受到歧视，从而产生一种自我保护性恐惧。

恐惧心理常用的调适方法有：①提高认识。要深刻认识到在当今和未来的社会里，人际交往能力是个体在社会生活与职业工作中不可缺少的重要能力，积极主动地去面对社会交往。②弄清自己在社交活动中恐惧的对象，认真分析产生恐惧的原因，并在后续的社交活动中提前做好心理准备，以便减轻或消除恐惧。③正确认识、对待自己的弱点。通过积极努力克服自身弱点，增长才干，增强社交的自信心。

5. 孤独心理的调适

孤独心理是一种经常独处或由于受到孤立很少与人接触而产生的孤单、无依靠的心理。长期的孤独心理会使人心情郁闷、精神抑郁、性格古怪，严重影响人的身心健康。孤独心理产生的原因：一是性格孤僻，喜欢一个人独处，不喜欢与人交往，将自己的内心封闭起来，拒绝别人的友谊，这些人大多数受过心灵的创伤，往往具有极强的自卑感。二是性格过于内向，又不愿与人交往。由于长期独处，极易产生孤独感。三是因与众人不和，遭到他人有意孤立而产生孤独的心理。四是由于个性内向，刚进大学不久，远离家乡、父母及亲人，身处陌生的环境中，与陌生的同学难以尽快建立友谊，再加上生病时无人照顾、吃不到可口的饭菜等原因，很容易产生孤独心理而想念家人。

孤独心理常用的调适方法有：①逐渐改变孤僻的性格。要认识到不良性格会给自己带来不良影响。多与同学沟通、交往，学习别人的优点，多参加社会实践活动，扩大交往范围，在集体中体验与感受温暖与友情。②不断自我反省。当受到别人孤立时，要剖析自我，分析是否是自己不对。如果原因在于自己，应积极改正自己的错误，并主动向对方道歉；如果原因不在于自己，则可暂时摆脱这个小圈子，转移或扩大交往的方向与范围，从新的人际交往过程中寻求精神支持而不是被动地去忍受被孤立。

6. 嫉妒心理的调适

嫉妒是人自觉不自觉地在多方面与他人比较，当发现自己的才能、机遇、名誉、地位不如他人时而产生的一种羞愧、怨恨、愤怒相混合的复杂心理。这是一种十分有害的不良心理，持有这种心理会明显妨碍社会交往，并且影响自己的心理健康，因此大学生要学会对嫉妒心理进行调试。

嫉妒心理常用的调适方法有：①纠正自己认知的偏差。要认识到别人的成功完全在于努力，他有权获得这份荣誉。不应当把别人的成功等同于自己的失败，而应当学会用比较的方法，善于学习别人的长处来弥补自己的短处。②积极的升华。在别人比自己强时，应当把不服气的心理引导到积极的方面，化嫉妒为求上进的力量。③积极进行注意力的转移。如果我们能积极参加有关的活动，使自己的生活充实起来，也许就没有时间去嫉妒别人了。④学会欣赏别人的成功和优点。嫉妒者总是认为别人的成功和优点是对自己的威胁，是对自己利益的侵占。大学生要学会接纳他人，学会赞美别人的成功和优点，在真诚的祝愿中确立“我好，你也好”的交往态度。

7. 怯懦心理的调适

怯懦者害怕面对冲突，害怕别人不高兴，害怕丢面子，所以很多时候因为怯懦，他们常常退避三舍、缩手缩脚。他们在陌生人面前唯唯诺诺，不是语无伦次就是面红耳赤、张口结舌，他们谨小慎微，生怕说错话，害怕回答不好问题而影响自己在他人心目中的形象。在公平的竞争机遇面前，由于怯懦，他们常常不能充分发挥自己的才能，竞争受挫，错失发展的良机，于是产生悲观失望的情绪，导致自我评价和自信心下降。所以，大学生要努力克服怯懦心理。

怯懦心理常用的调适方法有：①树立信心。积极参加集体活动并在其中发挥自己的特长，从而使自己进一步融入群体，培养自己的勇敢精神。②客观评价自己。相信自己的才能，多肯定自己，并用积极的态度看待自己的不足，减少自责和挑剔，摆脱自我束缚。③进行积极的自我暗示，勇敢面对现实。可以通过默念指令性语言来增强自己的信心，如反复默念“我能行”“我一定能行”。

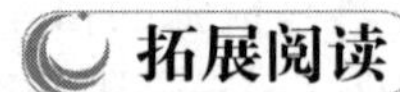

最坚韧的种子

有一个女孩，高中毕业后没考上大学，被安排在本村的小学教书。结果，上课还不到一周，女孩由于讲不清数学题，被学生轰下台，灰头土脸地回了家。母亲为她擦眼泪，安慰她说：“满肚子的东西，有的人倒得出来，有的人倒不出来，没必要为这个伤心，找找别的事，也许有更合适的事情等着你去做。”后来，她又随本村的伙伴外出打工。不幸的是，她又被老板赶了回来，原因是裁剪衣服的时候，手脚太慢，别人一天可以裁制出六七件，她仅能做出两件，而且质量也不过关。母亲对女儿说：“手脚总是有快有慢的，别人已经干了好多年了，而你一直在念书，怎么能快得了。”说完，便为女儿打点行装，准备让她到另一个地方去试试。

女孩先后当过纺织工，干过市场管理员，做过会计，但无一例外都半途而废了。然而每次女孩失败而又沮丧回家的时候，母亲总是安慰她，从来没有抱怨的话。30多岁的时候，女孩做了聋哑学校的辅导员。后来，她开办了一家聋哑学校。再后来，她又在许多城市开办了残疾人用品连锁店，成了一个拥有几千万元资产的老板。

有一天，功成名就的女儿向已经年迈的母亲问道："妈，那些年我连连失败，自己都觉得前途非常渺茫，可你为何对我那么有信心呢？"母亲的回答朴素而简单："一块地，不适合种麦子，可以试试种豆子；豆子也种不好的话，可以种瓜果；瓜果也种不好的话，撒上些荞麦种子也许能开花。因为一块地，总会有一粒种子适合它，也总会有属于它的一片收成……"

听完母亲的话之后，女儿落了泪。她明白了，母亲恒久不绝的信念和爱，就是最坚韧的一粒种子，她的奇迹，就是这粒种子执着生长创造的奇迹。

课后作业

1．大学生环境适应不良的表现有哪些？

2．结合个人实际，简述大学生应如何更好地提高适应环境的能力。

3．积极适应环境的策略有哪些？

心理测验

社会适应能力诊断量表

指导语：下面问题能够帮助你进行社会适应能力的自我判别。请你根据自身情况如实作答，了解自己的社会适应能力。

序号	描述	是	无法肯定	不是
1	我最怕转学或转班级，每到一个新环境我总要经过很长一段时间才能适应	−2	0	2
2	每到一个新地方，我很容易同别人接近	2	0	−2
3	在陌生人面前，我常无话可说，以至于感到尴尬	−2	0	2
4	我最喜欢学习新知识或新学科，它给我一种新鲜感，能调动我的积极性	2	0	−2
5	每到一个新地方，我第一天总是睡不好，就是在家里，只要换一张床，有时也会失眠	−2	0	2
6	不管生活条件有多大变化，我也能很快习惯	2	0	−2
7	越是人多的地方，我越感到紧张	−2	0	2
8	在正式比赛或考试时，我的成绩多半不会比平时差	2	0	−2
9	我最怕在班上发言，全班同学都看着我，心都快跳出来了	−2	0	2
10	即使有的同学对我有看法，我仍能同他交往	2	0	−2
11	老师在场的时候，我做事情总有些不自在	−2	0	2

续表

序号	描述	是	无法肯定	不是
12	在和同学、家人相处时，我很少固执己见，乐于采纳别人的看法	2	0	−2
13	同别人争论时，我常常感到语塞，事后才想起该怎样反驳对方，可惜已经太迟了	−2	0	2
14	我对生活条件要求不高，即使生活很艰苦，我也能过得很愉快	2	0	−2
15	有时自己明明把课文背得滚瓜烂熟，可在课堂上背诵的时候，还是会出差错	−2	0	2
16	在决定胜负成败的关键时刻，我虽然很紧张，但总能很快地使自己镇定下来	2	0	−2
17	我不喜欢的东西，不管怎么学也学不会	−2	0	2
18	在嘈杂混乱的环境里，我仍然能集中精力学习，并且效率较高	2	0	−2
19	我不喜欢陌生人来家里做客，每逢遇到这种情况，我就有意回避	−2	0	2
20	我很喜欢参加社交活动，我感到这是交朋友的好机会	2	0	−2

【评分标准与结果解释】

得分	35～40 分	29～34 分	17～28 分	6～16 分	5 分及以下
社会适应能力	很强	良好	一般	较差	很差
主要表现	① 能很快适应新的学习和生活环境 ② 与人交往轻松大方，给人印象极好 ③ 无论进入什么样的环境，都能应付自如、左右逢源	① 能较好地适应周围的环境 ② 与他人关系融洽 ③ 处事能力较强	进入一个新环境，经过一段时间的努力，基本上能适应	依赖于较好的学习和生活环境，一旦遇到困难则怨天尤人，甚至变得消沉	① 在各种新环境中即使经过一段时间的努力，也不一定能够适应 ② 在与他人交往中总显得拘谨、羞怯、手足无措 ③ 常常感到困惑，因为与周围事物格格不入而十分苦恼

心 理 训 练

有 缘 相 识

一、活动目的

1．通过游戏让学生体验主动交往的乐趣。

2．使学生在交流中发现共同爱好，寻找志同道合的朋友。

二、活动时间

大约 20 分钟。

三、活动道具

多种颜色的小方形纸若干，每张纸分别剪成四小块能相互契合的形状。选择欢快的乐曲做背景音乐。

四、活动场地

室内为宜。

五、活动程序

1．在背景音乐营造的欢快气氛下，教师要求学生到场地中央的盘子里选取一张自己喜欢的纸片。

2．根据自己所选纸片的颜色与形状，到群体中寻找能与自己纸片契合的“有缘人”。

3．找到了“有缘人”后，两人坐在一起，相互介绍自己，通过交谈找出彼此三个以上的共同点。

4．全班交流分享。

六、注意事项

1．此游戏比较适合彼此陌生的群体。

2．四张小纸片相互契合可以拼成一个正方形，就会出现一人同时可以与两人契合的情况。教师可以要求第一个图形契合的人为“有缘人”，也可以要求只要是图形能契合的人都为“有缘人”。

3．有缘人可以是颜色相同、形状契合的人，也可以是颜色不同但形状契合的人，由学生自己理解决定。

4．游戏还可以继续深入，在两个有缘人的基础上接着做“成双成对”的游戏，继续寻找图形契合的“有缘人”。找到后，四个有缘人通过交谈，寻找彼此存在的三个共同点。

第三章　大学生的自我意识与培养

大学生常见自我意识偏差及调整

“我是谁？我从哪里来？要到哪里去？”这个问题，已经困扰了人类数千年。2000 多年前，我国思想家老子说：“知人者智，自知者明。”几乎在同时代的西方，古希腊哲学家苏格拉底也有一句箴言：“认识你自己。”在现实生活中，人们穷其一生都在进行着认识自己的课题。美国心理学家麦克斯威尔·马尔兹曾指出：“不管我们是否意识到，我们每个人都有一幅自我‘蓝图’或一幅自画像。我们的意识里对此可能不够具体清晰，也可能不了解，但它却是存在的，而且完整详细地摆在那里。”

第一节　自我意识概述

进入大学，第一次班会大多会安排同学们做自我介绍。这是一个看似简单却让很多同学在等待中惴惴不安，都不知该如何介绍自己的问题。想想我们以前是怎样向老师和同学介绍自己的，是描述自己的外貌长相？内、外向性格特征？抑或是自己的家乡、兴趣爱好？事实上，很多同学喜欢用概括性的语言来介绍自己，如“我是一个性格开朗、喜欢结交朋友的人”“我是来自上海的阳光男孩儿”等。其实，一个人要真正认识自己并非易事，认识自己的过程是艰难而又曲折的，并且贯穿人的一生。可以说，只要个体没有消亡，自我意识就不会消失。大学阶段是个体从青春期向成年期转变的重要时期，也是个体自我意识发展、完善的重要时期。因此，客观地认识自我、正确地评价自我、积极地悦纳自我、有效地控制自我、科学地发展自我、建立良好的自我形象是大学生心理健康的基本保证。

一、自我意识的内涵

意识是人脑对客观世界的主观反映，是心理学研究的重要内容。自我意识作为意识的一种形式，是个体意识发展的高级阶段。

（一）自我意识的概念

苏格拉底的“认识你自己”说明了人类自我意识的“觉醒”，但人类对自我意识的真正研究始于文艺复兴运动，法国哲学家勒内·笛卡儿使用了“自我意识”这一概念，并提出“用心灵的眼睛去注意自身”的精辟论断，自此，有关自我的研究得到空前的发展。

精神分析学派弗洛伊德提出了“自我三结构说”，即本我、自我和超我，从人格的三个维度上研究自我的发展。与意识相对应的是潜意识，弗洛伊德曾用冰山来比喻，意识只是冰山浮出水面的尖峰，而潜意识则是潜藏于海底的冰体，且往往不被看到。他的理论强调了潜意识对人发展的重要性。

分析心理学派创始人卡尔·荣格提出人的心灵包含意识的自我和无意识的自我两大部分。他认为：在我们每个人身上都有另一个我们不认识的“他”——他在梦中和我们说话，他告诉我们，他看我们的方式是怎样迥然不同于我们看自己的方式，当我们在无法解决的困境中，他有时就能闪现出光亮，而这光亮将极大地改变我们的态度——那是使我们走出困境的态度。

美国“心理学之父”威廉·詹姆士在其著作《心理学原理》中对“自我”做了详尽阐述。他认为：“自我是个人所拥有的身体、特质、能力、抱负、家庭、工作、财产、朋友等的总和。”他还把自我分为经验自我和纯粹自我。

美国早期著名社会心理学家查尔斯·霍顿·库利将“自我”的概念引入社会化研究并取得突出成果，其影响最为深远的是“镜中我”理论。库利认为，自我是社会的产物，是通过与社会互动产生的。自我的出现有三个阶段：首先是我们觉察到我们在他人面前的行为方式；其次是我们领悟别人对我们行为的判断；最后是基于对他人反应的理解来评价我们的行为。

综上所述，自我意识就是个人在社会化过程中逐步形成和发展起来的，对自己及自己与周围环境关系的全面的、整体的认识，包括对自己的存在及个体生理、心理、社会特征等方面的认识，是个体关于自我全部的思想、情感和态度的总和。

（二）自我意识的多维度解读

自我意识是一个复杂的、多层次的心理系统，它既是心理活动的主体，又是心理活动的客体。因此，我们对自我意识内涵的理解也要从不同的角度展开。从内容上看，自我意识包括生理自我、心理自我和社会自我；从形式上看，自我意识分为自我认知、自我体验和自我控制；从观念上看，自我意识分为现实自我、投射自我和理想自我。

1. 从内容上：生理自我、心理自我和社会自我

生理自我是意识的最原始状态，主要是指个体对自己身体、生理状况的认识和体验，如对自己的身高、体重、外貌、性别、年龄等的认识，以及对身体的健康状况、温饱饥寒、精神状态等的体验。生理自我是与生俱来的，并在社会化过程中通过不断与他人进行交往和学习而逐渐发展成熟。在心理急剧发展变化、自我意识不成熟、各方面都不确定的青春期，有的学生对生理自我有着较高的心理关注度，如女生往往很在意自己是不是漂亮、有吸引力，男生则很关注自己的体形、高矮、风度，甚至是声音的吸引力等。如果觉得自己身材、相貌等方面都不错，能够接纳生理自我，个体就会感到快乐和自信，在活动、交往中多表现出积极性和主动性；反之，个体就会表现出自卑和缺乏自信。倘若一味讨厌、拒绝自己，个体就有可能因自卑而变得孤僻和自闭，甚至在活动、学习、交往中因为缺乏自信而限制自我，不仅影响自己潜能与价值的发挥，也会影响生命体验和人生价值感、幸福感。但随着自我意识的成长，人们对生理自我逐渐会有一个清晰的看法和正确的认识。

心理自我是个体自我意识的核心，在自我意识的发展中起着重要作用，主要是指个体对自己的心理活动、个性特点、心理品质等的认识和评价，包括对自己的感知、记忆、

思维、智力、能力、性格、气质、兴趣爱好等。如果一个人对自己的心理属性评价过高，认为自己智商超常、能力过人，他就有可能骄傲自负；相反，如果一个人对自己的心理属性评价过低，认为自己智商不高、能力很差，他就会否定自己，甚至自卑消沉。心理自我随着个体年龄、阅历、文化水平、心理水平等的发展而逐渐成熟。它促使个体根据需要来调节和控制自己的心理与行为，修正自己的经验和观念。

社会自我主要是指个体对自己所处社会关系、人际关系中角色的认识和评价，包括自己在群体中的角色、地位、责任、作用，以及自己和他人相互关系的认识、评价和体验，如个体在集体中是否受人尊重、在团队中的作用是举足轻重还是无足轻重等。社会自我是随着个体社会化的发展，在学习和实践各种社会角色的基础上形成的，并逐渐体现它在自我意识中的重要性，成为影响个体自信的重要因素。几乎每个大学生都特别看重他人对自己的看法和评价，也就是说，每个大学生都特别重视社会自我。因此，社会自我是大学生自我意识的核心内容。社会自我的一个突出特点是自我控制，包括坚持性和自制力两个方面。随着自我意识的发展和社会化的不断深入，个体的社会角色会逐渐浮出水面并占据重要位置，与此相对应的责任感、义务感、角色感也不断增强。

2. 从形式上：自我认知、自我体验和自我调控

日常生活中，因某些成功的或不成功的事件，我们不可避免地会对自己进行观察、分析和评价，由此会产生某些自我感受。因此，自我意识从形式上讲可分为自我认知、自我体验和自我调控。这是自我意识在认识、情感和意志方面的体现，三者之间相互联系，相互制约，相互统一于完整的个体自我意识之中。

自我认知是自我意识的认知成分，是一个人对自身和自身与周围世界关系的认识，包括自我感觉、自我观察、自我分析和自我评价等，是自我意识中最基础的部分，决定着自我体验的主导心境及自我控制的主要内容。其主要解决“我是一个什么样的人”“我为什么是这样的人”等问题。例如，有的大学生观察自己的体形，认为自己很胖；分析自己的品行，认为自己是一个诚实的人；分析自己的性格，觉得自己脾气急躁等。自我评价是自我认知的核心，它是个体在认识自己行为和活动的基础上产生，并通过社会比较实现的。现实生活中人们容易过高或过低评价自己，这是因为个体想要做出客观、正确的自我评价是比较困难的。首先，个体的自我发展是一个连续的、终身的过程；其次，个体在进行自我评价时会受到需要、动机、能力等心理因素的影响。

自我体验属于情绪范畴，它以情绪体验的形式表现个体对自己的态度，即主我（I）对客我（me）的一种态度，其主要解决“能否悦纳自己”“对自我是否满意”等问题。个体的自我体验是在自我认识的基础上产生的一种情绪体验，这种情绪体验往往与自我认知、自我评价有关，也与自己对社会的规范、价值标准的认识有关，包括自尊、自信、自卑、内疚、自豪感、责任感等。当客我满足主我的需要时，个体就会产生肯定的自我体验；反之，就会产生否定的自我体验。由于女性特有的敏感与细腻，有些女大学生的自我体验十分丰富且深刻而又持久，如有的女生非常关注自己的外表，甚至放弃基本的饮食而减肥；削减正常的开支用于购买时装、护肤品，并在其中体验自尊心的满足。在自我意识中，自我体验强化自我认知，决定自我调控的行动力度。

自我调控主要表现为人的意志行为，它监督、调节自己的行为，调节、控制自己对自己的态度和对他人的态度，包括自我监督、自我激励、自我暗示等内容，常表现为自主、自立、自强、自制、自律等，其主要解决“我怎样克制自己”“我如何改变自己”“我如何成为理想的那种人”等问题。自我调控体现了自我意识在改造主观世界方面的能动作用。这种作用主要表现在两个方面：一是启动作用，它可自我发动与支配自己的行为。在克服困难的过程中，个体强制自己的言语和运动器官进行某种活动就属于这种情况，如大学生克服睡懒觉的欲望进行晨跑、晨读等；二是制止作用，即抑制不正确或在当时情境中不应有的言论和行为，如患感冒的学生在课堂上为了不影响其他同学，努力克制自己的咳嗽等。在自我意识的结构中，自我调控是完善自我的实施途径，对自我认知、自我体验起着调节作用。

表 3-1 给出了按内容和形式分析的自我意识的结构关系。

表 3-1　自我意识的结构关系

项目	自我认知	自我体验	自我控制
生理自我	对自己身体、外貌、衣着、风度、家属、所有物等的认识	英俊、漂亮、有吸引力、迷人、自我悦纳	追求身体的外表、物质欲望的满足，维持家庭的利益等
心理自我	对自己的智力、性格、气质、兴趣、能力、记忆、思维等的认识	有能力、聪明、优雅、敏感、迟钝、感情丰富、细腻	追求信仰，注意行为符合社会规范，要求智慧与能力的发展
社会自我	对自己的名望、地位、角色、性别、义务、责任、力量等的认识	自尊、自信、自爱、自豪、自卑、自怜	追求名誉地位，与他人竞争，争取得到他人的好感等

3. 从观念上：现实自我、投射自我和理想自我

在成长的过程中，我们不可避免地受过去经验、家人期待、学校教育等的影响，对于自己应该成为怎样的人、想象中自己是怎样的人会形成一定的看法。这些假定的自我意识可分为现实自我、投射自我和理想自我。

现实自我是个体从自己的立场出发对现实的“我”的看法，即对实在的“我”的认识，如“我是一个善良的人”。

投射自我是个体想象中他人对自己的看法，如想象自己在他人心中的形象，想象他人对自己的评价及由此产生的自我感。但投射自我和现实自我往往有距离，当距离较大时，我们便感到自己不被别人理解，如“我认为我很善良”，这是现实自我；“但是我总感觉别人认为我是装出来的，是伪善”，这是投射自我。

理想自我是个体从自己的立场出发对将来的我的希望，如“我希望今后的我更加开朗、健谈”等。理想自我是个体想要成为的对象，是个人追求的目标，但是如果理想自我与现实自我差距过大，就会给个体带来挫败感。

二、自我意识的形成过程

心理学研究表明，个体的自我意识从发生、发展到相对稳定，要经过二十多年的时间。生理自我最早出现在出生后 8 个月，到 3 岁左右才成熟。

（一）自我意识萌生时期（生理自我形成发展期）

在生命降生之初，婴儿是没有自我意识的，他们甚至不能意识到自己和外界事物的

区别。他们一般在 8 个月左右时开始萌生生理自我，这是自我意识的最初形态。到 1 岁左右，开始能把自己的动作和动作对象区别开来，初步意识到自己是动作的主体。例如，当他手里抓着玩具时，他不再把玩具当作自己身体的一部分了。1 周岁以后，儿童逐步认识自己的身体，也开始意识到自己身体的感觉。不过，他只是把自己作为客体来认识，他从成人那里学会使用自己的名字，并且像称呼其他东西一样称呼自己。一般到 2 岁左右，儿童逐渐学会用代词“我”来代表自己。3 岁左右的儿童，自我意识有了新的发展，主要表现在以下几个方面。

（1）出现了羞愧感与疑虑感。做错了事，会感到羞愧；碰到矛盾，会感到疑虑等。

（2）出现了占有欲和嫉妒感。看到自己喜欢的东西，就想独自占有，不愿与人共享；如果母亲对其他儿童表现出关心和喜爱，就会产生强烈的嫉妒感。

（3）第一人称“我”的使用频率提高，许多事情都要求“我自己来”，开始有了自我独立的要求。

应该说，3 岁儿童的自我意识已经有了一定的发展，但其行为仍然是以自我为中心的，即以自己的想法解释外部世界，并把自己的想法和情感投射到外界事物上去。

（二）自我意识形成时期（社会自我形成发展期）

3 岁到青年期这段时期是个体接受社会化影响最深的时期，也是学习角色的重要时期。个体在家庭、幼儿园、学校中游戏、学习、劳动，通过模仿、认同、练习等方式，逐步形成各种角色观念，如性别角色、家庭角色、伙伴角色、学生角色等。这一时期也是获得社会自我的时期，他们开始能意识到自己在人际关系、社会关系中的作用和地位，能意识到自己所承担的社会义务和享有的社会权利等。

青年期以前，个体的注意力是向外的，引起他们兴趣和注意的是外部世界，他们不太会关注自己的内心世界。他们虽然已经意识到自己是一个主体，可以充分认识到自己的行为，但却不了解自己的某些状态，他们常常把自己的情绪视为某种客观上伴随行动产生的东西，而不懂得情绪是自己的主观感受；他们还不善于用自己的眼光去认识世界，而只是照搬成人的观点作为对外部世界的认识。

（三）自我意识发展时期（心理自我形成发展期）

从青春发育期到青年后期大约十年的时间，是心理自我的发展时期。这一时期，自我观念渐趋成熟，个体无论在生理、认识或情感等方面都有很大变化，如性的成熟、逻辑思维和想象力的发展、感受性的敏感程度等，而这些都是自我意识发展的基础。这一时期，个体的自我意识具有以下特点。

（1）自我意识表现为观察者的我（I）和被观察的我（me），因而个人就能从自己的观点出发，认识和评量自己的心理活动。

（2）能够透过自我去认识客观世界，即从自我的观点来认识事物，而不是从他人的观点去评量事物。

（3）个人价值体系的发展和理想自我的活动，总是与自我观念的发展相联系。这时，个体常常强调自己所具有的个性特征的重要性，以及个体认为自己追求的目标对于自己的重要性。由于自我意识的发展，到了青春期，青年要求独立、自治的意识强烈，更想摆脱成年人的影响束缚。

一般来讲，青年自我意识的发展，经历着一个特别明显的、典型的分化、矛盾和统一的过程。自我明显的分化，意味着自我矛盾冲突的加剧，即主体“我”与客体“我”、理想“我”与现实“我”矛盾斗争的加剧。两个“我”不能统一，自我形象就不能确立，自我概念也不能形成，于是青年表现出明显的内心冲突，甚至有一定的痛苦和强烈的不安感。他们对自我的评价常常是矛盾的，对自我的态度常常是波动的，对自我的调控常常是不自觉、不果断的。他们可能忽而只看到自己的这一面，忽而又看到自己的那一面；时而能较客观地评价自己，时而又不能；时而肯定自己，时而又否定自己；时而对自己充满自信，时而又感到自己无能，对自己不满等。

自我意识的形成和发展的过程，正是个体人格成长的过程，忽视了任何阶段的健康成长，都会给一个人带来终生遗憾。

（四）自我意识完善时期（自我意识统一期）

如果说青年期是自我意识迅速发展并趋向成熟的阶段，那么青年期之后则是个体自我意识的完善和提高阶段，即主体“我”与客体“我”、理想“我”与现实“我”经过激烈的斗争，实现统一的时期。这种统一是在新的水平与方向上的协调一致，使现实“我”努力符合理想“我”的要求。当然，矛盾的统一有两种可能性：积极的结果是形成新的真实的自我统一，使个体增强自信，拼搏向前，有利于自身发展；消极的结果是形成歪曲的自我统一，如自卑、自负，影响自身的成长和发展。

三、自我意识的作用

（一）自我意识决定个体的行为

人是社会的动物，人的行为既受诸多社会因素的影响，又与个体的自我意识有着很大的关系。每个人的现实行为并不单是由其所在的情境决定的，它与自我认知、自我意识有着密切的联系。那些自我意识积极的学生，其成就动机和学习投入程度及学习成绩明显优于那些自我意识消极的学生。当学生认为自己不行时，他们会放松对自己行为的约束。可以说，个人能理解自己，是保证个体怎样行为及以何种方式行为的重要前提。

（二）自我意识决定个体的归因

不同的人可能会获得完全相同的结果，但每个人对这种结果的解释却可能有很大的不同。解释经验的方式取决于一个人的自我意识。一个自认为能力一般、只能获得平均成绩的学生，认为取得比较好的成绩就是取得了极大的成功，会感到十分满足；而对于同样的成绩，一个自认为能力优秀、应当获得出众成绩的学生，会认为是遭遇到了很大的失败，并体会到极大的受挫感。事实证明，当个人的自我意识消极时，每一种结果都会与消极的自我评价联系在一起；当个人的自我意识积极时，每一种结果都可能被赋予积极的含义。

（三）自我意识影响个体的期望水平

自我意识不仅影响到个体现实的行为方式和个体对过去经验的解释，而且影响到个体对未来事情发生的期待。这是因为，个体对自己的期望是在自我意识的基础上发展起来的，并与自我意识相一致，其后继的行为也取决于自我意识的性质。研究发现，学习成绩较差的学生，其整个行为动力系统都出现了角色偏离的结果。

第二节 大学生自我意识的发展

一、大学生自我意识的发展过程

大学时期是自我意识迅速发展的特殊时期和关键时期。这一时期，大学生的生理、心理趋向成熟，与人交往和社会接触的机会明显增多。他们越来越把注意力引向自身，把自身变成意识的对象，他们自我意识的发展正经历一个明显而又典型的分化—冲突—整合的过程。这一过程推动着大学生个体自我意识的迅速发展并趋向成熟。

（一）自我意识的分化

青年期自我意识的发展是从明显的自我分化开始的。儿童时期的自我意识是一个尚未分化的整体，其意识内容主要停留在对自己外部行为和自己与周围关系的外部特征上。进入青春期，原来在儿童时期统一不可分割的完整的我被打破了，出现了两个我：主观我（I）和客观我（me）。也就是说，大学生既是观察者又是被观察者。主观我往往代表了社会的要求，在头脑中塑造了一个“理想的我”的形象。客观我实质上就是现实生活中的我的形象，即“现实的我”。主观我和客观我的分化，使大学生主动地、迅速地关注自我的内心世界和行为，产生新的认识和体验。于是，自我内心活动复杂了，由此带来的种种激动不安、焦虑、喜悦、自我沉思、内省明显增多了，并开始考虑自己应怎样做、能怎样做和不应怎样做、不能怎样做等问题，要求有属于自己的空间和世界，渴望被理解、被关怀。

此时，如果个体的理想的我（主观我）和现实的我（客观我）能保持大致的平衡，即个体的真正能力、性格、欲望能如实地表现出来，他便能以自己的本来面目出现在别人面前，既不用掩饰自己的努力，也不怕暴露自己的缺点，从而有利于发挥自己的实际能力，促进个体健康发展；但也常常会出现理想自我和现实自我的失衡感。

若现实的我占优势的个体，往往表现出较强的虚荣心和自我陶醉感，特别在乎他人对自己的评价，期望事事处处得到他人的赞赏。他们担心暴露自己的缺点，常常炫耀自己的知识，追新猎奇，哗众取宠。

若理想的我占优势的个体，往往将客观我认识到实际能力之下，总认为自己处处不如他人。他们往往自卑感较强，因为自己某方面的欠缺，如口才不好、身材不好、相貌一般、家境贫寒、能力不强而苦恼，甚至放弃应有的努力，形成自我怜悯或伤感的心理状态。

总之，自我意识的分化促进了大学生思维和行为主体性的形成，从而为客观地评价自己和他人，合理地调节自身的言行奠定了基础。这是自我意识开始走向成熟的标志。

（二）自我意识的冲突

一方面，自我意识的分化，使青年开始意识到自己不曾注意的许多“我”的方面和细节，发现理想“我”与现实“我”的差距；另一方面，由于处于发展阶段，自我形象不能很快确立，自我概念不能明确形成，因而自我冲突加剧，表现为内心冲突，甚至产生很大的内心痛苦和强烈的不安感。归纳起来，当代大学生自我意识的冲突主要表现在以下几个方面。

（1）理想“我”与现实“我”的冲突。这可以说是大学生自我意识矛盾最突出、最集中的表现。当代大学生有理想、有抱负，成就欲望较强，但由于他们生活范围相对狭窄、社会交往比较单一、缺乏社会阅历等，当他们付诸行动时，往往会发现理想和现实有着巨大的差距，于是他们开始对现实我不满，甚至怀疑自己。这种理想“我”与现实“我”的冲突是大学生在成长过程中不可避免的，它在给大学生带来苦恼和不满的同时，也会激发大学生奋发进取、锻炼自己的心理承受能力，使他们重新认识和评价自己，不断寻找理想“我”和现实“我”的最佳结合点。但如果这种矛盾与冲突过于强烈，不能及时加以调适，则会导致自我意识的分裂，从而带来一系列心理问题。

（2）独立意向与依附心理的冲突。进入大学以后，大学生的独立意识迅速发展，他们一方面希望能在经济、生活、学习、思想等方面独立，摆脱家人的管束，自主地处理遇到的一些问题；另一方面，大学生生活在信息纷繁复杂的环境中，易受到各种社会因素的影响，他们不愿被动地接受既定的价值标准，各种心理活动明显地表露出独立自主的倾向，但他们在心理上又对父母、师长等存在着根深蒂固的依赖心理，无法真正做到人格上的独立。这种渴望独立但实际上又不可能完全真正独立的冲突一直困扰着大学生。

（3）交往需要与自我闭锁的冲突。处于青年期的大学生更加渴望友情和爱情的滋养，渴望同辈群体的尊重和认同。这一时期，大学生迫切需要友谊和爱，他们渴望被理解，寻求归属。他们有强烈的交往需要，希望能向知心朋友倾吐对人生和生活的看法，渴望能有人分担痛苦，分享欢乐。但同时他们又存在着自我闭锁的倾向，许多大学生不愿主动敞开自己的心扉，很少在公开场合发表个人的真实意见。他们在与他人交往时存有较强的戒备心理，总是有意无意地保持一定距离，这也是大学生常常感慨“交往不如中学那么真诚”的原因所在。大学生在一起生活学习，看似很亲近，但心与心之间的距离很远。这种交往需要与自我闭锁的冲突，使不少大学生备受“孤独”的煎熬。

（4）自信心与自卑感的冲突。大学生受到老师、家长、亲朋好友的赞赏，对自己的能力、才华和未来都充满了自信。然而他们也发现“人外有人，山外有山”，尤其是当自己在学习、文体、社交等方面显露出某些不足时，有些大学生就会陷入怀疑自己、否定自己的不良情绪中，从而产生自卑心理。有些大学生更是将这种自卑深藏于心，表现出来的依然是高傲。自尊心越强的大学生往往自卑感越重，而他们越是自卑就越需要在人前表现得高傲，生怕别人瞧不起自己。在这些大学生的内心深处，自信心和自卑感常常处于冲突状态。

（5）追求上进与自我消沉的冲突。许多大学生有较强的上进心，他们希望通过努力来实现自身的价值。但在追求上进时，困难、挫折在所难免，不少大学生经常出现情绪波动，导致他们在困难面前望而生畏、消极退缩，虽然退缩但又不甘放弃，心中依然想追求、想奋进，内心极为矛盾，困惑、烦躁、不安、焦虑也由此而生。

（三）自我意识的整合

由自我意识的分化带来的种种冲突是大学生自我意识发展中的正常现象，也是大学生迅速走向成熟的集中表现。自我意识矛盾冲突一方面会使大学生感到焦虑、苦恼、不安，可能影响到他们的心理发展和心理健康；另一方面也会促使他们设法解决矛盾来实现理想我与现实我的统一。但是由于个体在社会背景、生活经验、智力水平、追求目标等方面的差异，自我意识统一的途径不同，其结果也不同。一般来说，我们把理想自我和现实自我的整合结果归纳为三大类。

1. 自我肯定

自我肯定，即对自我的认识比较清晰、客观、全面、深刻。这种积极自我的特点是在经过痛苦的选择与调整之后，大学生逐渐成长，使自己的理想自我与现实自我趋于统一，主观我与客观我趋于一致，对自我的认识更加深刻、客观、理性。积极的自我不仅了解自己的长处与优势，也了解自己的不足与劣势，个体能够分析哪些是通过努力可以达到的，哪些是属于无法企及的，从而进行积极的自我肯定，向着理想迈进。

2. 自我否定

自我否定属于消极的自我意识整合，包括自我贬损型与自我夸大型。

（1）自我贬损型的大学生由于总在经历失败与挫折，对现实自我的评价较低，并时常伴有自我排斥、自我否定。他们不但不接纳自己，甚至自我拒绝、自我放弃，表现为没有朝气、随波逐流、缺少激情，生活没有目标，其结果则使自己更加自卑，从而失去进取的动力。

（2）自我夸大型的大学生正好相反，他们的自我评价非常高，往往脱离客观实际，常常用理想自我代替现实自我，盲目自信，虚荣心强，心理防御意识强。其行为结果要么表现为缺乏理智、情绪冲动，忘记现实自我而沉浸于虚无缥缈的自我设计中；要么自吹自擂、自我陶醉，却不去为实现自我付出努力。

自我贬损型与自我夸大型的共同特点是对自我评估不正确，缺乏实现理想自我的手段，形成的自我虚弱而不完整，是一种不健康的自我整合。虽然大学生中这两种类型的人较少，但严重者可能用违反社会规范或违法犯罪的手段来谋求自我意识的整合。

3. 自我冲突

自我冲突是难以达到整合的自我意识，它表现为自我评价始终在真实自我上下徘徊，自我认知或高或低，自我体验或好或坏，自我控制或强或弱，心理发展极不平衡，有时显得自信而成熟，有时又表现出自卑而不成熟，让人无法评估。自我冲突的人表现为两种类型：自我矛盾型与自我萎缩型。

（1）自我矛盾型的大学生理想自我和现实自我难以统一，对自己的所作所为缺乏“我是我”的统合感觉，而产生“我非我”“我不知我”的分离倾向，内心冲突激烈，持续时间长，自我认知、自我体验、自我调控缺乏稳定性和确定性，新的自我无法统一。例如，有的大学生可能既是一个自信的人也是一个自卑的人，既是一个诚实的人也是一个虚伪的人，既是一个性格孤僻的人也是一个善于交际的人。大学生都会经历自我矛盾阶段，自我整合的最终结果是自我矛盾类型的人占极少数。

（2）自我萎缩型的大学生缺乏或丧失理想自我，但又对现实自我深感不满，他们要么放弃对理想自我的追求、消极放任、玩世不恭；要么自轻自贱、自怨自艾，或几近麻木，出现自我拒绝心理，甚至产生心理变态，出现理想自我与现实自我的抵抗。

总之，大学时期是理想自我与现实自我冲突突出的时期，也是使其趋向统一和转化的关键时期。过了这一时期，自我意识就逐渐趋于稳定。一般来说，大学一年级学生具有一定的依赖性和盲目性；大学二年级学生的理想成分较多，容易想入非非；大学三年级以后的大学生就显得沉着稳定了。这表明，大学生的自我意识正处在矛盾、统一、转化并日趋稳定的阶段。因此，教师应把握大学生自我意识发展的各个重要环节，认识大学生自我意识发展的规律性，促使大学生的自我意识沿着健康的方向发展。

二、大学生自我意识的特点

如前所述，大学时期是自我意识迅速发展的特殊时期和关键时期，又称为“第二次诞生”“自我发现”时期。这一时期，大学生的自我意识既有儿童期、青少年期的继承性，又有自身新的特点。

（一）自我认知日趋成熟

（1）大学生的自我认知更具自觉性和主动性。随着知识的积累和年龄的增长，大学生比中学生更渴望进一步认识自己，他们开始更多地关注自己，能够积极主动地探索自我，并开始关心自己的现状和未来发展。他们的自我认知不只涉及自我的气质、兴趣和性格等，还涉及自己的社会地位、社会责任、自我价值等。他们经常思考“我到底是一个怎样的人”“我将成为一个什么样的人”“我怎样活着才更有意义”等问题，能够自觉将自己的命运和集体、国家的命运结合起来。这种思考显然比少年时期更主动、更自觉，具有较高水平。

（2）自我评价能力提高。个体独立的自我评价的发展大致经历两个阶段：第一个阶段，开始摆脱对成人、权威的依赖，表现出反叛与对抗倾向；在评价标准上由儿童期的成人评价标准取向变为同龄团体评价标准取向，成为一种相对独立的自我评价与认识。第二个阶段，既摆脱了对成人的依赖，又逐渐克服了同龄团体的强烈影响，形成个体独特而鲜明的自我评价。大学生的自我评价已不再完全以他人评价为根据，往往能够进行自我分析，他们会主动将自己与周围的老师、同学进行比较来认识和评价自己。大多数学生对自己的分析、评价逐渐变得全面、客观。这种能够借助一定的社会评价来认识自己但又不完全以他人评价来认识自己的能力，表明了大学生自我评价能力的提高。但是，因为大学生对客观事物的理解和判断仍具有肤浅性和片面性，所以有时他们对自我的理解和判断也具有一定的局限性，可能只看到表象而看不到本质。

（二）自我体验丰富而又深刻

随着自我认知和评价能力的提高，大学生的自我体验也在发生变化。大学生的自我体验丰富、细腻、深刻，情感体验的基调是积极、健康的，他们追求自立、自尊、自信。但大学生的情感体验又比较复杂，他们对自我的认知还在探索之中，个性还不够成熟和稳定，也缺乏驾驭情感的能力，因此他们的情感体验又表现出明显的敏感性和波动性。凡是涉及自我的事物，都能引起他们强烈的情绪反应。他们对别人的言行和态度极为敏感，且内心体验起伏较大。当他们取得成绩受到表扬或言行举止被别人接纳时，就会产生积极、肯定的自我体验，甚至骄傲自满、忘乎所以；而当他们受到挫折、批评时，就会产生消极、否定的情感体验，甚至悲观失望、自暴自弃，出现明显的两极化情绪体验。

（三）自我调控能力增强

随着大学生独立性的提高，他们的自我调控能力逐渐增强，自觉性、独立性和稳定性显著发展。他们能够根据别人的评价和自己的行动结果进行反省，及时调整自己的行为以适应目标要求。但大学生的自我调控能力还不够，尤其是在情绪等方面出现问题时，常常难以自控。

大学生自我调控能力发展的一个主要特点是有强烈的自我设计和自我规划的愿望，他们希望根据自己设计的目标调节行为。他们根据设计的“最佳自我形象”不断充实自己，提高自己的能力，培养良好的性格和品德。他们有着强烈要求独立的愿望，希望摆脱依赖和管束；希望自己能够主宰自己的生活，独立思考和解决学习、生活中的一系列问题。他们对各种束缚和干涉自己的现象，往往十分反感；对各种约束自己自由、独立的环境和措施，表现出不满，甚至有强烈的反抗情绪。

三、影响大学生自我意识形成的因素

自我意识是人所特有的心理标志，它不是与生俱来的，而是个体在社会环境中与他人的互动中逐渐形成的。一般而言，大学生的自我意识受到以下三种因素的影响。

（一）社会环境

个体自我发展的方向，总是离不开特定社会生活环境中各种因素的影响，并具有明显的时代特征。当前我国正处于社会转型时期，科技进步促进了生产力的快速发展，带来了生活水平的提高及观念上的巨大变化，这些必然会影响大学生自我意识的发展。

大学生自我意识的形成也离不开社会生活中各种榜样的影响。各个时期都会有一些楷模是广大民众学习、模仿、借鉴的榜样。可以说，社会榜样一直陪伴着一个人的成长，能够对大学生产生巨大的感召力。大学生可以通过了解社会榜样的所言所行，通过内心感受和体验，将其内化为自己的主观意识。社会榜样的人格魅力不仅能调适大学生的心态，改变其行为，对大学生的理想“我”产生积极的影响，而且对大学生群体也可起到一定的整合作用。大学生从社会榜样那里吸取的养料，从而构筑自我形象。因此，为了帮助大学生塑造理想“我”，一定要关注社会环境的作用。

（二）他人评价

通常，他人会对我们的品质、能力、性格等给予清晰的反馈，从而增强我们对自己的了解。他人的评价是客观认识自己的一面镜子，可以帮助我们了解现实“我”的形象，认识自己的长处和短处，知道自己在他人心目中是一个什么样的人。例如，当我们被老师告诫要更加大胆、更加主动、更加勤奋一些时，我们便会得知自己有些害羞，不够主动，学习不够勤奋，从而确定自己是这样的人。因此，激励对成长中的大学生是非常重要的，当否定性评价过多时，学生便会产生自我不认同。所以，他人的评价既是作为建构理想“我”的依据，也是提高现实“我”的重要参照。

关于“别人眼中的我”的认知途径可以分为两种：一种途径是自己认为的“别人眼中的我”，是通过在生活中自己对他人对待自己的态度与行为的观察和分析所获得的。由于自我卷入的影响，这种“别人眼中的我”有可能是不真实、不可靠的，如一个大学生在给心理咨询师的信中提道：“我感到非常孤独，宿舍的同学不喜欢我，常常是当我不在宿舍时他们热烈地谈论问题，而当我进入宿舍时，他们经常就中断了谈话，大家的表情也显示出冷淡与不在乎，我不知道自己做错了什么，得不到大家的认同，这使我非常痛苦。在来自不同家庭背景的同学中，我的家境略好些，可这不是我的过错，我一直主动地想与同学相处好，甚至做了一系列努力都得不到大家的认同。在大学以前，我一直是非常受人欢迎的，我现在变得沉默了，因为不知道该如何做。”另一种途径直接源于他人的反馈，可以通过某些会议、竞赛评比、表扬与批评、学习成绩报告单等各种途径获得别人非正式的评价，这些评价都有可能对大学生的自我意识产生影响。

（三）个人实践的体验

大学生的自我意识是随着学习、课外实践和各种社会交往不断发展的。他们通过实践活动增进对自我的认识，获得自我体验，并进一步修正自我观念，调整对自我的要求和自我实现的行动。当学习成绩显著进步时，他们就能体验到成功的愉快，提高对自我学习能力的评价，增强自我效能感；而当学习成绩下降时，他们不但体验到失望和痛苦，而且会对自己的学习能力产生怀疑，降低对自我的信心。

大学生对自我的评价和认识，通常不是一次实践活动的直接结果，而是通过实践、认识、再实践、再认识反复实现的。大学新生对自我尚缺乏全面的、统一的、稳定的认识，自我评估一般偏高。经过几年学习生活后，他们会形成清晰的自我认知和明确的自我观念。

第三节 培养大学生良好自我意识的途径

一、大学生良好自我意识的标准

健全的自我意识是心理健康的必要条件，它制约着人格的形成和发展，影响着个体一生的发展。有学者总结了心理健康的四个主要标准：一是客观的自我认知和积极的自我态度；二是客观的社会知觉和建立适宜的人际关系的能力；三是具有生活的热情和有效解决问题的能力；四是个性结构具有可协调性。由此可见，良好的自我意识在大学生心理健康中占据十分重要的位置。

自我意识从结构形式上看有三种重要成分：自我认知、自我体验和自我调控。因此，健全的自我意识理应包含这三个部分，即全面的自我认知、良好的自我体验和有效的自我调控。

二、大学生常见的自我意识问题

（一）自我认知方面的问题

1. 过度的自我中心

大学是自我意识发展最强烈的阶段。大学时期是大学生进行自我探索最集中的阶段，在自我分化的基础上，他们总会体验到各种各样的成长的烦恼。他们不断探索，不断认识自我，不断寻求自己独特的处事风格，不断进行自我设计。“我”在这一过程中，就不知不觉地成为考虑问题的出发点了。他们或多或少地都会有一点以自我为中心。自我中心不同于自私，自私是将自己的利益置于最高处，并有意识地不顾一切地去捍卫它；而自我中心的举动往往在没有意识的情况下发生。

大学生普遍适当表现出一定的自我中心，是正常的、合理的。因为适度的自我关注、自我分析有利于他们正确、客观地认识自己，有助于他们正确地认识自己采取的行动和做法，从而及时调整自己的不当行为，克服自己的不足。但是过度的自我为中心会扭曲自我，阻碍大学生心理成长，也影响他们对社会的适应。例如，有的大学生对自己过于关注，一切以自我为中心，只顾及自己的想法和感受，不考虑他人的感受和立场，即使是替别人着想也总是站在自己的角度。在人际交往中，他们凡事都认为自己正确，总是抱怨“为什么别人总是不理解我”“他们应该想得到”等，由此在内心筑起一堵墙，与同学相互对立，以致产生种种矛盾冲突。事实上，每个人都有自己表达情绪和想法的非语言信号系统。家人会适应我们的思维和行为方式，能理解我们，但在学校里别人看不懂或理解不了我们的行为，就会产生误会。所以，大学生在集体中生活和学习，必须学会与他人相处。虽然人们有利己的本能，但人们都讨厌只顾自己的人。在提倡合作的当代社会里，如果人人都想利己，那么最终受损的仍是自己。

2. 过分追求完美

俗话说：爱美之心，人皆有之。追求完美是人类健康向上的本能，生活中许多人有追求完美的倾向。从某种角度来说，追求完美是一个人上进心强、严格要求自己的表现。适度地追求完美意味着在学习、工作和生活中均有较严谨的态度，大学生期望不断超越自己，但又能根据实际情况调整目标。然而，追求完美一旦成为一个人的生活教条，成为一种不可变通的唯一标准，那势必会给人带来无尽的烦恼和困扰。因为在任何生活领域，完美都是相对的，不完美是绝对的。如果一个人硬要用完美的尺度去衡量自己，衡量他人，衡量周围的环境，衡量生活中的一切，那他只能是自寻烦恼，肯定会常常生活在失望和痛苦之中。

大学生过分追求完美表现在两个方面。一方面，表现为对自己有过高的期望、过分的要求，希望自己在各方面都优秀，不能接受自己某一方面比别人逊色。例如，一些大学生总是要求自己把什么事情都做得尽善尽美，不能有一点疏漏；希望自己处处表现完美，没有缺点和不足；在行为上苛求细节，甚至非常刻板，稍有一点事情做得不够完美心里便惴惴不安，严重的还会出现强迫症症状，导致更严重的后果。由于过分追求完美会使人害怕出现错误和失败，害怕达不到要求，时时处在焦虑和担忧之中，而且越是想把事情做得完美无缺，就越容易紧张、焦虑，效率低，就越达不到自己期望的状态。另一方面，表现在对他人和环境的苛求上，要求他人也必须做得完美无缺，不能有任何瑕疵。所以，过分追求完美的人无论在什么环境中体验到的多是不满和不快，很少有幸福感和快乐感，导致与人相处的烦恼和困难。可见，过分追求完美的心理状态和行为方式累己又累人。

3. 自我评价偏差

自我评价偏差是指不能正确客观地评价自己。大学生思维的独立性和批判性大大提高，对人生、社会的探索精神增强，喜欢对自己和周围世界做出评价和分析。但由于对社会的认识和判断力不够，他们对自己的评价容易出现偏差。大学生自我评价偏差一方面源于缺乏自我反省，自我观察不够全面，尤其是对自己的心理特征和自己与周围事物的关系观察得不够。这样的大学生经常说：“我不知道自己能干什么”“我不知道自己有什么特长”“我不知道自己有什么能力”“我不知道我在同学中的地位如何”等。另一方面源于自我分析不科学，有的只关注自己的优点，忽略了自己的缺点；而有的又只关注自己的缺点，忽略了自己的优点。

大学生自我评价偏差表现在两个方面：一是高估自我。这样的大学生唯我独尊，经常把自己看作是有价值的、令人喜欢的、优越的、能干的人。例如，他们认为自己的外貌是漂亮的、品德是高尚的、人际关系是融洽的等，但他们习惯拿“显微镜”看他人的短处，把别人看得一无是处，这种“我好—他不好”的人际交往模式必然造成人际关系的紧张。高估自我的人还容易盲目乐观、骄傲自满，认识问题往往带有一定的偏激和固执，且行动目标往往力不能及，往往在实际行动中遭遇失败和冲突，从而引起情感损伤，严重时还会导致自我扩张的异常心理。二是低估自我。这样的大学生对自己的评价过低，他们习惯用“放大镜”看自己的缺点和不足，看不到自己的价值，感到事事不如人，处处低人一等，对自己缺乏信心、自我否定、自我厌恶、自我绝望，严重的甚至会有自杀意图。他们的人际交往模式是“我不好—你好”或“我不好—你也不好”。大学生过低评价自己会导致对自己各种能力的怀疑，限制自己对未来事业及美好生活的憧憬，还会引起严重的情感挫伤和内心冲突。

（二）自我体验中的困惑

1. 自卑

自卑是个体由于自我认知偏差等原因所形成的自我轻视和自我否定的情绪体验。自卑表现为对自己的认识不足，对自己的能力或品质评价过低，总认为自己多方面或某一方面不如他人，担心他人不尊重自己。

自卑源于不合理的认知。大学生产生自卑的原因有很多，如因自己身材矮小、其貌不扬而自卑，因自己家庭条件不好而自卑，因自己身无所长而自卑等。从表面上看，自卑有客观原因，但实质上是个体没有正确地认识这些问题，没有正确地认识和评价自己。由于现实“我”与理想“我”总是存在差异，有的大学生感到失望，并总是盯着自己的缺点、不足，从而痛苦、逃避、退缩，这就是自卑的表现。此外，自卑往往是自尊受挫的结果，当一个人的自尊需要得不到满足，又不能恰如其分、实事求是地分析自己时就容易产生自卑心理。

一般人常认为，自卑的原因是自尊心不强或者缺乏自尊。实际上，自卑是一种不健康的自尊。几乎所有严重自卑者的自尊心都过于敏感。在现实生活中，那些自尊心表现得越外显、越强烈的人，其自卑感往往也越强。他们一般性格内向，情感脆弱，特别害怕别人伤害自己的尊严，过分介意别人的评价，并且千方百计地抬高自己的形象，保持自己的优越感。由于缺乏足够的自知，他们很容易与他人发生冲突。

2. 自负

自负是个体自以为是、自命不凡的一种情感体验和情绪表现。随着时代的变迁，自信已成为当代大学生较为普遍的优秀品质，他们对自己的未来踌躇满志，但有些大学生过度自信，就变成了自负。

自负常常产生于现实“我”和理想“我”的矛盾中。一般来讲，现实“我”与理想“我”总是有差距，如何看待这个差距直接关系到自我体验。当对缩短这种差距充满信心时，表明个体正处于积极体验中，即认为自己可以努力提高现实“我”以实现理想“我”。但有些大学生过度自信，过高评价自己，在生活与学习中处处显示自己的优越感，希望超过别人，这种过度的自信即自负。自负的人往往目空一切，过分相信自己的能力，听不进师长的教诲，听不进同龄人的意见，一意孤行，骄傲自大。由于缺乏自知之明，自负的人容易失败，也容易受伤害。

（三）自我控制中的烦恼

1. 逆反

逆反是指个体在生理基本成熟，心理迅速走向成熟而又未真正达到成熟时，渴望在思想、行动乃至经济上尽快独立，从而表现出较强的独立意识。逆反心理是青年人试图确立自我形象、寻求自我肯定、强调个人意志的一种表现，也是青年期心理发展的必然经过。但由于这个时期，他们的智力虽已成熟，但他们阅历有限、经验不足，容易感情用事，甚至做出偏激行为。

具有逆反心理的大学生，否定父母，否定老师，否定学校的各种管理制度，觉得周围的一切都是不合理的。他们逃课旷课，沉迷于虚拟的网络世界，听不进师长的劝说，甚至在明知道师长的话是正确的情况下，依然我行我素。过分的逆反会影响大学生的心理发展和人格成熟，是不容忽视的自我意识缺陷，其主要表现是对他人的正确的教育或周围的正常事物持消极、冷漠、反感、抗拒的态度，甚至为了反抗而反抗。越不让他们做的事情，他们越要做，以此显示自己的与众不同。他们对正面教育和宣传表现出一种怀疑、不认同的抵制态度，对社会、人生和个人前途玩世不恭。

2. 自制力低

在大学里，不管是学习还是生活都依赖于学生的自我管理、自我教育，要过好大学生活，需要高度的自觉性。与中学生相比，大学生在自我控制方面开始有了明显的自觉性、主动性，他们虽然深知“我应该做什么”“我应该成为怎样的人”“我可以选择如何去做”等自我控制的核心内容，但处于青年期的大学生最大的特点就是易冲动，对待问题容易偏激和情绪化，往往是理智让位于感情，自我控制能力明显不足，因此他们往往无法成功地激励自己做出果断的行动，无法有效地遏制不合理的行为或情绪。

大学生自制力低主要表现在以下几个方面：一是无法按照制订的计划安排作息，往往坚持不了几天就放弃自我约束和自我监督。二是无法鞭策自己为阶段目标的实现付出持久的努力，走一步算一步，不是按照计划去调整行为，而是根据行为结果来修改计划。例如，想提高英语听说能力，却做不到每天进行晨读和听力训练。三是无法抵御外界的诱惑，缺乏内在的行为准则，离开了外界的监督，就不能产生自觉的意志行动。例如，复习阶段被室友怂恿玩电脑游戏。四是无法控制和调适自己的情绪波动，对挫折耿耿于怀，产生强烈的自卑感等。

三、培养大学生良好自我意识的途径

（一）全面正确地认识自我

德国著名作家约翰·保罗说过：“一个人真正伟大之处，就在于他能够认识自己。”如果一个人能够全面、正确地认识自我，客观、准确地评价自我，就能量力而行，确立合适的理想自我，并为实现理想自我而不懈努力。因此，正确地认识和评价自我是建立健全自我意识的基础。认识自我，就是要全面地了解自我，不仅要了解自己的性格、气质、能力，还要了解自己与他人的异同点，了解过去与现在的不同点。其中，特别要了解自己的长处与短处，从而把握自己在社会中的位置。具体而言，全面正确地认识自我，有以下几种方法。

1. 在经常自省中认识自我

曾子曰："吾日三省吾身。"大学生要学会自省，经常检查自己的行为和动机正确与否，行为过程中有什么不足，结果如何，有哪些收获和遗憾，从中发现长短得失，以便有的放矢地进行自我调整。

2. 通过对他人的认识来认识自我

个体与社会、他人有着密切的联系，个体要超越自身来认识自我，必须通过认识他人、认识外界来进行。大学生应该积极地投身于认识世界、改造世界的社会实践，在其中不断丰富自己对自然、社会、他人的认识，并在此基础上进一步认识自我。深刻的自我认识是以深刻地认识和理解他人、社会为前提的。

3. 在他人的评价中认识自我

心理学家认为，当一个人的自我评价与别人对他的评价较为一致时，表明他的自我意识较为成熟。了解他人对自己的看法，有助于发现自己忽视的问题。大学生自我意识的发展易受他人态度和评价的影响，如教师对学生学习能力的评价，会影响其自我发展的方向；同学之间对彼此衣着、仪表风度的看法，会改变大学生对自我的认识等。个体可以通过他人对自己的态度、期望、评价来进一步认识自己。但是大学生不能简单地接受他人的评价，对别人的评价应有正确的认识态度，既不因过高的评价而沾沾自喜，也不因过低的评价而失去信心。

4. 在与他人的比较中认识自我

有比较才有鉴别。人们在缺乏客观评价标准的情况下，可以通过与他人的比较来评价自己。与周围人比较，能认识自己的实际水平及在群体中的地位；而与杰出人物比较，则能找出自己与他们的差距和努力方向。与他人比较，最重要的是要选定恰当而不是盲目的参照目标。同时，还要学会用发展的眼光、辩证的方法去看待自己和他人。比较的视野越广阔，方法越科学，自我定位就越恰当。恰当地与他人比较而正确评估自己的人，就能做到既不妄自尊大也不妄自菲薄，从而合乎实际地确定自己的奋斗目标和行动计划。

5. 通过自我比较来认识自我

人们不仅可以通过与他人比较来认识自我，还可以通过把目前的"我"与过去或将来的"我"相比较来进一步认识自我。心理学家曾提出"自尊＝成就/抱负"的公式，这说明个体的自我评价不仅取决于他的成就，还取决于他的抱负水平，取决于两者之间的比较。过去的成就水平越高，个体越容易积极地评价自己；而指向未来的抱负水平越高，个体越不容易满足，越难以对自己做出肯定的评价。所以，教师一方面要鼓励大学生超越自我，不满足于现有的成绩；另一方面也应该引导大学生选择合理的目标，不要不切实际地设计目标。

6. 在不同的实践活动中认识自我

歌德说过："人怎么能认识自己呢？"仅仅通过观察是不可能的，必须通过行动，通过尝试完成实践任务，你就能知道自己是怎样的人。在实践活动中，个体可以进一步认识自我的能力，发现自我的价值，从而进一步激发自信、开发潜能。因此，大学生应追求独立自主，主动扩大自己的生活圈子，积极参加不同形式的社会实践活动，从而更加全面地认识自己的体力、智力、兴趣、能力、品质等。

（二）积极地悦纳自我

心理学研究表明，心理健康者更多地表现出对自己的认可和接纳，而心理障碍者则明显表现出对自我的不满和排斥。一些大学生对自己的外形、性格、才能、家庭等不满，但又无力改变，就会产生自我排斥心理，这是心理不成熟的一种表现。任何人都不是十全十美的，人总要对自己有所肯定又有所否定，并在自我意识的发展中寻求二者的动态平衡。否则，对自己的不满过于强烈，就会加剧心理矛盾，甚至引发心理问题，严重的还可能酿成悲剧。因此，积极地悦纳自我是增进健康自我意识的关键。

引导大学生积极地悦纳自我，教师首先要引导他们积极地评价自己，这是促使他们产生自尊、克服自卑的关键；其次在教育过程中要注意保护学生的自尊心，即使是在批评学生时，也要讲究方式方法，尊重学生的人格。

就学生自身而言，需要强化以下四种理念：一是积极参加实践活动，坚信同等条件下，"只要真正付出努力，别人行，我也一定能行"，在一点一滴的成功体验中增强自信，对于自信心不足的学生而言，这种成功的体验更是至关重要的。同时，增强自信心又能激发个体的潜能，促进成功。成功后的愉悦体验又可以使个体进一步增强自信心，形成良性循环。二是牢记"尺有所短，寸有所长"，恰当地认识自己，而不是苛求自己。每个人都有自己的长处和短处、优点和缺点，可以改进的缺点尽力去改进，而如果有些缺点超乎能力范围或涉及生理缺陷，也无须过于计较或终日抱憾。三是懂得"失之东隅，收之桑榆"，正视自己的短处，既要努力扬长也要注意补短，一个人在某些方面自觉不足，如果通过自己的努力来补偿，用最大的决心和最顽强的毅力去克服这些缺陷，往往也能取得成功，华罗庚以"勤能补拙"为良训成为数学家就是最好的例证。四是记得"失败是成功之母"，正确地看待成功和失败，明白成功和失败是相辅相成的，成功的果实，只能通过艰辛的努力才能获得。

（三）科学地塑造自己

大学生的社会历练不足，加上人生观和价值观没有完全确立，很容易受到各种社会思潮和其他外部环境的影响，看待问题容易偏激和情绪化，对自己的长处和短处往往估计不足。顺境时，容易自视过高；遇到挫折时，又容易走向另一个极端——自卑自弃。有时充满希望，有时又极度失望。因此，他们有着理想"我"与现实"我"、自我肯定与自我否定等的矛盾，常常表现出心理的不平衡，情绪体验较强烈，易振奋，也易波动。大学生需要注意塑造自我，为在日后社会竞争中取得成功打下良好的基础。科学地塑造自我，需要做到以下两点。

（1）要确立明确的行动目标。个体的行为是否有目的性，结果是不一样的。一般来说，有目标指向的行为较无目标指向的行为带来的成就大很多。因为正确的目标能够诱发人的动机，强化人的行为，并促使其指向预定的方向。例如，有的大学生能够抵制种种诱惑，刻苦学习，成绩优秀，是因为他把学习成绩与自己未来的发展联系起来。确立正确的行动目标，关键是要按照社会的需要和个人的特点来进行设计，做一个“自如的我、独特的我、最好的我、社会欢迎的我”。

（2）要培养强大的自控能力。在实现人生目标的征途上，既有各种本能欲望的干扰，又有各种外界诱惑的侵袭。本能的欲望常令人失去理智，如贪图安逸、追求物欲等。名利和物质的诱惑，容易使人偏离正确的前进方向，丧失奋进的斗志，放弃对远大目标的追求，甚至走向堕落。一个人要想成就一番事业，就必须能够主宰自己的行动，这就需要有强大的自控能力，以理智地约束自己的情感，把握自己的行为。

总之，完善自我、塑造自我的过程，也是一个超越自我的过程。自我认识、自我调控很难，自我升华、自我超越则更难。人如果能够超越自己的缺陷，超越客观条件的限制，塑造自我，就能实现其理想乃至其奋斗终生的目标。

完善自我、塑造自我不是一帆风顺的过程，它需要付出艰辛的努力。大学生要从小事做起，从眼前做起，从实际做起，协调个人期望与个人能力，将个人价值与社会价值统一起来，整合自我，从而使大学生的自我意识得到升华。在健全自我意识的过程中，不断地给自己一些挑战，不断地发展自我、超越自我。

拓展阅读

乔哈里之窗理论——关于自我认识的窗口理论

美国心理学家乔瑟夫·勒夫和哈里英格拉姆提出关于自我认识的窗口理论，被称为乔哈里之窗理论，如图 3-1 所示。

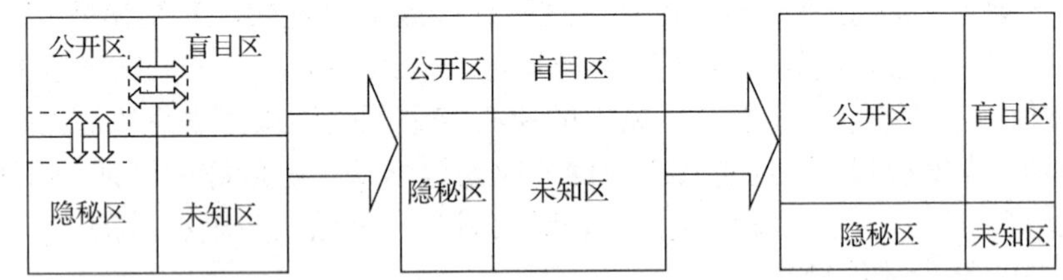

图 3-1 乔哈里之窗理论

他们认为人对自己的认识是一个不断探索的过程。

因为每个人的自我都有四个部分：①公开的自我，也就是透明真实的自我，这部分自己很了解，别人也很了解；②盲目的自我，别人很了解，自己却不了解；③秘密的自我，自己很了解但别人不了解；④未知的自我，是别人和自己都不了解的潜在部分，通过一些契机可以激发出来。

通过与他人分享秘密的自我，通过他人的反馈减少盲目的自我，个体对自己的认识就会更客观、更全面。

认识自我的三条渠道如下。

1. 从我与他人的关系中认识自我：与他人比较

人在社会中与他人交往，他人就是反映自我的镜子。与他人交往，是个人获得自我认识的重要来源。

通过他人了解自己。一般来说，当局者迷，旁观者清，周围的人对我们的态度和评价能帮助我们认识自己、了解自己。我们要尊重他人的态度与评价，冷静地分析，但也不能一味地盲从他人的态度与评价。

2. 从我与事的关系中认识自我：成败经验

（1）从自己的成败经验中了解自己。通过自己所取得的成果、成就，从做事的经验中了解自己，也是一种学习。不经一事，不长一智。经验的价值因人而异。

（2）从自己的失败经历中认识自我。对聪明又善用智慧的人来说，成功和失败的经验都可以促使他再次成功，因为他们了解自己，有完善的人格特征，善于学习，因而可以避免重蹈覆辙。

（3）从自身的成败经验中获得自我意识。对于某些比较脆弱的人来说，失败的经验容易使其再遭失败。他们往往不能从失败中学到教训，改变策略追求成功，而且挫败后形成怕败心理，不敢面对现实去应对困境或挑战，从而失去许多良机。而对一些自狂自大的人而言，成功反而可能成为失败之源。他们可能侥幸获得成功便骄傲自大，以后做事自不量力，从而遭遇惨重失败，或成长过于顺利，又有家世、关系，而一旦失去“保护伞”，便一蹶不振，不能支撑起独立的自我。因此，一个能够从自己的成败经验中获得自我意识的人，才有成功的希望。

3. 从我与己的关系中认识自我：自己眼中的我，自己心中的我（理想我）

曾子曰：“吾日三省吾身。”要认识自己，我们必须要做一个有心人，经常反省自己在日常生活中的点滴表现，总结自己是一个什么样的人，找出自己的优点和缺点。自我观察是自我教育、自我提高的重要途径。

（1）自己眼中的我：个体实际观察到的客观的我，包括身体、容貌、性别、年龄、职业、性格、气质、能力等。

（2）别人眼中的我：与别人交往时，由别人对你的态度、情感反应而觉知的我。

（3）自己心中的我，也指自己对自己的期许，即理想“我”。

我们可以从实际的我、别人眼中的我、别人心中的我等多个“我”来全面认识自己。但是，对于现代社会人而言，虽然有多个“我”可供认识自己，但形成统合的自我观念比较困难。因为现代社会急剧变迁，改革开放后多元价值观的影响，使人们的自我认识难以客观、全面。

课后作业

1. 大学生自我意识的特点是什么？
2. 结合认识自我的几种方法，谈谈自己的优势和不足。
3. 结合自身实际，谈谈如何健全自我意识。

心理测验

自我和谐测试

指导语：下面是关于自我评价的陈述，请根据这些话与你自我评价的相符程度，选择一个数字（1 代表完全不符合你的情况，2 代表比较不符合你的情况，3 代表不确定，4 代表比较符合你的情况，5 代表完全符合你的情况）。每个人对自己的看法都有其独特性，因此答案没有对错之分，你只需如实回答。

1．我周围的人往往觉得我对自己的看法有些矛盾。
2．有时我会对自己在某方面的表现不满意。
3．每遇到困难，我总是首先分析造成困难的原因。
4．我很难恰当地表达我对别人的情感反应。
5．我对很多事情都有自己的观点，但我并不要求别人也与我一样。
6．我一旦形成对某件事情的看法，就不会再改变。
7．我经常对自己的行为不满意。
8．尽管有时得做一些不愿做的事，但我基本上是按自己的意愿做事的。
9．一件事情好就是好，不好就是不好，没有什么可以含糊的。
10．如果在某件事情上不顺利，我往往会怀疑自己的能力。
11．我有几个知心的朋友。
12．我觉得我所做的很多事情都是不该做的。
13．不论别人怎么说，我的观点绝不改变。
14．别人常常会误解我对他们的好意。
15．很多情况下我不得不对自己的能力表示怀疑。
16．我朋友中有些是与我截然不同的人，这并不影响我们的关系。
17．与别人交往过多容易暴露自己的隐私。
18．我很了解自己对周围人的情感。
19．我觉得自己目前的处境与我的要求相距太远。
20．我很少去想自己是否应该做这件事。
21．我所遇到的很多问题无法自己解决。
22．我很清楚自己是什么样的人。
23．我能很自如地表达自己想表达的意思。
24．如果有了足够的证据，我也可以改变自己的观点。
25．我很少考虑自己是一个什么样的人。
26．把心里话告诉别人不仅得不到帮助，还可能招致麻烦。
27．在遇到问题时，我总觉得别人都离我很远。
28．我觉得很难发挥出自己应有的水平。
29．我很担心自己的所作所为会引起别人的误解。
30．如果我发现自己在某些方面表现不佳，总希望尽快弥补。
31．每个人都在忙自己的事情，很难与他们沟通。

32．我认为能力再强的人也可能会遇上难题。

33．我经常感到自己是孤立无援的。

34．一旦遇到麻烦，无论怎样做都无济于事。

35．我总能清楚地了解自己的感受。

【评分标准与结果解释】

各分量表的得分为其所包含的项目分直接相加，三个分量表包含的项目分别如下。

（1）自我与经验的不和谐：1、4、7、10、12、14、15、17、19、21、23、27、28、29、31、33，共 16 项。

（2）自我的灵活性：2、3、5、8、11、16、18、22、24、30、32、35，共 12 项。

（3）自我的刻板性：6、9、13、20、25、26、34，共 7 项。

“自我与经验的不和谐”反映的是自我与经验的关系，包含对能力和情感的自我评价、自我一致性、无助感等，它所产生的症状更多地反映了对经验的不合理期望。“自我的灵活性”与敌对和恐怖显著相关，预示了自我概念的刻板和僵化。“自我的刻板性”不仅同质性可信度较低，而且仅与偏执显著相关，说明这一分量表的含义有待进一步研究，在应用时也应小心。

此外，也可以计算总分，方法是将“自我的灵活性”反向计分，再与其他两个分量表得分相加。

得分越高，自我和谐程度越低。在大学生群体中，低于 75 分为低分组，75～102 分为中间组，102 分以上为高分组。

心 理 训 练

我 是 谁

一、活动目的

1．帮助学生认识自己眼中的我，以及他人眼中的我。

2．增进学生彼此熟悉的程度，增强班级凝聚力。

二、活动时间

40 分钟。

三、活动道具

A4 纸、中性笔若干。

四、活动场地

室内为宜。

五、活动程序

1．学生两两分组，一人为甲，一人为乙。

（1）甲用 5 分钟向乙介绍自己是一个什么样的人，乙则在 A4 纸上记录甲说的话。

若甲说了一个缺点，就必须再说一个优点。

（2）5 分钟后，甲乙角色互换，由乙向甲做 5 分钟的自我介绍，而甲做记录。

（3）5 分钟后，教师请甲乙两人取回对方记录的 A4 纸，在背面的右上角签上自己的名字，然后分享此活动的心得或感受，并讨论：介绍自己的优点与介绍自己的缺点，哪个比较困难？为什么会这样？个人会使用哪些策略度过这 5 分钟？两人之中须有一人负责整理讨论结果。

2．三个小组或四个小组合并为一个 6～8 人的大组，围圈而坐。

（1）两人小组中负责整理的人向所在大组其他人报告小组讨论的结果。

（2）分享后，教师请每个学生将其签名之 A4 纸（空白面朝上）传给右边的学生。拿到签名 A4 纸的学生则根据自己对对方的观察与了解，在纸上写下“我欣赏你……因为……”，写完之后则依序向右传，直到签名 A4 纸传回到本人手上为止。

（3）每个人对其他组员分享他看到别人回馈后的感想与收获。

六、注意事项

1．提前分发 A4 纸和中性笔。

2．分组时，最好将彼此不熟悉的学生分为一组。

第四章　大学生健康人格的塑造

第一节　人 格 概 述

四种经典气质类型

世界上，每个人的行为各有不同，即便面对同样的场景、同样的事件，每个人的行为反应也是各式各样的，不同的行为反映着每个人的不同特点。在现实生活中，我们可以看到，有人能广交朋友，而有人却形单影只；有人内心总是充满阳光，而有人却总是郁郁寡欢……，美国人格心理学家奥尔波特说："人的鲜明的特征是他个人的东西，从来不曾有一个人和他一样，也永远不会再有这样一个人。"人的鲜明特征是由人格决定的。人格是人的心理行为的基础，它在很大程度上决定了人面对外界的刺激做出何种的反应及反应的效率和效果等。

一、人格的概念

人格（personality）一词源于拉丁文 persona，也称个性，原意是指古希腊罗马时期戏剧演员在舞台上扮演角色时所戴的面具，用来表现所扮演角色的身份和性格，表现剧中人物的典型心理状态，类似于我国京戏中的脸谱。演员们用不同颜色来表示不同的人物形象，如红脸表示忠诚、勇气和义气；黑脸表示冲动、暴躁、刚烈和正直；白脸表示奸诈、狡猾和阴险等。

后来，人格被用来描述人的心理，其内涵非常丰富。心理学家研究的角度不同，对人格的看法也众说纷纭，但基本包含两个方面的含义：一是个体在人生舞台上所表现出的种种言行，人格所遵从的社会准则，这是我们可以观察到的外显行为和人格品质；二是内隐的人格成分，即外在表现后面的真实自我，是人格的内在特征。

在现实生活中，"人格"一词使用得非常广泛，可以在生理、心理、宗教、社会、伦理、法律和美学等不同领域赋予它不同的意义。例如，我们常常听人说，张三的人格卑鄙，李四的人格高尚，这是从伦理道德上给予的评价，泛指品格；在某种情境下，有人气愤地说"这是对我人格的污辱"，这里的"人格"又属于法律范畴，说明有人侵犯了他的尊严和人权。

人格在我国也被称为"个性"，它反映了一个人总的心理面貌，是相对稳定的、具有独特倾向性的心理特征的总和。人格是伴随着人的一生不断成长的心理品质。人格的成熟意味着个体心理的成熟，人格的魅力展示着个体心灵的完善。人格是一个丰富而复杂的心理成分，它凝聚着文化、社会、家庭、教育与先天遗传的个体风貌。人有千面，各有不同。人格有着鲜明的个体特征，人格的差异铸就了个体千差万别、多种多样的心理面貌。

二、人格的基本特征

（一）独特性

个体的人格是在遗传、环境、教育等先、后天环境交互作用下形成的，不同的遗传及生存、教育环境等形成了各自独特的心理特点，我们经常所说的“人心不同，各如其面”指的就是这个意思，如有的人开放自然，有的人顽固自守，有的人沉默寡言，有的人豪爽，有的人谨慎等。此外，环境会使某一人格品质在不同人身上表现出不同的含义，如独立性这一人格特质，作为缺乏父母爱护的家庭中成长的孩子，独立带有靠自己努力的含义；而在一个家庭健全中成长的孩子，独立则作为健全人格培养的重要部分。

（二）稳定性

人格的稳定性是指人经常表现出来的性格特点，是一贯的行为方式的总和。“江山易改，禀性难移”就形象说明了人格具有稳定性。偶然的、一时的心理特征并不能被称为人格。正因为人格具有稳定性，我们才能把人区别开来，才能说明一个人的个性是什么样的，才能预料一个人在某种情况下会有什么样的行为。一个人的某种人格特质一旦稳定下来，要想改变是一件较为困难的事情。这种稳定性还表现在人格特征在不同时空下具有一致性。例如，一个性格外向的大学生，他不仅在家庭中非常活跃，而且在班级活动中也会表现出积极主动的一面，在老师面前同样能自然地表现自己；不仅大学四年如此，而且毕业若干年后再相逢，他的变化也不会太大。

当然，强调人格的稳定性并不意味着人格是绝对的一成不变的，随着生理的成熟和环境的变化，人格可能发生或多或少的变化，这是人格可塑性的一面。正因为如此，我们才能培养和发展人格。人格是稳定性和可塑性的统一。

（三）整体性

人格不是心理特质的简单堆砌，而是一个有机整体，是一个人的能力、气质、性格、动机、兴趣、需要、理想、信念等多种个人特点整合的结果。人格的整体性是心理健康的重要指标，当一个人的人格结构在各方面彼此和谐一致时，他的人格就是健康的。当一个人失去了人格的内在统一性时，他的行为就会经常由几种相互抵触的动机支配，或者思想和行动相互抵触，导致心理冲突，以致出现适应困难，甚至导致人格分裂，出现“双重人格”或“多重人格”。

（四）功能性

人格是人们事业成败、喜怒哀乐的根源。面对挫折与失败，勇敢者认真总结经验教训，在失败的废墟上重建人生的辉煌；而怯懦者一蹶不振，失去了奋斗的目标。当人格功能发挥正常时，表现为健康而有力，支配着人的生活；当人格功能失调时，就会表现出懦弱、无力、失控甚至变态。

三、人格的结构

人格是一个人心理和行为的完整体现，包括个性倾向性和个性心理特征两个方面，两者相互联系。个性倾向性是指一个人对现实的态度和行为倾向，一般包括需要、动机、兴趣、理想、信念等。它是人格中最活跃的成分，是个体心理活动的动力。个性心理特征是指个体经常、稳定地表现出来的心理特征，主要包括能力、气质、性格等。可见，人格是由不同成分构成的一个结构系统，从不同侧面反映个体的差异，其中气质和性格是人格的重要方面。一个人的人格总是以先天的气质为基础，经过后天的性格刻画而成的。

（一）气质

气质是一个人在心理活动方面比较稳定的心理特征。例如，在日常生活中，我们常说某人稳重、文静、慢条斯理，某人爽快、泼辣、动作麻利等，这些就是人的气质的表现。气质的这种心理活动特征，主要表现在心理活动的速度、强度、稳定性、灵活性和指向性等方面，如感知的敏锐度、思维的灵活性、情绪的反应性等，它使个体的心理活动蒙上了一层独特的色彩。

1. 气质的类型

气质类型的划分有很多种，现代心理学比较流行的分类方法是沿用古希腊医生希波克拉底和古罗马医生盖伦的四体液说，将气质分为四种类型，如图 4-1 所示。

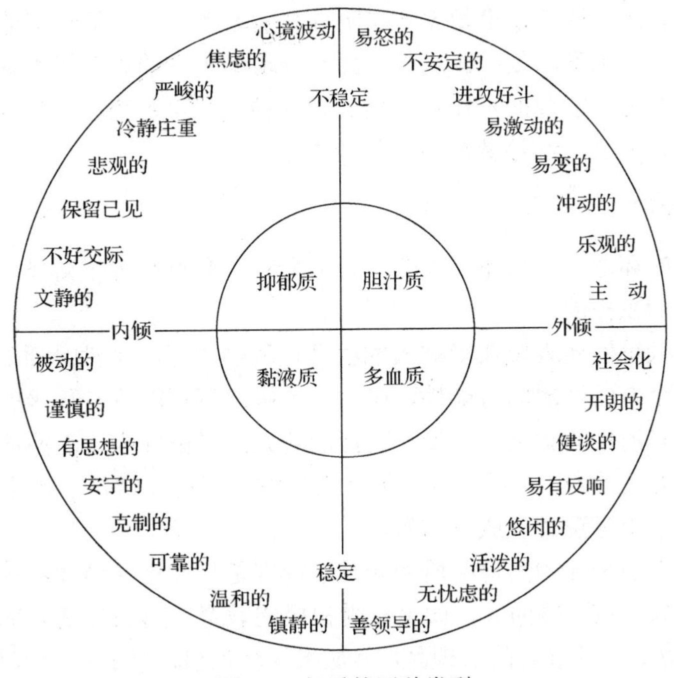

图 4-1　气质的四种类型

（1）胆汁质。胆汁质如夏天的火，属兴奋型气质。胆汁质的人反应速度快，具有较强的反应性和主动性。这类人情感和行为动作产生的迅速而强烈，有极明显的外部表现；

性格开朗、热情、坦率，但脾气暴躁，好争论；情感易于冲动但不持久；精力旺盛，经常以极大的热情从事工作，但有时缺乏耐心；思维具有一定的灵活性，但有不求甚解的倾向；意志坚强、果断勇敢，注意力稳定而集中，但难以转移；行动利落而又敏捷，说话速度快且声音洪亮。如小说人物《三国演义》中的张飞和《水浒传》中的李逵。

（2）多血质。多血质如春天的雨，属活泼型气质。多血质的人行动具有很高的反应性。这类人情感和行为动作发生得很快，变化得也快，但较为温和；易于产生情感，但体验不深，善于结交朋友，容易适应新的环境；语言具有表达力和感染力，姿态活泼，表情生动，有明显的外倾性特点；机智灵敏，思维灵活，但常表现出对问题不求甚解；注意力与兴趣易于转移，不稳定；在意志力方面缺乏忍耐性，毅力不强。如小说人物《水浒传》中的“浪子”燕青和《红楼梦》中的王熙凤。

（3）黏液质。黏液质如冬天的雪，属安静型气质。黏液质的人反应性低，这类人情感和行为动作迟缓、稳定，缺乏灵活性；情绪不易发生，也不易外露，很少产生激情，遇到不愉快的事也不动声色；注意力稳定、持久，但难于转移；思维灵活性较差，但比较细致，喜欢沉思；在意志力方面具有耐性，对自己的行为有较大的自制力；态度持重，沉默寡言，办事谨慎细致，从不鲁莽，但对新的工作较难适应，行为和情绪都表现出内倾性，可塑性差。如小说人物《水浒传》中的林冲和《三国演义》中的关羽。

（4）抑郁质。抑郁质如秋天的风，属抑郁型气质。抑郁质的人具有较高的感受性。这类人情感和行为动作都相当柔弱，缓慢；容易产生情感，而且体验相当深刻，隐晦而不外露，易多愁善感；往往富于想象，聪明且观察力敏锐，善于观察他人观察不到的细微事物，敏感性高，思维深刻；在意志方面常表现出胆小怕事、优柔寡断，受到挫折后常心神不安，但对力所能及的工作表现出坚韧的精神，不善交往，较为孤僻，具有明显的内倾性。如小说人物《红楼梦》中的林黛玉。

2. 气质的评价

气质本身无好坏之分。在评定人的气质类型时，不能把某一类型评定为消极的而把另一种类型评定为积极的。

气质的这种双重性还表现在影响人的心理过程的进行和个性品质的形成上，存在着向好或者向坏两个方面发展的可能性，在一定的情况下可能具有积极的意义，而在另一种情况下可能具有消极的意义。例如，胆汁质的人，兴奋性强，易冲动，当别人处于困难境地时，常常见义勇为、出手相助；但在人们发生纠纷时常常由出面劝阻而不由自主地加入纠纷之中，由旁观者变成参与者。

气质会随着人的个性的其他品质而转移，特别是与性格的道德特征、动机、信念有密切的关系。例如，胆汁质的人，如果接受积极的教育会形成热情开朗、忠诚耿直、果断坚强、朝气蓬勃、有进取心的心理品质；如果接受消极的教育就可能形成任性、暴躁、易怒，感情用事、毫无自制的心理品质。

气质不能决定一个人的社会价值与成就的高低。每一种气质类型的人都可以成才，在任何一个领域内的杰出人物中都可以找出不同气质类型的人。当自己的气质类型对某项工作不适时，不要妄自菲薄、悲观失望，而应积极地进行自我分析与观察，选择切实可行的方法，直到取得最后的成功。

气质虽然在人的实践活动中不起决定性作用，不能决定一个人的成就大小，但是对人在不同性质活动中的适应性，甚至对活动的效率有一定影响。例如，灵活性强、需迅速反应的工作，对多血质和胆汁质的人较为合适，黏液质与抑郁质的人则较难适应；反之，持久、细致的工作，对黏液质和抑郁质的人较为合适，而胆汁质和多血质的人则较难适应。不同气质类型的人在从事相同工作时，工作效率会有差异，即使取得相同的工作效率，各人的努力程度也是不同的。因此，在选拔和培训某些特殊行业工作人员时应特别注意其气质特征，必要时也可以进行气质类型测试。

综上所述，四种气质类型的大学生将来都可以成为优秀的领导者、管理者和建设者，重要的是大学生自己要清楚自身气质的优缺点，努力发挥自身气质的优点，弥补自身气质的不足之处。一个班集体往往汇集了多种气质类型的人，同学之间应相互取长补短，在学习和课余活动中尽可能展现出自身的气质美。

（二）性格

“性格”一词最初是由古希腊哲学家奥夫拉斯塔提出的。当时，性格是用来描述人的道德品质的。它的希腊文意思是标志、特征、模型、痕迹等。在以后的演变中其含义才逐渐被丰富、拓宽、延伸，并成为个性中具有核心意义的成分。

1. 性格的定义

心理学一般把性格定义为：性格是一个人在对现实的态度和行为方式中表现出来的比较稳定的、具有核心意义的个性心理特征。性格是在人的社会化过程中形成的，体现了人的世界观、人生观和价值观，会受个人所处的社会环境、家庭状况、受教育程度、社会阶层和社会活动等因素的影响。因此，性格有好坏之分，表现了一个人的品德。

2. 性格的分类

（1）按照知、情、意在性格中的表现程度，性格可分为理智型、情绪型和意志型。

① 理智型的人，性格中理智特征特别明显，善于用理智控制情绪，能够以理智衡量一切，并支配和调节自己的言行，自制力强，处事谨慎。但如果理智被不健康的意识控制，理智型性格就有可能表现为虚伪、冷漠。

② 情绪型的人，情绪体验深刻，言行举止易受情绪左右，为人处事热情、大胆，情绪反应敏感、强烈，但情绪容易起伏，有时不善于冷静思考，甚至过于冲动，注意力不够稳定，兴趣容易转移。

③ 意志型的人，行动目的明确、主动积极、果敢坚定并且具有较强的自制力。

（2）按照个体的心理倾向，性格可分为外倾型和内倾型。

① 外倾型的人，心理活动倾向于外部，活泼开朗，善于交际，感情易于外露，处事不拘小节，独立性较强，但有时粗心、轻率。

② 内倾型的人，心理活动倾向于内部，一般表现为感情含蓄，处事谨慎，自制力强，交往面窄，适应环境比较困难。

（3）按照个体独立性程度，性格可分为独立型和顺从型。

① 独立型的人，不易受外来事物的干扰，具有坚定的信念，能独立判断事物，善于发现问题和解决问题，在紧急和困难的情况下不慌张，易于发挥自己的实力，但有时会把自己的意志强加于人，固执己见，不易合群。

② 顺从型的人，随和、谦虚，易与人合作，但独立性较差，易受暗示，容易接受他人的意见，在紧急情况下易惊慌失措。

一般来说，现实生活中典型性格类型的人并不多见，大多数人介于两者之间，属于混合型性格，只是偏向某一类型。而且一个人往往既有某些好的性格特征，也有某些不好的性格特征。有些性格特征有助于人的心理发展和身心健康，有些性格特征无益甚至有害，所以大学生应努力改善并优化自己的性格。

（三）气质与性格的关系

气质与性格都是人的个性心理特征，是构成人格的重要因素，二者相互渗透、相互影响、彼此制约。气质影响性格特征的表现方式，性格也对气质发生作用，它能影响气质的改变。

1. 气质与性格的不同

（1）在起源和可塑性上表现不同。从起源和可塑性上看，气质更多受生理和心理特点的影响，人一生下来就表现出一定的气质差异，所以它比较难以改变，即使改变，这个过程也是比较缓慢的。性格则是后天形成的，生活实践起决定性作用，具有较强的可塑性。

（2）在评价上的不同。气质是先天的，它是行为的外显特征，与行为内容没有关系，也没有好坏之分，只有当气质的表现涉及人的社会关系时，才能评价这种气质是否有价值。例如，热情这一品质，表现为对朋友、同事热情，就是好的、有价值的；如果表现为对不法分子热情，就是不良品质。由于人的性格更多地受到后天环境的影响，它是在个体和社会环境的相互作用中形成的，受社会关系制约，因此性格有好坏之分，具有道德评价的意义。

2. 气质与性格的联系

苏联心理学家列维托夫发现，相同气质的人可以形成不同的性格特征。例如，同样是多血质的人，有的人自制力强，有的人自制力弱。而不同的气质类型也可以形成相同的性格。例如，四种气质类型的人都可以形成自制力强这个性格特征，也可以都形成自制力弱这个特征。

气质与性格除了有区别以外，更为重要的是它们有着紧密联系，气质可以影响性格，反过来，性格也可以影响气质。气质对性格的影响主要表现在以下两个方面：一是不同的气质类型有利于形成某种性格特征，从而影响性格形成的难易和速度，如要形成自制力的品质，胆汁质的人就需要花费较大的努力，相对而言，抑郁质的人则比较容易；而胆汁质和多血质的人比抑郁质的人更容易形成勇敢和果断的性格特征。二是不同的气质类型使性格特征染上不同的“色彩”。例如，四种气质类型的人都热爱劳动、关心集体，而具体表现则不同：多血质的人是充满热情地去干，胆汁质的人是大刀阔斧地干，黏液质的人是按部就班、有板有眼地干，抑郁质的人则是认真仔细、默默奉献地干。性格反过来也会影响气质，主要表现在性格可以在一定程度上改造和掩盖气质。例如，飞行员一定要具有沉着冷静、灵活机智、勇敢果断等性格特征，在严格的飞行训练中，这些性格特征可以掩盖或改造容易冲动和缺乏耐心的胆汁质的人的气质特征。

四、影响人格形成和发展的因素

（一）生物遗传因素

心理学家对“生物遗传因素对人格具有何种影响”的研究已经持续很久了。双生子的研究被许多心理学家认为是研究人格遗传因素的最好办法，并提出双生子的研究原则：同卵双生子既然具有相同的基因，那么他们之间的任何差异都可以归结于环境因素；异卵双生子的基因虽然不同，但在环境上有许多相似性，如出生顺序、母亲年龄等，因此也提供了环境控制的可能性。系统地进行双生子的研究，就可以了解不同环境对相同基因的影响，或者是相同环境下不同基因的表现。

研究结果表明，遗传是人格不可缺少的影响因素，但遗传因素对人格的影响程度因人格特征的不同而不同。通常在智力、气质等人格特征上遗传因素较为重要；而在价值观、信念、性格等与社会因素关系紧密的人格特征上，后天环境因素更重要。人格发展过程是遗传与环境交互作用的结果。

（二）社会文化因素

人一出生，就置身于社会文化之中并受社会文化的熏陶与影响，社会文化对人格的影响伴随人的一生。社会文化塑造了社会成员的人格特征，使社会成员的人格结构朝着相似性的方向发展，而这种相似性又具有维系社会稳定的功能。

社会文化具有塑造人格的功能，反映在不同文化的民族有其固有的民族性格，不同的地域有着不同的文化传统，不同的文化发展时期有着不同的文化认同。例如，美国心理学家米德等研究了新几内亚岛三个民族的人格特征，结果表明，来自同一祖先的不同民族各具特色，鲜明地体现了社会文化对人格的影响力。居住在山丘地带的阿拉比修族崇尚男女平等的生活原则，成员之间互相友爱、团结协作，没有恃强凌弱、争强好胜，一派亲和的景象。居住在河川地带的孟都古姆族，以狩猎为生，人们之间有权力和地位之争，对孩子处罚严厉。这个民族的成员表现出攻击性强、冷酷无情、嫉妒心强、妄自尊大、争强好胜等人格特征。居住在湖泊地带的张布里族，女性是社会的主体，她们每日操劳，掌握经济实权；而男性处于从属地位，主要从事艺术、工艺与祭祀活动，并承担养育孩子的责任。这种社会分工使女性表现出刚毅、支配、自主的性格，男性则有明显的自卑感。

社会文化对人格的形成与发展具有重要的作用，特别是后天形成的一些人格特征，如性格、价值观等。

（三）家庭环境因素

家庭是儿童最初生活的环境，社会和时代的要求往往通过家庭在儿童心灵上打下烙印。从出生到五六岁，是人格形成的主要时期，一个人的人格类型在这一时期基本形成。因此，父母的教养态度对于一个人人格的形成和发展有着重要影响。

家庭教养方式一般可以分为三类：一是权威型教养方式，表现为过于支配，孩子的一切由父母来控制。在这种家庭环境下成长的孩子容易形成消极、被动、依赖、服从、懦弱，甚至不诚实的人格特征。二是放纵型教养方式，表现为对孩子过于溺爱。在这种家庭环境下成长的孩子多表现为任性、幼稚、自私、无力、独立性差、唯我独尊、蛮横等人格特征。三是民主型教养方式，表现为父母与孩子处于平等和谐的家庭氛围中，父母尊重孩子，给孩子一定的自主权，并给予孩子积极正确的指导。在这种家庭环境下成长的孩子一般容易形成活泼、快乐、直爽、自立、彬彬有礼、善于交往、富于合作、思想活跃等人格特征。

由此可见，家庭对人格具有强大的塑造力。其中，父母教养方式的恰当与否会直接决定孩子人格特征的形成。父母在养育孩子的过程中，表现出了自己的人格，并有意无意地影响和塑造着孩子的人格，形成家庭中的“社会遗传性”。

（四）学校教育因素

学校教育对适龄儿童的人格形成具有重要作用。学校生活扩大了儿童的生活范围，丰富了他们的活动内容，对他们也提出了更高的要求和更为实际的工作任务。这样，在知识传授的课堂教学中，可以训练学生系统而明确地学习，让学生在克服困难的过程中培养勇敢、顽强、坚定的性格特征。良好的班风有助于培养学生的积极性、主动性、独立性；和谐的氛围则容易使学生形成好奇、探究、活泼、开朗的性格。教师是学生学习的榜样，在学生人格形成中起着极为重要的作用。有研究表明：如果教师的态度是专制的，那么学生表现为情绪紧张、冷淡、带有攻击性、自制力差；如果教师的态度是民主的，那么学生表现为情绪稳定、积极、态度友好、有领导力；如果教师的态度是放任的，那么学生表现为无组织、无纪律、自由散漫。不仅如此，教师还会以全部行为和整个人格来影响学生。教师的高尚人格，如思想进步、责任心强、富有同情心、谦虚、朴素等，会对学生产生深刻而积极的影响。

（五）自我调控因素

上述各因素体现的是人格形成的外因，而外因是通过内因起作用的。人格的自我调控系统就是人格发展的内部因素。人格调控系统是以自我意识为核心的，其主要作用是对人格的各个成分进行调控，保证人格的完整、统一与和谐。自我意识是人对自身及自己同客观世界关系的认识，包含自我认知、自我体验、自我控制三个子系统。

自我认知中的自我评价是自我调节的重要条件。当一个人不能正确地认识自我，只看到自己的不足，觉得处处不如人，就会自卑，丧失信心，做事畏缩不前；相反，过高地评价自己，盲目乐观，也会导致失误。因此，准确地认识自我，实事求是地评价自己，是自我调节和人格完善的重要途径之一。

自我体验是伴随自我认知而产生的内心体验。当一个人对自己做正向评价时，就会产生自尊感；做负向评价时，便会产生自卑感。自我体验的调节作用体现在它可以使自我认识转化为信念，进而指导言行。同时，自我体验还能够伴随自我评价来激励正当的行为或抑制不当的行为。当一个人认识到自己不当行为的后果时，会产生内疚、羞愧的情绪，从而收敛并制止不当行为再次发生。

自我控制是自我意识在行为上的表现，是实现自我意识调节作用的最终环节。个体在认识到社会要求后，就会努力使自己的行为符合其准则，从而激发自我控制的动机，并付诸行动。学生在意识到学习对于自己的发展具有重要意义时，就会激发他努力学习的动力，从而在行为上表现为刻苦学习、不怕困难、持之以恒、积极进取。

第二节　大学生常见的不良人格及人格障碍类型

一、大学生常见的不良人格

不良人格又被称为人格缺陷，是介于正常人格与人格障碍之间的一种人格状态，也可以说是一种人格发展的不良倾向或是某种轻度的人格障碍。大学生常见的不良人格包括自卑、抑郁、怯懦、孤僻、冷漠、懒散、拖拉、依赖、敏感、狭隘、多疑、焦虑或对人敌视、冲动、破坏等。这些不良人格会影响大学生的心理健康，妨碍正常的人际关系。除此之外，还会给人蒙上一层消极、阴暗的色彩，严重的还会导致疾病，甚至危害社会。因此，应了解并掌握一些常见人格缺陷的特征及矫正方法。

（一）自卑

有的大学生遇到不如意、失败时便垂头丧气、怨天尤人，或自认为无能为力，并甘愿失败，对前途失去信心，心灰意冷等，这些都是自卑的表现。引起自卑的既有人生态度、意志品质的因素，也有认知错误、人格不成熟的因素。有的大学生则是因为理想破灭、道路坎坷而灰心丧气。这实际上是用自卑来对待挫折，结果是“帮助”挫折来打击自己，在已有的失败感中又增添新的失败感，就像在伤口上撒了一把盐。自卑心理会使人浑浑噩噩、毫无生气，甚至厌世轻生。

自卑是一种严重的不健康心理，对人的身心危害极大。怎样才能改变自卑，走出情绪低谷，培养乐观的人生态度呢？对大学生来说，首先，要正确认识自己，悦纳自己，人有所长也有所短，不要为自己的所短而自卑。其次，要进行自信心磨炼，将目标定得小一些，切合实际一些，多积累成功的愉悦体验。最后，要确立合理的评价标准，若以强者为标准则可能会产生自卑心理，因而寻找适合自己的评价标准就显得很重要。理性的比较方式是多与自己做纵向比较而不是一味地与他人做横向比较。有了足够的自信心，自卑感就会悄然而退。

此外，培养多方面的兴趣与爱好，多参加集体活动，多加强体育锻炼，多看喜剧类电视节目都有助于培养乐观的性格。

（二）羞怯

羞怯是自我防御心理过强的结果，主要表现如下：①过于胆小被动，过于谨小慎微，说话、做事总怕出错，担心被人议论、讥笑。因此，每说一句话，总要反复思考多次；每做一件事，总要思前想后，为此把自己搞得神经紧张、坐立不安，而且往往为错过说话、做事的时机后悔、沮丧、自责。②过于关注自己。羞怯者特别注意自己在他人心目中的形象，总觉得自己时时处在众目睽睽之下，于是感到拘束。③自信心不足。羞怯者对自己的社交能力、表达能力、做事能力及自我形象缺乏信心，使本来可以做到、做好的事难以如愿。

羞怯在大学生中并不少见，虽然羞怯的人格特征与神经类型有一定的联系，但更多还是后天因素所致，通过有意识的调节可以改变。具体措施如下。

（1）要对自己能力做具体的分析，找到自己的所长和所短，发扬所长可增强信心并弥补不足。

（2）放下思想包袱。事实上每个人都有怕羞心理，只是有些人善于调节，注意锻炼。金无足赤，人无完人，一个人说错话、办错事没什么可怕，也不必难为情，错了改正就是了，避免今后犯同样的错误。

（3）不要太在意别人的议论。所谓“人多口杂，金子也会熔化”，总把别人的话放在心上便寸步难行，什么也不敢做、不敢说了。只要自己看准的事情就大胆去做。

（4）有意识地锻炼自己。要敢于说第一句话，勇于迈第一步，这样，你会发现自己不仅有能力把事情干好，而且有潜力把事情干得更好。

（三）懒散

懒散是指一种慵懒、闲散、拖沓、松垮的生存状态。其主要表现：活力不足，什么也不想做，没有计划，随波逐流；无法将精力集中在学业上，无法做自己喜欢的事，百无聊赖，情绪不佳，犹豫不决，顾此失彼，做事磨蹭。一些大学生常常是听着铃声进教室，并常为自己的懒散寻求理由，做事一拖再拖，虽下决心改正，但实际不能做到；不接受教训，对任何事没有信心，没有学习欲望。处于懒散状态的大学生也常感到内疚、自责、后悔，但又觉得无力自拔，心有余而力不足。这主要是因为他们往往想得多而做得少，缺乏毅力。

大学生要克服懒散，应充分认识到其危害性，振作精神，从日常小事做起，并努力做到不给自己找借口，自我监控，学习运筹和管理时间；力争今日事今日毕，多与人交往，多关心外部世界，多参加有益身心的社会活动，树立坚定而有价值的理想。

（四）猜疑

一猜二疑，疑建立在猜的基础上，因而好猜疑的人行为处事往往缺乏事实根据，有时也缺乏合理的思维逻辑。好猜疑的大学生往往对人对事敏感多疑；看到同学背着自己说话，就怀疑在说自己的坏话；某同学没和自己打招呼，便怀疑他（她）对自己有意见等。

猜疑会导致人际关系紧张、伤害他人感情、无事生非等，而好猜疑的人自己则会陷入苦闷和惶惑的不良心境中。有这种不良人格品质的大学生应积极寻求矫正。

当出现猜疑心理时，大学生可尝试运用以下方法来进行矫正。

（1）全面思考。当发现自己开始怀疑别人时，大学生应学会全面思考。例如，“疑邻偷斧”中的那个农夫，失斧后冷静想一想，斧头会不会是自己砍柴时忘记带回家，或者挑柴时掉在路上，而非一味地怀疑邻居。

（2）学会感恩。大学生要用感恩的心时时体察别人给予自己的帮助、鼓励、建议，内心也会变得强大、友善。

（3）培养自信。当我们相信自己的本意是好的、魅力是独特的、潜力是无穷的时候，我们在学习和生活中就可以大胆地表现自己，不会轻易怀疑别人是否会挑剔、为难自己了。

（4）自我安慰。任何人都不可能被所有人欣赏，在生活中遭到别人的非议和质疑很正常，要理性的对待。在一些生活细节上不必斤斤计较，这样就可以使自己少一些烦恼。

（5）了解真相。生疑之后若能同被疑者进行推心置腹的沟通将是很好的选择。若是误会，可以及时消除；若是看法不同，通过谈心，了解对方的想法；若证实了猜疑并非无端，心平气和地讨论也有可能使矛盾解决在冲突出现之前。

（五）狭隘

受功利主义思想影响，大学生具有狭隘人格较为普遍。凡事斤斤计较、耿耿于怀、好嫉妒、容不得他人等，都是心胸狭隘的表现，即日常说的“气量小”。心胸狭隘往往影响人际关系，伤害他人感情，也常给自己带来烦恼与苦闷，影响自己的情绪和在他人心目中的形象，因此，于人于己百害而无一利。狭隘人格多见于内向性格的人。

克服狭隘人格，一要胸怀宽广、坦荡，一切向前看；二要丰富自己，一个人的视野越开阔，就越不会陷入狭隘之中，这就是所谓的“站得高，看得远”；三要学会宽容，宽以待人。

（六）急躁

急躁是常见的不良人格，表现为碰到不称心的事情马上激动不安；做事缺乏充分准备，没准备好就盲目行动，急于达到目的；缺乏耐心、细心和恒心。

那么，大学生应怎样克服急躁呢？

（1）思先于行。大学生要加强自我修养，自觉养成冷静沉着的习惯；在学习、生活中，对非原则性问题，尽量避免与人发生不必要的矛盾，把精力用于积极思考之中。

（2）改变行为。细心、认真行事，说话控制语速，想好了再说，不随意打断别人谈话；看书要一字一句细读，边读边想；工作中改掉冲锋陷阵式的习惯，要有条不紊。

（3）控制发怒。性格急躁的人容易发怒，应把格言“能忍则自安”“退一步海阔天空”等常记于心，时时提醒自己遇事要冷静。

（4）采用松弛疗法，坚持静养训练。在学习之余，听一听轻松、柔和的音乐，进行打太极拳或练瑜伽等能使肌肉和神经放松的体育运动。

（七）虚荣心

虚荣心往往与自尊心、自卑感联系在一起，虚荣心是由自尊心和自卑感产生的。虚荣心强的大学生一般性格内向、情感脆弱、多愁善感，虽然自惭形秽，但又害怕别人伤害自己的尊严，过分在意别人的评论与批评，与人交往时总有一种防御心理，不允许有任何的侵犯，且常会千方百计地抬高自己的形象。他们捍卫的往往是虚假的、脆弱的、不健康的自我，以致无暇来丰富、完善真实的自我。

大学生防范或改变过强虚荣心的方法：①要对其危害性有清醒的认识，有勇气、有决心改变自己；②应当努力认识自己，了解自己的长处与短处，扬长避短；③要树立自信和健康的荣誉心，正确表现自己，不卑不亢；④不为外界的议论所左右，正确对待个人得失。

（八）拖延

拖延是不少大学生的通病。拖延是指可以完成的事而不及时完成，今天推明天，明天推后天，其态度为“春天不是读书天，夏日炎炎正好眠，秋多蚊虫冬又冷，一心收拾待明年”。导致拖延的原因：一是试图逃避困难的事；二是目标不明确；三是惰性作怪。拖延一方面耽误学习、工作；另一方面并没有使人因此轻松些，相反往往会导致心理压力，引起焦虑，总觉得有事情没完成，干别的事也难以安心，还会贻误时机。

改变拖延这个通病，大学生首先要充分认识其危害性，找到自己拖延的原因，下决心改变。其次，要科学安排时间，凡事有轻重缓急，要一件一件完成，还要讲究科学的学习和工作方法。最后，要敢于做不愿做或者需要花大力气的工作。必须完成的事，要即时完成，完成后会产生欣喜感、满足感、成就感，而拖拉只会带来疲倦、松垮和焦虑。

（九）过度自我中心

随着自我意识的发展，大学生越来越感到内心世界的千变万化、与众不同，他们越来越多地把关注的重心投向自我，尤其是那些有较强自信心、自尊心、优越感、独立感的大学生，就比较容易出现自我中心倾向。当这种倾向与一些不健康的思想意识（如个人主义、自私自利思想）和某些心理特征（如过强的自尊心、唯我独尊等）结合时，就会表现出过分的、扭曲的自我中心。过度自我中心的大学生往往以自我为核心，想问题、做事情，从“我”出发，不能设身处地地进行客观思考，颐指气使，盛气凌人，不允许别人批评。这类人总认为对的是自己、错的是别人，因而他们常常不能赢得他人的好感和信任，人际关系大多不和谐。

大学生克服过度自我中心的方法包括：①树立健康的人生观，自觉地将自己和他人、集体结合起来，走出自己的小天地；②恰当地评价自己，既不低估也不高估，既不妄自菲薄也不自高自大；③尊重他人，只有尊重和信任才能获得友谊；④设身处地地从他人的角度思考问题，将心比心，真诚地关爱他人。

二、常见的人格障碍类型

人格障碍是精神病学诊断分类的名词，它的定义是“人格特征显著偏离正常，这种人格特征的偏离使个体形成了特有的行为模式且对环境适应不良，甚至达到害人害己的程度”。每个人做人处事都有一定的模式，都要接受社会规范的约束，如果超越了正常的范围就形成了人格障碍。

人格障碍的主要表现包括：①紊乱不定的个人心理特点和难以相处的怪异性格，不论其行为变异是被动的还是主动的，都会给他人造成困扰；②把自己的困难和问题都归咎于命运不济或别人的差错，经常把社会或外界的一切看作荒谬的、悖理的；③认为自己对别人可不负任何责任，总把自己的想法和利益放在压倒一切的位置上，而不管他人是否能够接受；④无论走到哪里，都把自己的固定看法、猜疑与仇视带到哪里，从而使其行为影响新环境的氛围；⑤怪僻行为造成对别人的伤害或影响泰然自若，对自己的问题毫无自知，即使别人指出其问题，也绝不承认。

常见的人格障碍主要有以下几种。

（一）偏执型人格障碍

偏执型人格又叫妄想型人格，有这种人格障碍的人疑心很重，总认为别人居心不良、不忠实，且嫉妒心强，容易和别人产生摩擦，在工作上难与人共处，别人对其敬而远之。

偏执型人格障碍者具有以下特征：①广泛猜疑，常将他人无意的甚至友好的行为误解为敌意或歧视；无足够的根据就怀疑被人利用或伤害，因此过分警惕与防御，将周围事物解释为不符合实际情况的“阴谋”。②易产生病态妒忌，过分自负，若有挫折或失败则归咎于他人，总认为自己正确。③嫉恨别人，对他人的过错不能宽容。④脱离实际地好争辩与敌对，固执地追求个人不合理的“权利”或利益。⑤忽视或不相信与自己想法不相符的客观证据，因而很难以讲道理或以讲事实的方式来改变他的想法。

偏执型人格障碍应采取心理治疗方法，以克服多疑敏感、固执、不安全感和自我中心的人格缺陷，具体如下。

1. 认知提高法

由于偏执型人格障碍者对别人不信任、敏感多疑，不会接受任何善意的忠告，所以首先要与他们建立信任关系，在相互信任的基础上交流情感，向他们全面介绍其人格障碍的性质、特点、危害及矫正方法，使其对自己有正确、客观的认识，并自觉自愿产生要求改变自身人格缺陷的愿望。这是进行心理治疗的先决条件。

2. 自我疗法

要改变偏执行为，偏执型人格障碍者首先必须分析自己的非理性观念，如“我不能容忍别人任何错误”“对于别人的攻击，我必须立即予以强烈的反击，要让他知道我比他更强”“我不能表现出温柔的一面，这会给人一种不强大的感觉”等。

偏执型人格障碍者要对这些观念加以改造，去除其中极端偏激的成分，可分别改为“每个人都会犯错误，他人偶尔犯错误是应该被原谅的”“对于别人的攻击，马上反击未必是上策，而且我必须辨清是否真的受到了攻击”等。每当有偏执的言行时，偏执型人格障碍者就应该把改造过的合理化观念默念一遍，以此来阻止自己的偏激行为。有时自己不知不觉地表现出了偏执行为，事后应重新分析当时的想法，找出当时的非理性观念，然后加以改造，防止再犯。

（二）强迫型人格障碍

强迫型人格障碍是一种以要求严格和完美为主要特点的人格障碍。强迫型人格障碍者的特征如下：①做任何事情都要求完美无缺、按部就班；②不合理地坚持要求他人按照自己的方式做事，否则心里很不痛快，对他人做事很不放心；③犹豫不决，常推迟或避免作出决定；④常有不安全感，反复考虑计划是否得当，反复核对检查，唯恐有疏忽和差错；⑤拘泥细节，甚至生活小节也要程序化，不遵照一定的规矩就感到不安或要重做；⑥完成一件工作之后常缺乏愉快和满足的体验，相反容易悔恨和内疚；⑦对自己要求严格，过分沉溺于职责义务与道德规范，无业余爱好，拘谨吝啬，缺少友谊。

对强迫型人格障碍的主要心理疗法有以下几种。

1. 顺其自然法

由于强迫型人格障碍的主要特征是把冲突理智化，过分压抑控制自己，因此强迫型人格障碍的矫正方法主要是减轻压力，最有效的方式是任何事顺其自然做了以后就不再去想它，也不要对做过的事进行评价。例如，担心门没关好、课桌上的东西没有收拾干净等，不要专注于想此类事情。开始时可能会由此带来不定期焦虑的情绪反应，但由于强迫型人格障碍者的强迫行为还远没有达到强迫症那种无法自控的程度，所以经过一段时间的训练，情绪反应会逐步消除。

2. 当头棒喝法

强迫型人格障碍者做事常拘泥于标准与规矩，把自己活泼的心智锁进了牢笼。当一个人过分执着于标准与规矩时，他对多变的现实就会感到无所适从。强迫型人格障碍者已经习惯于按教条办事，要改变这种情况，就应努力寻找生活中的独特事件，让这些独特事件带来新的观念和解决问题的新思路、新方法，改变以往墨守成规、循规蹈矩的习惯。当感到不能控制某些行为时，强迫型人格障碍者对自己大喝一声“停”或“不”，都是有效的，这时人的思维、行为和习惯被打乱，自我意识就能起作用了。

（三）攻击型人格障碍

攻击型人格障碍又称爆发型或冲动型人格障碍，是一种以行为和情绪具有明显冲动性为主要特征的人格障碍。攻击型人格障碍者的特征如下：①具有不可预测和不考虑后果的行为倾向；②行为爆发难以自控；③不能控制不适当的发怒，易与他人争吵和冲突，尤其是行为受阻或受到批评指责时；④情绪反复无常，不可预测，易爆发愤怒和引起暴力行为；⑤做事无计划，缺乏预见性和坚持性；⑥人际关系强烈而不稳定，几乎没有关系长久的朋友；⑦有自伤行为。

对攻击型人格障碍者的治疗，可运用行为治疗中的系统脱敏疗法，帮助其克服行为的冲动性。首先，施治者需要找出一系列让求治者感到冲动的事件，施治者按各事件的干扰程度将它们排列为数个等级。治疗开始时，先让求治者放松 3～5 分钟，施治者可以用语言暗示帮助求治者放松，并告知求治者："当你感觉非常舒适和轻松时，请抬起右手食指示意一下。"当求治者开始做这一动作时，施治者指示求治者想象冲动事件层次中程度最轻的事件，让求治者口头报告该情境清晰地出现在大脑中时他所体验的程度。然后施治者指示求治者再进入放松状态，重复前面的过程，让求治者再想象刚才的事件，报告情况。这样反复多次，如果求治者对这一事件报告逐渐下降至某一较低水平且不再下降时，则可以认为求治者对这一事件的冲动已经消失，施治者就可以调整冲动事件层次中的诊断和治疗方法了。

（四）反社会型人格障碍

反社会型人格障碍是一种以行为不符合社会规范为主要特点的人格障碍。反社会型人格障碍者的特征如下：①18 岁前有品行不良的证据，如经常逃学、被学校开除、反复说谎（不是为了躲避体罚）等；②不能维持持久的工作或学习，多次变换工作；③有不符合社会规范的行为，易激怒，并有攻击行为，如反复斗殴或攻击他人；④经常不承担经济义务，如拖欠债务、不抚养儿女或不赡养父母；⑤行为无计划或有冲动性；⑥欺骗他人以获得个人的利益或快乐；⑦对自己或他人的安全漠不关心，缺乏同情心；⑧危害他人时无内疚感。

由于反社会型人格障碍的病因较为复杂，目前对此症的治疗尚缺乏十分有效的方法。但实践发现，对那些受环境影响形成的、程度较轻的反社会型人格障碍者，实施认知领悟疗法有一定疗效。施治者可以帮助其提高认识，了解自己的行为对社会的危害，培养其责任感，使其担负起对家庭、对社会的责任；提高其道德意识和法律意识，使其努力增强控制自己行为的能力。这些措施对减少反社会型人格障碍者的反社会行为不失为有效的方法。少数家庭关系极为恶劣而与社会相处尚可的反社会型人格障碍者，可以在学校集体宿舍或亲友家寄宿，以减少家庭的负面影响，同时培养其独立生活的能力。

攻击型人格障碍与反社会型人格障碍相类似，但又有区别。一般来说，攻击型人格障碍表现为持久的攻击言行，缺乏自控能力，以对他人攻击冲动为主要表现；反社会型人格障碍主要表现对他人和社会的反抗言行行为，屡教难改，明知故犯，常以损人不利己的失败结局告终，不能吸取经验教训。简而言之，攻击型人格障碍的行为特点是自控能力低下，而反社会型人格障碍则以行为不符合社会规范为特征。

（五）回避型人格障碍

回避型人格障碍又叫逃避型人格障碍。回避型人格障碍者经常回避人际关系，要不就是无条件地接受他人意见。他们在生活中尽管有交往的需要，但大多数人仍与周围人保持一定距离，很难与别人进行深入的感情交流。

回避型人格障碍者具有以下特征：①在没有从他人那里得到大量的建议与保证之前，对日常事务不能作出决策；②有明显的无助感，希望别人为自己作出人生的重要决定；③依赖性较强，很少独立地开展计划或行动；④过度容忍，为讨好别人甘心做自己内心不愿意做的事，不轻易拒绝别人；⑤容易因未得到赞许或遭到批评而受到伤害；⑥当亲密关系终止时感到无助甚至崩溃；⑦经常有被人遗弃的念头，且在交往中，担心被朋友遗弃，不敢坚持自己的观点。

对于回避型人格障碍的治疗，可以采用以下几种方法。

1. 消除自卑感

（1）要正确认识自己，提高自我评价。要善于发现自己的长处，肯定自己的成绩，认识到人人都有不足之处。只有提高自我评价，才能提高自信心，克服自卑感。

（2）要正确认识自卑的利与弊，提高克服自卑的自信心。自卑的人不仅要正确认识自己的特长，也要正确看待自己的自卑心理。自卑并不是一种有弊无利的不治之症，自卑的人往往都很谦虚，善于体谅人他，不会与人争名夺利，安分随和，做事谨慎，人们都很乐意与其相处。指出这些，并不是要他们保持自卑，而是让他们明白自卑也有有利的一面，认识到这些可以增强他们对生活的信心，为消除自卑奠定心理基础。

（3）要进行积极的自我暗示。在面临某种情况感到自信心不足时，回避型人格障碍者不妨暗示自己“我一定会成功”“人人都能行，我为什么不行”等。

2. 克服人际交往障碍

回避型人格障碍者都存在不同程度的人际交往障碍，因此必须按梯级任务的要求给自己订一个交朋友的计划。起始的级别较低，任务比较简单，以后逐步加深。例如，第一周，每天与同学（或邻居、亲人、室友等）聊十分钟；第二周，每天与他人聊二十分钟，同时与其中某一位多聊十分钟；第三周，保持上周的交往时间，找一位朋友不计时地随意谈心；第四周，保持上周的交往时间，找几位朋友在周末小聚一次，随意聊天或家宴或郊游；第五周，保持上周的交往时间，积极参加各种思想交流、学术交流等；第六周，保持上周的交往时间，尝试与陌生人或不太熟悉的人交往。上述梯级任务认真完成起来并不是一件容易的事，回避型人格障碍者可以找一位监督员来督促自己执行和评定。在任务开始的时候，回避型人格障碍者可能会觉得很困难，也可能觉得毫无趣味，但都要设法克服，只有这样，才能取得良好的治疗效果。

（六）依赖型人格障碍

依赖型人格障碍者对亲近与归属有过分的渴求，这种渴求是强迫的、盲目的、非理性的，与真实的感情无关。他们宁愿放弃自己的个人趣味、人生观，只要他（她）能找到一座靠山，能时刻得到别人对他（她）的关心就心满意足了。他（她）们的这种处世方式使其越来越懒惰、脆弱，缺乏自主性和创造性。

依赖型人格障碍者具有以下特征：①极度缺乏自信心；②无独立生活能力；③对自我行为缺乏判断力；④无意识地倾向于以别人的看法来评价自己。

对于依赖型人格障碍的治疗，可以采用以下几种方法。

1. 习惯纠正法

依赖型人格障碍者的依赖行为已经成为一种习惯，如要治疗，首先必须破除这种不良习惯。依赖型人格障碍者要清查一下自己的行为有哪些是习惯性地依赖别人去做的，哪些是自己做决定的。对于自主意识强的事件，以后遇到同类情况应坚持自己做。对于自主意识中等的事件，可以提出改进的方法并逐步实施。对于自主意识较差的事件，可以采取控制技术逐步强化，提高自主意识。例如，从恋人的暗示中得知她喜欢花，为她买一枝花，到主动提议带她去植物园度周末，就证明你的自主意识已经得到强化了。

2. 重建自信法

如果只是简单地破除了依赖习惯，而不从根本上找原因，那么依赖行为还有可能复发。重建自信法就是要从根本上矫正依赖型人格障碍。第一步，消除童年的不良印迹。依赖型人格障碍者缺乏自信，自我意识低下，可能与童年期的不良教育有关，如父母、长辈说过的“你真笨，什么也不会”等，把这些话整理出来，逐条加以重构并提醒父母长辈用积极的言语鼓舞激励自己。第二步，重建勇气。依赖型人格障碍者可以选择做一些略带冒险性的事情，如独自一人去附近景点做短途旅行、独自一人参加娱乐活动等，这一过程中无论什么事情，绝不依赖他人，通过做这些事，可以增加自己的勇气，改变事事依赖人的缺点。

（七）自恋型人格障碍

自恋型人格障碍的核心特征是以自我为中心。具有自恋型人格障碍的大学生，自我评价过高，在生活中爱听表扬，忌听批评，且具有高度幻想性，特别是过高的自我评价带来成功的虚幻体验，过度自信，希望引起别人的重视。一般而言，这类大学生天赋较好，一直处于被关注的中心，自信心与自尊心都较强，缺乏失败的生活经历与亲身体验，因而生活在理想世界中，当面临挫折甚至失败时，无法面对现实世界而导致心理崩溃。

自恋型人格障碍的治疗，一般可以采取以下几种方法。

1. 抛弃自我中心观

人生中最为自我中心的阶段是婴幼儿期，所以自恋型人格障碍者的行为实际上退化到了婴幼儿期。因此，要治疗自恋型人格障碍，必须了解那些婴幼儿化的行为。自恋型人格障碍者可以把自己认为讨人厌嫌的人格特征和别人对自己的批评罗列下来，看看有多少婴幼儿期的成分。例如，渴望持久的关注与赞美，一旦不被注意便采用偏激的行为；喜欢指使别人；对别人的好东西垂涎欲滴，对别人的成功无比嫉妒。明白了自己的行为与婴幼儿相似后，自恋型人格障碍者要时常告诫自己：①我必须努力工作，以取得成绩来吸引别人认同；②我不再是婴幼儿了，许多事都要自己动手去做；③每个人都有属于自己的好东西，我要争取我应得到的，但不嫉妒别人应得的。自恋型人格障碍者可以请一位与自己亲近的人作为监督者，一旦出现自我中心的行为，监督者便给予警告和提示，督促及时改正。

2. 学会爱别人

对于自恋型人格障碍者来说，仅仅抛弃自我中心观还不够，还必须学会爱别人，唯有如此才能真正体会到抛弃自我中心观是一种明智的选择。生活中最简单的爱的行为就是关心别人，尤其是当别人需要你帮助的时候，例如，当别人生病时及时送上一份问候，病人会真诚地感激你；当别人经济上有困难时，你力所能及地解囊相助，就会得到别人的尊敬。

心理学家认为：每个人都存在不同程度的自恋倾向，但绝大多数人没有成为自恋型人格障碍者。为什么？因为在人的成长过程中，社会化起到重要作用。在与他人的交往中，我们逐步发现自己的不足，调整自我，并在与他人的社会比较中，确立正确的自我观，走出自我中心的误区。

（八）表演型人格障碍

表演型人格障碍是以用过分感情用事或夸张的言行吸引他人注意为主要特点的人格障碍。表演型人格障碍者的特点如下：①表情夸张像演戏一样，情感体验肤浅；②暗示性高，很容易受他人的影响；③自我中心，强求他人符合自己的需要和意志，不如意就给人难堪或表达强烈不满；④经常渴望得到表扬和同情，感情易波动；⑤寻求刺激，过多地参加各种社交活动；⑥十分关心自己是否引人注目，言行方面竭力表现自己以吸引他人；⑦情感易变，完全按个人情感判断好坏；⑧说话夸大其词，掺杂幻想情节。

对于表演型人格障碍，可以从以下几个方面进行防治和教育。

1. 正视自己

父母、老师和朋友，一切关心大学生健康成长的人，都应帮助表演型人格障碍者了解自己的人格缺陷，让其认识到人格障碍的危害。只有正视自己，扬长避短，才能使其更好地适应社会环境。如果不能正视自己的缺陷，自我膨胀，放任自流，表演型人格障碍者就会处处碰壁，不利于健康成长。

2. 调整情绪

表演型人格障碍者的情绪表现太过夸张，总给人一种“装出来”的感觉。所以，要改变这种状况，首先要听听亲朋好友对这些情绪表现的看法。对别人提出的意见，千万不要反驳，要扪心自问，自我反思：这些情绪表现哪些是有意识的，哪些是无意识的；哪些是别人喜欢的，哪些是别人讨厌的。对别人讨厌的，要坚决予以改正；对别人喜欢的，也不要过分表现；对无意识的表现，可以将其写下来，不时地进行自我提醒。

3. 升华法

表演型人格障碍者通常有一定的艺术表演才能，他们可以把兴趣转移到艺术表演中去。事实上，许多艺术表演都有一定的夸张成分，为了使观众沉浸到剧情中去，演员必须用自己丰富多变的表情、生动形象的语言去打动他们。所以，表演型人格障碍者可以多参与艺术表演活动，并得到有效的自我完善。

（九）分裂型人格障碍

分裂型人格障碍是一种以观念、行为特异，以及人际关系有明显缺陷，且情感冷淡为主要特点的人格障碍。分裂型人格障碍者的特点如下：①有特异的信念或与文化背景不相称的行为；②有奇怪的、反常的或特殊的行为；③言语怪异，并非文化程度或智能障碍所引起；④有不寻常的知觉体验，如暂时性错觉、幻觉；⑤对人冷淡，对亲戚朋友也不例外，缺少温暖体贴；⑥表情淡漠，缺乏深刻或生动的情感体验；⑦多单独活动，社交被动，缺乏朋友。

对于分裂型人格障碍者，要帮助他们提高认知能力，要求本人有意识地分析自己的心理不足，确定并积极探求人生的理想目标，并有为之奋斗的自信心、决心和生活情趣。应该让他们懂得这样一个道理：人生是一次情趣无穷的愉快旅程，每个人都应该像一位情趣盎然的旅行家，每时每刻在欢乐的道路上旅行。在引导过程中，首先，引导他们培养多方面的兴趣爱好，如听音乐、练书法、绘画、打球、下棋等。多种兴趣爱好可以培养出向往生活的良好情感，丰富他们的生活色彩。其次，鼓励他们积极参加集体活动，扩大社会信息量，克服情感淡薄的弊病。最后，鼓励他们发展对社会关系的兴趣，向他们指出社交关系的价值，教给他们各种情感反应，帮助他们去体会别人的情感。可以使用角色扮演技术对他们进行社交技能训练，治疗师可以扮演一个朋友或者一个重要人物，帮助他们学习建立和保持社会关系所需的技术。

第三节　大学生健康人格的培养

健康人格的培养与塑造既是大学生成长发展的需要，也是时代的要求。在这里，健康的人格是从人的心理状态、精神面貌的角度，探讨人对周围环境、自身的良好适应能力和有效改造程度。健康的人格，不仅是新时代大学生应该追求的价值目标，也是经过努力可以达到的一种境界。

一、人格对大学生成长发展的重要作用

随着经济社会的发展，社会压力不断增大，对人才的要求也越来越高，大学生在社交能力、适应能力、情绪把控能力等方面要能够适应社会发展需要，有效缓解经济社会巨大变迁给人带来的精神压力，保证社会构成的基本单元——个体拥有健康的身心。人格作为人面向社会表达、传递个人信息的内涵性元素，对人的成长和发展有着重要的意义。

（一）健康人格是身心健康的需要

有研究表明，许多生理疾病的产生与人格特征有关，个体具有的人格特征在生理疾病的发生过程中起到了促成、催化作用，有些生理疾病就是不健康的人格特征引起的。例如，高血压患者多有急躁、偏执、呆板、敏感、易怒等人格特征，偏头痛患者多有刻板、好胜、妒忌、刻意追求完美的人格特征。

（二）健康人格是社会发展的需要

纷繁复杂的心理刺激，大大加重了人们的心理负荷，使人们产生了焦虑、恐惧、不安和苦恼。如何在经济社会发展过程中有效地完善自我人格、更好地适应社会是时代对当代大学生的考验。

（三）健康人格是自我成长、自我发展的需要

大学生是未来社会的建设者和接班人，承载着祖国的希望、家庭的希望和自我实现的希望，而实现个人价值与健康人格密不可分。大学生要想成为一名高素质的人才，除了要掌握科学文化知识，奠定坚实的智力基础外，还需要具备较高的非智力素质，而人格正是非智力素质的重要组成部分。拥有健康人格的人做事更具有计划性，对待事物的态度认真谨慎，踏实沉稳，热情大方，善于表达和交际，事业成功的机会也会增多。因此，培养健康的人格是大学生成就事业的必备要素。

二、健康人格的标准

（一）正确的自我意识

自我意识是个体对自己及自己与他人、与周围世界关系的认识。具有健康人格的人对自己有恰如其分的评价，充满自信，扬长避短，在日常生活中能有效地调节自己的行为，使之与所处环境相适应。缺乏正确自我意识的人常常表现出自我冲突、自我矛盾或者自视清高、妄自尊大，做力所不能及的事情，或者自轻自贱、妄自菲薄，甘愿放弃一切可能得到的机会。

（二）和谐的人际关系

人际关系是人们在社会实践中形成的人与人之间的相互关系，是在社会交往中建立的关系，是社会关系最直接的表现形式。社会交往可以促进人与人之间的相互沟通与理解，从而调节身心状态，增强人的责任感。人际关系最能体现一个人的人格健康程度。人格健康的人乐于与他人交往，并与他人建立良好的关系；与人相处时，尊敬、信任等积极态度多于嫉妒、怀疑等消极态度；常常以诚恳、公平、谦虚、宽容的态度尊重他人，同时也受到他人的尊重与接纳。人际关系不仅反映人格健康的水平，而且影响和促进健康人格的形成与发展。

（三）良好的社会适应能力

社会适应能力反映了人与社会的协调程度。人格健康的人能够和社会保持密切的接触，以开放的态度来主动关心社会、了解社会；在认识社会的同时，使自己的思想、行

为跟上时代的发展，与社会的要求相符，从而更快地适应新的环境。

（四）乐观向上的生活态度

拥有积极人生态度的人常常能看到生活中的阳光，对前途充满希望和信心，对工作或学习抱有浓厚的兴趣，并在其中发挥自己的智慧和能力。即使在遇到困难和挫折时，也能不畏艰险，勇于拼搏。大学生的主要任务是学习，因而一个人对学习的兴趣如何可以反映出其对生活的基本倾向。

（五）良好的情绪调控能力

情绪对人的活动和健康有着重要影响。积极的情绪体验能使人振奋精神，增强人的信心，提高人的活动效率。人格健康的人具有调节和控制情绪的能力，能够经常保持愉快、满意、开朗的心境，并富有幽默感，当消极情绪出现时能合理地宣泄、排解、转移和升华。

三、大学生健康人格的塑造

大学生健康人格的塑造，一是要服从人格健康发展的需要；二是要服从实现中华民族伟大复兴“中国梦”的需要。大学生怎样塑造健康的人格呢？除了创造良好的生活环境外，就每个个体而言，应该从以下几个方面着手。

（一）认识自我，优化人格整合

生活中的许多事例告诉我们，人格系统中存在着一种基本的动机，它是个体的力量源。为了有效地进行人格塑造，个体应该充分了解自己的人格状况，深刻理解这种要求实现的动机，明确人格塑造的目标、内容、途径、方法。认识自我是改变自我的开始。

人格塑造的过程是优化人格整合，以达到人格健全的过程。人格整合是随着个体心理的成熟，人格的各个方面逐渐由最初的互不相关发展到和谐一致状态的过程。优化人格整合，一要择优；二要汰劣。择优即选择某些优良的人格特征作为自己努力的目标，如自信、勇敢、勤奋、坚毅、善良、正直等。汰劣即针对自己人格上的缺点、弱点予以纠正，如自卑、胆怯、抑郁、冷漠、懒惰、任性、自我中心等。当然，择优与汰劣往往是同步进行的。

（二）努力学习科学文化知识

瑞士心理学家荣格有句名言：“文化的最后成果是人格。”英国哲学家培根也有句名言：“知识就是力量。”学习科学文化知识、增长智慧的过程也是优化人格整合的过程。事实上，一部分人格发展缺陷源于无知，如无知容易使人自卑、粗鲁，而丰富的知识则使人自信、坚强、理智等。各学科的全面发展是人格健全发展的智力基础，因为各学科知识同处于一个庞大的系统中，既相互联系，又能在各自的发展中相互影响、相互促进。可以说，有了智力基础，人格发展的速度与质量才有保证。对此，培根作出了“读史使人明智，读诗使人灵秀，数学使人周密，科学使人深刻，伦理学使人庄重，逻辑修辞之学使人善辩：凡有所学，皆成性格”的论述。受应试教育的影响，许多理工科大学生缺乏人文知识，文科大学生缺乏科学精神，这对于人格的健全发展是不利的，当代大学生应做到科学与人文并重。

（三）积极参加实践活动，从小事做起

实践是人格发展的必由之路。无论是知识的获取、能力的形成，还是意志的磨炼都离不开实践。例如，一个人的勤奋、坚韧、乐观、细致等人格特征都是长期实践锻炼的结果。大学生应积极参加各种有益身心健康的实践活动，如青年志愿者活动等，对大学生人格的发展与塑造具有一定意义。

一个人的言行往往是其人格的外化，反过来，一个人日常言行积淀成为习惯就是人格。例如，一个人有刷牙、梳头、洗手、勤换衣服、常剪指甲等习惯，就反映了他具有“爱清洁”这一人格特质。因此，优化人格整合要从眼前的小事做起，无数良好的小事可“聚沙成塔”，最终构建成坚实的“人格大厦”。

（四）发展良好的人际关系，融入集体

人格发展、塑造的过程是个体实现社会化的过程，是个体与他人、集体、社会相互作用的过程。人格是在行为中表现出来的，健全的人格也只有在与人交往中才能体现出来。塑造健全人格，必须发展良好的人际关系，尊重社会习俗，关心他人的需要，真诚地赞美他人，不做无意义的批评，多与他人沟通意见，保持自尊和独立等。

集体是人格塑造的土壤，通过与集体交往，自己的某些人格品质或受到赞扬、鼓励，或受到压制、排斥，从而有助于个体做出有针对性的调整，而且集体环境能够来帮助集体中的个体择优汰劣。

（五）在业余爱好活动中培养健全的人格

丰富的兴趣、爱好可以培养高尚的情操，能潜移默化地作用于大学生的学习、生活和工作。在保证自己的学习和其他工作完成的前提下，应该去发展健康、高尚、有益于知识增进和性格培养的兴趣。例如，大学生可以选择音乐、舞蹈等业余爱好，培养自己开朗活泼的性格；也可以选择游泳、足球、武术等运动项目，培养自己勇敢坚毅的性格。此外，大学生还可以通过参加棋类、绘画、书法等活动，培养自己耐心细致的个性品质。

（六）防止“过犹不及”

凡事都有“度”，人格发展和表现的“度”是十分重要的，人格塑造过程中应掌握好“度”，否则就会“过犹不及”，适得其反。具体来说，大学生应做到自信而不自负，自谦而不自卑，勇敢而不鲁莽，果断而不冒失，稳重而不犹豫，谨慎而不怯懦，豪放而不粗俗，好强而不逞强，活泼而不轻浮，机敏而不多疑，忠厚而不愚昧，干练而不世故等。人格健全的过程，就是心理健康和心理成熟的过程。塑造健全的人格是一项系统的自我改造、自我实现的过程，要从小做起，贵在坚持。大学生应从塑造健全的人格做起，努力将自己塑造成为符合新时代要求的具有良好综合素质的现代型人才。

拓展阅读

心理学家对培养健全人格的十条建议

心理学家通过对健全人格的研究，提出了以下有助于培养健全人格的建议。

（1）对自己和生活的世界有积极的看法，把自己看作被喜欢的、被需要的、被热情接待的而且有能力的，并生活在自己能应对的世界里的人。

（2）和他人有良好人际关系，并形成基本的信任关系。

（3）有时间完全冷静地独处反省，使自己有机会揣摩、体验各种情感，这有助于更好地理解自己的人格。

（4）在发展社会性的、智力的及职业的各种技能方面取得成功，即在学习上、工作上和人际交往上有成功的体验。

（5）接触新思想、新哲学，并与有独特见解的人交往。新的思想可以在读书、观察、学习中取得，也可以通过旅行、结识陌生人获得。

（6）找到充分表达自己情绪的方法，和亲密的朋友聚会、出游等，都有助于情绪的释放。

（7）提高独立性，逐步减少对他人的依赖而更多地依靠自己的能力对事业、家庭、社会承担更多的责任；在该做该说时，毫无拘束地表示自己的意见；自爱和自尊。

（8）富有灵活性和创造性。须知并非在任何情境中都要按一个标准行事；学会不总是“非此即彼”，而是“一切皆有可能”。

（9）关心他人，奉献社会。

（10）在每个人生阶段都能与人和谐相处。

课后作业

1. 大学生的人格发展有什么特点？
2. 结合气质类型测试，分析自己的气质类型及表现。
3. 当代大学生如何塑造自己的健全人格？

心理测验

气质类型测验

指导语：下面有 60 道题，可以确定一个气质类型。回答这些问题必须实事求是，并尽快完成，不要在一个题目上停留太长时间。每一个问题有 5 个选项，选出最符合你的选项：A 很符合；B 比较符合；C 介于符合和不符合之间；D 比较不符合；E 完全不符合。

1. 做事力求稳妥，一般不做无把握的事。
2. 遇到可气的事就怒不可遏，把心里话全说出来才痛快。
3. 宁可一个人待着，也不愿很多人坐在一起。
4. 到一个新环境很快就能适应。
5. 厌恶那些强烈的刺激，如尖叫、噪声、危险镜头。
6. 和人争吵时总是先发制人，喜欢挑衅。
7. 喜欢安静的环境。
8. 善于与人交往。

9．羡慕那种善于克制自己感情的人。
10．生活有规律，很少违反作息制度。
11．在多数情况下情绪是乐观的。
12．遇到陌生人觉得很拘束。
13．遇到令人气愤的事，能很好地克制自我。
14．做事总是有旺盛的精力。
15．遇到问题总是举棋不定，优柔寡断。
16．在人群中从不觉得过分拘束。
17．情绪高昂时，觉得干什么都有趣；情绪低落时，又觉得什么都没意思。
18．当注意力集中于某一事物时，别的事很难使我分心。
19．理解问题总比别人快。
20．碰到危险情境，常有一种极度恐怖感。
21．对学习、工作、事业怀有很高的热情。
22．能够长时间做枯燥、单调的工作。
23．对符合兴趣的事情，干起来劲头十足，否则就不想干。
24．一点小事就能引起情绪波动。
25．讨厌做那种需要耐心、细致的工作。
26．与人交往不卑不亢。
27．喜欢参加气氛热烈的活动。
28．爱看感情细腻、描写人物内心活动的文学作品。
29．工作、学习时间长了，常感到厌倦。
30．不喜欢长时间谈论一个问题，愿意实际动手干。
31．宁愿侃侃而谈，不愿窃窃私语。
32．别人说我总是闷闷不乐。
33．理解问题常比别人慢些。
34．疲倦时只要短暂的休息就能精神抖擞，重新投入工作。
35．心里有话宁愿自己想，不愿说出来。
36．认准一个目标就希望尽快实现，不达目的，誓不罢休。
37．学习、工作一段时间后，常比别人更疲倦。
38．做事有些莽撞，常常不考虑后果。
39．老师讲授新知识时，总希望他讲得慢些，多重复几遍。
40．能够很快地忘记那些不愉快的事情。
41．做作业或完成一件工作总比别人花的时间多。
42．喜欢运动量大的剧烈体育运动或各种文艺活动。
43．不能很快地把注意力从一件事转移到另一件事上去。
44．接受一个任务后，就希望能把它迅速解决。
45．墨守成规比冒风险强些。
46．能够同时注意几件事情。
47．当我烦闷的时候，别人很难使我高兴起来。

48．爱看情节起伏跌宕、激动人心的小说。
49．工作始终认真严谨。
50．和周围人的关系总相处不好。
51．喜欢复习学过的知识，重复做能熟练做的工作。
52．希望做变化大、花样多的工作。
53．小时候会背的诗歌，我似乎比别人记得清楚。
54．别人说我“出语伤人”，可我并不觉得这样。
55．在体育活动中，常因反应慢而落后。
56．反应敏捷、头脑机智。
57．喜欢有条理而不甚麻烦的工作。
58．兴奋的事情常使我失眠。
59．老师讲新概念，常常听不懂，但是弄懂了以后很难忘记。
60．假如工作枯燥无味，马上就会情绪低落。

【评分标准与结果解释】

选 A 计 2 分，选 B 计 1 分，选 C 计 0 分，选 D 计−1 分，选 E 计−2 分。

把每道题的得分按下列序号相加，并计算各种类型的总分。

胆汁质型得分：2、6、9、14、17、21、27、31、36、38、42、48、50、54、58 的得分之和。

多血质型得分：4、8、11、16、19、23、25、29、34、40、44、46、52、56、60 的得分之和。

黏液质型得分：1、7、10、13、18、22、26、30、33、39、43、45、49、55、57 的得分之和。

抑郁质型得分：3、5、12、15、20、24、28、32、35、37、41、47、51、53、59 的得分之和。

如果某种气质得分明显高出其他三种，且均高出 4 分以上，则可定为该种气质。如果某种气质得分超过 20 分，则为典型气质；如果某种气质得分为 10～20 分，则为一般型。

如果两种气质得分接近，其差异低于 3 分，而且明显高于其他两种，高出 4 分以上，则可定为这两种气质的混合型。

如果三种气质得分均高于第四种，而且接近，低于 3 分，则为三种气质的混合型。

如果四种气质分数皆不高且相近，低于 3 分，则为四种气质的混合型。

多数人的气质是一般气质或两种气质的混合型，典型气质和三种、四种气质混合型的人较少。

心 理 训 练

优点“爆炸”

一、活动目的

1．通过让学生发现和叙述自己的优点，提高个人的自尊和信心。

2．通过述说别人的优点，欣赏同伴，以此增进对同伴的进一步了解和彼此之间的感情。

二、活动时间

20 分钟。

三、活动道具

A4 纸、中性笔、花朵贴片若干、秒表一只。

四、活动场地

教室。

五、活动程序

（一）游戏：找优点

1．游戏方法：请单列位置的学生向同桌讲述自己的优点，双列位置的学生记录。1 分钟后，两人交换。

2．游戏规则：

（1）同桌在讲述优点时，请仔细听，做到不插嘴。

（2）同桌在讲述优点时，请认真记录。

（教师用秒表计时，学生互相叙述）

3．全班交流：数一数自己讲了几个优点。

4．教师小结：通过刚才的游戏，我们知道在较短的时间里找出自己的优点是一件不易的事。但是，每个人身上都有优点，只是有些优点你没有发现。

（二）分组游戏：优点“轰炸”

1．游戏方法：请单列位置的学生说出同桌的优点，双列位置的学生记录。1 分钟后，两人交换。

2．游戏规则：

（1）学生分组，小组成员发言要有秩序，不发言的成员要认真听别人的发言。

（2）在别人讲述你的优点时，只要听，不必表示感谢，也不可因为别人叙述不够准确而生气，作出不理智的行为。

3．全班交流：

（1）你的同伴为你找到了几条优点？（学生反馈情况）

（2）刚才的游戏，你感到高兴吗？如果你觉得很高兴，就在你的 A4 纸上贴三朵小花；如果你觉得一般，就贴上两朵小花。

4．教师小结：每个人都有很多优点，我们应该正确地认识自己的优点，积极地发挥它，增强自信心。

六、注意事项

创设和谐的课堂气氛，给学习成绩不佳的学生创造树立自信心的条件。

第五章　大学生学习心理与调适

没有人能只依靠天分成功。曾国藩是中国近代史上有影响力的人物之一，他小时候有一天在家读书，一篇文章读许多遍，还没有背下来。这时候有一个贼人潜伏在屋檐下，希望等他睡觉之后捞点好处。可是等了许久，他还是反复地背诵那篇文章。贼人大怒，跳出来说："这种水平读什么书？"然后将那文章背诵了一遍，扬长而去。

大学生常见学习心理问题及调适

第一节　学习心理概述

一、学习的含义

"学而不思则罔，思而不学则殆。""学而时习之，不亦说乎？"这些关于学习的名言，是我国古代教育心理思想的精华，在一定程度上揭示了学习与练习、学习与情感、学习与思维的关系。但究竟什么是学习，它的实质是什么？至今还无一致的观点。

心理学家、教育学家从不同的角度对学习进行了界定，桑代克认为："人类的学习就是人类本性和行为的改变，本性的改变只有在行为的变化上表现出来。"加涅认为："学习是人类倾向或才能的一种变化，这种变化要持续一段时间，而且不能把这种变化简单地归为成长过程。"希尔加德认为："学习是指一个主体在某个现实情景中的重复经验引起的、对那个情景的行为或行为潜能的变化，不过，这种行为的变化不能根据主体的先天反应倾向、成熟或暂时状态（如疲劳、醉酒、内趋力）来解释。"在现代学习理论中，学习的含义极其宽泛，它是人和动物获得个体的行为经验的过程。人和动物的学习，既有共同之处又有本质的区别。一般来说，动物的学习是无意识的，而人类的学习主要是有意识的学习。更重要的是，动物的学习是被动地适应环境，而人类的学习则是能动地认识世界和改造世界。此外，人的学习是自身与他人在交往中通过语言的中介掌握历史经验的自我认识过程。

学习是一种十分复杂的心理现象，也是一个人的终身行为。概括起来说，学习的概念有广义和狭义之分。

（一）广义的学习概念

广义的学习是指人和动物获得知识经验、改变行为、适应环境的过程，是人和动物共有的行为。但人的学习不同于动物的学习，两者之间存在本质上的差异性。

（1）人的学习具有自觉性和前瞻性。人的学习总是自觉的、有意识的，具有明确的目的性。人能根据对国家经济与社会事业、未来发展的预见，有计划地超前进行知识储备和人才储备，以满足未来社会发展的需求。

（2）人的学习具有多样性和抽象性。人类社会各系统、各领域的生产活动、经营活动、管理活动和研究活动及其深化和发展是多元、全方位、永无止境的。所积累、所需要的知识经验是多方面的，因此人的学习具有多样性。人在学习过程中能够抛开具体事物自身的个别特征，透过现象认识事物的本质、规律，形成相应的理论体系，这是任何动物都无法相比的。

（3）人的学习具有能动性和实践性。每一位致力于学习的人，总是根据学习的目的，积极、自觉、主动地去探索、理解和归纳总结，而无论学习内容性质有何不同，都源于实践，又反过来创造性地运用于实践并指导实践，创造效益，造福社会。

（4）人的学习具有继承性和建设性。每个人都要大量地接受和继承前人积累起来的知识经验，进而不断开拓新的领域，进行新的探索，积累新的知识经验，使原有的知识经验、理论体系得到丰富和发展，不断创造新的理论，形成新的学科。正是由于人的学习具有继承性和建设性，学校教育和传道授业才成为可能，人类的社会文明才能不断得到充实和发展，人类社会才能由低级到高级、由野蛮到文明不断前进。由此可见，学习的巨大社会效益是无可估量的。

（5）人的学习具有社会历史条件的制约性。不同的社会历史条件下，学习理念、学习内容和学习条件不同，学习的目的意义也不尽相同。

（二）狭义的学习概念

狭义的学习是指学生的学习。学生的学习是指学生在学校里，由教师指导，有目的、有计划、有组织、系统地接受知识经验，发展智力，增强体质，形成道德品质和科学世界观的过程。学生的学习是人类学习的特殊形式。人类学习的基本形式是由实践到理论，而学生的学习相反，往往由理论到实践。学生学习的实质是将知识体系和社会规范转化为学生个体的认知结构、智能结构和行为准则的过程。而这一特性是在外界条件的影响下，学生个体智力因素和非智力因素协同活动的结果。

二、大学生学习心理的基本特点

大学生的学习是学生学习的一种，属于狭义的学习范畴。大学生的学习与中学生的学习，既有共同之处又有明显的不同，具体表现在以下几个方面。

1. 学习的自主性

自主性是指学生在学习过程中主观能动作用的发挥。自觉、积极、主动学习是大学学习活动的核心，这种自主性表现在大学学习的多层面、多角度。第一，大学的时间自主性增强。中学课程的安排紧凑，学生自主支配时间较少。而大学生自主支配的时间较多，授课教师和班主任或辅导员一般不会对学生在教学以外的时间做出具体规定，学生可以根据自己的需要、兴趣、特点自主安排，可以选择在教室、阅览室、图书馆学习，该过程教师也不再跟班检查、督促。第二，大学教学指导性多，指令性少，学生的学习不能完全依赖教师的计划安排。第三，大学课程的门类明显增多，教学时间相对减少，这对于大学生来说，课余自由安排的时间相对宽裕，这就要求大学生学会安排自修时间，制订适合自己的学习计划。第四，大学教师讲课是提纲挈领的，对于教材有自己的取舍和补充，课上所讲的往往是自己在专业领域中最有心得的部分或关键部分，其余部分往往由学生自己去理解。教师在讲课中还可能引进许多与教材观点不同的观点，这与中学界定的教学模式不同。第五，学习方法由大学生自主决定。大学教师一般不会规定该用什么方法记忆、怎样阅读，往往只是提出学习的目标和要求。通过以上分析，发现大学学习的自主性特点贯穿大学学习过程的始终，并反映在大学学习的各个方面。大学生应培养自己的自学能力。

2. 学习的广泛性

广泛性是指大学生在学习过程中可以通过不同的途径和渠道吸收知识，也可以根据兴趣获得课程以外的知识。首先，大学学习活动的安排反映了学习广泛性的特点。学术报告、知识讲座、专题讨论、社会调查、专业实习、查阅资料等为大学生多层面、多角度涉猎知识提供了条件。大学生只有广泛学习，才能形成合理的知识结构，成为“通才”。其次，在学习活动中，大学生可以广泛发展自己的兴趣，按照个人的意志和兴趣有选择地学习知识，可以选修适合自己的课程，也可以跨学科学习。

3. 学习的专业性

专业性，是大学生学习与中学生学习明显的不同之处。中学是基础教育阶段，学生主要按年级划分，各年级开设的主要课程基本相同，只存在程度差异，学生必须学习规定开设的各门课程。而大学是专业教育阶段，学生首先按专业划分，大学生在入校前已根据自己的兴趣、爱好及特长选择了专业。各专业之间在课程设置、教学内容、教学安排及培养目标上存在较大差异。大学生一旦选定专业、确立主攻方向，就必须对专业知识有较深入的了解和掌握。大学既有专业基础知识又有专业知识；为了增强学生的适应性，又开设了专业选修课和公共选修课，增设边缘学科；为了增强学生的竞争力，各学科都十分重视本学科的最新成果和动态，这种动态性和灵活性是不确定的。而这种不确定是必要的，因为社会是不断变化发展的，只有不断跟踪社会发展变化、学科前沿动态，不断调整课程结构和内容，才能使培养的人才与社会的需要相适应。

4. 学习的探索性

探索性是指表现在学习过程中的创新意识和初步的创造性活动。大学的课堂教学已从阐述既定结论，逐步转变为介绍各学科理论的争论、最新学术动态等；学生的学习方式和思维方式逐渐从死记硬背、正确再现教学内容逐渐向汇集众家之长、确立个人见解的方向转变。大学生可以对自己以往学到的知识进行重新组合，并从新的角度分析和认识问题，积极探索未知领域。随着人才越来越受到重视，大学生学习活动的探索性将越来越重要。通过撰写学年论文及调查报告等，大学生可逐步养成良好的科研习惯。

综上，大学生的学习活动较中学时期更复杂、更紧张，需要花费大量的心智能力，需要良好的心理素质和多方面的能力来保障其顺利进行。确实有一部分大学生存在学习的不适应，但这种不适应只是暂时的，只要善于在学习中思考、在实践中摸索，大学生很快就会掌握学习规律，寻找适合自己的学习方法，成为学习的主人。

三、大学生学习的目的和任务

青年一代有理想、有本领、有担当，国家就有前途，民族就有希望。要真正成为社会主义建设者和接班人，大学生就需要珍惜学习时光，不断充实自己，培养各方面的能力，以适应未来社会的需要。因此，大学生在校期间的学习任务应该是全方位的，包括学会学习、学会做人、提高素质和能力、学会调理生活。

1. 学会学习

当代大学生所面临的社会是一个学习型社会。学习型社会要求社会成员不断学习，不断完善自己、充实自己，他们才能适应社会发展。学会学习，是在社会生存并为之做出贡献的基本要求。大学生作为社会的中坚力量，学会学习也就自然成为大学生学习的首要任务。学会学习不但要学会继承，还要学会创新。学会学习就是要培养独立自主的学习能力，摸索出一套科学的、适合自己的高效学习方法；养成良好的学习习惯，学会合理安排时间，学会熟练掌握查阅文献、综合分析信息的方法。学会学习是一个过程，它不是一蹴而就的，需要树立学会学习的意识，在学习基础知识和专业知识的过程中不断探索。要在学习中处处留心，不断总结，逐步达到真正会学习的境界。

2. 学会做人

大学是一个小社会，是大学生独立人生的开始，大学生要适应未来的社会和工作，就必须跳出以自我为中心的圈子，多角度、多方位地观察和思考问题，培养完善的人格，使自己成为一个全面发展的人。学会做人是学会做事和学会学习的基础，大学生应从入学的第一天起，制定做人的标准，从小事做起，严格要求自己。

3. 提高素质和能力

大学培养的是高级专业技术人才，大学生需要具备一定的素质和能力，为将来的事业奠定基础。大学生必备的基本素质如下：一是思想政治素质，包括科学的人生观、价值观、世界观，坚定的政治立场，正确的政治方向，坚定的共产主义理想和信念等。二是道德素质，包括强烈的爱国主义情感、全心全意为人民服务的思想和艰苦奋斗的精神、集体主义精神、科学创业精神、敬业奉献精神、民主精神、合作精神等。三是科学素质，包括精深和广博的知识结构、正确的科学意识和科学观念、科学的思维方式和工作方法、求实的科学精神和科学态度。四是身心素质，大学生要保障身体健康和心理健康，才能谈创业、谈发展。

能力是工作的必备条件，能力不是天生的，要经过学习和训练才能获得。新时代的大学生应当具备以下几种能力：熟练运用专业知识的能力；敏锐的信息收集、分析、综合、利用能力；一定的组织管理能力；流畅的语言表达和写作能力；勇往直前的开拓创新能力；建立和谐人际关系的能力。

4. 学会调理生活

学会生活是做好其他一切工作的基础，是大学学习的重要任务之一。一个不会生活的人，在学习和工作中也会遇到各种困难。大学生要学会生活，就是要形成良好的生活习惯和健康的生活方式，主要包括以下内容。

(1) 树立科学的健康观。这里的健康不仅指身体的健康，还强调一种在现实环境中有效运作的能力，即能在经常变化的环境中对抗紧张，经得住压力和挫折，能积极安排自己的各种生活，能使自己的智慧、情感融为一体，生活和精神充满生机，真正达到生理和心理的健康。

(2) 积极参加各种有益的社会活动和集体活动。大学通常给予大学生很大的自主安排时间的权利，大学生要学会合理安排时间，在学习之余参加健康有益的文艺、体育等娱乐、社会实践活动。通过活动积累经验，放松身心，调节情绪，提高素质，陶冶情操等。

(3) 养成文明、良好的集体生活习惯。在宿舍、教室等共同学习和生活的环境中，同学间要互谅、互让，要维持集体的利益。做到心胸豁达，情绪乐观；生活规律，坚持锻炼，劳逸结合，善用闲暇，不吸烟、不酗酒，适应环境，与人为善，自立、自尊、自爱、自强。

四、大学生学习活动的心理特点

学习心理的特点，即与学习过程有关的心理过程的特点。

（一）大学生观察力发展的特点

学习过程离不开观察活动，观察实际上就是对外界事物的知觉过程，是一种有目的的、较持久和主动的知觉。大学生观察力的特点如下。

(1) 对事物观察的目的性强。大学生对事物的观察往往有自己的目的，带着目的去感知事物，就会使注意力集中，知觉清晰而完整。

(2) 对事物观察的完整性和系统性增强。大学生能从整体上把握事物，注意从各方位观察对象的特点，不被局部的枝节现象迷惑，通过系统的观察形成对所观察对象的完整看法。

(3) 对事物知觉的敏感性增强。随着感觉、知觉的高度发展，大学生在观察事物时呈现出比较精确、反应快、易感性高的特点，这就为大学生在各领域中发现新问题提供了心理基础。

(4) 对事物知觉的深刻性增强。大学生开始能够从多角度观察，并通过逻辑思维进行加工，透过现象发现事物的本质。这就为大学生独立从事科学研究提供了有利条件。

（二）大学生记忆力发展的特点

记忆是人脑对过去经历的事物的反映，是刺激信息的编码、存储和提取的过程。大学生记忆力发展的特点表现如下。

(1) 理解记忆呈现连续发展的趋势。理解记忆就是在充分理解事物的意义、性质、成因的前提下，把它们吸收到已有的经验体系中进行记忆的一种记忆类型。这种记忆既能对过去的知识进行复习，又能够举一反三、触类旁通，有利于大学生应对门类繁多、高度抽象的课程。

（2）机械记忆仍是理解记忆的重要补充。理解记忆固然重要，但仍有一些记忆材料必须通过机械记忆来完成，当然机械记忆不等于死记硬背，许多大学生通过编提纲、画表格、做图表等，将记忆材料人为地联系起来，建立某种规律进行记忆。也就是说，在机械记忆中，掺入理解记忆的成分，使记忆组块容量增大，提高了记忆速度。

（三）大学生思维能力发展的特点

思维是指人脑间接地、概括地反映客观事物及其规律的能力。它是智力的核心，是学习活动的重要心理过程之一。大学生思维能力发展的特点表现如下。

（1）思维具有相当的广度和深度。大学生思维的广度一方面表现在他们思考问题的范畴上，他们不仅思考本专业的问题，还思考其他相关专业的问题；不仅思考学术方面的问题，还对社会、政治、文化、经济、理论、法律等进行思考。可以说，人类社会发生的每一个重大问题都会成为大学生思考的对象。另一方面表现在能从多侧面、多角度分析现象和问题上，这也基于他们平时知识的积累。而思维深度的变化则表现在大学生往往不满足于只知其然，还力求知其所以然。

（2）思维的灵活性和敏捷性显著提高。大学生在学习过程中逐渐掌握了一些科学规律，懂得了人类认识发展的必然途径，因此他们思维的灵活性较强，较少受传统观念的束缚，能够根据客观情况调整思维活动。思维敏捷性的提高，使大学生很容易变换思维角度。

（3）思维有明显的独立性和批判性。由于自我意识的发展和知识经验的丰富，大学生对各种问题有自己独特的见解，表现出独立思维能力，以及鲜明的批判性，敢于对权威结论提出质疑。这种思维品质对科学理论的发展和完善，以及创建新理论有着不可估量的作用。

（4）思维的独创性日益发展。在继承前人经验的基础上，大学生更愿另辟新路，提出自己的设想和见解。当然，创造性思维的发展必须以大量的知识积累为基础。创造性思维是创造性人才的必备品质，大学生只有具备了这种品质，才能使自己的专业进一步发展。

第二节　大学生常见的学习心理障碍及调适

学习是一个复杂的心理过程，不仅与感觉、知觉、记忆、思维等智力因素直接联系，还涉及情绪、动机、个性等各种非智力心理活动。大学生在学习中受到形形色色的心理障碍的困扰，学习效率降低，影响了学习任务的圆满完成，心理障碍成为他们成才路上的“绊脚石”。心理障碍表现及调适如下。

一、智力心理的困惑与调适

智力心理是提高学习效率的关键，智力心理的困惑表现为注意力分散、记忆力障碍等。

（一）注意力的分散与调适

一些学生学习效果差、智力心理发展缓慢与注意力分散有关。

1. 注意力分散的表现

注意力分散是指在需要注意稳定的情况下受到干扰，使注意离开了需要注意的对象。在现实生活中，一些学习效果差的学生正是因为注意力不集中。这种注意力不集中实际上就是无意注意增强而有意注意减弱的结果。无意注意增强时，个体容易被外界事物干扰，注意力无法集中。有意注意减弱时，注意力分散，个体就无法保证专心地、长时间地学习，从而影响学习成效。

注意力分散的原因，主要表现在个体自身上，反映为以下几个方面。

（1）缺乏集中注意力的自觉性。有的大学生在做一件事的同时兼做另一件事，一心二用，如上课听讲时，边听课还边看别的书籍。这样一来，既没有听好课，也没有看好书，学习效果较差。心理学研究表明，注意力与记忆力、想象力、思维力是紧密联系在一起的，注意力集中则学习效率高，反之学习效率就低。

（2）在学习过程中容易受到外界事物的干扰。例如，周围环境的噪声、声响、有人走动说话或情绪受到感染等，都会影响大学生注意力的集中。

（3）学习兴趣的缺乏。有的大学生因对某些课程缺乏兴趣，认为与自己关系不大，从思想上放松了有意注意，因而很难将注意力集中到自己不感兴趣的学习内容上来。

2. 注意力分散的调适

没有注意力，要想提高效率只能是一句空谈，以下是调适注意力分散的几种方法。

（1）正确认知注意力。懂得“注意力是知识的窗户，没有它，知识的阳光就照射不进来”的道理。也就是说，要获得大量的知识，要提高工作和学习效率，必须集中注意力。有了这种意识，才能取得良好的学习效果。

（2）培养好奇心。有了好奇心，才会对事物保持兴趣。保持对所学知识不倦的好奇心，才能不断提出新的问题，以达到专注的状态。

（3）培养良好的意志力。注意力其实就是一个人意志力的表现。在对任何事物的态度上，意志力强的人无论会遇到什么都会坚持到底，注意力持久；而意志力弱的人，失败的体验多于成功。因此，培养自己的意志力，特别是培养面对挫折的意志力，是提高注意力的有效途径。

（4）掌握科学的方法。第一，适合自己的学习规律。适合自己的规律是指把握自己的生理、心理特点，探索适合自己的学习方法，如规划固定的学习时间，营造合适的学习环境，保持张弛有度、劳逸结合等。制订学习计划后，应以坚定的意志，集中注意力全身心地投入学习中。第二，运用思维阻断法。思维阻断法是指有意识地阻断自己的注意力不集中的状态。有的同学在看书时，注意力不集中，思维跳跃，想一些与主题无关的事情。此时，就要阻断这种纷乱的思绪。例如，当思绪出现混乱或胡思乱想时，把眼睛闭上，反复握拳、松开，并在心里喊“停！”，这样不断地提醒自己，使注意力集中到任务上来。

（二）记忆力障碍与调适

记忆力是人脑对过去经验的反映，对学习起着非常重要的作用。优秀的人才往往具有较高的智能，这与他们有着很强的记忆力是分不开的。记忆力障碍是指在识记、保持、回忆或再认识过程中发生困难或异常。

1. 记忆力障碍的表现

一般来说，良好的记忆力表现如下：识记的敏捷性、保持的持久性、记忆的精确性和记忆的准确性。记忆力障碍是指以下一个或几个特点表现差，出现问题。

（1）识记速度慢。有的人能过目不忘，有的人一行字记很久。这是速度上的差异。

（2）保持时间短。这就是我们平时说的“记性好，忘性大”，识记的事物不能保持长久，容易遗忘，刚学过的知识，当时记得很清楚，过不了多久就差不多全忘了。

（3）记忆的准确性差。记忆准确性是指能够根据目前需要，将需要的信息从记忆中准确、迅速地提取出来。它反映了把知识运用到实际的重要品质。有人能准确提取，有的人却像“茶壶里煮的饺子”倒不出来。

出现记忆力障碍的原因也是多方面的，客观上表现为人的病理原因，如脑损伤、脑退化及神经衰弱等。主要原因为非病理原因，如记忆力不强、记忆方法不当、过度疲劳、情绪紧张等。

2. 记忆力的调适

1）把握记忆规律，及时复习所学知识

德国心理学家艾宾浩斯专门对学习中的遗忘进行了研究，提出了著名的艾宾浩斯遗忘曲线理论（表 5-1）。这一理论认为遗忘的规律是先快后慢，先多后少，即在被识记后的 1 小时内遗忘速度最快、遗忘量最大，1 小时后遗忘速度逐渐慢下来，到 48 小时后，几乎不再遗忘，记忆量保持在 20%左右。

表 5-1 艾宾浩斯遗忘曲线

时间间隔	记忆量/%
刚刚记忆完毕	100
20 分钟之后	58.2
1 小时之后	44.2
8 小时之后	35.8
1 天后	33.7
2 天后	27.8
6 天后	25.4
1 个月后	21.1

从遗忘规律中可以得知，要想提高学习效率，最重要的是及时复习、巩固当天所学的知识。在初次学习之后的 12 小时、1 天、4 天、7 天、14 天、30 天及 6 个月，均是遗忘的关键期。也就是说，你如果在这些时间点（表 5-2）再复习，效率是最高的，所付出的劳动也是最有价值的。

表 5-2　最佳复习时间表

学习任务	复习时间
第 1 次复习	初学后 12 小时
第 2 次复习	初学后 1 天
第 3 次复习	初学后 4 天
第 4 次复习	初学后 7 天
第 5 次复习	初学后 14 天
第 6 次复习	初学后 30 天
第 7 次复习	初学后 6 个月

2）把握记忆规律，学会科学的记忆方法

掌握记忆力规律和技巧，有助于提高记忆力。经常对自己的记忆力进行科学的锻炼，同时掌握记忆的规律和科学的方法，会有意想不到的变化。

（1）充分运用意义识记。意义识记是指根据对材料的理解而进行的识记。与它相对立的是机械的死记硬背，有意义识记的效果明显优于机械识记。我们可以将无意义的材料意义化，从而使机械识记转化为意义识记。例如，英文单词 car 表示汽车，scar 表示疤痕（记忆时可以想象为“汽车害我留下疤痕”），scarf 表示围巾，疤痕要用围巾遮住。这样使原本机械的联系转化为一种意义的联系，容易记忆且印象深刻。

（2）克服记忆内容的相互干扰。记忆内容的相互干扰是指前摄抑制与后摄抑制对记忆的影响。为消除这两种影响，我们可以合理地安排自己的学习时间，一方面可以将中间的内容多复习几遍。运用分散记忆、轮换记忆；另一方面可以充分利用清晨和晚上临睡前的时间来记忆，因为这时干扰较少。

（3）进行尝试回忆。心理学家认为，复习时边看边记，20%的时间用于阅读，80%的时间用于背诵。在老师讲过课程后，试着将内容回忆一遍，实在想不起来再看书，如此循环。这种方法比单纯看书效果要好得多。

（4）感官之间的协调。人的各种感官如眼、耳、口、鼻、手等，如果在记忆时能够相互协调配合，就能提高大脑皮层的兴奋度，形成暂时神经联系，使知识的掌握更容易。而一种感官连续进行活动时容易产生抑制，效果就会降低。例如，记英文单词时，充分运用听、说、读、写的结合，其效果比单纯地看要好。

（5）运用各种有效的记忆术。例如，联想法、口诀法、谐音法、形象法等，都是提高记忆力的有效方法。

二、非智力因素心理困惑与调适

非智力因素是指动机、兴趣、情感、意志、个性等心理因素，非智力因素对一个人的学习起推动和调控作用。

（一）学习动机不当及调适

在影响大学生学习的各种内在因素中，学习动机是最活跃、最集中体现大学生主观能动性的心理成分，它直接影响大学生学习的努力程度。动机是指一个人进行行为活动直接的内部动力。学习动机是指直接推动个体进行学习的内部动力，是引起和维持一个人学习活动，并指引学习活动朝向某一学习目标的心理倾向。用一个公式来表示就是学习动机=学习需要+学习诱因。学习需要的个体内部动机，包括个体的成就欲望，对学习对象的兴趣，爱好及好奇心、求知欲、探索愿望等。学习诱因即外部动机，是指激发行为的外部环境，如奖学金、优秀学生表彰等。它促使学生把自己的行为指向学习的目标。学习动机是将学习需要和愿望转化为学习行为的心理动因，是发生和维持学习行动的内部力量。

心理学中有耶基斯-多德森定律（图 5-1），它是指动机的最佳水平不是固定的，依据任务的不同性质会有所改变。在完成简单的任务中，动机强度高，效率可达到最佳水平。一般情况下，动机越强烈，工作积极性越高，潜能发挥越好，取得的效率也越高；与此相反，动机强度越低，取得的效率也越低。因此，工作效率随着动机的增强而提高。然而，心理学家耶基斯和多德森的研究证实，动机强度与工作效率并不是线性关系，而是倒 U 形的曲线关系。具体体现：动机处于适宜强度时，工作效率最佳；动机强度过低时，缺乏参与活动的积极性，工作效率较低；动机强度超过顶峰时，工作效率会随动机强度的增加而不断下降。因为过强的动机使个体处于过度焦虑和紧张的心理状态，干扰记忆、思维等心理过程的正常活动。他们的研究还表明：在完成难度适中的任务中，中等动机强度的工作效率最高；在完成复杂和困难的任务中，偏低动机强度的工作效率最佳；动机不足或过分强烈都会影响工作效率。

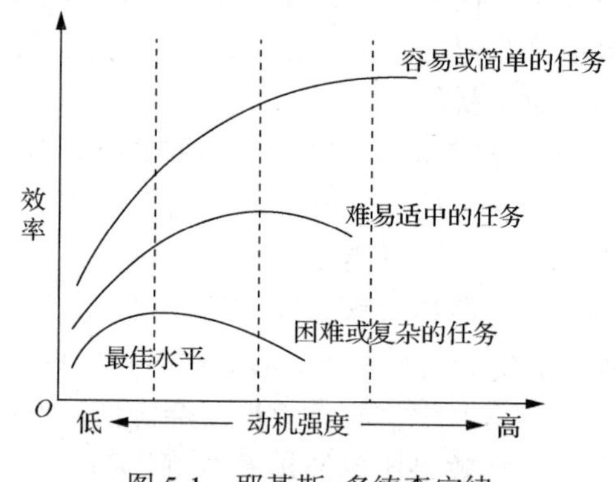

图 5-1　耶基斯-多德森定律

1. 学习动机缺乏

有的大学生由于远离家长的管束，缺少外部的学习压力，缺乏引发他们学习的强化物的刺激，他们自身似乎已经“自我实现”，难以产生继续学习的需要，因此，他们往往学习动机水平较低，难以取得学习上的突破和发展。有的大学生在考取普通大学后，丧失基本的自信心。他们对任何事都缺乏热情，这类人往往就是学习动机缺乏症患者。表现如下。

（1）懒惰。学习动机缺乏的大学生，往往平时不愿意看书，不愿意动脑筋且贪玩；学习上拖沓、散漫，怕苦怕累，并时常为自己的行为找托词、借口。

（2）注意力分散。学习动机缺乏的大学生容易分心，易被外界事物干扰。在学习中表现为对知识的理解肤浅，对任何事物的了解都如蜻蜓点水，没有恒心。

（3）厌倦情绪。学习动机缺乏的大学生在学习上表现出厌恶、畏缩。他们认为学习是乏味的、枯燥的，是一件苦差事，因而对学习存有厌倦的情绪。

（4）方法缺失。学习动机缺乏的大学生往往将学习看作不得不完成的任务，无法调动主动性，不愿意探索适合自己的方法。他们认为只要能够应付考试就行。由于缺乏新的、灵活的学习方法，总是不能适应新的学习环境。

（5）依赖性强。学习动机缺乏的大学生在学习上没有明确的目标，学习行为上依赖性强，容易随波逐流，缺乏独立性和创造性。

2. 学习动机过强

学习动机过强也会降低学习效率，容易造成心理的困惑和生理的不适应。学习动机过强表现在以下几个方面。

（1）专注单一。任何事情都应该维持一个度。学习动机过强的大学生将所有精力都用于学习，并坚信只要勤奋学习就有回报。他们认为学习是至高无上的，把时间花在别的事务上是一种浪费，只专注学习一件事，过于单一。

（2）争强好胜。动机过强的大学生无论在学习上还是在日常生活中都反映出争强好胜的心理。他们非常看重分数名次，经常想得到他人的表扬和肯定，害怕失败。如果失败了，就会对自己产生怀疑。

（3）情绪紧张。学习动机过强的大学生往往伴随着学习焦虑和考试焦虑，经常紧张不安。由于长期处于巨大的压力和超负荷的学习之中，精神上难以松弛，久而久之导致精力不集中、记忆力减退、思维迟钝等，学习效率也随之降低。许多身心问题诸如头痛、失眠、烦躁、心悸、胃肠功能失调接踵而至。对于学习动机过强者来说，学习是一件苦差事，而不是一种乐趣。

（4）容易自责。为了追求自己的完美，学习动机过强的大学生经常给自己制定过高的目标。为了达到目标，给自己施加更大的压力。他们总是不满足于自己的现状，总认为自己应该做得更好，而即使成功也不能给自己带来多少喜悦之情。

3. 学习动机不当的调适

学习动机过强和过弱都会影响学习效率。只有经过合理调适，才能以适当的动机增强学习的积极性。对于学习动机不当的调适应该从以下几个方面入手。

（1）调整学习动机，激发学习热情。学习动机过弱的大学生要调整自己的学习目标，通过培养兴趣来激发自己的学习动机。创造和完善自己的外部条件，满足学习要求，如有意识地将自己置身于浓郁的学习氛围中，利用外部环境的熏陶和感染，激发自己的学习动机。学习动机过强的大学生也要调整自己的学习目标，首先要端正学习动机，清醒认识到自己的能力。将自己的学习动机保持在一定的限度内，防止动机过强造成心理失衡。其次要保持对学习的兴趣和好奇心，学习不是用来压迫自己的工具。只有保持这种激情，才能激发和增强正确的学习动力。

（2）改变不恰当的认知模式。学习动机过弱的大学生把学习上的失败或挫折归因为自己太笨、能力不够，并产生自卑感和不胜任感，甚至丧失了学习的信心和动力。有的人则把原因归结为运气太差、题目太难等，产生一种无助感和不可控制感。因此，应当建立正确的成败归因模式，把成功归因为自身内部因素，如学习方法、努力程度等，这样就可以体验到成功感和胜任感，从而增强自信心和兴趣；把失败归因为方法不对或努力程度不够。

对于学习动机过强的人来说，应该改变“成功只取决于努力”这种认识，认识到自身能力、学习内容、学习方法等因素对成败的影响，塑造新的认知模式，即“只要努力才有可能成功”。

（二）考试焦虑及调适

焦虑是由于人们对未来活动的预想而引起的紧张不安、忧虑甚至恐惧等情绪。由于学习压力的逐渐增大，他们会担心达不到预期的学习目标，自信心、自尊心受挫而产生学习焦虑。学习焦虑主要表现为容易产生过度的紧张不安、注意力分散、记忆力减退、思维迟钝、情绪烦躁，甚至头痛失眠等。考试焦虑是由应试情境引起的一种情绪表现，按程度可分为轻度焦虑、中度焦虑和重度焦虑。考试焦虑是存在于大学生中的普遍的学习心理障碍之一。

考试焦虑产生的原因：其一，心理负担过重。有的大学生学习动机过强，不想自己落后，害怕失败，结果造成焦虑。其二，考试准备不充分，平时不注意学习，考试前“临时抱佛脚”，没有真正掌握所学知识，因而容易产生焦虑。从心理准备上来看，克服考试焦虑症需要做好以下几点。

1. 认知调整

认知是引起考试焦虑的根本原因。在认知调整过程中，大学生应该用正确的心态对待考试，树立合理的考试期待。一方面，大学生要正确看待考试，认识到考试虽然很重要但不是学习的最终目的，它只是检查学习知识程度的一种手段。人的一生中会有许多考试，即使这一次考不好，下一次还会有机会。另一方面，大学生对自己的能力、知识水平要有合理正确的估计，既不高估也不低估自己。

2. 学会放松自己

经常进行放松训练，可以帮助自己克服考试焦虑、消除紧张状态，使身心得到充分休息和恢复。常见的放松方法有意念放松法和肌肉放松法。

3. 系统脱敏法

系统脱敏法又称交互抑制法，它是利用对抗性条件反射的原理，在放松的基础上，循序渐进地使神经过敏反应逐步减弱直至消除的一种行为治疗方法。这种方法特别用于害怕某种客体式情境的恐怖和焦虑状况。例如，以轻松愉快的情绪想象自己接近或逐步接近引起焦虑的情境，直到真正面临此情境时不再害怕。具体步骤如下。

第一步：写出引起自己焦虑的刺激情境，诸如明天就要考试了，该看的书我还没有看完等。

第二步：将列出的刺激情境按照从弱到强的顺序排列。

第三步：进入放松状态，全身处于松弛状态时，从紧张程度的最低的情境开始描述；当能够身临其境地感受到最低情境的状态，而又能达到放松状态时，进行下一个情境的描述。如此依次进行，直到在最让人高度紧张的情境时仍然能够保持一种完全放松的状态为止。系统脱敏法能帮助人们减轻对考试的紧张反应。

4. 化解考试中的紧张情绪

考场中，焦虑往往使大学生发挥失常，因而有效地放松并使自己尽快地恢复到应试状态就显得尤为重要。在答题过程中，如果感到非常紧张，可以做几次短暂的休息，闭上眼睛，放松身体，伸展四肢并变换身体的位置，做几次缓慢的深呼吸，并在深呼吸时提醒自己放松，紧张的情绪会慢慢得到缓解。

从实际的准备来看，克服考试焦虑可以从以下几点着手。

（1）充分备考。知识经验准备的是否充分，是影响考试焦虑的重要因素之一。大学生想要降低考试焦虑，就要认真复习功课，真正灵活掌握要测验的内容，在考场上才不至于惊慌。从这个意义上讲，唯一可行的方法是认真复习功课，为考试做尽可能充分的准备。

（2）增强考试的自信心。许多大学生焦虑的原因不是知识经验不足，而是自信心不足，对自己的评估低于实际水平。要消除考试焦虑，大学生就必须树立信心，相信自己的知识水平能够自如地应对考试，并能在考试中取得令人满意的成绩。当然，这种自信心应当建立在一定的知识基础之上，没有知识准备的盲目自信，不仅不利于消除焦虑，反而会使大学生在失败后陷入更大的失望与焦虑之中。

（3）学习必要的应试技能。考试主要考查大学生对知识的掌握情况，考试成绩的好坏在很大程度上取决于大学生的知识水平。但是还有一个很重要的因素为许多人所忽视，即应试技能。如果知识准备不充分，只懂应试技能的应用，无疑不会提高考试成绩，但如果在做了复习准备之后，学会运用应试技巧，更有利于考试的发挥，能够帮助大学生消除考试焦虑，顺利完成考试。

（三）专业不适引起的学习心理问题及调适

专业定向方面的心理困扰，更多的是对自己的了解不深入，对专业的认识不全面而引起的不合理的认知造成的。此类大学生往往是受到了他人的影响而轻易得出结论，这种认知上的偏差进一步影响大学生对待专业学习的态度及效果，而专业学习成绩的不理想反过来加深了认知偏差。大学生不要轻易下结论，而应通过各种途径加深对相关情况的认识、了解，尤其应全面地了解自己，全面地了解所学专业。

大学生要改变对专业的原有认知，尽可能多地建立一些与原有认知不一致的新认识，再通过积极的调控，最终达到调适的目的。同时，了解自己、明确自己的特点和长处也是改变不合理认知的一个有效途径。大学生除了通过找本专业的教师或高年级同学进行咨询，倾听他们对本专业的情况介绍及建议外，还应更深入地接触专业理论知识，甚至在条件允许的情况下，参加一些与自己所学专业相关的实践活动，加深对本专业的了解。

所选专业与自己的兴趣、爱好、特长相符，是大学生专业定向时一个重要的选择依据。全面了解自己，包括能力倾向、专业兴趣、个性特征方面的自我认识是非常必要的。大学生可以通过气质调查量表、16PF 人格测量表等增加对自己个性特征的了解。只有在全面准确地认识、了解自己的基础上，才能在专业定向上找准坐标，不致盲目听从他人的意见。

总之，通过对自身的客观分析、对专业特点及发展前景的了解，促使自己改变以往对所学专业不合理的认知，增加对本专业的心理认同感，是摆脱专业心理困扰的途径之一。

第三节　科学培养大学生的学习能力

一、学习方法的培养

方法服务于一定的目的。不同的历史时期、不同的学习目的，就会有不同的学习方法。新时代的大学生要圆满完成学业，就必须在大学期间探索出一套既适应大学学习要求，又适合自己各方面条件的科学学习方法，养成良好的学习习惯和学习品质。

（一）确立科学的学习目标和计划

合理的目标和计划是大学生学习获得成功的基础。学习目标和计划缺乏科学性极易造成大学生学习的心理问题，如学习动机缺乏或过强、学习焦虑、学习畏难等。大学生要提高学习的质量和效果，必须制订出科学的目标和计划，并在德、智、体、美、劳全面发展的基础上，制订出切合实际的、符合自身条件的、有可能实现的目标和计划。具体来说，科学的目标与计划可以从以下几个方面来制订。

1. 学习目标的制订

（1）学习目标要符合自身条件和发展方向。在制订学习目标前，个人应对各方面的能力进行正确的评估，了解自己的特点、特长和兴趣，决定发展方向，然后制定具体的学习目标。

（2）学习目标要难易适度。制订过于简单的学习目标不利于达到促进学习的效果；难以实现的学习目标，会挫伤学习的积极性。难易适度的学习目标具有一定的激励和指引的作用。

（3）制订的学习目标要集中。目标的制定要集中，不能过于分散。原则上一次只能制订一个目标，尽管大学生兴趣多，爱好广泛，但一个人的精力是有限的，要成为一个专业人才，就只能选择一个主攻方向。大学生只有学习目标集中，才能精力集中，确保目标得以实现。

（4）学习目标要长短结合。学习目标的制订要既有远期目标，又有近期目标。近期目标是在远期目标的基础上制订出来的，近期目标的实现，可以让大学生体验到目标实现的喜悦，鼓足干劲去追求更高层次的学习目标，进而可以循序渐进地接近远期目标。

（5）学习目标的确立应符合社会需要，具有长远性。学习的最终目的是服务社会，使自己的学识得到社会的认可。因此，大学生学习的知识和技能应该是实在、实用、新颖的，适应时代的发展，为社会所需要。基于这一点，大学生在制订学习目标时，要立足当前，着眼未来，精心计划和构建属于自己的知识体系，而不应过分热衷于追求时髦、热门专业。

2. 学习计划的制订

1）学习计划的制订要求

（1）学习计划要根据自己的学习情况、生活习惯来制订。学习计划的内容包括具体措施、时间安排、进展速度、内容要求等，每个人的学习情况与生活习惯都是不一样的，因此计划也不是固定统一的。

（2）学习计划要定时定量。定时学习是完成学习计划的前提。长时间使用大脑，会导致大脑的疲劳，因此要留出一部分时间参加体育锻炼、听音乐、旅游等其他活动。定量学习是完成学习计划的保证。学习计划是完成学习目标的根本，定量完成学习计划，就等于在完成目标的道路上不断前进。在计划的指导下，当知识的量达到一定程度时，便顺理成章地完成了既定目标，人每天能接受的知识量是有限的，而这个限度又因人而异。在制订计划时，要根据自己的能力计划每一个时间段所应学习的内容。在学习计划中如果只有时间的计划，却没有量的计划，则不利于提高学习效率，也达不到学习的预期效果。

（3）学习计划的实施要落到实处。学习计划制订得再好，如果不落到实处，就等于没有计划，起不到任何作用。在执行计划的过程中，要有一定的毅力和耐心，不要轻易找借口放弃计划。可以试着把计划列成表格，画成图形，贴在自己能看到的地方，时时提醒和约束自己。在计划制订之后，不要随意变动、打乱已有的学习计划。

2）制订学习计划的好处

这里所指的学习计划是指具体到每天的计划，大学生最好能按每周七天列一个图表，按照学习内容制订计划。

（1）提高学习效率。订立详细计划后，大学生每天都有明确的学习目标和任务，而不必每次都临时考虑应当干什么，做到心中有数。为了完成计划，应想办法改进学习方法，提高学习效率。其良性循环有利于大学生养成一种主动的、高效率的学习习惯。

（2）增强学习信心。制订计划实际上是将复习的任务分解成可以逐项完成的具体任务的过程。这些具体任务都是现实可靠的目标，使每个人的学习活动更富有目的性，从而克服畏难情绪，增强学习信心。

（3）养成珍惜时间的习惯。学习计划如同一份自己与自己签订的有关学习时间和学习量的“合同书”。通过定期检查计划完成情况，就能及时发现时间是怎样花掉的，杜绝浪费时间的现象。

3）制订学习计划的注意事项

（1）根据教学大纲和教学计划进度表，了解所学课程的特点，然后根据其内在的联系由浅入深、有主有次地安排学习内容。

（2）计划时间不要安排得太紧，要有作为“应急性计划”的时间，这样才能保证计划的完成。

（3）制订计划时，要根据自己的生理特点、学习习惯、所处的环境及可以利用的条件等实际情况。例如，可以将一些重要的、难度大的课程安排在受干扰较少的时间，而把一些需要记忆的课程安排在自己记忆效果最佳的时段，这样就可以大大提高学习效率。

（4）每次学习时间要恰到好处。根据学习内容和分量及个人的嗜好掌握每次学习时间。学习一段时间后应安排适当的休息，否则学习时间过长，学习效率反而会降低。

（二）科学安排学习时间

对于大学生来说，每一个人在校学习时可自由支配的学习时间是有限的，如果能对时间进行合理安排，则能提高学习效率，促进学习进步。合理安排时间，就是通过有目的、有计划地安排使学习时间利用得尽量充分、合理。制订一个完备的学习计划，是合理安排时间的一个有效方法。

下面介绍合理安排时间的优选法。

（1）充分利用学习的“黄金时间”。“黄金时间”是指人的精力最充沛、注意力最集中、学习效率最高的时间。“黄金时间”因人不同，大致可分为三种类型。

① 早上型：早晨的精力非常充沛。

② 晚上型：晚上劲头十足，这种状态可持续到深夜。

③ 白天型：只要得到必要的休息和睡眠，整个白天都能保持旺盛的精力。

大学生在安排时间时应考虑到自己的实际情况，在自己的“黄金时间”里安排最重要、最有难度的功课，或者思考最难解决的问题，切勿在这段时间聊天、游玩，做与学习无关的事。

（2）提高效率。“时间就是金钱，效率就是生命”，提高单位时间的利用率，是时间运行的有效原则。每个人的时间表里都可能出现低效的时间段，首先，大学生要注意审视自己的低效时间段并分析原因，找出对策，减少低效时间段，增加高效时间段，严格的时间计划是与低效时间段抗衡的方法之一。其次，凡事多问“能不能”，是提高时间利用效率的方法之一，如能不能取消它？能不能几件事合起来做？能不能避免重复劳动？能不能找到捷径？最后，要注意用脑方法，采用“轮流作业”法，即不同科目、不同类型的学习内容交叉进行，使大脑各部分轮流得到休息、缓解疲劳，提高学习效率。

（3）珍惜时间，积零为整。时间由分秒积累而成，善于利用零星时间的人才会取得更好的成绩。大学生要优化时间安排，养成不浪费零碎时间的习惯。如果有人坚持每天晚上睡前花 10 分钟记 5 个英语单词，理论上一年就能背 1800 多个英语单词。大学课堂教学与中学课堂教学的一个最显著的区别是，信息量大、速度快，这与大学的教学任务和教学目的是相适应的。这就对大学生学习提出了高于中学生的要求，要求他们有高质量的课前预习、课堂听讲、课后复习和一定的自学能力。

二、学习兴趣的培养

学习兴趣是影响学习活动效率的一个重要心理因素。孔子说："知之者不如好之者，好之者不如乐之者。"北宋哲学家张载认为："人若志趣不远，心不在焉，虽学无成。"一个学生只有对学习产生浓厚的兴趣，才能自觉、主动地去学习，才能知难而进、坚韧不拔、勇往直前。因此，必须注意培养大学生的学习兴趣。

（一）学习兴趣的含义

学习兴趣是学生力求探索研究事物并带有强烈情绪色彩的认识倾向。它是在认知需要的基础上产生和发展起来的。正是由于学生对某些事物产生了认知需要，学习的兴趣才会产生，而需要的满足常常会引起更浓厚的兴趣。皮亚杰指出："兴趣，实际上就是需要的延伸，它表现出对象与需要的关系，因为我们之所以对一个对象发生兴趣，是由于它能满足我们的需要。"换句话说，如果某个事物或对象不能满足学生的认知需要，学生就不会对它产生兴趣。

在学习过程中，学生不仅对所学的对象有深刻的了解和认识，对学习它的意义有深刻的认知，而且由于频繁地接触学习，容易对其产生情感。随着这种认知和情感的不断深化，兴趣也会越来越浓厚。相反，一个从没有接触过高等数学和物理的人，不会对那些深奥的公式产生兴趣；一个对计算机原理和功能一窍不通的人，也不会对软件开发利用产生兴趣。

学习兴趣与好奇心、求知欲密切相关。好奇心是人们对新奇事物积极探求的心理倾向，它可以说是一种本能。求知欲是人们积极探求新知识的一种欲望，它带有一定的情感色彩。好奇心和求知欲反复表现就形成对某一事物或活动的兴趣。例如，一个学生对某一现象充满好奇，这种好奇心反复出现就会诱使他去探求，这种探求欲望不断强化就使他对该现象产生浓厚兴趣。

学习兴趣是学习活动的巨大动力。学习兴趣是引起和保持注意的重要因素，无论是有意注意还是无意注意都与兴趣有关。兴趣使人集中注意力，产生愉快或紧张的心理状态，对学习过程产生积极影响。一个对电子技术感兴趣的人，总是首先注意有关电子科学的书籍和仪器，其学习活动也总是优先指向与电子技术有关的事物。

学习兴趣对智力发展起促进作用，是开发智力的钥匙。皮亚杰指出："所有智力方面的工作都要依赖于兴趣。"拉扎勒斯等的研究表明，兴趣比智力更能促使学生努力学习。他将被试者按照兴趣和智力分为兴趣组和智力组：兴趣组学生的平均智商 107，但对语文的阅读和写作很感兴趣；智力组学生的平均智商 120，但对语文的阅读和写作缺乏兴趣。学期结束时，得出兴趣组的成绩远远超过智力组（表 5-3）。

表 5-3　兴趣组和智力组的阅读和写作情况对比

组别	平均每人阅读的书/本	平均每人所写的文章/篇
兴趣组	20.7	14.8
智力组	5.5	3.2

（二）大学生学习兴趣的特点

大学生的学习兴趣受专业及环境的影响和制约，总体而言呈现以下特点。

（1）大学生的学习兴趣广泛而多样。大学生精力充沛，求知欲强，学习兴趣十分广泛。他们不仅对本专业的学习充满兴趣，而且广泛涉猎各学科、各领域，博览群书，孜孜以求。正因为如此，大学生的知识面广、眼界开阔。

（2）大学生的学习兴趣集中而稳定。大学生的学习兴趣虽然广泛而多样，但具有理智性和选择性，他们善于控制不良兴趣的发展，而始终使学习兴趣居于中心，做到兴趣广泛而不杂乱，中心明确而不狭窄。

（3）大学生的间接兴趣占主导地位。大学生的学习兴趣不是由客观事物的特性和学习活动中的趣味性引起的，而主要是由学习活动的结果激发的。这是因为，大学生的学习内容，特别是专业的学习内容比较抽象、深奥，这些内容、知识本身一般不易引起大学生的直接兴趣，必须通过深刻认识这些知识的意义和价值才能建立起间接的学习兴趣，从而完成学习任务。

（三）学习兴趣的培养

大学生学习兴趣的特点，具体到个体则存在较大的差异。

1. 大学生学习兴趣存在的问题

大学生学习兴趣存在的问题，主要表现为以下几种情况。

（1）学习兴趣过广，缺乏中心。有的大学生见什么学什么，什么时尚学什么，兴趣广泛但没有中心，结果是样样都喜欢，样样都不专，长期下去一无所长。

（2）学习兴趣过窄。与前者相反，有的大学生除了对一门课程或某一方面学习感兴趣以外，对其他课程或其他方面的学习一概不感兴趣，这就是所谓的“吃偏食”现象。这样不仅会造成知识面过窄，知识结构不合理，而且所偏爱的课程也难以真正学深、学透。

（3）学习兴趣不稳定。有的大学生兴趣点转移过快，今天对这个感兴趣，明天对那个感兴趣，见异思迁，这山望着那山高，其结果是对什么都感兴趣，对什么又都不感兴趣，浅尝辄止，走马观花。

（4）兴趣中心偏离。兴趣中心偏离本学科、本专业的学习，如历史专业学生对历史学科的学习不感兴趣，却热衷于法律专业的学习；物理专业学生对物理学科的学习不感兴趣，却对计算机学科存有浓厚的兴趣；等等。应该说，这些大学生对学习仍然充满兴趣，而且对于拓宽知识面是有益的；但是，也要让大学生明白，如果兴趣中心长期发生偏离，对本专业的学习是不利的。

（5）学习无兴趣。这类大学生对学习严重缺乏兴趣，却对与学习无关的活动兴趣十足，如有的大学生热衷于经商、玩股票，有的大学生热衷于打牌、下棋，还有的大学生则沉溺于交友、恋爱。

2. 大学生学习兴趣相关问题的调适

应着重从以下几个方面入手，以培养大学生稳定的、良好的学习兴趣。

（1）加强学习目的、目标教育。大学生的学习任务仅凭直接兴趣是难以完成的，必须加强学习目的、目标及意义教育，让大学生充分认识和了解本学科、本专业的学习目的和目标，激发学习的兴趣和热情。对大学生进行专业思想教育，介绍本专业的特点、历史及发展趋势，展示本专业的科研成果及其社会应用成就等，让其对所学专业有深刻的认识。

（2）改进教学方法，更新教学内容。大学生的学习兴趣的形成与学校的教学内容、教学形式、教学方法及教学效果有着密切的关系。内容新颖、形式多样、方法灵活、能够培养大学生良好的学习兴趣；反之，会影响大学生学习兴趣的形成。因此，高校必须不断调整、充实、更新教学内容，改善教学条件和手段，改进教学方法，提高教学效果，从而激发大学生的学习兴趣。

（3）营造良好的学习环境和学习氛围。大学生学习兴趣的形成与环境也有很大关系。事实证明，如果高校教学抓得紧、教学质量高、学术氛围浓、管理严格、校风严明，学生的整体学风就浓厚些，学习积极性就高一些；反之，则影响大学生学习的兴趣。因此，高校必须大力营造良好的学习环境和学习氛围，加强校园及周边环境的改造，整顿教学秩序，严明教学纪律，制定奖优汰劣措施。

（4）对兴趣过广或过窄的大学生进行分类指导。对前者要着重引导他们围绕专业的学习建立兴趣，对后者要着重帮助他们适当扩大兴趣面，使他们扬长避短。

三、时间管理能力的培养

（一）时间管理的含义

时间管理，是指应用现代科学的管理方法对时间的耗费进行预测、预控、计划、实施、检验、总结、评价及反馈等，以减少时间的浪费，达到既有效率及效果，既合理又经济地完成预期目标的目的。

（二）时间管理不当的表现

美国著名时间管理学家麦肯齐说过：“任何人都没有足够的时间，然而与此矛盾的是，每个人都拥有自己的全部时间，因此，问题不在于时间，而在于我们如何使用它。”要想利用好时间，关键在于时间管理。时间管理不当具有以下表现。

（1）缺乏明确的目标和计划。

（2）企图做超出需要的甚至超出可能的事情。

（3）拖延不愉快的、困难的及需要的但难做决定的事情。

（4）做琐碎的事情或可做可不做的事情。

（5）做事半途而废，或者在做事过程中被人打扰。

（6）懒散懈怠，日常起居极无秩序、无要求。

（7）无端事务往往会扰乱时间安排，使计划落空。

（8）做事缺乏优先顺序。

（三）时间管理的功能

时间管理的功能包括以下几个方面。

（1）有效的时间管理能减轻压力，减少犹豫和困惑。这使我们能得到更多的休息机会，拥有更多的精力，能够有更多的自由时间去做我们想做的事情，为将来的短期和长期计划的实现赢得更大的可能性，为此我们会变得更加自律。

（2）有效的时间管理可以省掉那些让我们消耗体力、消磨精力及不利于心灵成长的事情。有效的时间管理有利于我们发挥所长、摆脱束缚，从令人不悦的琐事中脱身，取得更好的学习成果。

（3）有效的时间管理能增加学习的愉悦感。有效的时间管理能帮助我们在学习中抓住重点，更好地应对各种干扰，避免办事拖拉，从而熟练地掌握学习重点，对学习产生兴趣。

（4）有效的时间管理能使时间增值。这主要有两层意思：一是使我们获得更多的自由时间；二是使单位时间能为我们提供更多的回报。

（5）有效的时间管理能使我们拥有一种协调的生活状态。有效的时间管理能使我们在学习和业余生活之间保持平衡，拥有充足的时间发展自己的爱好和兴趣，使生活变得多姿多彩，从而养成乐观的生活态度。

（四）时间管理的策略

1. 设定目标，有的放矢

按目标适用的时间范围，目标可分为短期目标、中期目标、长期目标等（表 5-4）。我们要结合学习的进度和具体学习内容，分阶段确定目标。

表 5-4 短、中、长期目标规划表

目标规划	目标内容
短期目标	
中期目标	
长期目标	

2. 分割目标，制订计划

制订计划有以下两种简单易行的方法。

（1）制订周计划表。以周为单位制订计划，对一周的日程安排了然于胸。例如，先把周一至周五的课程填好。将每天都要做的事用突出的颜色标出来，如每天早上朗读英语、做高等数学练习题、预习第二天课程。同时，要将最重要的事和已经确定时间要做的事填上颜色，如复习微积分、社团开会等。然后，我们可以清楚地知道在一周时间里还有多少空余时间可以利用，再在空余时间里填进更多重要的事项（表 5-5）。

表 5-5　一周时间计划表

时间	学习活动	计划时间	实际耗用时间

（2）制订日计划表。如果认为周计划有压力，无法严格参照执行，就可以采取列清单的方法，把当天要做的事罗列出来（表 5-6），做完一项划掉一项，如复习大学英语精读前三个单元、明天要考试、去图书馆查英国文学方面的论文资料、记法律基础课笔记。

表 5-6　每日学习计划表

学习任务	优先级别	时间安排	完成情况

3. 反躬自省，监控计划

每天入睡前想一想：

（1）今天有哪些事情是在适当的时间内完成的？

（2）今天有哪些事情是在不适当的时间内完成的？

（3）今天效率最高的是哪一段时间？为什么在这一段时间效率最高？

（4）今天效率最低的是哪一段时间？为什么在这一段时间效率最低？

（5）今天的时间利用过程中最大的干扰是什么？

（6）今天做了哪些不必要做的事？

（7）今天花了多少时间做不重要的事？

（8）今天有没有因为安排不合理而浪费的时间？

（9）哪些方面明天要改进？

4. 分清轻重缓急，恰当分配时间

一位老师上课时带了一袋沙子、一包鹅卵石、几块大石头和一个木桶，问有没有人能把这几种不同形状的东西装进木桶。有学生自告奋勇走上讲台，随手抓起沙袋就往木桶里倒，然后把鹅卵石也放进去，但是轮到大石头的时候，他发现木桶里的空间已经不够了。老师遗憾地说："如果你先放大石头，再放鹅卵石，最后装沙子，木桶就能容下它们。时间管理也是同样的道理：如果先执行重要任务，你就给一般和不重要的任务留下了时间；相反，如果先执行无关紧要的任务，你就会因为在这上面花费太多时间而无法完成一般的任务和重要的任务。"

接着老师演示了一遍：他先把几块大石头放进木桶，再把鹅卵石放进去，然后倒沙子。最后他举起了木桶，只见这三种不同形状的东西融合得天衣无缝，把木桶装得满满的。

“但是老师，”一位学生说，“您忘了一件事……”说着，他走到讲台前，拿起老师的茶杯，往木桶里倒茶水。“无论有多忙，”那个学生笑着说，“您总会有时间停下来喝杯茶水。”

木桶若能依“石块、碎石、细沙、水”的顺序装入，可以达到最“满”（有效率）的效果。在日常生活中，我们要区分事情的轻重缓急，恰当分配时间和精力（表5-7）。

表5-7 A、B、C、D四类事物区分表

项目	重要	不重要
紧急	A．重要又紧急	C．不重要但紧急
不紧急	B．重要但不紧急	D．不重要又不紧急

A.（碎石型的事务）重要又紧急，如有限时压力的任务（老师布置的任务、作业等）。

B.（石块型的事务）重要但不紧急，如制订作业计划、建立伙伴关系、锻炼身体、预习功课、复习功课、班级建设等。

C.（细沙型的事务）不重要但紧急，如接待不速之客，处理某些信件、电话，团体活动等。

D.（水型的事务）不重要又不紧急，如可做可不做的杂事、一些不必要的应酬和活动等。

拓展阅读

寻找方向

比塞尔村是西撒哈拉沙漠中的一颗明珠，每年有数以万计的旅游者来到这里。但在英国人肯·莱文发现它之前，这里是一个封闭而落后的地方，这里的人没有走出过大漠，据说不是他们不愿意离开，而是他们尝试过很多次却没有走出去。

肯·莱文当然不肯相信这种说法。他试图询问当地人以找出他们失败的原因，结果每个人的回答几乎都一样：从这里无论向哪个方向走，还是会转回到出发的地方。为了证实这种说法，他做了一次实验，从比塞尔村向北走，结果三天半就走了出来。

比塞尔人为什么走不出来呢？肯·莱文非常纳闷，最后他雇了一个比塞尔人，让他带路，看看到底是为什么？他们带了半个月的水，牵了两匹骆驼，肯·莱文收起指南针等现代设备，只带一根木棍跟在后面。十天过去了，他们走了1300公里的路程，第十一天的早晨，他们果然又回到了比塞尔。

这一次肯·莱文终于明白了，比塞尔人之所以走不出大漠，是因为他们根本就不认识北极星。在一望无际的沙漠里，一个人如果凭着感觉往前走，他会走出许多大小不一的圆圈，最后的足迹十有八九是一把卷尺的形状。比塞尔村处在浩瀚的沙漠中间，方圆上千公里没有参照物，若不认识北极星，又没有指南针，想走出沙漠，确实是不可能的。

肯·莱文告诉一个叫阿古特尔的青年，只要你白天休息，夜晚朝着北面那颗星走，就能走出沙漠。阿古特尔照做了，三天之后果然来到了大漠的边缘。阿古特尔因此成为比塞尔村的开拓者，他带来了大量的游客与商人。为纪念他的突出贡献，他的铜像被竖在小城的中央。铜像的底座上刻着一行字：新生活从选定方向开始。

课后作业

1．大学生学习心理的特点有哪些？

2．如何培养个体的时间管理能力？

3．请结合实际谈一下，当你遇到学习障碍时，你会用什么样的方法进行调适。

4．假如今天有以下事务要处理，你将如何安排？（事先请不要看后面的安排表）

（1）今天必须交给老师英语作业。

（2）查看新邮件，有针对性地一一回复。

（3）在图书馆借的书明天到期。

（4）今晚想去看看演唱会。

（5）负责的课题项目小组在下午六点开会，预计一个小时。

（6）后天是一个好朋友的生日，准备去买礼物和贺卡。

（7）朋友邀请你周末去玩，你需要整理行李。

（8）上网浏览体育时事新闻。

（9）明天要参加考试，需要温习功课。

（10）晚上到操场跑步、练习太极拳。

（11）有份夜间兼职不错，但必须在上午十点面试，估计要花费一个小时。

（12）很想好好洗个澡。

（13）下午两点到四点有重要讲座。

（14）安排下周的学习计划。

（15）错过星期一学生会的例会，要在今天复印一份会议记录。

（16）想邀请朋友去逛街散散心。

（17）要在今天整理好课堂笔记，约需一个小时。

（18）需要利用业余时间做一次简报。

（19）收到一个朋友的信息半个月了，没有回信，也没有打电话给他，想打电话联系一下。

（20）想到淘宝网上订购衬衣。

要求：按照“重要/紧急”原则，填写时间安排表（表 5-8）。

表 5-8　时间安排表

事务类型	事务内容
A.（碎石型的事务）重要又紧急	
B.（石块型的事务）重要但不紧急	
C.（细沙型的事务）不重要但紧急	
D.（水型的事务）不重要又不紧急	

5．请简要记下一周内你所做的 A、B、C、D 四类事务。

心理测验

学习倦怠量表

指导语：下面共有 27 项描述，请根据自己的感受和体会，判断它们在你身上发生的频率。请根据发生的频率选择合适的数字。

从不，计 0 分；极少，计 1 分；偶尔，计 2 分；经常，计 3 分；频繁，计 4 分；非常频繁，计 5 分；每天，计 6 分。

1．目前的学习和课程让我感到很乏味，提不起精神来。
2．学习一整天，我就感觉精疲力竭。
3．早晨起床后不得不去面对一天的学习时，我感觉很累。
4．学习和就业的压力很大，我感到力不从心。
5．每天的上课、学习让我有快崩溃的感觉。
6．对自己的专业不满，觉得自己的专业很乏味。
7．我对自己所学的专业感到迷茫。
8．考试、作业、背书令我很困扰。
9．我对自己的学习成绩越来越不关心。
10．我总是被动地去学习或完成作业。
11．我不会计划安排自己的学习时间。
12．我逃课去做其他事情，如睡觉、上网、打球、购物等。
13．网络游戏和聊天对我的吸引力如此之大以至于我无心学习。
14．我的作业不是靠自己的能力完成的。
15．我上课会走神、开小差（看小说、玩游戏等）、睡觉。
16．花了很多时间和精力，但成绩总是无法提高，对学习失去兴趣。
17．在学习上得不到老师的关心和帮助，感到很无奈。
18．学习节奏太快，总是跟不上进度，对学习也没有热情。
19．我天生就不是学习的料。
20．我在面对学习问题时，常感到束手无策。
21．我觉得目前的学习太辛苦了。
22．我觉得我的学习毫无价值，上学主要是父母的意思。
23．我不能有效地解决学习中出现的问题。
24．我的专业学习没有价值。
25．我平时不学习，等到考试之前才临时复习。
26．我不知道我的专业知识可以让我做什么工作。
27．觉得自己不能有效地完成各项学习任务。

【说明】

1．学习倦怠是指学生因为长期的学习压力和超负荷工作而产生精力损耗，对学校、学习及活动的热忱逐渐消失，对同学的态度冷漠和疏离，以及因成绩不理想而对学习持负面态度的一种现象。目前，我国心理学界关于学习倦怠的研究尚处于起步阶段，所使用的量表大多参照国外的量表修订而成。

2．本量表分为情绪低落、行为不当和低成就感三个维度，每个维度分别包含九个项目。总分反映了学习倦怠的总体程度，分数越高，问题越严重。

心理训练

学会学习

一、活动目的

通过与教师或同学的交流，获取学习动力，明确学习的目标，获得学习方法的启发，从而学会学习。

二、活动时间

大约 50 分钟。

三、活动道具

字卡若干。

四、活动场地

室内为宜。

五、活动程序

1．布置教室，包括擦黑板、摆放桌椅等，尽量营造出向成功者祝贺及学习的意境。

2．提前邀请嘉宾，对邀请者进行必要的选择，最好来自不同专业、表达能力强、男女生人数均等，并有成功经历。

3．教师担任主持人，或者指定学生担任主持人。

4．先根据平时收集的大学生存在的学习心理问题，向每位嘉宾提出问题。

5．由学生自由向嘉宾提问。

6．主持人进行小结，并布置学生写心得体会。

第六章　大学生人际交往心理

优化人际交往的艺术

大学生正处在迈向社会的重要过渡时期，建立和维系良好的人际关系不仅是自身成长的需要，也关系到社会未来的发展和稳定。作为一名有理想、有追求的大学生，应当高度重视人际交往，掌握人际交往的原则和技巧，通过积极的实践锻炼，提高自己的人际交往能力，建立和谐的人际关系，为幸福人生奠定坚实的基础。

第一节　人际交往概述

一、人际交往的含义

人际交往是指人与人通过交流互动，彼此间相互影响，形成心理和社会联系的过程。人们通过交往实现彼此之间的信息传递、思想交流和情感沟通。人际交往是建立人际关系的途径。人际关系是人与人之间相对稳定的情感纽带。正常的人际交往和良好的人际关系是大学生心理发展和个性完善的必要条件。

二、人际交往的意义

人是社会性动物，人的本质是一切社会关系的总和。人从出生那天起，就被置放于一定的社会关系中，就必须与别人发生交往。一个离开人群的人，是难以单独生存发展的。人际交往是个体发展的基本需求，也是社会发展的基本前提。

（一）人际交往推动社会发展

人与人之间的融洽相处能够促进社会主义和谐社会的构建。良好的人际交往能够有效避免不必要的纷争，淡化人际摩擦和冲突，维护社会秩序的稳定。人际关系在人们的社会生活中具有十分重要的作用。人际关系归根结底是一种社会关系，在一定程度上影响社会生产力的发展和社会进步。进步的人际关系反映了一种先进的社会关系。先进的社会关系推动社会生产力发展，进而促进社会发展。而腐朽落后的人际关系是落后社会关系的反映，阻碍社会发展。

（二）人际交往满足心理需要

根据马斯洛的需要层次理论，生理需要、安全需要、归属需要、尊重需要、自我实现需要是人们生存和发展的五种基本需要。这五种需要依次上升，在满足了前一项需要之后，会向下一个需要发展。显然，这五种需要的满足都与人际交往息息相关。遭遇困难和挫折时，我们都希望能得到支持和帮助。和谐的人际关系使人获得安全感。通过人际交往，人们可以增进感情、加深友谊，获得亲密感和归属感。只有在人际互动中，被尊重和自我实现的需要才有可能获得满足。因此，正如进食饮水对于维持生理健康是不可缺少的一样，人际交往对于维持心理健康也是不可缺少的。如果缺乏人际交往，人们的心理距离就会被拉大，容易出现隔阂，发生误解，引发矛盾，导致学习、工作和生活受到不良影响。长期生活在不融洽的环境气氛之中，人的心理防御机制增强，孤独、抑郁、焦虑、恐惧、愤怒等不良情绪增多，有了不良情绪又无知心朋友可以倾诉，无法宣泄的不良情绪郁积于心中，心理压力逐渐增加，而且心理压力超过心理承受能力，便出现心理障碍，甚至可能发展为心理疾病。

（三）人际交往促进人格健全

个人的人格发展除受先天遗传因素的影响之外，更重要的是受后天环境的影响。在社会环境里，在与人交往的过程中，个体逐步实现社会化，由一个自然人变成一个社会人，形成完整的人格。婴幼儿时期，个体在接受父母衣食抚育的同时，也接受父母的为人原则、处事态度，并内化为自己的性格成分。到青少年时期，个体交往范围不断扩大，在与人交往的过程中，学习各种社会生活准则，学习社会角色行为，并逐渐形成个人的行为习惯。只有通过人际交往，个人才能学会社会行为规范，认识到自身的价值，树立起自尊心和自信心，明确自己在集体和社会中的地位和责任，懂得如何与他人平等竞争与真诚合作，逐步成为一个人格健全的人。有研究表明，长期缺少良好人际交往条件的儿童，易形成对人冷淡、缺乏自信、性格孤僻等人格缺陷。“狼孩”尽管具备人类的遗传素质，但因为失去了人类社会的生活环境，结果不能形成人的心理，这更清楚地说明人际交往在人格发展中的重要作用。

（四）人际交往增加知识经验

人际交往是获得知识经验的重要途径。一个人的直接经验总是有限的，要想适应不断变化的外部世界，就要凭借人际交往获得他人的知识经验。在与他人的广泛交往中，随时可以吸取对自己的学习、工作和生活有意义、有价值的知识经验；取别人的长处补自己的短处，借鉴别人的优势改变自己的劣势；学习他人成功的经验，吸取他人失败的教训，扩充自己的知识积累，发展已有的知识体系，更新思想观念，获取最新信息。人际交往能让人在较短的时间里获得较多的知识经验，“听君一席话，胜读十年书”说的就是这个道理。大文豪萧伯纳曾经打过一个比方：假如你有一个苹果，我有一个苹果，彼此交换后我们每人只有一个苹果；如果你有一种思想，我有一种思想，彼此交换后我们每人都有两种思想。如果扩大交换的范围，我们就会得到各种各样的思想。俗话说“独学而无友，则孤陋而寡闻”，从反面说明了人际交往在知识传递中的意义。在人际交往过程中，除了可以获得社会生活知识外，还可以积累为人处世的经验。

对于大学生来说，人际交往的意义更为重大。大学生是推动社会进步的主力军，作为祖国的未来、民族的希望，大学生的人际交往能力是否经得住社会的考验，这很大程度上关系到祖国建设的兴衰。所以，大学生要努力提高自己的人际交往能力，才能更好地投入中国特色社会主义事业的建设当中，为祖国更加繁荣昌盛贡献自己的一份力量。

然而，大学生正处在转向社会化的过渡阶段，生活在象牙塔里，缺乏社会阅历和实践经验，容易出现人际交往方面的问题。而将来若想在人才竞争中脱颖而出，靠的不仅仅是出众的才华，更要具备良好的社会适应能力和人际协调能力。所以，大学生必须抓住大学这个关键时期，锻炼自己的人际交往能力。这段时期的交往经验将对其今后的成长产生重要影响。大学生思想活跃，成就动机强，有丰富的智慧，通过彼此间的畅所欲言，思维碰撞，互通有无，将会产生新的思想火花，进而不断修正由于社会经验不足、知识广度局限导致的偏差。我们可以看到，很多大学生在人际交往过程中逐渐学会了相互接纳、相互理解、相互尊重，学会了如何与不同的人打交道。良好的人际交往能够产生良好的心理共振。在交往过程中，彼此心灵契合，行动一致，团结友爱，有助于把精力投入学业，养成文明的习惯，保持稳定的情绪，培养健全的人格，实现相互激励，相互扶持，共同进步，共同成长。

三、人际交往的发展阶段

社会心理学家阿特曼（Altman）等人提出社会渗透理论（social penetration theory）来解释人际关系发展的过程。他们认为人际交往主要有两个维度：一是交往的广度，即交往或交换的范围；二是交往的深度，即交往的亲密水平。关系发展的过程是由较窄范围内的表层交往向较广范围的密切交往发展。人们根据对交换成本和回报的计算来决定是否增加对关系的投入。阿特曼等人认为，良好人际关系的发展，一般经过四个阶段：定向阶段、情感探索阶段、情感交流阶段、稳定交往阶段。

（一）定向阶段

在人际交往中，人们对交往对象具有很高的选择性。进入一个交往场合时，人们往往会选择性地注意某些人，而对另外一些人视而不见，或者只是礼貌性地打个招呼。对于注意到的对象，人们会进行初步的沟通，谈谈无关紧要的话题，这些活动就是定向阶段的任务。在这个阶段，人们只有表层的自我表露，如谈谈自己的工作、对最近发生的新闻事件的看法等。

（二）情感探索阶段

如果在定向阶段双方有好感，产生了继续交往的兴趣，那么就可能有进一步的自我表露，如工作中的体验、感受等，并开始探索在哪些方面双方可以进行更深的交往。这时双方有一定程度的情感卷入，但是还不会涉及私密性的领域。双方的交往还会受到角色规范、社会礼仪等方面的制约，比较正式。

（三）情感交流阶段

如果在情感探索阶段双方能够谈得来，建立了基本的信任感，就可能发展到情感交流阶段，彼此有比较深的情感卷入，谈论一些相对私人性的问题，如相互诉说工作、生活中的烦恼，讨论家庭的情况等。这时，双方的关系已经超越了规范的限制，比较放松，比较自由自在，如果有不同意见也能够坦诚相告，没有多少拘束。

（四）稳定交往阶段

情感交流如果能够在一段时间内顺利进行，人们就有可能进入更加密切的阶段，双方成为亲密朋友，可以分享各自的生活空间、情感、财物等，自我表露更深、更广，相互关心也更多。一般来说，能够达到这种境界的关系相当少，这也就是人们常说的“人生难得一知己，千古知音最难觅”。

自我表露是推进关系的一种重要方法。自我表露的程度越深，说明对交往对象的信任越多，对关系的发展期待越高。对方感受到之后，更可能会“投之以桃，报之以李”，给予积极的回应。人际关系能否从一个阶段发展到下一个阶段，取决于关系的双方。只有双方都愿意时这种发展才有可能出现。因此，人际交往中不能只以自我为中心，而要对他人的反馈保持一定的敏感度，并及时作出相应调整。

由于大多数人只有有限的时间和精力去加强关系，因此我们一般会把大多数人际关系保持在第二个和第三个阶段。而第四个阶段需要我们投入更多的心力，付出更多的努力，保持较高的频率，建立深度的连接，甚至还需要承诺，必须用心地维护才能长久。

第二节 大学生人际交往的特点及影响因素

一、大学生人际交往的特点

大学生人际交往的特点是由大学生自身的条件和他们所处的环境决定的。就自身条件来说，大学生的文化层次相对较高，正处于生理和心理日趋成熟的发展阶段，世界观、人生观和价值观的确立阶段；就所处环境来说，大学生学习、生活在高等学校，这是一个与社会既相对“隔离”而又在本质上紧密联系，既传承人类的悠久文明而又浮现出创新思想的场所。这两个方面的特殊性决定了大学生的人际交往具有鲜明的特点。

（一）人际交往的迫切性

大学生随着知识的增长、心理的逐渐成熟，成人感也日益增强，加之进入了一个全新的人际环境，因而他们迫切希望别人了解自己，渴望得到他人的尊重和承认，也急于了解他人和社会。因此，大学生对于人际关系的建立抱有积极良好的愿望。

（二）人际交往的平等性

大学生的交往对象主要是同龄人，人际关系主要是同学关系，是一种横向的关系。因为大学生个人阅历、社会经验、认知能力、思想观念大致相同，所以就不会像上下级之间、亲子之间那样形成服从和依赖的关系，而是比较容易产生平等的心理和意识，追求一种平等条件下的交往。

（三）人际交往的理想性

大学生处于幻想的年龄，由于心理尚未完全成熟，社会阅历有限，也由于家庭、社会及客观环境对人的限制，因而不可能全面地接触社会，全面地了解现实的“人”，易产生理想化的思维定式。在交往的过程中，大学生往往是先在自己的头脑中塑造一个“模型”，然后根据这个“模型”到现实中寻找知己，因此大学生对人际交往比较容易理想化。

（四）人际交往对象的易变性

大学生由于心理发展不完善，情绪不稳定，做事较易冲动，加之生活的领域不断拓宽，因而在选择交往对象上也就表现出明显的易变性。这种易变性当然与大学生人际交往的理想性相关，从而体现出人际交往的不成熟。同时，这种易变性也使得大学生有可能在较短的时间内接触大量的新人、新事，在人际交往的挫折中不断地反省和提高自己。

（五）异性交往的好奇和敏感性

当代大学生在生理发展上正处于青春期，由于性的成熟，很自然地在心理上产生对异性交往的渴望与兴趣。大学生与异性交往，建立友谊有益于生理健康和心理健康，丰富生活，加强团结，优化性格，也有助于学业的顺利完成。关键问题是要把握好交往的“度”。

二、影响人际交往的因素

在人际交往中，个体的行为都属于社会行为，会受到各种社会、自然和心理等方面的影响。社会心理学研究证明，影响人际交往主要有以下几种因素。

（一）接近性

心理学认为，认知是情感的基础。在人际交往中，两个人相互之间的深入了解是建立深厚感情的基础。一般来说，在人际交往初期，人们生活的空间距离越近，彼此之间就有更多接触和了解的机会，就越容易建立人际感情。在大学新生入校时，同班、同乡、同一个寝室、同一个社团、军训在同一排的学生可能会更早地建立人际感情，因为他们生活的物理空间很近。同一个寝室的同学，几乎是朝夕相处，一起上课、一起吃饭、一起过周末，有着更多相互了解的机会，为发展友谊提供了客观条件。

当然，接近性在人际交往初期的作用更加明显，随着交往双方对彼此了解的深入，接近性和人际关系之间就不一定成正比关系了。比如，双方如果性格不合，话不投机，那么接触的频率越多，可能反而会越反感。可见，时空的接近只是为发展友谊、增强人际吸引提供了环境条件，影响人际关系的因素除了时空接近之外，还有更为重要的兴趣、态度、价值观等方面的相似性。

（二）相似性

相似性主要是交往对象之间在兴趣、态度、价值观、职业背景、生活经历等方面的相似程度。俗话说“物以类聚、人以群分”，个人在交往过程中，如果发现某人在兴趣、态度、价值观或生活经历等方面与自己有相似之处，如两个人都喜欢莎士比亚的剧作，或两个人都喜欢充满竞争、富于挑战的工作，或两个人都是在单亲家庭中长大的，个体就会以这个相似点为基础，对对方产生兴趣，认为对方与自己志同道合，从而拉近双方的心理距离，增强相互的人际吸引力。有这样一个实验，研究者让互不相识的 17 名大学生住在同一间宿舍里，对他们的友谊发展过程进行了近 4 个月的追踪研究。结果发现，在交往初期，大多是住在附近的人成为好伙伴，随着时间的推移，态度相似的人逐渐成了好朋友。

在相似性因素影响人际关系的规律中，我们可以获得一些启发：大学生在人际交往中，应善于寻找和发现自己与他人的相似之处，求大同，存小异，这样才能相互认同，增进友谊。

（三）互补性

互补性是交往的双方在特长、人格特征、心理需求等方面构成互补的关系，这有利于形成良好的人际关系。例如，一个性格外向、思维灵活、脾气暴躁的人和一个性格内敛、思维周密、宽厚包容的人一起工作，就可以相互取长补短，默契配合。一项关于大学生恋爱的研究表明，对短期的伴侣来说，推动吸引的动力主要是相似的价值观念，而驱动长期伴侣发展更为密切关系的动力是需要的互补。

为什么互补性能够成为影响人际关系的因素？主要是因为双方的特征为对方需要的满足提供了条件。心理学研究表明，当一个人正好能够满足另一个人的心理需求时，就会产生明显的人际吸引力。比如，两个大学生，一个独立性非常强，他在很多事情上都能独立地做出决定，他也非常希望别人能够认可自己所做的决定；另一个依赖性特别强，他在很多事情上都希望别人做出决定，自己只要跟着做就可以了。很显然，这两位同学相互为对方提供了需要满足的条件，他们的关系也非常和谐。

（四）能力

一般来说，人们都喜欢聪明能干的人。与能力强的人交往，可以增长见识，提升才干，受到很多积极的影响。但是，一个人的能力和他被喜欢的程度并不是完全对应的，在一定范围内成正比，超出了这个范围，可能会朝相反的方向发展。社会心理学家阿伦森（Aronson）等人曾经做过一个实验，结果发现能力强而犯点小错误的人更招人喜欢，对这种人喜欢的程度超过能力强而不犯错误的人。这说明，在一个团队中，能力最强、表现完美的人可能不是最受欢迎的人，因为虽然每个人都希望与有才能的人交往，但如果某人的才能让人望尘莫及，会给人带来心理压力；相反，一个才能出众但偶尔犯点小错误的人在一定程度上更受人欢迎。当然，这并不是鼓励有才能的人去故意犯错误，而是给我们一个启示，个人的能力远远超出了他所在的群体，而且又不犯一点错误，会给人一种高不可攀的不真实感，使人敬而远之。相反，略有瑕疵的有才能的人，使人感到真实可信，距离感更近。

（五）个性品质

个性品质在人际交往中也扮演着重要的角色。品质高尚的人，在人际关系中更具魅力，更受人尊重。究竟什么样的品质在人际关系中最具吸引力呢？心理学家做了许多研究，其中一项关于友谊问题的调查结果表明，吸引朋友的良好品质有信任、忠诚、热情、支持、帮助、幽默、宽容等 11 种品质，其中忠诚是友谊的灵魂与核心。表 6-1 是美国心理学家安德森（Anderson）在 1968 年所做的一项调查中得出的影响人际关系的主要个性品质。可以看出，排在最前面、受喜爱程度最高的 6 种个性品质，包括真诚、诚实、理解、忠诚、真实、可信，都或多或少地与真诚有关。而排在序列最后、受喜欢程度低的几个品质如说谎、装假、不老实、不可信等都与不真诚有关。真诚受人欢迎，虚伪令人讨厌。要想获得良好的人际关系，真诚是个体必须具有的品质。

表 6-1 影响人际关系的主要个性品质

最积极的品质	中间品质	最消极的品质
真诚	固执	古怪
诚实	刻板	不友好
理解	大胆	敌意
忠诚	谨慎	饶舌
真实	易激动	自私
可信	文静	粗鲁
智慧	冲动	自负
可信赖	好斗	贪婪
有思想	腼腆	不真诚
体贴	易动情	不善良
热情	羞怯	不可信
善良	天真	恶毒
友好	不明朗	虚假
快乐	好动	令人讨厌
不自私	空想	不老实
幽默	追求物欲	冷酷
负责	反叛	邪恶
开朗	孤独	装假
信任	信赖别人	说谎

三、人际交往的心理效应

在人际交往中，人们对交往对象的认知、态度、情感等都会直接影响到交往能否进行及交往进行的程度。社会心理学的研究发现，人际交往中常常存在一些习惯性的错误认知。

（一）首因效应

首因效应是指在一系列的信息中，最先出现的信息，会给人留下较深的印象，而且会影响到以后的认知和行为，也就是常说的“先入为主”。在人际交往中，对一个人的第一印象常常影响着我们对他的交往意愿、交往态度及评价。如果对一个人的第一印象良好，就更倾向于继续交往，对其评价也更偏向积极；如果对一个人的第一印象不好，则可能不会与其继续交往，或者即使交往也容易产生消极评价。这就是典型的首因效应造成的认知偏差。

所以，我们要审慎对待人际交往中的第一印象。不能因为第一印象好而忽略对其进行全面的认识，也不能因为第一印象坏而拒绝交往。同时，在交友、求职等活动中，我们可以努力打造良好的第一印象。美国心理学家艾伯特·梅拉比安（Albert Mehrabian）的研究表明，第一印象的形成遵循“55387”定律，即第一印象的55%受仪表仪态、肢体语言的影响，38%受语音、语调、语气的影响，而说话内容的影响只占到7%。所以，我们要想给人留下良好的印象，首先必须注意自己的外在形象，如衣着得体、表情自然、举止文雅等。否则，穿戴不整、表情拘谨、畏首畏尾，或者过分打扮、表情做作、动作粗鲁，都会给人留下不好的印象。其次，要注意语音、语气、语调的运用，以此传递恰当的情绪信息，给对方留下更深的第一印象。在做好前两部分之后，语言内容也不能落下。否则，就像我们看到一本书，封面很精美，简介也很吸引你，但当你打开这本书的时候，内容无趣且枯燥，你会很快合上这本书。逻辑清晰、言之有物的表达才能给对方留下更好的第一印象。

（二）近因效应

近因效应是指在多种刺激依次出现的时候，印象的形成主要取决于后来出现的刺激。交往过程中，我们对他人最近、最新的认识会占据主体地位，掩盖以往对他的评价。因此，近因效应也称为“新颖效应”。一般来说，在与陌生人交往时，首因效应会比较明显，而在与熟悉的人进行交往时，近因效应则会更明显。多年不见的朋友，在自己脑海中印象最深的，可能就是临别时的情景。如果在与朋友分别时给予良好的祝福，你的形象在他的心中就会美化起来。我们还可以用近因效应整饰自身的形象，弥补交往中的过错。例如，两个朋友因故“冷战”一段时间后，一方主动向对方表示好感或歉意，往往会出乎意料地博得对方的好感，甚至可能化解恩怨。

（三）晕轮效应

“晕轮”一词是指光环笼罩月亮时，月亮周围产生的模糊不清的现象。晕轮效应，也称“光环效应”，是指对交往对象评价的过程中，根据其某一种或几种已知特征扩展到未被了解的其他特征上，甚至形成一种全部好或全部坏的推断。“情人眼里出西施”“爱屋及乌”描述的就是晕轮效应。晕轮效应这种由已知推及未知，由片面概括全面的认知模式，往往会歪曲对一个人的印象，导致无法正确地认识和评价对方的真实特征。我们要努力避免晕轮效应产生的盲目崇拜，更要警惕未了解对方之前就产生的过度排斥，减少晕轮效应对人际关系的消极影响。

（四）投射效应

投射效应，是指个体将自身的情绪情感、心理需要、行为特征等转移到他人身上，或推测在他人身上也同样存在的现象。投射效应的表现形式很多，如有的大学生对别人有意见，总认为别人对他也不怀好意；有的大学生背后议论他人，也认为他人会在背后议论自己；有的男生或女生喜欢某个异性，希望对方也喜欢自己，进而把对方的一个眼神、一个笑脸，看成是对自己的示爱等。投射易导致主观与客观不分，认知主体与认知对象不分，容易引发误解和矛盾。事实上，世界上没有完全相同的人，自己与他人必然存在差异。因此，大学生在人际交往中应摒弃主观臆断，而要从他人的实际特点和具体情况出发去认知对方，才能避免认知障碍的产生。如有疑虑，应该主动与对方沟通核实，以便澄清误解，减少人际冲突。

（五）刻板印象

刻板印象是指对于某一类人产生的一种比较固定、概括而笼统的看法，以致在头脑中存在着关于某一类人的固定形象。例如，我们会根据地域来划分性格特点，为其贴上标签。我们经常听到这样的说法，北方人豪爽直率，南方人灵活精明。刻板印象有两方面的作用。积极的作用是使认识他人的过程简化，有利于对某一个人、某一类人作出概括化的反应。消极作用是刻板印象不一定符合实际，容易忽略个体的独特性。因此，大学生在人际交往中要注意识别刻板印象的消极影响，客观认知他人的个性特征，将共性特征与个性特征相结合，作出恰当的评价和反应。

第三节　大学生人际交往能力的培养

一、人际交往的原则

人际交往的原则是建立和谐关系的重要前提和基础。大学生在人际交往中要遵循这些基本原则，才能维持良好的人际关系。

（一）平等原则

大文豪萧伯纳有一次在写作休息时遇到了邻居家的小女孩，当他送小女孩回家时，对小女孩说：“知道我是谁吗？回家告诉你妈妈，就说和你一起玩的是萧伯纳。”小女孩天真地回答说：“知道我是谁吗？回家告诉你妈妈，就说和你一起玩的是克里·佩丝莱娅。”大文豪不禁感到惭愧。后来萧伯纳对朋友谈起此事，感慨道：“一个七岁的小女孩给我上了人生中最好、最重要的一课，一个人无论有多大的成就，他在人格上与其他人都是平等的，这个教训我一辈子也不会忘记。”

平等是人际交往的基本准则。每个人都需要朋友，尤其是年轻的大学生，对友谊的需求是非常强烈的。他们渴望成为独立于家庭，在社会中真实的存在。在与他人的人际交往过程中，双方在家庭环境、资历能力等方面可能存在许多差异，但在人格、个性等方面都是平等的。有些大学生由于比其他人条件好，而产生优越感，不能平等对待他人，这不利于构建和谐的人际关系。

（二）尊重原则

俄国大作家屠格涅夫有一天走在街上，一个年迈体弱的乞丐向他伸出发抖的双手，大作家找遍所有的衣袋却分文没有，他深感不安，于是走上前去握住乞丐的手，深情地说：“对不起，我没有带钱，兄弟！”大作家一声“兄弟”超过了金钱的作用，老乞丐热泪盈眶地说：“我已经很感恩了，这也是恩惠啊！”这个故事说明，无论什么人，不管地位高低、财富多少、年龄大小，都渴望得到他人的尊重。

尊重包括尊重自己和尊重他人两个方面。尊重自己就是保持自己的人格尊严，在各种场合自尊自爱，不做有损自己形象的事，不尊重自己的人当然也得不到他人的尊重。尊重他人包括尊重他人的人格、尊重他人的权利、尊重他人的劳动、尊重他人的习惯、尊重他人的隐私等。尊重他人的人，自己也会得到他人的尊重，正如古人所说的，“敬人者，人恒敬之”。

（三）互利原则

人际交往是满足需要的途径。互利是指交往双方都应从交往中获益，一方满足另一方的需要，同时也能得到另一方的回报。“有来无往非礼也。”互利是友谊的表现，不能将互利原则曲解为功利主义。互利原则是建立和维持良好人际关系的重要原则。如果一方只索取不给予，或只给予不索取，就容易使另一方或者认为自己被利用，或者误解对方的诚意，不愿进一步与之交往，交往过程就会中断。事实证明，交往中互利性越高，双方的关系就越稳定、越密切。人际间的互利包括物质和精神两个方面。

大学生在人际交往中，应遵循互利原则，在情感上相互支持，在物质上相互帮助。当别人遇到困难的时候，我们及时伸出援助之手，像雪中送炭一样给别人以物质或精神的帮助；当我们遇到困难的时候，别人也会以同样的热情帮助我们。有的人在交往过程中以自我为中心，只顾自己不顾别人，这样是不能交到朋友的。孔子说：“己欲立而立人，己欲达而达人。”如果想要自己站得住，也要帮助别人站得住，想要自己行得通，也要帮助别人行得通。

（四）诚信原则

人际交往要讲究信用。信用有两层含义：一是言必信，即说真话，不说假话。如果一个人信口雌黄，假话连篇，到头来连真话都不能使别人相信了。二是行必果，即说到做到，遵守诺言。如果一个人到处承诺而不兑现，开“空头支票”，必然会失信于人，引起人们的反感。

我国古人历来把讲究信用作为一个人立身处世之本，如孔子说：“人而无信，不知其可也。”在竞争日益激烈的现代社会，信用显得更为重要，它关系到一个人的社会声誉和事业成败。对大学生来说，信用是大学生立足校园和社会的名片。在与同学的交往过程中，要诚实守信，说老实话、办老实事、做老实人，不虚情假意，不口是心非，不耍小聪明。只有讲究信用才能使他人心理上有一种安全感，才能赢得他人的认可和信任，进而建立良好的人际关系。一个不讲信用的人会使人感到靠不住，是不能赢得他人的认可和信任的，更不用说建立友谊了。

（五）宽容原则

《尚书·君陈》中说“有容，德乃大。”苏轼说：“匹夫见辱，拔剑而起，挺身而斗，此不足为勇也。天下有大勇者，卒然临之而不惊，无故加之而不怒。此其所挟持者甚大，而其志甚远也。”雨果说：“世界上最广阔的是海洋，比海洋更广阔的是天空，比天空更广阔的是人的心灵。”

宽容即心理相容，也就是人与人相处时的容纳、包容及忍让。每个人都有不同的个性，且人无完人，因此人际交往过程中难免会出现矛盾，遇到一些不愉快的事，发生一些摩擦和冲突。若对此斤斤计较、耿耿于怀，不仅会使矛盾加剧，关系破裂，而且会给自己带来许多烦恼。宽容是维系友谊的一个重要原则，没有人愿意与心胸狭窄的人交往。不会宽容他人，也同样得不到他人的宽容。作为一名大学生，要承认他人与自己之间的差异，允许不同思想观念、行为方式和生存方式的存在，求同存异，和睦相处。要加强思想修养，宽宏大量，能够理解别人，团结那些与自己有分歧的人，原谅他人的过错，甚至能够做到以德报怨。学会原谅别人是美德，学会宽容别人是高尚。有了这样的胸怀，才会营造一个宽松、和谐的人际交往氛围。

二、人际交往的技巧

人际交往的技巧是多种多样的，下面介绍几种简便易行且行之有效的基本技巧。希望大学生以此为基础，在交往实践中发展出更多适合自身的交往技巧。

（一）学会“破冰”

面对陌生人，我们往往会存在心理隔阂，就像严冬厚厚的冰层。擅长“破冰”才能拉近心理距离，使交往更顺利地开始。常用的“破冰”技巧有以下三种。

1. 分享信息

初次见面，主动分享一些有意思的信息，能打破沉默，激发交往兴趣。分享的信息可以是简单的，比如一家好吃的餐厅、一场好看的电影、一件趣事；也可以是深刻的，比如新闻时事、名人书籍、有趣观点等。每个人都有好奇心，喜欢接受一些新的东西。如果你把这些作为社交礼物送给他人，他人就会觉得你非常有吸引力。

2. 寻找共同点

相似性能产生亲近感，有助于卸下心理防备，减少不熟悉产生的不安感。即使相处不深，也有很多途径可以寻找共同点，比如留心观察、以话试探、听人介绍等。一个人的生活习惯、兴趣爱好等或多或少都会体现在其服饰、谈吐、举止等外在表现上，认真观察之后，试探地询问对方，很可能就会发现彼此的共同之处，迅速拉进关系。比如，通过听口音试探性地询问对方，可能就会发现一位“老乡”，感觉瞬间亲近了许多，共同话题也更容易找到了。

3. 积极的肢体语言

除了我们说出口的话语之外，互动时的表情、动作、身体姿态等肢体语言其实也潜移默化地影响着彼此交往的感受。如果交流时很少看对方，双手交叉抱臂，或者表情很不自然，都容易使对方感到不适，降低交往意愿。积极的身体语言，比如适当的互动距离，自然的目光交流，或者放松而投入的身体姿态，则能使对方感受到你的关注和善意，产生愉悦的交往体验。

（二）学会提问

如果想主动“破冰”，却不知道聊点什么好，或者容易“把天聊死”，那么可以学习一下沟通中的提问技巧。恰当地提问能让人感觉被关注、被尊重，拥有了展示自己的机会，产生良好的交流体验。而不恰当地提问容易让他人产生被为难或被窥探隐私的不适感。懂得适时适当地发问，既能提升沟通效果，又能促进人际关系。

提问可以分为两种：开放式提问和封闭式提问。开放式提问大多数都以“是什么”“为什么”“怎么样”的形式提出问题，回答的自由度非常高，能让对方畅所欲言，且能收集到更广更深的信息，但也容易抓不住重点。封闭式提问通常需要对方明确回答“是”或“不是”，“要”或“不要”等二选一的答案，能迅速获得准确信息，但也容易使对方感到紧张，或导致自己无话可接，交流难以深入。两种提问方式各有利弊，运用的关键在于结合交流场景和实际需要进行灵活选择。例如，害怕被拒绝时，可以用开放式提问进行试探；话题跑偏时，可以用封闭式提问拉回重点；关系紧张时，可以用开放式提问活跃气氛；需要提高沟通效率时，可以用封闭式提问节约时间。

（三）学会倾听

倾诉与倾听是很常见的人际互动过程，也是建立深度关系的重要契机。通过倾听，我们能够了解对方的处境和想法，理解对方的心情和需要，分担对方的痛苦和烦恼，认可对方的成就和价值，使对方感受到被尊重、被接纳、被肯定，产生心与心的连接。

倾听他人时，首先，要集中注意力，专心听对方讲话，不要心神不定，左顾右盼。其次，可以运用“3F 倾听法”提高倾听的效果。“3F 倾听法”指的是在倾听时，要听到对方三个方面的信息：事实（fact）、感受（feel）、意图（focus）。倾听事实是指不用自己的想法和固有观念对对方的话进行评判，客观地接受对方谈话中的信息，努力把握对方话语中的客观事实，不带偏见地看问题。倾听感受是指在倾听事实的同时，通过语音、语调乃至肢体语言等感知对方的情绪情感。倾听意图是指把握对方想要什么，真正的意图是什么。有些人不擅于表达自己的意图时，说出来的话跟真正的意图会有很大差异，要注意与对方核对，确认对方的真实需求。最后，要做出相应的反应，通过言语和表情表示自己明白对方的意思，鼓励对方继续说下去，给予对方心理支持。

（四）学会赞美

赞美能使人感到被欣赏和认同，体验到自身的价值，满足内心的需要。因此，人们对赞美者往往也会报以友善的回应。遗憾的是，有些大学生不重视赞美在人际交往中的积极作用，甚至把赞美看作“拍马屁”，对此不屑一顾。其实，真诚的赞美非常有助于提升人际关系。

我们不仅要乐于赞美别人，还要善于赞美别人。善于赞美别人，第一，赞美要发自内心。只有真心的赞美才能赢得对方的好感，虚伪的赞美只能引起反感，或者被认为是别有用心。要做到真心赞美，需要一颗关注别人的爱心，需要能发现优点的慧眼，需要有欣赏别人的胸怀。第二，赞美要恰如其分。只有恰如其分的赞美才能收到应有的效果，言过其实、过分夸张或者无中生有的赞美，会起反作用，使人感到不安，甚至有讽刺挖苦之嫌。第三，赞美要尽量具体。赞美细节要比泛泛而谈效果更好。表达真情实感要比空洞套话更显真诚。所以，赞美别人要实事求是，要注意分寸，要表达到位，以使赞美之词能够入耳入心，使被赞美者泰然受之。

（五）学会批评

接受批评对每个人来说都是一个挑战。批评很可能会打击一个人的自尊心，容易引发对方反击的冲动。所以，表达批评时一定要谨慎，要注意批评的艺术。用意善良、符合事实、方法得当的批评一般不会使人际关系恶化，反而有助于人际关系的发展。

表达批评时有一个基本原则：对事不对人。这样可以缓和当事人的心理压力。如果把矛盾指向当事人，就会无意之中造成伤害，且容易使对方自暴自弃。所以，当批评别人时，需要反问自己，如“我是不是在人身攻击”“我是不是忽略了问题本身，而在针对当事人”。此外，具体而言，表达批评时还需注意：态度和措辞应是友好的、真诚的；可以私下批评，尽量避免当众批评；可以批评对方的行为，不宜批评对方的人格；只针对现在的事，不宜“翻旧账”，抓住从前的错误不放；不能只指出对方的错误，更应该告诉对方如何改正和预防再犯。

（六）学会幽默

幽默是一个人心态、智慧和能力的综合体现。一位心理学家说过：“幽默是一种最有趣、最有感染力、最具有普遍意义的传递艺术。”幽默的人往往更受欢迎，人际关系更为融洽。

幽默能给人带来欢乐和笑声，消除沉闷和紧张，使社交气氛轻松融洽，使人超脱和轻松。人们常有这样的体会，疲劳的旅途上，焦急的等待中，一句幽默话、一个风趣故事，能使人笑逐颜开，疲劳顿消。例如，某公交车上，任凭司机扯破嗓子地喊“不要挤”，仍无济于事。忽然人群中一个人嚷道：“别挤了，再挤我就变成相片啦。”听到这句话，车厢里立刻爆发出一阵欢乐的笑声，人们马上便把烦恼抛到了九霄云外。此时，是幽默调解了紧张的人际关系。

幽默常有自我解嘲的功能，能减少人际交往中的尴尬。在一场活动中，台下的观众很少，表演者见此情景感到有些失望。但他很快调整了自己的状态，恢复了自信，走向舞台，对观众说：“我想在座的各位一定很有钱，因为我看到你们每个人都买了两三个座位票。”大家听了哈哈大笑，立刻对这位幽默的表演者产生了好感。正是他的幽默改变了他的处境。

幽默要有分寸，否则可能会激化人际矛盾。在一家饭店，有位顾客生气地质问：“这是怎么回事？这只鸡的一条腿怎么比另一条短半截？”服务员故作幽默地说：“那有什么！你到底是要吃它，还是要和它跳舞？”顾客听了勃然大怒，要投诉这位服务员。幽默要看好时机，谦和友善，高雅得体，不能贬损伤害对方。努力提升自己，使自己逐步拥有宽广的胸怀、良好的心态、渊博的知识、丰富的想象力、高雅的情趣，才能成为真正幽默风趣、自然洒脱的人。

（七）学会应对冲突

大学生常常因为生活习惯、个性冲突、公共责任、金钱问题等产生人际摩擦。如果不能恰当地处理矛盾，就很容易引发冲突，破坏人际关系。要想避免出现这种情况，除了尊重和宽容的心态之外，也需要一些应对冲突的方法和技巧。

首先，要学会觉察矛盾。要学会换位思考，理解他人，才能敏锐觉察矛盾的出现。当发生矛盾，除了知道发生了一件什么事，更重要的是觉察到自己以及对方在这个事件中的情绪体验和心理需要。这件事让自己产生了什么样的情绪？自己的情绪背后又隐藏着怎样的内在需要？并猜测对方在这个事件中的情绪和需要。清楚地觉察到这些信息是有效解决矛盾冲突的重要前提。

其次，要主动积极沟通。如果不愉快被长久地积压在心底，也许有朝一日会激烈地爆发，酿成无法挽回的后果。所以，面对矛盾冲突，应该及时主动去沟通和解决。沟通时最好先说对方，再说自己。具体而言，第一，向对方不加评判地描述这个事件；第二，先说对方的情绪和需要；第三，再坦诚而真实地表达自己的情绪体验，以及自己的需要。

最后，要有正确的态度。面对人际冲突，不要害怕，不要逃避，也不要一味排斥。其实，矛盾并不一定会让关系变得糟糕，妥善处理的话也可能会成为促进关系的契机。拥有化冲突为亲密的能力，是大学生要修炼的一项重要人际交往技能。

拓展阅读

如何提升对“难听话”的“免疫力”

别人说的一些“难听话”，对我们的心理承受力来说，是一个巨大的挑战。面对“难听话”，人们通常会有四种不同的选择。下面，我们模拟一个被说“难听话”的场景，看看不同选择下我们会有什么样反应，以及相应的结果。

当有人对你说：“我从没见过像你这么自私的人！”

选择一：责备自己。
反应：“我原来没有考虑到别人的感受，我真是太自私了！”
结果：导致我们内疚、惭愧，甚至厌恶自己。

选择二：指责他人。
反应：“你没权利这么说我，你自己就做得很好吗！我才没有自私，你才自私！”
结果：引发一场争吵，并让双方感到受伤。

选择三：体会自己的感受与需要。
反应：去了解自己此刻的内心感受、需要。
结果：我们可能会发现我们有些伤心（感受），因为我们看重信任和接纳（需要）。

选择四：体会他人的感受与需要。

反应：去体会对方的感受、需要。

结果：我们可能会想“他愤怒（感受）可能只是因为他需要体贴和支持（需要）。”

不管是面对舍友、朋友还是家人，当听到一些“难听话”时，若我们选择一，只是责备自己，则会伤害到自己；若选择二，大吵一架解气，则通常只是得到对方的申辩、反击；而若选择三、选择四，一般的内心活动其实通常不会被对方察觉。这时，我们不妨体会自己的感受与需要后，直接表达出来，让对方能够做出积极的回应。如面对上述情境时，我们可以如此回应：“你这么说我，我感到很难过（感受），因为我其实很希望能够被你接纳、与你好好相处（需要）。”

其实批评往往暗含着期待。对他人的批评实际上间接表达了批评者自己尚未满足的需要。所以，表达了自己之后，也请尝试问问对方：“你说我自私，是因为你感到无助和失望了吗？你是不是遇到了什么困扰，希望我能为你分担？”

当我们的自我认知越清晰，自我评价越客观，内心就越稳定，越不容易被他人中伤，甚至还有能力穿越表象看到“真相”：原来对方的“难听话”背后是一颗受伤的心，是对爱的呼唤。这时我们就能互相支持，而不是互相伤害了。

课后作业

1．请用人际交往理论分析你自己体会最深的一次人际交往实践。

2．如何运用你所学的人际交往理论和方法处理宿舍人际关系？

心理测验

大学生人际关系综合诊断量表

指导语：这是一份人际关系行为困扰的诊断表，请认真阅读每个题目，对照你的实际情况，选“是”的打“√”，计 1 分；选“否”的打“×”，计 0 分。完成后请对照后面的测验结果解释，检查自己的人际关系是否和谐。

1．关于自己的烦恼有口难言。 （　　）

2．与生人见面感觉不自然。 （　　）

3．过分羡慕和妒忌别人。 （　　）

4．与异性交往太少。 （　　）

5．对连续不断的会谈感到困难。 （　　）

6．在社交场合感到紧张。 （　　）

7．时常伤害别人。 （　　）

8．与异性来往感觉不自然。 （ ）

9．与一大群朋友在一起，常感到孤寂或失落。 （ ）

10．极易受窘。 （ ）

11．与别人不能和睦相处。 （ ）

12．不知道与异性相处如何适可而止。 （ ）

13．当不熟悉的人对自己倾诉他的生平遭遇以求同情时，自己常感到不自在。 （ ）

14．担心别人对自己有什么坏印象。 （ ）

15．总是尽力使别人赏识自己。 （ ）

16．暗自思慕异性。 （ ）

17．时常避免表达自己的感受。 （ ）

18．对自己的仪表（容貌）缺乏信心。 （ ）

19．讨厌某人或被某人讨厌。 （ ）

20．瞧不起异性。 （ ）

21．不能专注地倾听。 （ ）

22．自己的烦恼无人可倾诉。 （ ）

23．受别人排斥与冷漠对待。 （ ）

24．被异性瞧不起。 （ ）

25．不能广泛地听取各种意见、看法。 （ ）

26．自己常因受伤害而暗自伤心。 （ ）

27．常被别人谈论、愚弄。 （ ）

28．与异性交往不知如何更好地相处。 （ ）

【结果说明】

如果你得到的总分为 0～8 分，那么说明你在与朋友相处上的困扰较少。你善于交谈，性格比较开朗，主动关心别人，对你周围的朋友都比较好，愿意和他们在一起，他们也都喜欢你，你们相处得不错。而且，你能够从与朋友相处中得到许多乐趣。你的生活是比较充实而且丰富多彩的，你与异性朋友也相处得很好。你不存在或较少有交友方面的困扰，你善于与朋友相处，人缘很好，获得许多人的好感与赞同。

如果你得到的总分为 9～14 分，那么，你与朋友的相处存在一定程度的困扰。你的人缘很一般，换句话说，你和朋友的关系并不牢固，时好时坏，经常处在一种起伏波动的状态之中。

如果你得到的总分为 15～28 分，那就表明你在与朋友相处上的困扰较严重。分数超过 20 分，则表明你的人际关系的行为困扰程度很严重，而且在心理上出现较为明显的障碍。你可能不善于交谈，也可能是一个性格孤僻的人，不开朗，或者有明显的自高自大、讨人嫌的行为。

心 理 训 练

人际交往能力提升训练

一、活动目的

通过团体心理辅导活动，带领学生练习人际互动的方法，体验人际交往的乐趣，提升建立和谐人际关系的能力和信心。

二、活动时间

大约 1 小时左右。

三、活动道具

纸、笔。

四、活动场地

室内外均可。

五、活动程序

1．“一块五毛”活动。男生扮演一块钱，女生扮演五毛钱。所有人围成一个大圈，顺时针走动。老师随机发口令，例如“三块五”“五块”，学生需迅速反应，组成与口令金额一致的小团体站在一起。当老师喊“停”时，还未加入任何小团体的学生，视为本轮未完成口令，被标记之后可继续参加下一轮。几轮之后，气氛热烈，即可进行最后一轮，发一个分组口令，形成 5～6 个固定的活动小组。

2．“我有你没有”活动。每个人在纸上写出一个自己“独一无二”的经历。小组内商议后，选出一个人的经历代表本组进行分享。分享之后，其他小组成员举手表示自己有一样的经历，不举手表示没有。根据不举手的人数，分享经历的小组可获得相应积分。本组成员不计在内。

3．“交往难题我来解”活动。每个人在纸上写出 1～3 个自己的人际交往困扰，统一交给老师。老师抽取之后念出来，其他人举手提出解决方法。每种方法可为本组积 1 分。

4．分享与总结：

（1）学生分享活动感受与收获，每个人的分享可为小组积 1 分。

（2）老师总结人际互动常见问题与应对方法。

（3）小组积分排名，给予相应奖励。

六、注意事项

1．游戏前需向学生确认已明白游戏规则。

2．“一块五毛”活动需提前了解参与人数、男女生比例等情况。

3．活动也可设置为抢答，气氛会更热烈，有利于调动参与积极性。

第七章　大学生恋爱心理及性心理

爱情作为人类最基本的感情之一，是一个古老而又常新的话题，一直是哲学、宗教、心理学、美学和社会学中最引人注目的话题。正如春天来了花就会开，正值花样年华的大学生，自然会产生对爱情的向往。然而，爱的能力是需要学习与培养的。引导大学生认识爱情，树立正确的爱情观，学会正确处理爱情与友谊、爱情与学业、爱情与婚姻的关系，培养爱的能力，是促进大学生健康成长和发展的重要内容。

大学生常见恋爱问题及调适

第一节　爱情心理概述

一、爱情的含义

爱情是什么？很多人强烈地感受着，却不能深刻地理解；亲身实践着，却不能清楚地说明。爱情是一种复杂而微妙的情感。爱情是一种强烈的内心情感体验。

所谓爱情，是指一对男女基于一定的物质基础和共同的人生理想，在各自内心形成的对对方最真挚的倾慕，并渴望对方成为自己终身伴侣的最强烈、最稳定、最专一的感情。

对于爱情定义的表述，尽管各有差异，但基本内容是一致的，主要涉及生物因素、精神因素和社会因素三个方面。生物因素是指爱情产生于男女两性之间，生物本能使人产生性欲望，从而具有与异性结合的强烈愿望。精神因素是指爱情是一种高尚的情操，健康的爱情会愉悦身心，使人产生美好的心理体验。社会因素是指爱情是一种社会现象，一方面受社会道德、舆论、社会传统文化和法律规范的制约，另一方面还涉及养儿育女、传宗接代的社会功能。

二、爱情的心理理论

关于爱情的心理学研究浩如烟海。通过经典的爱情心理理论，我们能对爱情这个奇妙的心理活动有更多角度的理解，为开展一段甜蜜的爱情关系奠定科学的认知基础。

（一）斯腾伯格的爱情三角理论

美国心理学家斯腾伯格（Robert J • Sternberg）运用定量与定性分析相结合的研究方法，在进行大量文献综述和实证研究的基础上，提出了爱情三角理论。他认为人类的爱情包含三种基本成分：激情（passion）、亲密（intimacy）和承诺（commitment）。

1. 激情

激情是指强烈地渴望与伴侣结合，是与“性”相关的动机驱力，属于爱情的动机成分。通俗地说，就是见了对方，会有一种怦然心动的感觉，和对方相处，有一种兴奋的体验。激情往往源于外在的吸引力。

2. 亲密

亲密是指与伴侣心灵相近、互相契合、互相归属的感觉，属于爱情的情感成分。爱情中的亲密是一种“不分你我”，彼此间很紧密和亲近的感觉。双方会把自己的生活以坦诚、不设防的方式与对方分享，并互相理解、尊重和支持对方，满足彼此的需要。

3. 承诺

承诺包括短期和长期两个部分，属于爱情的认知成分。短期的部分是指个体“决定”去爱一个人。长期的部分是指对两人之间的亲密关系作出持久性承诺，包括对爱情的忠诚、责任心等，是一种患难与共、至死不渝的约定。

爱情的这三个要素可以排列组合成各种不同的爱情类型。

（1）喜欢：只包含亲密成分；

（2）迷恋：只包含激情成分；

（3）空洞之爱：只包含承诺成分；

（4）浪漫之爱：结合了亲密与激情；

（5）友谊之爱：结合了亲密和承诺；

（6）愚昧之爱：结合了激情和承诺；

（7）完整的爱：包含亲密、激情和承诺三种成分。

（二）爱情依恋理论

心理学家豪赞（Hazan）和谢弗（Shaver）提出爱情依恋理论，认为爱情与童年依恋有关。婴儿时期与他人建立的依恋关系，会使个体形成一个持久且稳定的人格特质，这项特质在个体与异性建立亲密关系时会自然流露出来。爱情关系有三种“依恋风格”：安全依恋、逃避依恋、焦虑（矛盾）依恋。安全依恋是指与伴侣的关系良好、稳定，能彼此信任、互相支持。逃避依恋是指害怕且逃避与伴侣的亲密。焦虑（矛盾）依恋是指时常具有情绪不稳、极端反应的现象，善于嫉妒并希望跟伴侣的关系是互惠的。

基于上述爱情依附理论，以“正向或负向的自我意象”和“正向或负向的他人意象”两个不同的向度来分析，又得到四种类型的爱情依附风格。安全依恋是由正向的自我意向和正向的他人意象所造成；焦虑依恋是由负向的自我意向和正向的他人意象所造成；排除依恋是由正向的自我意向和负向的他人意象所造成；逃避依恋是由负向的自我意向和负向的他人意象所造成。

（三）爱情阶段理论

心理学家莫斯特因（Murstein）提出爱情阶段理论，认为爱情的发展，依双方接触的次数多寡来看，可分为刺激、价值和角色三阶段。

1. 刺激阶段

通常双方第一次的接触即属于刺激阶段。在这个阶段中，双方互相吸引，主要建立在外在条件上，如被对方的外貌或身材所吸引。

2. 价值阶段

一般而言，双方大约第二次至第七次的接触，便属于价值阶段。在这个阶段中，彼此情感上的依附主要建立在价值观和信念上的相似。

3. 角色阶段

通常双方大约第八次以后的接触，便开始属于角色阶段。在这个阶段中，彼此的承诺主要建立在个体是否能扮演好对方期待的角色。

在亲密关系的每个阶段中，这三种因素对关系都有影响，只是在每个阶段中，各有一个因素起主要作用。

（四）爱情态度理论

爱情态度理论由心理学家鲁宾（Rubin）提出，将爱情归为社会心理学的人际吸引，认为爱情是对某一特定的他人所持有的多面性态度。他从文艺著作、普通常识及人际吸引的文献资料中寻找并拟定叙述感情的题目，经过项目分析、信度、效度考验而建立爱情量表和喜欢量表，结果发现爱情与喜欢有质的差别。其中爱情量表包含三个成分：一是亲和与依赖需求；二是帮助对方的倾向；三是排他性与独立性。

（五）爱情投资理论

心理学家鲁斯布尔特（Rusbult）提出爱情投资理论，以社会交换论的观点来看待爱情的发展，认为双方在此关系中互相有所得失，并以一种理性且公平的评估方式，衡量自己在此关系中的付出与收获，再以此评估为基准，决定其对关系的应对方式。该理论认为男女爱情中的承诺是由满意度、替代性及投资量所共同决定。根据投资模式的预测，当个体对关系有较高的满意度、知觉到较差的替代性品质，以及投资了较多或较重要的资源时，便会对此关系做出较强的承诺，也就是较不易离开此关系。简单来看，可用一个方程式加以说明，即“满意度－替代性＋投资量＝承诺”。

第二节　大学生的恋爱心理问题及调适

一、大学生恋爱的心理特征

（一）恋爱动机复杂，恋爱类型多样

大学生谈恋爱一般都是因为爱情，恋爱动机相对端正。但与此同时，恋爱动机也逐渐呈现多元化趋势，包括情不自禁型、空虚寂寞型、好奇型、务实型、虚荣型等。情不自禁型在与恋人相处中往往表现得感情专一，充分尊重对方，且乐意为对方分担困苦。空虚寂寞型往往有孤独寂寞的感觉，用恋爱来填补大学生活的空虚。好奇型一般没有恋爱经历，也没有做好恋爱的准备，由于好奇心进入恋爱中，往往容易失败。务实型谈恋爱的标准就是要符合自己的期待，能够志同道合，并希望携手走进婚姻殿堂。虚荣型进入恋爱的原因多是看到别人恋爱了，自己不甘示弱，草率地选了一个恋爱对象。恋爱动机对彼此在恋爱过程中的体验，以及恋爱的最终结果有不可忽略的影响。

（二）学业爱情冲突，心理压力较大

进入大学阶段，大学生主要任务是学习，这将花费一个人大量的时间与精力。而恋爱也是需要大量时间、心力来维护的。因此，这两方面的冲突将为恋爱的双方带来较大的考验。部分学生不能处理学业与爱情的关系，有的学生一旦进入恋爱状态便不能自拔，有的学生整天陶醉在爱情的甜蜜中以致影响了学业。强烈的感情冲击一切，无心自学，厌学、早退、旷课现象增多，甚至造成多门课不及格，不能顺利毕业，耽误了自己的美好前程，令人惋惜。

（三）失恋挫折感强，承受能力较弱

追求爱情的过程中遇到一些波折是在所难免的。但是，失恋还是被列为大学生较为严重的挫折之一。很多大学生由于缺乏生活经验，思想尚不成熟，对未来充满不现实的期待，考虑问题过于单纯，心理承受能力较弱等特性，面对突如其来的失恋，往往容易产生一些不正常的现象。有些大学生失恋后难忘旧情，陷入自欺欺人的幻想漩涡中无法自拔；有些因失恋而绝望暴怒，悲观厌世，怀疑一切；有些出现消极心态，自暴自弃，陷入自卑迷惘；甚至个别人会产生自杀念头，觉得连最爱的人都抛弃了自己，就失去了活在这个世界上的意义。失恋的种种不良心态会严重影响大学生的身心健康。

二、大学生恋爱中常见的心理问题

爱情虽然甜蜜，但也会带来复杂、独特而微妙的情感体验，成为最容易使大学生产生心理困扰的问题之一。

（一）选择的困惑及其调适

选择的困惑是大学生恋爱中常见的问题之一。其中较常见的有下列几种情形。

1. 不知道应不应该谈恋爱

这类大学生首先应树立对爱情的正确态度。如果自己还不知道该不该谈恋爱，那说明在其心里可能还没有自己真正喜欢的异性，只是因为看到许多同学都在谈恋爱，才产生了自己要谈恋爱的想法。这时需要分辨清楚，是真的因为对情感的需求而渴望恋爱，还是仅仅因为不甘人后才渴望恋爱。如果是出于攀比心理而恋爱，可能会因为没有真正做好恋爱和承担责任的准备而失败。

2. 不知道应不应该表白

爱上了一个人，但不知道对方是否也爱自己，想表白心迹，又怕遭到拒绝，左右为难。对于这样的困境，首先要学会正确认识对方对自己的情感。如果经过观察甚至巧妙的考验，发现对方根本就对自己没有“意思”，就没有必要向对方表达自己的心迹。因为你的表白不但得不到回报，而且会使对方为难。如果两人是同班同学，还会影响两个人之间的关系。如果经过观察，发现对方也对自己有一定的感情，就可以大胆地向对方表白。表白之后，对于是否被对方接受，要顺其自然，尊重对方，不可苛求。

3. 不知道如何拒绝对方的求爱

面对他人的求爱，当你不准备接受时，应当在不伤害对方自尊心的情况下，委婉地拒绝。如果对方进一步追求，而你无论如何也不可能接受对方的爱，那就应该明确地拒绝。另外，大学生也应注意，不要为了害怕伤害对方的自尊心，或者是为了自己的虚荣心，在自己没有产生爱情的情况下，盲目接受对方的爱，因为这不但会伤害对方，而且对自己也是一种伤害。

4. 不知道如何向恋人提出分手

在恋爱的过程中发现对方不适合自己，而对方还依然爱自己，不知道如何提出分手才不会伤害对方的自尊心。在这种情况下，要明确爱情是不能强求的，如果一方发现对方不适合自己而准备结束恋爱关系，也无可厚非。当然，最好是让对方有一定的思想准备，如用一些暗示性的语言表明两个人不合适。在对方有思想准备的情况下再提出分手，对方可能好接受一些，感觉到的伤害也会少一些。

（二）单相思的苦恼及其调适

单相思是指异性关系中的一方倾心于另一方，却得不到对方回报的单方面的“爱情”。爱情错觉是单相思的另一种形式，是指在异性间的接触往来关系中，一方错误地认为对方对自己“有意”，或者把双方正常的交往和友谊误认为是爱情的来临。它常会使当事人想入非非，自作多情。单相思是恋爱心理的一种认知和情感的失误。单相思使某些大学生陷入痛苦的境地，处于空虚、烦恼，甚至绝望之中。如果处理不好，对以后的恋爱、婚姻生活都有消极的影响。

1. 形成单相思的原因

（1）爱幻想。这是造成单相思的主观因素。如果在现实生活中难以适应正常的恋爱生活，爱幻想者往往依据丰富的想象力，在幻想中得到爱情的一切满足。

（2）信念误区。单相思者往往认为爱仅仅是投入，不要承诺、不要回报、不顾一切的精神恋爱才是世界上最伟大的恋爱。

（3）认知偏差。有的单相思是认知偏差造成的，不能正确地对待被拒绝的事实，为了“面子”而强迫自己追求到底。

2. 单相思的调适方法

（1）区分爱情与好感

爱情与好感绝不是一回事，而是性质不同的两种体验。如果不能有效辨别，常常会错把好感当爱情，从而平添了许多痛苦。所以，有时不要过分相信自己的感觉，而要客观地比较一下这份感觉的成分具体是什么，比如有无斯滕伯格的爱情三角论中的激情成分。

（2）勇敢接受现实

当我们的爱意并没有得到对方的回应。我们要勇敢地面对现实，摆脱虚幻的爱情想象。爱情是以互爱为前提的，它应是两颗心弹拨的和弦，绝不是单方的独奏。持久的单相思会给个人带来巨大的痛苦，应当尽快主动走出来。

（3）专注自我成长

如果暂时没有获得爱情，就努力成长为更美好的自己。将精力投入到学习中，是最有效排解单相思苦恼的方法之一。待你学业有成，能力提升，也许爱情就会不期而至。

（三）失恋的痛苦及其调适

失恋是指恋爱过程的中断。失恋带来的悲伤、痛苦、绝望等情绪使当事人受到伤害。失恋所引发的消极情绪若不及时化解，会导致身心疾病。失恋者可以尝试运用以下方法进行自我调适。

1. 失恋疗伤四部曲

（1）合理宣泄

失恋之后，不要假装不在乎。但凡认真投入过恋爱，失恋时都会非常痛苦。所以，承认分手很心痛并不是一件可耻的事。失恋产生的悲伤、沮丧、恼怒等负性情绪，要及时宣泄出去。可以通过向好友倾诉、哭泣、写日记、运动等健康的方式表达自己的情绪，避免辱骂对方或散播谣言等不良泄愤方式。

（2）勇敢接纳

虽然恋爱的过往很美好，但如果失恋，就要勇敢接受关系破碎的现实。如果不愿面对现实，不承认已经失去，就无法走出失恋的阴影。尤其是，确认对方的决定之后，就不要再纠缠不放，否则只会给彼此留下不好的印象。

（3）认真审视

失恋虽然苦涩，但恋爱仍然是一次宝贵的经历，是促进双方成长的契机。情绪稳定之后，应该认真地回顾恋爱过程。通过检视过往，检视自我，检视对方，理性分析彼此特点、心理需求、失恋原因等，吸取经验教训，也能大有收获。

（4）主动发展

伟大诗人泰戈尔说过："当你因失去太阳而流泪，你也将错过群星。"失恋之后，要告别过去，重新开始。尤其不要因为一次失恋就失去对爱情的信心及对自己的信心。我们要努力成长为更好的自己，美好的爱情永远值得期待。

2. 运用心理调适技巧

失恋的痛苦情绪可能不是很快就会消失的，而是需要慢慢反复调整的。陷入失恋的情绪旋涡时，可以运用以下心理调适方法。

（1）积极自我暗示

当一个人失恋之后，如果总是责备自己，觉得自己不好才导致分手，就只会使自己越来越压抑。这时应学会积极的自我暗示，如用幸亏他/她现在提出分手，如果他结婚后才提出分手，岂不更糟；他/她不爱我，并不说明我不可爱，只是说明两个人的性格和观念不合等。

（2）转移注意力

失恋后如果总是想着失恋这个沉重的打击，那就很难尽快地从失恋的阴影中走出来。这时，就应设法把自己的注意力从失恋这件事情转移到自己比较感兴趣，能够分散自己注意力的事情上去，如听音乐、看电影、跳舞、打球等，以冲淡内心因失恋而造成的挫折感和压抑感。

（3）升华法

古今中外，有不少著名的历史人物恰恰是因为受到失恋的打击后而发愤追求事业，从而流芳百世、名垂青史的。大文豪歌德如果不是失恋，也许就写不出《少年维特的烦恼》。因此，把因失恋而产生的挫折感、压抑感升华为奋斗的动力是十分有益的。一旦你全身心地投入一项更有意义的事业中去的时候，因失恋而产生的痛苦就会消减许多。

3. 坚守道德底线

失恋虽痛，但仍要坚守道德底线，做到“失恋不失德，失恋不失命，失恋不失志”。失恋不失德，是一个大学生应有的态度，也是恋爱的重要原则。失恋后，大学生要做到不报复、不打击、不伤害，不破坏对方的名誉和人格，不破坏对方重新建立生活的努力。失恋不失命，爱情是人生的重要内容而非全部，因为失恋而毁掉自己的生命是愚蠢的行为。人生除了爱情之外，还有其他很多美好的东西。爱情虽暂时离你而去，可亲人、朋友还伴随着你。只要你有追求精神，爱情之花迟早还会为你开放。失恋不失志，不因为失恋丢掉自己的理想和志向。理想是个人进步的动力目标。在为理想而奋斗的过程中，逐渐平复由失恋造成的心灵创伤，就会重新获得幸福的爱情。

三、培养爱的能力

恋爱过程中也要饱尝其中的苦涩滋味，往往不是因为我们不够爱，而是因为我们不知如何去爱。要想真正体验到恋爱的幸福，首先要学会去爱。培养大学生爱的能力，可以从以下几个方面提升。

（一）学会表达爱

爱要勇敢表达，更要善于表达。不恰当的表达方式，会使对方无法接受到爱，或者接收到的爱大打折扣。比如，男生排长队给女朋友买其并不喜欢的东西，可能女友没有表现出特别开心，或者最多认为“没有功劳只有苦劳”。由于生活环境和经历的不同，每个人对爱的理解和需要也大有不同。在《爱的五种语言》这本畅销的婚恋心理书籍中，作者将爱的语言分为以下五种：肯定的言辞、精心的时刻、珍贵的礼物、服务的行动和身体的接触。想要有效表达爱意，就要使用对方能接收的爱语，才能同频共振。

1. 肯定的言辞

“肯定的言辞”是指用肯定的语言称赞对方，表达你的欣赏与认可，比如“这个新发型太适合你了”“你的球技又进步了”。这些看似简单的话语，不仅能让人感觉愉悦，同时也能激励对方，让对方更愿意进行情感回报。每个人可能都有缺乏安全感的时候，或是有待被激发的潜能，也许你不经意的一句鼓励便能给予对方巨大的动力，特别是对于男性来说，伴侣的崇拜和赞美会给他们带来更大的自信和力量。

所以，不要做恋爱中的“差评师”。如果对方的爱语是“肯定的言辞”，不要吝啬你的赞美和欣赏，多去发掘对方的优点，并用肯定的言词去表达你的爱意，爱情一定会越来越甜蜜。

2. 精心的时刻

“精心的时刻”是指和恋人一起做喜欢的事情，并给予对方全部的注意力。它可以是一次精心的对话，也可以是一场精心的活动。关键在于彼此的心要在一处。我们经常在生活中看到这样的画面，情侣一起吃饭，一起逛街，一起看电影，但是全程却很少有对话或是眼神的接触，不是低头刷着手机，就是坐在那里东张西望。“貌合神离”的相处不能算是“精心的时刻”。“精心的时刻”是即使你们在一起做最普通的消遣，但依然能从彼此眼中感受到浓浓的爱意。

如果对方的爱语是“精心的时刻”，你不妨经常制造一些惊喜的瞬间。比如，每年计划一次短途旅行，在周末进行一次烛光晚餐，或是一起完成对方的心愿等。如果觉得这些难以达到，也可以从最基本的“精心对话”开始。每天制定一个固定的聊天时间，可以是饭后散步的时候，也可以是睡前的半小时，在这段时间里，你们彼此都放下手上的事情，分享三件当天发生的事情，并认真倾听对方的诉说。久而久之，你就会发现彼此之间的沟通和理解更加紧密了。

3. 珍贵的礼物

“珍贵的礼物”其实不是指礼物要多么昂贵，而是礼物背后所传达的爱意要真诚。在特殊的日子赠送伴侣一些小礼物，不仅能够使对方体验到被爱的快乐，同时你也在为你们的关系进行巩固，当对方在情感上得到了满足，他（她）也会用行动来回报你的情感需要。另外，与有形的礼物相比，还有一种无形的礼物，远甚于这些看得见的礼物，那就是陪伴。正如网络上流行的那句话：一千句“我爱你”，不如一句“有我在”。在人生的一些重要时刻，你能陪伴在对方身边有时就是最好的礼物。与金钱相比，礼物的价值与爱的程度关系更大。

如果你伴侣的爱语是“接受礼物”，那么试着列出伴侣可能会喜欢的礼物清单，通过送礼的方式向对方传递你的爱意。如果对方需要的礼物是陪伴，当对方需要陪伴的时候，坚定地陪伴在对方左右。

4. 服务的行动

“服务的行动”指的是当对方想要做事时，你设法为对方服务，借着这个行动表达你对他的爱意。比如，一起逛街时帮女朋友拎包、给男友挑选衣服等。这些看似是小事，但是对于那些主要爱语是服务行动的人来说，却非常重要。因为这些行动都是需要投入精力和努力的。如果对方能积极、主动地去付出，那就是一种爱的表现。

如果对方的爱语是“服务的行动”，那么你可以将对方的需求列出一张清单，每个星期完成一件，把它当作是你爱意的表达。此外，作为被服务者，要注意摒弃对男性或女性角色的刻板印象，不要认为对方的付出是理所当然的，要时刻感恩，明白有人愿意为你付出是因为爱你。

5. 身体的接触

“身体的接触”是指牵手、拥抱等身体的互动，有时它甚至胜于千言万语。当对方面对压力感到焦虑时，温柔地把手放在他（她）的肩膀上能很好地传达你的关心和支持，缓解他（她）的压力。相反，当一段感情陷入冲突或是逐渐冷淡时，亲密接触会相应的减少，甚至使人紧张或恐惧。以“身体的接触”作为情感表达，可以帮助我们进入更深层次的交流。当身体接触越亲密，往往你们在心理上也就走得越近了。所以，当对方需要心理支持时，给一个温暖的拥抱，让对方感到可靠和安心，也是增进感情的一种表达。

如果对方的爱语是“身体的接触”，那么你可以通过肢体语言让对方更深切地感受到你的爱意。同时，一定要注意，身体的接触要关注对方的反应，不能一意孤行甚至强迫对方。如果对方感到不适，或者明确表达拒绝，要尊重对方的意愿。

（二）学会接受爱

被人爱是一种幸福，被一个心仪的人爱是莫大的幸福。当幸福来临的时候，有的人不善于捕捉和把握，等幸福溜走的时候才暗自叹息。面对追求者的表白，分析该不该接受，学会如何接受也是一种能力。

首先，要有积极的自我评价，以及对爱情美好的期待。当别人抛来爱的“绣球”时，并不是所有的人都有勇气接受。有的同学会因为对自己过低的评价，而觉得自己不配；有的认为自己不值得爱而不敢接受爱情；当然还可能害怕爱情会使自己受伤而不敢去拥有。这些都是我们要克服的不良心态。

其次，在准备接受一段感情之前，要考虑清楚自己是否真的也同样喜欢对方，是否有足够的心理准备开始一段恋情，开始一种新的生活方式。这样做的前提是要识别对方对自己的感情是发自内心还是逢场作戏，只有真挚的感情才应该被接受，否则自己会受到伤害。

最后，当向你表白的那个人正好也是你心仪的对象时，应该非常愉悦地接受对方的追求，不要心里已经完全接受，可行动上却躲躲闪闪，或为了考验对方而故意多次拒绝，这样很有可能会伤害对方的感情，或将对方推到其他人的身边。当你还没有完全下定决心要接受这个人，在感情还不确定的时候，不要草率接受，可以告诉对方先交往一段时间，增进了解后再确定双方的关系。这样给双方一段时间和空间，也是对双方感情负责任的一种表现。

当你真正爱上一个人时，就意味着你在最大限度上接纳和尊重你所爱的这个人。你所爱的人作为一个独特的生命个体，有着他特有的个性、价值观念、生活习惯与风格等。也许你不会对他的所有方面都非常满意，但是这并不妨碍你对他这个完整的人的接纳。如果你爱他，就不该强求他在所有方面都如你所期望的那样，而是鼓励他成为他自己。

当我们真正懂得如何接纳和尊重我们所爱的人，懂得爱的责任与爱的风险，可以相互支持彼此的自由发展的时候，我们才算真正地在爱，才会真正体验到被爱。

（三）学会拒绝爱

在恋爱中，被一个人爱是一种幸福，被两个人爱就是一种痛苦，因为你必须拒绝一个人的爱。爱一个人是没有错的，只是在对的时间遇到了错的人或在错的时间遇到了对的人。拒绝别人还可能是因为觉得对方不适合自己。但无论哪种情况，拒绝对方时都应该要谨慎对待。

首先，拒绝时不要伤害对方的自尊。应该感谢对方对你的这份感情，而不是仗着对方喜欢自己就百般刁难，说话尖酸刻薄，更不要为了炫耀而在其他人面前拒绝对方，这样会因为有其他人的在场而让对方觉得没面子，增强对方的挫折感。切忌在拒绝了对方以后还在背后到处炫耀他有多么喜欢自己，自己是怎么残酷和坚决地拒绝了他的。总之，在拒绝一个人的时候要想到不要故意伤害对方的自尊和感情。

其次，拒绝时应该尽量委婉。可以肯定对方的优点和长处，真诚地给对方讲明自己不能接受这份感情的理由，并真诚地祝福对方找到更适合他的另一半。如果当面不能说出这些话，通过发短信和写信的方式也能比较好地表达自己的意思。这种书面的方式也可以将对方受伤的感受降到最低。

最后，拒绝时要态度明朗。要用肯定的语言进行表达，而且行动与语言要一致。可能有些人怕对方受伤害，虽然语言上拒绝了对方，但行动上还是与对方有较亲密的接触，使对方产生误解，认为还有机会。拒绝之后，要清楚定位自己和对方今后的关系，才能尽量减少后续交往的尴尬。

（四）培养爱情长久的能力

两性相爱是与生俱来的能力，但爱情能否长久则取决于很多因素。美国《赫芬顿邮报》载文，刊出经科学证实的“长久爱情的六个秘密”。

1. 相信爱情可以陪伴一生

通过对一些夫妇进行长达 10 年的跟踪调查，结果发现 40%的参试者表示，夫妻之爱“非常强烈”。美国心理学家阿道里·杜拉亚帕博士表示，长久爱情可以给人带来很多，如安全感、平静的心态及牢靠的夫妻关系等。要想爱情长久，首先要相信真爱永恒。

2. 保持初次约会的感觉

初次约会时更多看到的是优点，感觉对方最有魅力。而一旦长期相守，对方及自身的各种缺点就会逐渐暴露，容易产生审美疲劳。保持初次约会的感觉对于保持长久爱情至关重要。日内瓦大学对近 500 项相关研究结果梳理分析后建议，要保持对爱人的“积极幻想”，如男士的英俊、聪明、有趣和体贴等。

3. 一起尝试新事物

研究发现，经常一起观看体育比赛或者去剧院，一起尝试新事物，有助于展示自身爱好，拉近彼此距离，有助于“爱情保鲜”。在这个过程中，双方必须彼此宽容并相互配合。

4. 保持一定的独立性

给对方一定的空间和独立性，让他（她）去做自己擅长的事情，有助于产生“距离美”，更容易发现对方的“闪光点”，有助于爱情更加长久。

5. 对生活充满热情

生活热情越高，越有助于维持终身浪漫的爱情。其原因是，在日常生活中投入巨大热情和强烈情感的人，也可能在爱情方面更加炽热似火。

6. 注重自我实现

随着时代的变迁，越来越多的人在婚恋方面更加注重自我实现和个人价值的实现，这样更能让双方都感到满意，但是需要双方投入更多的时间和精力。

第三节 大学生性心理健康

“性”作为一种生理、心理和社会现象，伴随着每一个人，并深刻影响着一个人的身心健康、生活幸福和人格完善。大学生处于青年发展的初期，身体和生理机能已经接近或达到成年人的成熟水平，但由于心理发育相对不够成熟，这会给大学生带来一定的心理困扰和烦恼，导致不良的情绪和行为反应，严重时还会出现心理障碍。因此，了解大学生的性生理和性心理特点，分析性心理困扰的表现，学会正确地处理性心理发展的心理冲突，增强大学生的心理健康水平具有重要的意义。

一、性心理概述

1. 性爱的本质

性的生物基础是它的自然起源，而性的社会基础则体现了性的本质，换句话说，人类性行为是自然属性和社会属性的统一。人类进入青春期以后，脑垂体性腺激素分泌增加，促使性腺分泌激素，从而引起人体内部性激素增加，这种人体内部生理条件的变化导致性本能冲动产生。这是一个人的自然本能，也是延续后代所必须的条件和要求。人与动物的区别在于人具有社会性，社会属性是人的本质属性，按照人类社会道德的要求，人的两性关系应该是建立在纯真爱情和婚姻家庭基础之上的。

两个人能够相爱，两性间自然的吸引是基础。没有性的相互吸引的爱是不完整的。性爱的本质就是两个相爱的人共同营造出的爱的交流。

2. 性心理健康定义

性心理健康是指个体具有正常的性本能，能够正确认识性的有关问题，并且具有较强的性适应能力,能和异性进行恰当交往，在免受性问题困扰的同时，还能促使自身人格的完善，促进自身身心健康的发展。

对于大学生而言，性心理健康就是个体性心理发展符合正常程序，有正常的性情感趋向，能接受社会公认的伦理道德观念，能处理好性心理与个人学业的协调发展。

3. 性心理健康的标准

大学生身体发育、生理发育基本成熟，对性的需求是很自然的事情。但是生理成熟并不代表心理成熟。那么，怎样才是达到性心理健康呢？根据性心理健康的含义，大学生性心理健康应该符合以下标准。

第一，认同与接纳自己的生理性别，即男性应具有男性意识，女性应具有女性意识，无性别认同紊乱，不怨恨自己的性别。

第二，具有正常的性欲望。性欲是获得性爱和性生活的前提条件，一个人如果没有性欲望，就不会有性爱和和谐的性生活，性心理健康就无从谈起。

第三，性心理特点和性行为符合相应的性心理发展年龄特征。性心理的发展在不同年龄阶段呈现出阶段性的特点，伴随性器官发育的成熟，个体有与年龄变化相一致的性欲和性反应，并能进行理智的情感实现与控制。

第四，具有较强的性适应能力。性适应能力表现为个体能够正确调节、控制性冲动，使之符合社会规范的要求等。

第五，能与同性、异性和谐相处。在日常学习生活中能够进行自然的、符合社会规范要求的交往，保持独立而完整的人格，不卑不亢，做到相互尊重和信任。

第六，性行为符合社会文明规范。性心理健康的人具有一定的性知识和性道德修养，能自觉分辨性文化的精华与糟粕、淫秽与纯洁、庸俗与高雅、谬误与真理，自觉抵制腐朽没落性文化的侵蚀，并以健康的性心理增进社会文明风尚。

二、大学生性心理发展的特征

当今时代，文化传统与现代、东方与西方等不同维度上进行着交汇、碰撞、融合。以往人们存在共识的行为准则、社会规范、价值观念受到了冲击，人们的思想观念乃至生活方式也随之发生了深刻变化。研究表明，大学生的性心理存在以下四方面的特征。

1. 性心理的本能性

大学生总体而言生理发育基本完成，在性生理迅速发展的本能作用下，被异性所吸引，对异性产生兴趣、好感和爱慕之心，接触异性的欲望越来越强烈。但由于不少学生不了解性的基本知识，对性有较浓厚的好奇心，希望能与异性交往，喜欢探索异性的心理秘密。

2. 性意识的强烈性

青年学生常常把年龄相当的异性作为交往对象，关注自己在异性心目中的地位，以及异性对自己的评价，并按异性的要求和期望来进行自我评价和塑造自己的形象，在内心深处渴望与异性建立亲密的关系。

3. 性心理的动荡性

大学生处在人一生中的性能量高峰期，有着较高的文化水平和丰富的情感体验，对性感觉、作用和地位的认识不断觉醒。但不少大学生由于心理不够成熟，尚未形成稳固的道德感和恋爱观，自控和自制的能力有限，性心理极易受外界各种因素的影响而显得动荡不安。

4. 两性之间的差异性

在对于异性感情的流露上，男生显得较为外显和热烈，女生往往表现得含蓄和温和；在内心体验上，男生更多的是新奇、神秘和喜悦，女生则是害羞、好奇、紧张、不安；在表达方式上男生比较主动、直接，女生则更隐晦；男性容易在视觉信息刺激下产生性冲动，女性则相对更容易在听觉、触觉刺激下引起兴奋。

三、大学生常见的性心理问题

性是人的自然属性之一，是人性的一种本能表现。面对性问题不用慌乱不安，不必刻意压制，也不要把它看成是卑贱之事，坦然面对是性心理健康发展的前提。但由于大学生心理发展还不完善，以及对性知识缺乏了解，面对生理上诸多变化，导致出现性心理问题。

1. 性焦虑和性压抑

性压抑是指人对自身性欲望的制约与控制。性冲动可以被压抑，但这种被压抑的性冲动会影响自身健康。性冲动不能被消灭，但可以进行合理的转化。然而不少学生很难以适合的途径进行转化和缓解，过分压抑便产生焦虑，从而影响身心健康。

2. 性自慰引发的心理冲突

性自慰行为是指在没有异性参与的情况下个体所进行的满足性欲的活动。比如手淫问题，它是青春期一个相当普遍的性行为问题。不少大学生对手淫有内心冲突，产生高度的心理紧张、忧郁、恐惧、焦虑、悔恨、自责自罪等，严重者会产生神经症，从而影响正常的工作和学习。手淫是性成熟所产生的正常生理现象，是大学生青春期缓解因性冲动引起的不安、躁动的自慰行为。现代研究表明，手淫不影响健康，有手淫者和无手淫者在生理、心理及身心健康方面无显著差别。偶有手淫，不属反常，与道德无关，更不能说是不良行为。说手淫无害，并不等于说手淫必需，更不能手淫无度。手淫只是一种泄欲方式，它纯粹是生殖器官的性刺激，只是个人的性行为，并不是两性间圆满的性活动。如果经常沉溺于手淫，男女均可诱发生殖系统疾病，也会引起一些心理障碍。

3. 性体象引发的情绪困扰

男生会格外关注自己身材的高大、体魄的健壮、音调的浑厚等男性身体特征，女生则格外在意自己容貌的美丽、身材的苗条、音调的柔美等女性身体特征。当个人自我形象不完美，社会、群体、他人的标准更容易对青年产生较大的影响，导致人的低自信度，而人的低自信度又会使这种影响更加放大，导致这些学生出现情绪困扰。

4. 性别不认同

男女在生物学上的差别，决定了性别上的根本差别。但有一部分大学生对自己性别不接受，希望在可能的情况下改变自己的性别。男女生存在这种异性化心理倾向，会影响其社会性别角色的认同和表现，从而影响到个人身心健康及以后的个人发展。

5. 异性交往引发的情绪困扰

异性交往可以使大学生获得归属感和爱的满足，以及获得自我价值感等。如果心理需求得不到满足，情绪困扰也就由此而生。

四、健康性心理的培养

保持性心理健康，是协调身心统一、塑造完整人格的内在要求，对维护大学生身心健康和提高心理品质具有重要意义。

1. 掌握科学的性知识

性是一门综合性的科学。它包括性生理学、性心理学、性社会学、性伦理学、性美学等。大学生应当学习和掌握科学的性知识，消除把性仅仅看作生物本能的片面认识。学习性生理知识，了解青春期性意识的发展规律，掌握自我调控方法，树立科学与健康的性观念。同时，加强性道德和性法律知识的学习，明确性行为的道德规范和法律约束，将性行为置于道德与法律的规范之中。

2. 减少与消除有害刺激的影响

目前的性教育还是比较滞后，人们对性的了解大多是通过网络、电影、电视、书刊等大众传媒自学。网络上一些色情内容、淫秽书刊、图画等，对大学生造成不良的性刺激，影响正常的学习和生活，甚至诱使部分学生走上性犯罪的歧途。大学生已经长大成人，具有分辨知识的能力，面对不良影响书刊，一定要严格要求自己，自觉抵制诱惑。大学生在青春期精力充沛、情感丰富，充满了青春活力。因此，大学生要培养广泛的兴趣，把旺盛的精力转化为学习知识的动力，确保自己有健康的精神生活。

3. 养成良好的生活卫生习惯

大学生学习生活要有规律，养成良好的作息习惯，做到早睡早起，积极参加体育锻炼。还要注意生殖器官的卫生和保健，要勤洗澡、勤换内衣裤，不要穿紧身衣裤、不要束胸，以健康的身心、健美的体态迎接性成熟。

4. 学习和发展合适的性别角色

要学习接纳自己的性别角色，学习以成人的性别角色行为要求自己，努力培养符合当今时代要求的男女优秀个性特征。同时，接受自己的外貌与生理特征等无法改变的现状，培养自信心，学习发展自身的人格美、才华美，以内在美补偿外在的缺憾，达成性心理的平衡。

5. 发展健康文明的异性交往

随着年龄的增长和生理、心理发育的成熟，大学生会萌生出与异性交往的愿望。男女生交往首先要树立正确的交往动机，坚持自然、大方、文明的交往方式，把握情感的分寸，做一个有涵养的大学生。其次在交往中要相互尊重。男女交往有利于性压抑的缓解，有助于培养大学生健康的情感，从而调节深层的本能。但是如果双方在交往中缺乏理智，行为过界便会给对方造成心理和身体上的伤害，从而影响自己的生活。作为一个成熟的大学生应当了解个人性行为可能会给他人、自我和社会带来的后果。所以，大学生要不断提升与异性的交往能力，要懂得尊重他人，尊重自我，对自我的行为负起责任，让情感需要在健康交往中得以升华。

同时，提醒安全性行为，预防性病和艾滋病。据世界卫生组织报道，性疾病易感人群是 20～24 岁的青年。正在成长发展中的大学生应该加强自律、自爱，远离毒品，保持身心健康，为将来的幸福生活、美好人生奠定基础。

拓展阅读

如何和异性相处——恋爱心理报告

一、什么样的人更受异性欢迎

如果你要找的对象是男性，你最好先修炼一身正能量。男人眼中理想的她热爱生活，爱玩，爱笑，像大孩子一样保持童心。她拥有着敏锐的洞察力，重视感情，愿意为感情付出。她心怀希望，性格独立，富有无穷的创意与新观念。

对于女性而言，择偶的第一标准是责任心。体贴入微的男人更容易捕获女生的心。其次，你要是一个对生活充满无限热忱，并为之不断努力积极向上的人。另外，懂得幽默的男生易于与他人相处，并另他人获得好感。

二、异性到底是怎么想的

1. 和男人讲道理，和女人谈感受

更多的男性在做决定时注重事实，而女性却更在意他人的感受。所以，当你和他/她聊天时，要注意说话的技巧。察言观色很重要，因为有些情绪的表达，很多时候是写在脸上的。

2. 不要轻易做决定

凡事依自己的心情去做，固然是开心就好，但千万不要冲动行事，要考虑他人的感受。千万不要在心情糟糕的时候打开购物网站，千万不要在情绪低落的时候随意说不切实际的话。

3. 外表的坚强与内心的脆弱

外表坚强的男性，内心很可能是非常缺乏安全感的。当面临失恋的情况时，往往深陷其中，久久不能释怀。而女性则更容易从中抽身，重新回归到新的生活中。

如果真的走到了分手的地步，一定要三思而后行。和平分手，好聚好散。

三、多疑是爱情中的无形杀手

有些人会因为疑心而误解对方，从而导致一系列的误会与争吵。猜疑是因为内心缺乏安全感，导致更多非必要的想象，担心爱人离开。

不要以爱的名义来“绑架”对方，爱情是建立在信任之上的。只有彼此坦诚，爱才会持久。

四、时间悄悄地让爱变淡了

心理学家指出，一段成熟称得上真爱的恋情，必须经过四个阶段。

共存：热恋时期，男女双方何时何地总希望能在一起。

反依赖：情感稳定后，至少有一方想拥有更多自己的时间做自己想做的事，另一方会感到被冷落。

独立：第二阶段的延续，要求更多独立的时间。

共生：新的相处之道已经成形，你的他（她）已经成为你最亲的人。你们在一起相互扶持，共同成长。

但是，大部分的人都无法通过第二或第三阶段，最终选择分手。有些人害怕爱会随着时间而消失，也有些人会因为神秘感的消失而结束一段感情，这是非常可惜的。时间并非爱情的“杀手”，相反，随着时间的推移，爱情会不断升温，不断稳固。但这取决于你是如何看待这份感情的。

五、我想对你说

在爱情中，沟通、理解、体谅最重要。世界那么大，能遇到不容易，能在一起更不易。每天被感动 100 次，表达出来的却是沉默不语。为何不给他（她）一个拥抱，说上一句感谢呢。爱要说出口，才更加珍贵。

课后作业

1. 观看一部你喜欢的爱情电影，结合本章所学内容写下你的观后感。
2. 结合自身，阐述如何提升爱的能力。

心 理 测 验

大学生的恋爱观测试

1．我对爱情的幻想是（　　）。

A．满足自己人生神秘的欲望和需求

B．令人心花怒放，充满无限欢乐和诗意

C．实现自己远大理想的阶梯，使人振奋向上

D．没有想过

2．我希望我开始谈恋爱是（　　）。

A．由于一次偶然的相遇结下了一段微妙的姻缘，彼此追求

B．由于两人青梅竹马，情深意长，最终成为爱情

C．由于在工作和学习中产生爱情

D．无法回答

3．我认为爱情是（　　）。

A．男女间的性爱

B．男女间的一种最纯洁的感情

C．异性间的相互爱慕，渴望对方成为自己伴侣的感情

D．不清楚

4．我希望我的恋人是（　　）。

A．待人和蔼可亲，相貌较漂亮，有权有势

B．有漂亮的容貌，健美的身体，待人接物周到，举止优雅

C．长相一般，用心体贴自己，为人忠厚老实

D．无法回答

5．我喜欢我爱的人要（　　）。

A．外貌美

B．姿势、仪表、发型美

C．心灵美

D．拒绝回答

6．我想象中的小家庭的业余时间是（　　）。

A．各人干各人的事，互不干涉

B．有共同事业，互相商讨，共同进取

C．虽然自己对某事没兴趣，但还是愿意陪对方消磨时间

D．不想回答

7．我对爱情的字面解释是（　　）。

A．爱情、性爱是男女之间友谊的高级形式

B．有爱并不一定有情，而有情必定有爱

C．爱情两字是不能拆开的，它是男女之间的感情

D．没想过

8．我喜欢的爱情格言是（　　）。

A．爱情，这疯狂的字眼，为了你还有什么不能办到呢

B．生命诚可贵，爱情价更高。若为自由故，两者皆可抛

C．痛苦中最高尚、最纯洁的和最无私的乃是爱情的痛苦

D．都有点喜欢

9．恋爱后自己有一位异性朋友时（　　）。

A．没有必要告诉对方，这是自己的自由权利

B．让对方知道，但不允许对方干涉自己

C．让对方知道，并且在对方同意的条件下才与他交往

D．不能回答

10．我认为幸福的爱情是（　　）。

A．一切故事和传说中，美好的婚姻都是幸福的

B．以共同的情操、思想和社会活动作为基础

C．互相尊重对方，包括尊重对方的感情

D．无法回答

11．我认为追求和对付高傲的异性的办法是（　　）。

A．若无其事，完全做出一些与自己意志相反的动作

B．大献殷勤，做对方要求做的一些事情

C．自己也变得很高傲

D．不愿意回答

12．我认为（　　）。

A．人是因为美才可爱

B．美与可爱是同时产生的

C．人不是因为美而可爱，而是因为可爱才美丽

D．没想过

13．一旦发现我的恋人变心（　　）。

A．我会把爱转变成恨

B．无所谓，只当自己看错了人

C．认为是幸运的，从中可以吸取教训

D．不知如何是好

14. 下面选项中，我最喜欢的是（ ）。

A. 郎才女貌，爱如鱼水

B. 形影不离，心心相印

C. 志同道合，忠贞不渝

D. 都不喜欢

15. 我对离婚的看法是（ ）。

A. 认为很平常，一旦发现更值得爱的人就抛弃原来的

B. 感到很惊讶，坚信自己的婚姻不会这样

C. 认为离婚很正常，不过离婚者的爱情是不幸的

D. 不知如何回答

【评分标准与结果解释】

选 A 得 1 分，选 B 得 3 分，选 C 得 3 分，选 D 得 0 分。然后累计，得出总分。

总分在 35 分以上者，说明恋爱观正确；25～35 分者，说明恋爱观基本正确，有需要调整之处；25 分以下者，说明恋爱观存在问题，应树立健康正确的恋爱观。如果所选答案中 D 的个数在 6 个以上，说明你的恋爱观还没确定。

心 理 训 练

爱 情 拍 卖

一、活动目的

帮助学生认清自己的爱情价值观，明确在爱情选择过程中，什么对于自己来说是最重要的。

二、活动时间

大约 30 分钟。

三、活动道具

列出爱情价值观的清单，拍卖用的锤子。

四、活动场地

室内为宜。

五、活动程序

1. 拍卖活动。以下列出的 14 项价值是爱情的理由，是否有人要补充项目：

有责任感	能力较强	共同语言	成熟稳重	正直善良	心胸宽阔
事业心强	风趣幽默	温柔体贴	彼此独立	相互理解	博学多闻
相貌端庄	具备孝心				

请每人拍卖这些项目，一人有 20 万元，由教师进行拍卖，叫价以 1 万元为单位，至 14 项卖完为止。

2．拍卖完，讨论下列题目：基于怎样的考虑而买到自己所得之项目？是自己所需或喜欢？若重选一次，结果是否会相同？如何选？让选相同价值者合成一组讨论其合适度及理由。

六、注意事项

1．每个学生统计好自己的费用，不要超过 20 万元。

2．先叫先得，教师组织好现场秩序。

第八章　大学生压力管理与挫折应对

大学生肩负着国家和民族振兴的重任，要想在竞争日益加剧、生活节奏变快、价值取向多元化的现实社会中立足，就必须不断地进行自我训练、自我完善。因此，大学生需要了解压力与挫折的有关知识，提高压力管理能力与抗挫折能力，以此来预防因挫折与压力所引发的各种心理问题，促进心理健康发展。

压力管理策略

第一节　压 力 概 述

压力是现代社会普遍的心理和情绪体验，所谓“人生不如意事十之八九”，压力存在于社会生活的各个方面，人人都会经历。但是过度的压力总是与紧张、焦虑联系在一起，久而久之会破坏人的身心平衡，造成情绪困扰，损害身心健康。

临床心理学家发现，溃疡的主要起因就是心理压力。溃疡患者通常具有同样的特征：努力拼命工作，总是担心工作不完美，担心自己能力不够，经常体验到无助感等。癌症和心脏病的发作也与心理压力有着密切关系。由此可见，心理压力对人的身心健康的影响是广泛而普遍的。

一、压力的概念

压力（stress）也叫应激，这一概念最早于 1936 年由加拿大著名的生理心理学家汉斯·塞尔斯提出。他认为压力是某种特殊的状态，这种状态是由生理系统对刺激的反应所引发的非特定性变化组成的。

在当代的科学文献中，“压力”这个概念至少有三种不同的含义。

第一种，压力指那些使人感到紧张的事件或环境刺激。例如，有一份“压力”很大的工作，就是把可能带来紧张的事物本身当作压力。

第二种，压力指一种身心反应。例如，有人说，我要参加演讲比赛，我觉得“压力”好大。这里他用压力来指代自己的紧张状态，压力是他对演讲事件的反应。这种反应包括两种成分，一是心理成分，包括个人的行为、思维及情绪等主观体验，也就是所谓的“觉得紧张”；二是生理成分，包括心跳加速、口干舌燥、胃部紧缩、手心出汗等身体反应。这些身心反应合起来被称为压力状态。

第三种，压力指一个过程。这个过程包括引起压力的刺激、压力状态及情境。所谓情境，是指人与环境相互影响的关系。根据这种说法，压力不仅是刺激或反应，还是一个过程。在这个过程中，个体是一个能通过行为、认知、情绪的策略来改变刺激物带来冲击的主动行动者。面对同样的事件，每个人体验到的压力程度有所不同，就是因为个体对事件的解释不同，应对方式也不同。

压力需要一定时间来缓解，也需要他人的抚慰和适当的休息。心理学对压力的解释是：个体面对具有威胁的刺激情境时，伴有躯体机能及心理活动改变的一种身心紧张状态，也称应激状态。从这个角度看，心理压力既来自外部世界的客观现实，也取决于个体看待这些现实问题的态度。

二、大学生常见压力源的类型

（一）压力源的概念

压力源（stressor）是指引起压力反应的因素，包括生物性压力源、精神性压力源、社会环境性压力源、急性压力源、慢性压力源。造成心理问题的压力源绝大多数是综合性的，心理咨询人员在分析求助者心理问题的根源时，必须把几种压力源作为有机整体来加以考虑。在生物性或社会环境性压力源的背后，通常还隐藏着深层的精神性压力源。

（二）压力源的分类

1. 按照来源分为生物性压力源、精神性压力源和社会环境性压力源

（1）生物性压力源。生物性压力源是直接阻碍和破坏个体生存与种族延续的事件，包括躯体创伤和疾病。

（2）精神性压力源。精神性压力源是直接阻碍和破坏个体正常精神需求的内在和外在事件，包括错误的认知结构、个体不良经验、道德冲突及长期生活经历造成的不良个性心理特点，如易受暗示、多疑、嫉妒、悔恨、怨恨等。

（3）社会环境性压力源。社会环境性压力源是直接阻碍和破坏个体社会需求的事件，分为两个方面：一是纯社会性的，如重大社会变革、重要人际关系破裂、家庭长期冲突、战争、被监禁等；二是由自身状况，如个人精神障碍、传染病等造成的人际适应问题，出现社会交往不良等社会环境性压力源。

2. 按照影响生活的程度分为急性压力源和慢性压力源

（1）急性压力源也称消极生活事件，是指非连续性的，有清晰的起止点，可以观测的、显著的生活改变。

（2）慢性压力源是指日常困扰，可以分为生活小困扰和长期社会事件所带来的烦恼。

（三）大学生常见的压力

1. 社会压力

当今世界是知识和信息爆炸的时代，要求大学生不仅要有广博的知识、精深的专业技能，还对大学生的人际交往能力、人格特征等方面有具体的要求。对心理还未完全成熟的大学生而言，来自家庭、社会和个人的期望值，给他们带来了沉重的精神压力。

2. 学业压力

学习问题是大学生的重要压力来源。一部分学生由于高考填报志愿片面追求所谓的热门专业，进入大学后，才发现所报专业并不符合自己的兴趣，也不适合自己的个性特点，学习时备感压力。还有一部分学生由于高考分数不理想，只能调剂到生源不足的专业。这就导致部分学生觉得自己前途黯淡，不愿意安心学习，只满足于现状，学习上得

过且过，严重的还可能悲观、消极，甚至出现违法犯罪和自杀行为。也有部分学生给自己施加压力超负荷运转，长期处于紧张临战状态，压力重重。

3. 经济压力

如果说社会压力、学业压力，大学生还可以克服，那么生活中的经济压力对大学生来说更是一个不容忽视的压力源。随着消费水平的提高，大学生生活花销在逐年加大，对于经济困难的家庭来说是沉重的负担。据统计，贫困大学生占大学生总数的10%～20%，虽然国家的相关政策及学校的“奖、助、贷、免、补”等各种措施解决了贫困大学生的就学问题，但部分大学生需要靠勤工俭学来解决生活费问题。这类大学生往往因经济拮据而产生沉重的心理压力，甚至因为自己的还贷能力和经济拮据而自卑。这种自卑情绪总是和他们强烈的自尊心产生矛盾，使他们形成严重的敏感心理和人际交往失调。

4. 人际交往压力

人际交往的困惑、障碍也是导致大学生压力产生的主要原因之一。良好的人际关系能让人学习、生活等各方面都比较顺利；反之，没有良好的人际关系常常让人感到局促不安、不自信甚至自卑。大学生因人际交往引发心理问题的状况时有发生。究其原因，可以概括为以下三个方面。

（1）在中学“以成绩论英雄”的环境中，尽管大学生当时可能存在这样或那样的人格缺陷、性格缺陷，但同学会因其优异的学习成绩而忽略这些缺陷，并乐于与其交往。进入大学，由于学习成绩优势不复存在，他们在人际交往中往往会出现迷茫和困惑。

（2）家长对子女尤其是独生子女的教育方法不当，造成了一些人际交往方面的负面效果。例如，娇气、任性、自傲导致缺乏集体意识和团队合作精神；家长的过分包办使孩子缺乏基本的独立生活和为人处世的能力。由于交际困难，部分大学生容易产生自闭、偏执等心理问题；因为没有倾诉对象，有心理问题的大学生会更容易感受到压力，还容易导致心理疾病。

（3）因经济条件、个人容貌等外在因素导致人际交往障碍。

当然，除了以上三方面原因，对异性认识不足、对网络的过分依赖和痴迷、忽略现实生活中的人际交往，也是大学生人际交往压力的重要来源。

5. 情感和恋爱压力

恋爱是大学生情感生活的重要内容，也是当代大学生群体中普遍存在的现象。大学生的生理发育趋于成熟，但人生阅历又决定了他们在心理、社会方面尚不完全成熟，因而他们不能很好地处理友情、爱情与学习的关系。一旦失恋，若不能很好地应对处理，就会造成较大的心理压力，甚至可能会出现诸如报复、故意伤害或其他违法犯罪行为。

6. 就业压力

就业问题是每位大学生入学伊始就会考虑并担心的现实问题。对于许多大学生而言，找到一份适合工作是满足其成就需要的根本所在。然而，在此过程中，大学生承受的心理压力越来越大。据调查，78.7%的大学生认为就业问题是使他们产生心理压力的最大因素。这主要是由以下两个原因引起的：一是每届毕业生人数不断攀高，加之双向选择、自主择业就业机制的实施，一方面提供给大学生参与社会竞争的机会，另一方面也给大学生就业带来极大的心理压力；二是自我发展与社会需求脱节。就业期望值过高，择业脱离实际，不可避免地就会使大学毕业生背上沉重的心理包袱。

三、压力下的身心反应

人们在面临压力时会产生一系列生理和心理反应，这些反应在一定程度上是机体主动适应环境变化的需要，能唤起和发挥机体的潜能，增强抗病能力。但是如果反应过于强烈或持久，就可能导致生理和心理功能的紊乱。压力主要表现在生理、心理和行为方面。

（一）压力下的生理反应

个体在压力状态下会出现一系列生理反应，主要表现在自主神经系统、内分泌系统和免疫系统等方面。例如，压力会导致心率加快、血压增高、呼吸急促、内分泌紊乱、分泌物减少等，这些反应对于自我保护有实际意义。加拿大生理心理学家塞尔斯在 20 世纪 50 年代以白鼠为研究对象，进行了多项慢性压力实验，得出在压力状态下生理反应分为三个阶段：第一阶段为预警阶段。在这一阶段，由刺激的突然出现而产生情绪的紧张和注意力提高，体温与血压下降，肾上腺分泌增加，进入应激状态。如果压力继续存在，身体就进入第二阶段，即抗拒阶段，企图对身体上任何受损的部分加以维护复原，因而产生大量调节性激素。第三阶段是衰竭阶段，压力存在太久，应对压力的精力耗尽，身体一个或多个器官衰竭，适应能力丧失。可见，压力下的生理反应可以调动机体的潜在能量，提高机体对外界刺激的感受和适应能力，从而使机体更有效地应对变化。

（二）压力下的心理反应

压力下的心理反应包括三个方面。一是情绪反应，它是指人们在受到挫折时，伴随强烈的忧郁、焦躁、紧张、焦虑、沮丧、恐惧等情绪所做出的反应。二是认知反应，一般情况下，压力引起的心理反应有助于机体应对环境。这种适应的心理反应有警觉、注意力集中、思维敏捷、精神振奋等。三是行为模式，在不同程度的压力面前，个体会表现出不同的行为。轻度压力时，机体的生理性行为较多；高度压力时机体可能会产生压抑行为，也可能产生攻击行为。这种攻击行为多数情况下表现为攻击他人，个别情况下表现为攻击自己。

（三）压力下的行为反应

压力下的行为反应分为直接反应和间接反应。直接反应指为了消除紧张的刺激源而做出的直接性反应，如当一个人遇到歹徒时会做出应战或逃跑的反应。间接反应是指借助某些物质，暂时性减轻与压力体验有关的烦恼，如借酒消愁。

四、适度压力是个人成长的进阶石

过度压力会影响人的健康，但适度压力会提高心理生理反应的强度和对压力的耐受力。心理学家耶克斯（R. M. Yerkes）和多德森（J. D. Dodson）的研究表明，各种活动都存在一个最佳的动机水平。动机不足或过分强烈，都会使工作效率下降。研究还发现，动机的最佳水平随任务性质的不同而不同。在比较容易的任务中，工作效率随动机的提高而上升；随着任务难度的增加，动机最佳水平有逐渐下降的趋势。也就是说，在难度较大的任务中，较低的动机水平有利于任务的完成。这就是著名的耶克斯-多德森定律。

（一）适度压力是高效学习的动力

适度的心理压力对人的健康和功能活动有促进作用，这类压力被称为“良性压力”。适度压力是维持人正常功能活动的必要条件，比如期末考试、评比、检查和比赛等，这时适度心理压力是促进学习的常用手段。

（二）适度压力是个体成长的助力

让人处在适度压力的环境下，可提高人承受压力的能力。当一个人付出了时间和精力，最终克服了压力，实现了最初的目标，或者克服了自我障碍，那么，他的抗压能力就会得到提高，心理也更加成熟。

假如一个人是在父母百依百顺或是过度呵护的教养下成长起来的，从未经历过挫折和压力，那么，当面对突如其来的压力的时候，脆弱的心理承受力恐怕会让他在压力面前落荒而逃。但是，压力不可避免，没有压力的个体无法提升自我效能，无法充分挖掘自我的潜力，无法实现心理的成熟和自我的成长。

（三）适度压力给挑战自我提供了机会

我们听说过的“有压力才有动力”“化压力为动力”等话语，其实都是在说适度的压力可以让个体有挑战感。适度的压力可以促使个体形成积极的动机，向自己的目标发出新的挑战。

在一些竞技比赛中，班长可能会对班上的同学说，“这个竞赛我们必胜，目标一定能实现”。而班长给学生设定的每一个目标都比过去的目标高，这就是对竞赛团队的一个预期的压力。班长利用这种压力让团队产生动力，提高团队成员的兴奋度，让他们更有信心地迎接挑战，实现班级目标。组织行为学认为，最佳的目标应当是比个体的能力高一点点的目标，这样的目标设定既不会让人因目标太过容易而感到乏味，也不会让人因目标过高而失去挑战的兴趣。

第二节　挫 折 概 述

人生之旅没有一帆风顺的，坦途与坎坷、顺境与逆境、挫折与成功总是相伴而行的。大学生的成长过程中也不可避免地会遇到各种各样的挫折，对待挫折的心理行为反应和挫折的承受能力，在很大程度上反映了一个人的心理素质和心理健康水平。

一、挫折的含义

心理学中的挫折主要是指个人在从事有目的活动时，由于遇到障碍和干扰，其需要不能得到满足时的一种消极情绪状态，挫折的含义一般包括三方面的内容。

一是挫折情境，指使需要不能获得满足或受到干扰的情境状态或情境条件，如比赛得不到好名次、考试不及格、受到讽刺打击等，都是造成挫折的情境因素。

二是挫折认知，指对挫折情境的知觉、认识和评价。

三是挫折反应，指伴随着挫折认知，对于自己的需要不能满足而产生的情绪和行为反应，如焦虑、紧张、愤怒、躲避或攻击等。

在上述三个因素中，挫折认知是最重要的。挫折认知是个体主观上对挫折情境的一种评价，直接决定个体对挫折情境的反应，如果客观上有障碍存在，但个体主观上并无知觉（认知），就不能构成挫折情境，或个体将别人认为严重的挫折情境评价为不严重，他的挫折反应也会很微弱。反之，如果别人认为不严重或根本不存在的挫折情境，个体却评价为严重的挫折情境，就会有强烈的挫折反应。因此，在多数情况下面对同一挫折情境，不同的个体会产生不同的挫折反应。

严重的挫折会造成强烈的情绪反应，可能引起紧张、消沉、焦虑、惆怅、悲观、忧伤或绝望等消极情绪。长期下去，这些消极情绪得不到缓解或消除，就会损害个体的身心健康，使人消沉颓废，一蹶不振；或愤愤不平，迁怒于人；或冷漠无情，玩世不恭，严重的可能导致心理疾病。大学生遭遇挫折后容易产生强烈的心理冲突。

二、挫折的种类

关于挫折的种类，可以从不同的角度做如下划分。

（1）挫折依照程度可分为一般性挫折和严重性挫折。一般性挫折指个体在日常生活中一些不太重要的事情上遇到的挫折，如偶尔与人争执引起的心理上的不快等；严重性挫折指个体在重大事件上所遇到的挫折，如失恋、学业失败、亲人亡故等。

（2）挫折依照现实性可分为实质性挫折和想象性挫折。实质性挫折指已成为事实或实实在在的挫折；想象性挫折指没有挫折情境，仅仅由于主观想象的作用而产生的挫折。想象性挫折有时会给当事人带来很大的消极影响。这是由于当事人一旦遭受挫折情境就会把后果想象得过于严重，如闻其声，如临其境，感到可怕可畏，感到心神不安、极度紧张而导致行为紊乱，甚至精神崩溃。

（3）挫折依照个体的准备情况可分为意料中的挫折和意料外的挫折。意料中的挫折指个体已有察觉或已有了一定防备后遇到的挫折，如考试成绩糟糕，但个体在考试时会感觉自己没发挥好等；意料外的挫折指个体在毫无防备的状态下所遭遇的挫折，如家人遭受的生活中的不幸或意外等。

（4）挫折依照内容和性质可分为以下几种：一是学习性挫折，是指大学生在学习过程中遇到种种障碍引起的挫折，如考试失败、记忆力衰退、不适应新的学习环境等。二是人际交往挫折，是指由于个体在处理人际关系方面遇到障碍引起的挫折，如朋友间产生严重的分歧，想交知心朋友而遍觅不得，受到别人的诽谤、嫉妒或猜疑等。三是志趣性挫折，是指个体在兴趣、志向和愿望等方面遇到障碍引起的挫折，这种挫折在大学生中是较普遍的，如所学专业不是自己感兴趣的专业等。四是自尊性挫折，是指个体在自我尊重方面的需要没有得到满足引起的挫折。五是情境性挫折，是指特定的时空限制引起的挫折。

三、挫折的两面性

挫折具有两面性，它既可以给人带来痛苦与不安，也可以使人在与困难的斗争中获得经验与信心，关键在于个体怎样面对挫折。大学生在学习和生活中无法避免地会遇到各种各样的挫折，无论何种挫折，都需要从正反两个方面来辩证地看待，才能正确地认识挫折。

（一）挫折的益处

每个人都不想遇到挫折，但如果能积极面对情况就完全不同了，因为挫折孕育着成功。挫折的积极意义表现在以下三个方面。

（1）挫折能够让个体积累丰富的经验，提高自身的认识水平，帮助个体成长。个体成长的过程是适应社会需求的过程，如果适应得好，就觉得开心和谐；如果适应得不好，就觉得灰心失意。在这种情况下，人们需要对生活、对社会重新进行认识，从而增强其适应现实生活的能力。

（2）激发个体的斗志，使其突破束缚和瓶颈，增强自己的意志力。坚强的性格和意志，往往是长期磨炼的结果。例如，我们熟知的很多名人经历了各种不如意和挫折之后，才打开了自己事业的成功之门，爱迪生、屠呦呦、任正非等皆是如此。

（3）挫折能增强个体的抗压能力，使其建立强大的内心。个体的抗压能力因人而异，有的人天生乐观，在面对挫折时能够积极面对或者能快速从挫折中抽离出来，而有的人却承受不了一点点打击和失败。梁启超说过，患难困苦，是磨炼人格的最好的学校。个体要提高自身的抗挫折能力就要有强大的内心，经历挫折并战胜挫折，才能拥有强大的心理素质，沉着理性地应对各种各样的挑战和压力，这也是当前要对大学生进行抗挫折教育原因之一。

（二）挫折的弊端

挫折的出现会对个体身心产生消极影响。

（1）挫折容易削弱个体的自信心。大学生风华正茂，对生活富有幻想和憧憬。有的大学生比较敏感脆弱，抗挫折能力不强，生活中遇到挫折就会自信心受挫，甚至有可能一蹶不振。例如，有些大学生在学习方面不够努力，却不愿面对和承受考试不及格的后果，一旦不及格就会心灰意冷，怀疑自己的能力，甚至丧失学习的信心和兴趣，个别大学生还会出现“破罐子破摔”心理，十分不可取。

（2）挫折的恢复期时间较长，容易引发不良情绪。这是挫折对心理上的影响比较直接的表现形式。个体对待同样的挫折会有不同的反应。如果个体挫折的恢复期时间较长，而且性格不够开朗，心中藏着许多情感问题，长此以往，便会引发不良情绪，如紧张、焦虑、抑郁、冷漠等。

（3）挫折容易引发各种心理疾病，形成心理障碍。有研究表明，人遇到挫折后所引起的烦恼、恐惧、紧张，会导致突发性高血压症、溃疡性结肠炎、偏头痛、便秘等。

四、挫折承受能力及其影响因素

挫折承受能力，是指个体遭受挫折后，能够忍受和排解的程度，即个体适应、抗御、应对挫折的能力。一般来说，挫折承受能力强的人，能够忍受，并以理智的态度和正确的方法对待巨大的挫折，在挫折面前能够保持正常的行为；挫折承受能力弱的人，遇到轻微的挫折就不知所措，选择以非理性的态度和不正确的方法来应对，甚至可能使人格趋于分裂而导致行为失常或心理疾病。个体的身心素质及其成长环境都会影响其对挫折的承受能力。

具体来说，影响挫折承受能力的因素主要有四个方面：一是遗传及生理条件。身体条件好比身体条件差的人挫折承受能力强。二是生活经历和文化修养。生活经历丰富、文化修养高的人，比生活经历不足、文化修养低的人挫折承受能力强。三是对困难或障碍知觉的程度。相同的挫折情境，不同的人有不同的认识，获得的情绪体验也有区别，因此受到的压力和打击也不同。四是个性特征、胸怀宽广、意志坚强、乐观开朗、独立性强的人，往往比那些心胸狭窄、意志薄弱、消沉抑郁、依赖性强的人挫折承受能力要强。

第三节　大学生常见压力和挫折的原因及应对策略

一、大学生常见压力和挫折形成的原因

大学生在遭遇挫折方面具有一定的特点：高年级学生遇到的挫折频率往往要高于低年级的学生。大学生的挫折强度一般随着在校时间的增加、年龄的增长和知识能力的丰富而减弱。大学生遭受的挫折主要是日常学习生活方面的，包括学习、经济问题、人际关系、就业问题、娱乐活动、身心健康、意外事故等。

大学生常见压力和挫折形成的原因很多，常见的主要以下几方面。

（一）人际关系方面

人际关系一直是困扰部分大学生的重要问题之一。一方面，来自五湖四海的大学生汇集成为一个社会群体，由于各自的文化习俗、生活习惯、性格、兴趣等方面的不同，在这个大家庭的人际交往过程中，不可避免地会发生一些摩擦、冲突和情感矛盾。在这种压抑的心理状态下，大学生极易产生各种挫折心理，影响身心健康和学业成绩。另一方面，大学生由于自我评价不恰当，或自命不凡、目空一切、骄傲自满；或极度自卑、畏缩不前、性格孤僻，因而无法与他人和谐融洽地相处。

（二）学业方面

1. 学习不适应

与高中相比，大学的学习环境、学习任务、学习方法都发生了很大变化。大学课程多、要求高、难度大，更强调自学和独立思考的能力。如果不能利用好大学生活里过多的自由时间，缺乏自主独立的学习能力和习惯，就可能导致考试成绩低于期望值，进而产生挫折心理。

2. 社会竞争

为了适应市场经济对复合型人才的需要，大学生普遍重视专业实用课程的学习。社会需要的热门专业，学生积极性和主动性很高，为了拓宽自己的知识面，甚至不惜花钱去学习热门课程，如计算机、外语、法律等。由于持久超负荷运转，部分大学生，用脑过度，注意力下降，以致学习效率降低，学习成绩下降。

（三）经济方面

经济问题是大学生产生挫折的一个重要原因，尤其是来自农村家庭的经济困难大学生，他们总担心别人瞧不起自己，变得敏感和多疑，出现自卑心理。一些经济困难的大学生在刻苦学习的同时，会利用课余时间打工挣钱。经济和学业上的双重压力，使他们觉得无能为力，进而背上沉重的心理负担。

（四）就业方面

由于市场机制的建立，竞争机制的引入，大学生出现了新的难以摆脱的心理矛盾。他们认同竞争，赞成双向选择，但担心机会不均，害怕找不到符合自己心意的工作岗位，产生了相应的心理压力。

（五）恋爱与性方面

处于青年期的大学生，生理上已经成熟，他们有了强烈的性生理和性心理的需要。但由于社会文化、学校规章制度、家长约束等因素的制约，他们的性需要必须克制，由此引起的挫折对大学生健康和发展的影响是极其深刻的。另外，单相思、失恋等情感问题都会增加大学生的挫折感。

（六）个性缺陷

个性缺陷是产生挫折的根源之一。某些不良的个性品质，如固执、自私、自卑、自负、自我中心等都会影响大学生正常的人际交往和学习生活。

二、大学生面对挫折时的反应

大学生遇到挫折后，会有不同的反应，而且不同的人其反应也不尽相同。归结起来，挫折反应主要表现在三个方面。

（一）情绪上的反应

一个人在遇到挫折时会产生情绪反应，它是人们在遇到挫折时最直接，也是最快的反应。常见的挫折情绪反应有焦虑、恐惧、愤怒、冷漠、抑郁和悲伤等。

（1）焦虑。焦虑是一种担心不好的事情将要发生时所产生的紧张、忧虑、不安的情绪状态。当一个人焦虑的时候，往往会有点神经过敏、杯弓蛇影，对任何事情反应都比较强烈。另外，在焦虑的时候还会有些外在的行为表现，如走来走去、坐立不安、手脚发抖，有时候还会出汗、尿急、食欲不振、乱发脾气等。

（2）恐惧。恐惧是当面对可怕的结果或者刺激的时候所产生的想要逃避的强烈的情绪反应，它是人们感知到真实的危险后所做出的本能反应。恐惧对个体具有保护作用，有助于个体远离威胁，保护自身安全和信念不受破坏。常见的恐惧反应有发呆、逃避、防御、攻击、屈服和让步等。

（3）愤怒。当一个人受挫的时候很容易愤怒，这是一种对目标无法达成的不满、不甘的情绪。这个时候个体往往会失去理性思考的能力，什么事情都抛之脑后，不管不顾。愤怒的时候可能对任何事情都不满，甚至横加指责，躯体上会表现为心跳加快，身体发热、紧绷。愤怒往往需要经过发泄才能够平静，但这样却会对他人和自己造成伤害，破坏人际关系。

（4）冷漠。冷漠是指一个人表现出对挫折事件漠不关心的冷淡情绪。换句话说，就是个体不再对挫折事件进行反应，取而代之的是无动于衷、麻木，好像事情跟他没什么关系。通常，冷漠是由于长期经受打击却无能为力，经常感到无助无望的结果。但实际上，当事人内心可能依然非常痛苦，只是在外在的变化上不易被察觉。

（5）抑郁。抑郁指的是人们在遇到挫折和打击后所表现出的悲观、失望的情绪低落状态。当人产生抑郁情绪时会觉得整个世界都是灰色的，没有希望，对自己失去信心，感觉做什么都没用，对什么事情都不能提起兴趣。抑郁的人经常只能看到事情消极的一面，却忽略阳光的一面。

（6）悲伤。悲伤是一种悲哀、伤感、怅然若失、心中空落落的感觉，往往是在人们失去了比较重要的人或物时表现出来的。悲伤的时候人们可能会哭泣。一个人的悲伤情绪强烈到了一定程度时，可能会变得失魂落魄，对外界的刺激失去反应能力。

（二）认知上的反应

当人们遇到挫折、困难和打击时，会对感受到的挫折情境和挫折事件进行分析、评估，然后做出相应的判断。对目标进行分析和评估有助于人们了解自己当前所处的境况，对挫折做出相应的反应。比如，评估出现的障碍和困难对所要达成的目标会造成什么样的影响；它们在多大程度上会影响目标的达成；是否要继续坚持自己的目标；如果要坚持目标，那么应该如何应对出现的困难和挫折；目标受阻是否能够通过曲折迂回的办法实现；能够从这次挫折之中总结什么样的经验教训。

（三）个性上的变化

个性指的是一个人区别于他人的、稳定的、具有一定倾向性的心理和行为特征，包括性格、能力、价值观、兴趣和需要等。人在经受挫折和困难，尤其是连续的，或者重大的打击之后，可能会发生个性方面的变化。

三、心理防御机制

心理防御机制是指人们为了减轻心理压力，以避苦趋乐的本能或追求卓越的理智面对挫折，运用某种方式加以解释和处理，保持心理平衡，免受压力和挫折对身心健康的进一步损伤。人的心理防御机制具有积极和消极之分：积极的心理防御机制是指以科学的手段组成的防御机制，如幽默、升华、补偿等；而消极的心理防御机制是以非科学的手段组成的防御机制，如压抑、文饰等。

1. 积极的心理防御机制

积极的心理防御机制是正视、承认压力挫折，正确分析压力挫折产生的主客观原因，总结经验教训，争取积极的行为方式，最后消除压力，战胜挫折。这种心理防御机制主要有以下几种。

（1）认同，是指个体在产生压力遭遇挫折时，效仿他人获得成功的经验和方法，使自己的思想、信仰、目标和言行更适应环境的要求，在主观上增强自己获得成功的信心。许多大学生崇拜名人，包括商界人士、科学家、影视明星等各行各业的出色人物，学习他们的成功经验和奋斗精神，甚至是仪表、行为等，这就是一种认同。尤其是在自身受到挫折或遇到困境时，往往会拿认同对象来激励自己，进而获得前进的动力，再接再厉，锲而不舍，在挫折和坎坷道路上寻找突破口，力争克服和解决困难。当然，大学生在选择认同对象时，也喜欢选择身边的人，如身边的朋友、班级中的优秀学生等。

（2）补偿，是指当个体受到压力和挫折时或因个人方面的缺陷而使目标无法实现时，往往以新的目标代替原有的目标，以其他方面的成功来补偿因失败而丧失的自尊与自信。这就是人们常说的“失之东隅，收之桑榆”。例如，大学生恋爱失败了，便积极参加各种活动，用其他方面的成功来补偿失恋的痛苦。当然补偿分为正向补偿和反向补偿。正向补偿是对自己的失败或某些缺陷做有利于社会的或适应社会的补偿，反向补偿则是受挫后做不适应社会的甚至是反社会的补偿。

（3）升华，是指个体在压力挫折面前，将与之相应的欲望、动机等转向较高境界的目标后，以正当方式取得受社会褒奖的物质或精神成果。这样一来，不仅原来的受挫情绪得以宣泄，还会取得他人的赞美与奖赏、个人思想的进步、事业的成功。例如，把失恋的痛苦化为发奋学习的动力。大学生在遇到压力挫折时应当学会运用升华作用，充分发挥自己的潜力和创造性，真正实现自我价值与社会价值的统一。

（4）幽默。一个人受到压力挫折时，以轻松、幽默的语气，间接地、无伤大雅地表达自己的意图和打算，达到解决问题的目的。一般来说，人格较为成熟的人，通常会在适当的场合，使用合适的幽默性语言，缓解原来紧张的氛围，大事化小，小事化了，渡过难关。

2. 消极的心理防御机制

消极的心理防御机制是不健康的心理反应，久而久之，会影响大学生的健康成长。这种心理防御机制主要有以下几种。

（1）压抑。压抑作用包含两层含义：其一为个体受挫后强行压制恐惧、愤怒等情绪的有意识行为；其二为个体将令人烦恼、尴尬、痛苦的经历和动机于不知不觉中驱逐到潜意识中，以保持内心的安宁。压抑并没有使不愿正视的有害情绪消失，而是让其在潜意识中继续活动，它会以非理性行为的方式表现出来。

（2）否定。否定是指当事人对已发生的令人痛苦的事实当作没有发生过，回避客观现实的心理打击。这是一种十分简单和本能的心理防御，多发生在儿童和老年人身上。

（3）文饰。文饰是为了减少和免除挫折造成的难堪和痛苦，维护自己的面子，而寻找种种理由为自己解释的现象。文饰是人们习惯采用的心理防御机制，表现为三种典型的形式：①酸葡萄心理。当所追求的目标不能实现时，为了缓解心理压力而将原来的目标贬低得一钱不值。②甜柠檬心理。回避原来追求的目标，强调自身行为的合理之处。③效尤现象。以他人的错误行为做自己失误的遮羞布。文饰这种心理防御机制，用于处理一些游戏类活动中的挫折是可取的，但如果在一些事关学业、交友、前途等实际问题上文饰了事，嘴上讲得冠冕堂皇，心中仍是阴云不散，就会变成典型的自欺欺人。

（4）反向。反向是当事人为了隐瞒不可告人的动机，或者避免预期中的失败，而将真实的心理严加内控，给人一种完全相反的心理假象。例如，一位向往与异性交往的大学生可能会因为自己的不自信而夸张性地表示自己对异性的厌恶。

（5）投射。投射是把自己的动机、心态等转嫁到别人身上，以此来减轻内心的窘迫和惭愧之情。

（6）自居。自居是把他人令人羡慕的品质加在自己头上，或者将自己与崇拜的偶像视为一体，好像自己也成为光彩夺目的人物，从而减轻挫折感。自居有两种表现形式：①模仿名人。个体在现实生活中自感无望获得成就感时，模仿名人的言谈举止、衣着打扮、习惯动作，以期在心理上分享成功者的欢娱，排解现实生活中的无望与寂寥。②迎合权威。一个恐惧失败的人，往往会通过无条件地迎合权威人物，按他们的意旨做事的方式，来寻求个人安全感的满足。

（7）自我阻抑。自我阻抑是当事人在预感到未来的结果可能不太理想时，有意或无意地为自己设置障碍、制造麻烦，以期望在事后为自己找个体面的台阶下。自我阻抑是自主性倾向、面子意识太强的体现。

（8）倒退。当个体受到挫折时，往往表现出与自己的年龄、身份很不相称的幼稚行为，或盲目地轻信他人、服从他人等。表现出这种行为的大学生往往对自己缺乏信心，看不到自己的力量，像孩子一样依赖他人，多指大人出现小孩举止行为。例如，一名女生参加学生会干部竞选失败了，感到很“委屈”，但她并没有理智地分析和对待，而是用不吃饭、不上课，或用蒙头大睡等方式来回避。

当然，上面这些只是大学生面对压力和挫折时典型行为表现。因情况不同，在不同的大学生身上，这些行为的表现程度也会有所差异。

四、大学生有效管理压力和应对挫折的策略

压力和挫折并不可怕，关键是学会正确地认识它们。对此，提出以下有效管理压力和应对挫折的策略。

（一）有效管理压力的策略

1. 认识自我

缓解压力的前提是充分认识自己。如果不能正确认识、评价自己，就不可能找到缓解压力的办法。

（1）分析压力产生的原因。认识自己的压力不是一件容易的事情，必须清醒认识自我，在自我认识中面对压力。

（2）全面了解自己能力，制定切实可行的目标。根据自己各方面的能力，分析自己的生活、学习目标是否符合自己的条件，特别要分析自己制定的近期目标有没有实现的可能。俗话说，期望越大，失望越大。因此，要制定适合自己能力的目标。

2. 积极的自我暗示

自我暗示，就是个人通过语言、形象、想象等方式，对自身施加压力的心理过程。我们需要学会积极的自我暗示，遇到压力时可以告诉自己“我一定行”“没什么大不了的”“我是最棒的”“这个问题我能解决”等。

3. 学会释放心理压力

当心理压力过大时，个体需要有意识地释放、减压，否则就会影响个体的身心健康。释放心理压力的方法如下。

（1）倾诉。倾诉可以使个体获得内心情感与外界刺激的平衡，缓解压力。当遇到烦恼之后，不要把心事埋在心底，而应该将这些烦恼向你信赖的人倾诉。如果没有合适的倾诉对象，我们可以采用“角色互换”“空椅子技术”等方法。

（2）合理宣泄。在适当的场合下，我们要合理地宣泄自己的情绪，以减轻压力。但要注意情感宣泄的方式、对象、地点等，切不可任意宣泄，以免无故迁怒于他人或他物，造成不良后果。

4. 心理调节

（1）掌握必要的心理学知识。正确的自我评价；合理制定目标，量力而行；科学安排时间，提高学习和工作效率；以积极的心态面对压力；通过学习心理学知识，完善自我。

（2）学会自我安慰和自我放松的技巧。结合自身的兴趣爱好进行自我放松，如练瑜伽、打太极拳等。培养广泛的兴趣爱好，学习工作之余，求雅趣，可下棋、绘画、钓鱼等，可以怡人情志，缓解压力。

（3）掌握心理压力的宣泄方法。生活中我们可以通过投射宣泄、同感化宣泄、想象宣泄等方式来减轻压力。

（4）建立并完善社会支持系统。当遇到烦恼难以排解时，可以向朋友、家人等倾诉，寻求心理帮助。如果压力过大，则需要到专门的心理咨询门诊，找专业心理医生问诊。

5. 保持健康的身体

（1）坚持体育锻炼。游泳、球类活动等体育锻炼可以明显地减轻压力，散步、慢跑等也为身体提供了一个调整放松的机会，运动之后做全身放松训练，会对压力有很好的释放效果。

（2）注意合理饮食。在一定情况下，通过合理饮食，可以有效缓解心理压力。

（二）应对挫折的策略

1. 正确认识挫折

（1）正确认识挫折，合理归因，改变挫折情境，积极应对挫折。如果遇到挫折不加分析，按自己的固定模式进行片面归因，不仅面对挫折时会使自己感到无能为力，而且会使自己越忙越乱。因此，大学生只有以积极的态度去分析遭受挫折的主客观原因，及时找出失败的症结，才能寻找出一条通往成功的坦途。

（2）认识挫折存在的普遍性。俗话说："天有不测风云，人有旦夕祸福。"从某种意义上说，生活包含了喜、怒、哀、乐。世界上的万事万物无一不是螺旋式上升的。大学生能认识到这一点，一旦遇到挫折，思想就会有所准备，不至于惊慌失措。

（3）正确认识挫折的双重性。挫折能给人以打击，带来损失和痛苦，但也能使人奋起、成熟，从中得到锻炼。巴尔扎克曾说："世界上的事情永远不是绝对的，结果完全因人而异。苦难对于天才是一块垫脚石，对于弱者则是一个万丈深渊。"正所谓"宝剑锋从磨砺出，梅花香自苦寒来"，生活中的挫折和磨难，并不都是坏事。平静、安逸、舒适的生活，往往使人安于现状、丧失斗志；挫折和磨难，往往能使人受到磨炼和考验，提高适应社会生活的能力。

2. 提高挫折承受能力

当前一些大学生的心理承受力较弱，抗挫折能力较差，其中一个重要原因是与挫折经历有关。据有关心理学研究发现，经历较多坎坷、挫折的人，比一帆风顺的人挫折承受力要高。因此，我们要加强意志、魄力和挫折排解能力训练，提高挫折承受能力。当代大学生的生活条件优越，又大多是独生子女，受到父母过度的保护，甚至溺爱，让他们有意识地经受一些生活、心理等方面的挫折训练，培养他们不屈不挠、坚忍不拔的精神，是提高其挫折承受能力的重要途径。同时，也可以通过团体心理活动来调整认知。

3. 调节抱负水平

抱负水平是人在从事某种实际活动之前，为自己制定的所要达到的目标。大学生遇到的挫折大多与不正确的自我认知和不恰当的自我抱负有关。自我制定的标准高，则抱负水平高；自我制定的标准低，则抱负水平低。如果抱负水平高，即使尽其所能，依然力不从心，只会让失败的结局损伤自己的自尊心和自信心。如果抱负水平低，固然可以轻而易举地满足期望，但是这样的结果并不需要太多的努力，不利于自信心、自尊心的满足和提高。所以，确定适度的抱负水平，是避免挫折和失败，获得成功与自信，使自己得到顺利发展的一个重要因素。一个人要想确定适度的抱负水平，就应当对社会需求、自己的主观条件、客观环境等进行综合分析，从而得出正确的结论。

4. 优秀的人格品质

具有乐观向上、意志坚强、宽容豁达、自强不息、开拓创新等品质的人，往往更能承受挫折。日本学者田口英子对168位科学家进行了研究，结果表明优秀的人格品质是帮助他们走向人生巅峰的关键因素。因此，大学生在学习和生活中，应该树立远大的志向，充分发挥自己的主观能动性，脚踏实地，积极参加各项实践活动，在实践中锻炼和培养优秀的人格品质，改进那些性格急躁、心胸狭窄、意志薄弱等不良品质，形成健康的心理和人格。

5. 自我调控方式

（1）自我暗示法。自我暗示法是指通过言语或想法使自己的身心机能发生变化，缓解压力。例如，发怒时可以对自己说“一定要冷静，生气只会使事情变得更糟糕”，也可将有关提示语写在日记中或贴在明显的位置，经常提醒和鞭策自己。暗示的内容一般包括“每次挫折都会过去，不要盯住挫折不放”“每个人都会面临挫折”“每次挫折都有转折点”“只要坚持，光明就在面前”。积极的心理暗示是提高挫折承受能力的有效方法。

（2）转移调节。转移调节是指有意识地把自己的情绪转移到另一个方向上去，使紧张情绪得以缓解。当自己遇到挫折，紧张到无法应对时，可以暂时转移注意力去从事其他的活动，使心境尽快平静下来，淡化曾经遭受的挫折，求得心理上的平衡。

（3）音乐调节法。音乐是人类最美好的语言，愉快的音乐使人心旷神怡，可以给人以力量。音乐调节法是指通过音乐引起人生理上和心理上的反应，来改善人的情绪，消除由挫折造成的紧张、焦虑、忧郁、恐惧等不良心理状态。健康的曲调、优美的旋律能启迪人的心灵，陶冶人的情操。

（4）想象脱敏法。想象脱敏法是指一种受挫后消除紧张与焦虑的有效方法，其特点是通过想象对现实生活中的挫折情境和使自己感到紧张、焦虑的事件进行处理，学会在想象的情境中放松自己，从而达到能在真实情境中放松自己的目标。其操作步骤大致分为三步：首先，建立焦虑层次，即把使自己感到紧张、焦虑的情境时间和反应度排列；其次，放松身心；最后，预演挫折情境，即在肌肉松弛的状态下，想象产生焦虑的情境，逐步升级，直至完全消除紧张的焦虑。

6. 恰当运用心理防御机制

积极的心理防御机制，如认同、升华、幽默、补偿等常常表现为一种自信、愉快、进取的倾向，有助于个体战胜挫折。消极的心理防御机制虽然能起到及时平衡心理的作用，但不能真正解决问题，常常会阻碍个体面对现实积极进取，而且降低适应能力，如攻击、压抑等。我们在选用各种心理防御方法时，应进行具体分析，使其发挥有效作用。例如，个体遭受挫折后，可适当使用幽默的方式，将一些原来较为困难的情况加以转变，进而渡过难关。

总之，心理防御机制的作用不是绝对的，不宜过多或长期使用。如果不顾及环境的变化，机械地采用相同的心理防御机制，并不会使自己学会更有效的应对挫折的方法，还会导致自己的适应能力日趋削弱，逃避现实，陷入更深的困境之中，给自己带来更多的痛苦和不安，甚至危及人格和心理的发展。因此，应恰当运用心理防御机制。

7. 积极寻求心理咨询

专业的心理咨询能以科学的方法指导大学生摆脱心理困扰、消除挫折和压力所带来的焦虑和痛苦。因此，大学生为挫折深感苦恼而自身又无法解决时，应主动到专业的心理咨询机构进行心理咨询，在专业人员的指导下分析受挫原因，提高自我认识，找到摆脱困境的方法，进一步树立正确的挫折观，提高挫折承受能力。

拓展阅读

教你如何减轻压力

你是不是经常由于工作和生活中的压力整夜难眠？你是不是一有压力就会大吃食物？这里，心理健康专家列举了九种压力困境及其摆脱办法，相信会对你有所帮助。

困境 1：当感到有压力时，我的注意力就无法集中，什么事也干不了，我该怎么办？

办法：试着在你的手腕上套一个橡皮圈，当你走神时，就狠狠地弹自己一下。同时，模仿拍电影的情景在心里向自己喊一声“停”，这种具体的刺激能帮助你中断思绪，回到手头的事情上来。然后认真地做九次深呼吸，一次一次地数，数完告诉自己，等处理完手头的事再想其他的事也不迟。等你真正集中精力做完一件事时，你的压力就已经减轻了许多。

困境 2：我总是对同一类事情反复感到有压力，怎么才能终止这种情况呢？

办法：美国心理学家广泛使用的一种减压技术叫作眼球移动术，具体方法是集中注意力于你感到有压力的事，直到你认为你的忧虑程度达到 6 度以上（完全无法忍受的情况为 10 度），然后，保持头部竖直不动，飞快地在左右两个物体之间转动眼球 25 次。然后，再评估一下你的压力程度；再重复一次眼球运动，直到压力不再影响你的正常工作为止。

困境 3：一有压力，我就会感到头痛欲裂，我该怎么办？

办法：首先血液中缺镁会使脑部血管收缩，从而造成头疼，所以为避免经常性头痛，你可以服用镁补充剂，保证每天摄入 350 毫克的镁。其次，肌肉紧张也容易造成头疼，请每天坚持 10～20 分钟的头部和肩部按摩。最后，在前额和太阳穴上涂清凉油也能缓解头痛。

困境 4：当我感到压力时，我就会下意识地拼命咬指甲，怎么才能克服这个习惯？

办法：最简单的方法是让你的手没有空闲。你可以玩一块橡皮泥，或者干脆将身体坐在手上。你也可以在指甲上涂一层杏仁油或香草油，强烈的苦味能帮助你打消咬指甲的念头。

困境 5：当我有压力的时候，我会拼命吃东西，而这种行为只会让我由于后悔而更感到压力，我该怎么办？

办法：最好的方法是在午餐后打个盹，这能很好地给你充电，避免你在晚些时候感到又累又饿而想靠吃来缓解压力。如果做不到在午餐后小睡一会儿，那么请你在想吃东西时先步行 20 分钟，速度要快于你平常的行走速度，这一活动能有效提高你体内 β-内啡肽的水平。β-内啡肽是一种能让你平静下来，并能控制你的饥饿感的化学物质。然后，将你吃的东西改成低脂肪食品。坚持数日，你一定会有实质性的收获。

困境 6：一有压力，我总想迁怒于家人，怎么才能克服这种情绪呢？

办法：首先，你应该找出你总想向家人发火的原因，是家人没有帮你分担学习和工作，让你因为疲劳而脾气差，还是家人无法了解你的感受或压力，而令你觉得孤独无助？试着向对方倾诉你当下的感受，要知道，有效的沟通要比无端地发脾气更能解决问题。

困境 7：一天下来，我总是感到疲惫不堪，什么是缓解这种疲劳的最好方式？

办法：首先，你要避免采取那些有副作用的消遣方式，试着听听轻音乐，轻音乐能有效减轻压力感，减缓心率和降低血压。其次，"全身心地投入一种安静而不带有竞争性的活动，能让你通过转移注意力而松弛下来"，如读书、画画或者拼图都是很好的缓解疲劳的方式。

困境 8：每天入睡前，我总是耳鸣得厉害，头也嗡嗡作响，怎么才能克服这种障碍安然入睡呢？

办法：在脑袋里幻想世外桃源的景象，如蓝色的大海、金色的海滩，你赤脚走在沙滩上，热带丛林斑驳的树影被你踩在脚底，习习的海风在你耳边低语。迎面吹来的空气是咸湿的，照在皮肤上的阳光是温暖的……将声音、画面、色彩都固定下来。每当耳边恼人的声音响起时，就想象这样一幅积极的场景。坚持几次，你的情况就会改善很多。

困境 9：什么时候我才应该去寻求心理医生的帮助？

办法：不要认为接受心理咨询是一件大事。当压力感在一定程度上改变了你的生活方式。例如，你变得不爱交际，或变得更冲动，或变得十分挑剔，或胃口、体重、睡眠都发生了巨大变化，你就得考虑找专家咨询了。事实上，60%～70%的压力人群在接受心理咨询后就能完全走出压力状态。这是由于心理治疗的任务都非常简单明确：给你提供一定的时间、空间和具体的措施来减轻你的压力，在特定环境下你的压力感减轻了，这种良好的感觉很快就能延续到生活中的其他时间和场合。

课后作业

你遇到过哪些压力和挫折？它们都来自哪些方面？你是如何应对的？

心 理 测 验

压 力 测 试

指导语：对下列各题给出“是”或“否”的回答。

1．因为发生了某些没有预料到的事，你感到心烦。

2．你感觉你不能控制自己生活中的重要事情。

3．你常常感到紧张和压力。

4．你常常不能成功地应对生活中有威胁性的争吵。

5．你觉得不能成功地应对生活中所发生的重要变化。

6．你没有信心处理好个人问题。

7．你感到事情不是按你的意愿发展的。

8．你发现你不能应对你必须去做的所有事情。

9．你不能解决生活中的一切烦恼。

10．你觉得你做的所有事情都是失败的。

11．你会因事情发生在你能控制的范围之外而烦恼。

12．你发现你自己经常考虑自己必须完成的那些事情。

13．你不能控制消磨时间的方式。

14．你感觉自己不能克服遇到的困难。

15．朋友同学的生日，免不了花钱，你往往不想在这类场合出现以免花钱。

16．若你刚买的鞋穿了一天就坏了，你会气愤、痛苦地抱怨。

17．你由于某件小事跟好朋友生气，大家互不相让，你会一个人生闷气。

18．当父母因为学习责备你而使你感到压力很大时，你不会和他们争吵，而是一个人压抑情感。

19．你的一个非常要好的朋友，因某些原因转学了，你很难过，不想面对现实。

【评分标准与结果解释】

选择“是”为1分，“否”为0分。各题得分相加，统计总分。

0～6分：你能够应对生活中的许多事情，但有时也会有些烦恼，这是正常的。

7～14分：你有轻度的心理压力，虽然常会体验到不必要的烦恼，但你基本能处理生活中的问题。你应学会调节自己的心情，保持轻松愉快的心境。

15～19分：你已经在承受巨大的心理压力，不能处理生活中的许多问题，因此你感到紧张、不安，影响到你的学习、生活及身心健康。你应尽快改变这种情况，否则你的学习、生活将不能正常进行。

心 理 训 练

压力光谱图

一、活动目的

了解自己的压力情况；交流压力对自己学习、生活的影响。

二、活动时间

大约需要 20 分钟。

三、活动道具

两张 A4 纸，在纸上打印数字 0、10。

四、活动场地

室内外均可。

五、活动程序

1．教师请两名学生，间隔约 5m 站立，分别代表数字“0”和数字“10”，并说明：“0”代表几乎没有考试压力，“10”代表考试压力很大难以承受。0～10 即代表考试压力的连续“光谱”。

2．学生评估自己的压力大小，并站到“光谱”的相应位置。同等程度压力的成员可站成一排。

3．学生相互观察，了解自己及其他人的压力情况。

4．教师引导学生体验想象放松训练（自选音乐），指导语如下：

请轻轻地闭上你的眼睛，
请将你的身心慢慢地放松下来，
随着这优美的音乐，
你感觉自己仿佛来到了一片阳光普照的草地上，
你缓缓地漫步在这一望无际的草地上，
欣赏着满地盛开的鲜花，欣赏着翩翩飞舞的蝴蝶，
你看到天空中朵朵的白云飘过，
你听到潺潺的流水、动听的鸟鸣，
此时，你感觉到自己的身心豁然开朗，
感觉到身心从里到外地轻松、舒适，
请深深地吸一口气……
让淡淡的花香、清新的空气一直渗入你的心里，渗入你的每一个细胞，
你整个身心都慢慢地、慢慢地融入这美丽的大自然中，
那暖暖的阳光照在你的身上，照在你的心里，

那略带花香的微风轻轻地拂过你的脸颊，
你感到身心非常放松，非常舒适，
你感到内心充满了宁静与祥和，
非常舒适……非常平静……非常放松……

5．教师组织学生围坐在一起，交流和分享。

六、注意事项

1．此游戏比较适合同年龄的群体。

2．注意现场秩序，教师和班干部维持现场秩序。

3．学生分享时要做到相互尊重和保密。

第九章　大学生情绪管理

人的心理活动都会伴随着一定的情绪状态，也正是因为有了喜、怒、哀、乐等不同的情绪状态，我们的生活才显得缤纷多彩。不同的情绪状态给大学生带来不同的影响：良好的情绪状态能使大学生健康地成长，也是大学生心理健康的重要标志；而不良的情绪状态则会影响大学生的人际关系和学业的发展，长期处于不良情绪状态中的大学生会产生心理障碍。因而，学会管理自己的情绪是大学生学习的重要内容。

情绪 ABC 理论

第一节　情 绪 概 述

人非草木，孰能无情。情绪是人心理活动的重要组成部分，是人对客观事物是否满足自己需要而引起的一种主观体验。人们每天都在经历各种各样的事情，事情会让人产生诸多的感受和体验，时而冲动，时而安静；时而精神焕发，时而萎靡不振；时而幸福甜蜜，时而沉闷无味。情绪是个体心理活动的重要内容，渗透于人类的所有活动之中，扮演着人类行为“发动机”的角色。个体的所有活动都是在特定情绪背景下进行的，行为的方向、强度都受活动主体情绪状态的影响。良好、积极的情绪体验使人感到精神振奋、工作效率高，有利于身心健康和个体发展。相反，消极、沮丧的情绪体验则使人感到精神萎靡、工作效率低下，不利于身心健康和个体发展。

一、情绪理解

在日常生活中，人们随时随地都会对自身、他人及周围环境是否符合自己的期望与需要做出评价，产生情绪体验，出现肯定或者否定的情绪反应。情绪心理学家斯托曼这样定义情绪：“情绪是感受，是与身体各个部位有关的身体状态，它是明显的或细微的行为反应，并发生在特定的情境之中。”实际上，情绪可以通俗地理解为人们对客观事物的反应，是个体对客观感受的外在表现。

情绪与人的需要和目标的实现与否有直接的关系。当人的需要得到满足时，就会产生高兴、愉快等积极情绪。相反，就会产生痛苦、悲伤等消极情绪。人的情绪是由客观事物引起的，同时又伴随着认识过程而发展。

一般来说，情绪通常包括以下三个要素。

（一）情绪的生理变化

在不同的情绪状态下，人的心率、呼吸、血压乃至消化系统、内分泌系统等都会发生相应的变化。例如，人在焦虑的状态下，会感到心跳加快、呼吸急促；人在恐惧状态下，会出现瞳孔放大、身体战栗；人在愤怒的状态下，会出现面红耳赤等生理特征。这些生理变化都受人的自主神经支配。情绪状态下的身体变化，具有极大的不可控性和随意性。例如，当我们遇到情感挫折、学习压力、人际关系不良等时，不可避免地会出现一些情绪反应。

（二）情绪的心理体验

不同情绪的生理状态会反映在人的直觉上，反映到人的意识里，从而形成不同的情绪体验。这种情绪体验是人脑对客观环境的重要反映形式之一，不同于认知活动，它不是对客观事物本身的反映，而是带着主观色彩的反映。例如，人在受到伤害时，会感到痛苦；在与友人相聚时，会感到快乐；在面临极度危险的情况时，会有毛骨悚然的恐惧感；在个人需要得到满足时，会有愉快的幸福感；在失去亲人时，会感到悲伤；在被他人欺辱时，会感到愤怒。

（三）情绪的外在表现

面部表情最直接反映着人的情绪状态，通过一个人的面部表情的变化，可以了解一个人的情绪状态。当一个人遇到开心的事情时，会喜笑颜开；当遇到难过的事情时，会愁容满面。动作表情也同样反映着人的情绪状态，如当一个人没有做好充分准备去做某件事情便会坐立不安，过于紧张时会手心出汗，喜悦时就会手舞足蹈。人们声音的音调、音色和说话节奏的快慢等也可以表达情绪的变化。

二、情绪的起因

情绪不是自发的，而是由刺激引发的。引起情绪的刺激，可以是外在因素，也可以是内在因素；可以是具体可见的，也可以是隐而不显的。

外部环境中的人、事、物及其运动变化都能引发个体的情绪反应，如和煦的阳光、扑鼻的花香，会使人感到心旷神怡；而吵闹、喧哗、拥挤的场所则令人烦躁不安。但是，相同的外部刺激未必引发不同个体相同的情绪状态，如股票指数的涨跌牵动着每个股民的神经，而未涉足股市者则表现出漠然的态度。一般来说，刺激符合人的需要就会引起积极情绪，反之则引起消极情绪；与己无关则不会引发情绪变化，呈中性状态。

个体内在因素及其变化也可以诱发不同的情绪状态。内在因素包括个体的生理因素和心理因素两方面。其中，心理因素包括记忆、联想、想象等心理活动，使个体产生不同的情绪。当人们想到高兴的事时常会兴奋不已，当想起伤心的事时常会泪流满面。

情绪内容是主观意识经验。由刺激诱发的情绪状态，个人可以在内心深处感受体验。相同的刺激未必引起相同的情绪反应，其原因在于，在诱发情绪的刺激与当事人的情绪反应中间，还存在着当事人认知因素的影响和制约。例如，小孩在海边玩水，感觉刺激、好玩，表现出愉悦的情绪反应，但家长则表现出紧张、害怕，并采取制止、惩罚的行为，这是因为小孩还不能认识到大海涨潮的危险，而家长则深知其危险性。可见，主观的情绪反应不仅与刺激相关，还与个体的经验、知识等心理因素相关。在现实生活中，人的需要非常复杂，不同的人对同一事物，由于需要不一样，也会产生不同的情绪体验。另外，一个人对同一事物，在不同阶段由于需要的不同也会产生不同的情绪体验。

三、情绪状态与情绪表达

（一）基本的情绪

中国古人将情绪分为七种，即“喜、怒、忧、思、悲、恐、惊”，并把它们称为七情。类似的分类法至今仍沿用。达尔文在观察不同文化、不同种族的人之后，认为各种族间喜、怒、哀、惧等基本情绪的面部表情具有一致性。现代心理学一般认为快乐、愤怒、悲哀、恐惧是人类情绪的基本形式。

1. 快乐

快乐是指需要或期望得到满足而产生的情绪体验。根据追求行动过程的努力程度、追求目标的意义及实现目的的方式与状态，快乐又可分为满意、欣慰、愉快、欢乐、狂喜等几个等级。

2. 愤怒

愤怒是指由于种种原因，个人愿望受阻或受到威胁、攻击、羞辱等使个体的活动受到挫折，尊严受到伤害时产生的情绪体验。根据其程度，愤怒也可细分不满、气恼、暴怒等。

3. 悲哀

悲哀是指由于喜爱的对象被损坏或失去，或者是期望破灭所诱发的情绪体验。根据对象与期望的重要性和价值大小不同，悲哀可分为失望、遗憾、难过、悲伤、悲痛等几个等级。

4. 恐惧

恐惧是指在主观感受到的危险情境下，根据主观感受和危险情境的程度差异，个体产生的一种情绪反应。恐惧可分为惊奇、害怕、恐慌、恐怖等几个等级。

（二）情绪状态

按照情绪发生的强度、速度与持续时间的长短，情绪状态可分为心境、激情、应激三类。

1. 心境

心境是一种比较平静、缓和而持久的情绪状态，通俗地说就是心情。心境是一种非定向的弥散性体验，能够影响个体整体心理活动的背景性情绪状态。“我最近心情不好”的“心情”一词就是指心境。心境具有弥散性，当一个人处于某种心境时，往往以同样的情绪状态看待其他事物。当心情愉悦时，喜笑颜开，精神抖擞；当心情不佳时，神色沮丧，感知和思维麻木。心境持续时间较长，可以是几小时，也可以是数周、数月。心境的体验，不具有爆发性，生理反应和行为表现往往不明显，不易被别人发现，有时甚至当事人也未必在意。

引起心境变化的原因并无特殊之处，凡是诱发情绪的刺激，皆可诱发心境的表现。类似的刺激可诱发类似的心境，所谓睹物思人，即是如此。由于心境具有背景性特征，影响时间长，因此营造积极的心境是维护心理健康的重要任务之一。

2. 激情

激情是一种强烈的、爆发式的、短暂的情绪状态，如狂喜、暴怒、悲痛欲绝、惊慌失措等。激情的情境性十分明显，是由强烈的刺激所诱发，一般持续的时间不长。通常由对个体有重大意义的强烈刺激所诱发，内心出现强烈对立的冲突、过度的抑制或兴奋等也可诱发激情。

激情爆发时，人的生理反应和行为表现十分明显，且不为当事人的理智所控制，如咬牙切齿、拍案掷物、捶胸顿足等，有时还会出现肌肉痉挛、意识狭窄，甚至短暂的意识丧失。但激情也可以提高活动的效率，更好地完成某种活动，如即兴演讲、艺术创作。

3. 应激

应激是在出乎意料的紧张或威胁性情境出现时，个体急速产生的高度紧张的情绪状态。在应激情绪产生的同时，身体会自动出现相应的反应，使个体进入应激状态以应对面临的困境。因此应激具有其积极的一面，能够使个体激活器官功能、调动潜力、增强反应能力，是一种特殊的自我防护机制。但是应激也有其消极的一面，可使个体意识范围缩小、认知能力下降、行为慌乱。

应激反应往往由突发的、出乎意料的情境而诱发。例如，突发的自然灾害、考试失利、家庭变故等都可引发应激反应。一系列小的刺激积累也可引发应激反应。应激反应能力可以通过心理训练得以改善和提高，如严格的军事训练可以提高军人在真实战斗中的应激能力。

（三）情绪与情感

情绪和情感同属于不同认知和意志活动的感情性心理活动，是对同一过程、同一活动的两个不同层面的描述。情绪是指感性活动的过程和感受体验本身；情感是具有稳定而深刻的社会含义的感情反应，属于人类高层次的需要被满足时出现的内心体验，内容可分为道德感、美感、理智感等高级社会感情。

（四）情绪的表达

情绪表达是指个体将其情绪体验经由行为表露于外，从而表达其心理感受，实现与环境交流沟通的目的。当我们与他人交往时，不管是否面对面，个体之间都在不断地表达着情绪，也同时注意并理解着表达对象的表情、姿势、声态等背后的情绪状态。

1. 生理表达

生理表达是指以生理形式进行的情绪表达。例如，人在愉快时脸红潮热、愤怒时血压升高、惶恐时呼吸急促、紧张时心跳加快。这些情绪变化引起的生理反应一般不受意识控制，不能通过主观来调节。

2. 心理表达

心理表达是指从心理层面将情绪表达出来，包括语言和非语言的方式。语言是一种有意识的行为，可以进行主观调节。

语言是人类最常见的表达情绪的手段。语言表达主要是指语言的声调、音色、节奏等方面的变化。例如，喜悦时语调高昂，速度较快；悲哀时语调低沉，言语缓慢、间断，语音高低差别较大。

人类非语言情绪表达的方式包括面部表情，语气、语音、语调，姿势语言等方面。面部表情，即情绪活动所伴随的面部肌肉活动，是人类情绪表达的主要方式之一。面部表情一方面表露出当事人当时心理状态；另一方面也是他人了解当事人心理状态的有效途径。在面部表情中，面部不同部位可表达出不同的情绪。

愤怒的情绪表现在整个面部；惊讶的情绪由前额表现；悲哀的情绪显现在眼睛；而快乐与厌恶的情绪表现于嘴部。在面部表情中，眼、眉、嘴等的变化最能体现一个人的情绪：高兴时嘴角上扬、上唇提升、双眉展开、两眼闪光，即笑容满面；悲哀时头部低垂、嘴角下扬、双眉紧锁、目中含泪；轻蔑时耸耸鼻子、双目斜视，即嗤之以鼻。面部表情表达的情绪具有双向沟通的作用。

语气、语音、语调又称为副语言，是除了语言内容之外，反映内心情绪状态的不自知的方式。急促的语气、尖锐的语音、着重的语调，表现了说话者内心焦急的情绪；相反，平和的语气、和谐的语音、自然起伏的语调，表现了说话者内心稳定的情绪。

姿态语言是指由身体的各种动作来表达情绪，也是他人了解当事人内心状态的有效途径。

个体对由姿态语言表达的情绪往往并不自知，姿态语言不为当事人的意识所控制。

四、大学生情绪的特点

美国心理学家霍尔在其《青春期：它的心理学及其与生理学、人类学、社会学、性、犯罪、宗教和教育的关系》一书中指出，青春期是“狂风骤雨”的时期。虽然对这一观点存在着不同的看法，但是大多数心理学家倾向于认同青春期是一个动荡紧张的时期，也是人生的第二个心理断乳期。处于这个阶段的大学生经常关注自我，情绪波动起伏较大，情绪体验丰富。大学生情绪活动的特点有以下几点。

（一）丰富性和复杂性

青春期是情感最丰富、最强烈的时期。处于此时期的大学生有着丰富而又复杂的情感世界。高级社会情感逐渐成熟是大学时期的重要心理变化，自我意识不断发展，各种社会的高层次需要不断出现且强度逐渐加强，这一发展在情绪上表现为情绪活动的对象、内容增多。从自我意识的发展来看，大学生出现较多的自我体验，自我尊重需要强烈，自卑、自负情绪活动明显；从社交方面来看，大学生的交往范围日益扩大，情绪表现得更加细腻和复杂；大学生通过各种校园活动和社会实践了解社会，学习道德规范，对自己的身份、价值、志向等方面有了更加深入的思考。道德感、集体感、理智感、美感等高级情感活动在大学时期开始对其生活产生明显的影响，左右其情绪反应。

（二）冲动性和压抑性

人们常常用“初生牛犊不怕虎”“血气方刚”等词语来形容青年人的特点，其所描述的正是大学生冲动性情绪的表现。大学生的情绪体验特别强烈，富有激情。由于对新事物比较敏感，加上精力旺盛，部分大学生虽然具有一定的理智和自我控制能力，但做事情往往不计后果，表现为对外部环境或他人的不满，情绪活动一旦失控，语言、行动极具攻击性，往往造成可怕的结果。

情绪冲动性的特点表明大学生情绪活动程度强烈，但强烈的情绪活动在大学生身上不能始终一贯地保持下去。另外，其是非好恶标准也不是很稳定，情绪活动随着该标准的改变而改变，常常会从一个极端走向另一个极端，进而又会出现压抑的情绪表现。

（三）外显性和内隐性

大学生情绪活动容易被刺激激发，即便刺激消失，情绪状态有所缓和，其也会转化为心境，并对大学生其他活动产生持续的影响。大学生许多不良情绪，如焦虑、抑郁、自卑等都具有外显性的特点。

情绪心境化，又使大学生情绪活动的隐蔽性提高，不像少儿时期那么坦率直接，有时还会表现出内敛含蓄的特点。例如，即使对某件事很在意，却表现出无所谓的态度；明明对某个异性爱慕，却偏偏表现出回避的态度等，这都体现了情绪内隐性的特点。

（四）稳定性和波动性

由于知识结构的完善、生活经验的积累和认识水平的提高，大学生的情绪情感日趋稳定，对人和事物的情绪、情感反应持续时间较长。但是，因为人生阅历尚浅，价值观和人生观还没有完全定型，大学生的情绪活动表现出很大的波动性。男女大学生在情绪稳定性方面存在一定的差异。女大学生的情绪波动受生理特点的影响比较明显。研究表明，随着生理期的变化，女性体内的荷尔蒙含量也会发生变化，这种变化会使女大学生的情绪发生波动。

五、情绪对大学生的影响

大学生正处于青春期，受心理特征的影响，容易产生矛盾和冲突，情绪出现两极化的特征。经调查发现，大学生的情绪对其学习、人际交往、身心健康和事业发展都有重要的影响。

（一）情绪对大学生学习的影响

大学生的主要任务是学习。情绪与大学生的潜能开发、工作效率密切相关。良好的情绪是大学生乐于学习、工作和参与活动的催化剂，有助于集中注意力、开阔思路、发挥创造性。一般而言，心情舒畅、精神愉悦时人的潜能处于最佳的状态，能够更有效地进行智力活动。反之焦虑、烦躁等不良情绪便会导致学生学习成绩下降。

（二）情绪对大学生人际关系的影响

拥有乐观、热情、自信等良好情绪特征的大学生，能够拉近与他人之间的心理距离；而自卑、情绪压抑、易怒的大学生，往往不能与他人正常相处。

（三）情绪对大学生身心健康的影响

良好的情绪状态是大学生身心健康的重要标志。许多研究表明，良好的情绪是身心健康的良方，而不良的情绪则是健康的大敌。强烈的紧张情绪会抑制大脑皮层的心智活动，破坏大脑皮层的兴奋和抑制的平衡，使人的意识范围狭窄，判断力减弱，失去理智和自制力。持续的消极情绪的影响，则常常会使人的大脑功能严重失调，从而导致各种神经症或精神疾病发生。有资料表明，大学生中常见的消化性溃疡、紧张性头痛和偏头痛、心律失常、神经性皮炎等，都和不良的情绪有关。

（四）情绪对大学生将来从事事业的影响

一个人对生活的热爱、对事业的热情，是个人发展的前提条件。良好的情绪状态能够激发人的潜能，成为个人成长的动力。追求成功的动力越强，成功的概率就越大，助推大学生在事业上取得成功。

第二节　大学生常见的情绪困扰

情绪活动是人类生活的一部分，每个人每天都伴随不同的情绪。情绪对人的影响具有双面性，既是人类生活的“发动机”，又会因“发动机”故障而影响其生活。

一、大学生常见的情绪困扰类型

（一）抑郁

抑郁是一种以表现情绪低落、不愉快的反应，是普遍存在于人类生活中的负性情绪问题。

大学生的抑郁情绪是一种比较常见的不良情绪。与一般的悲伤不同，抑郁的体验和反应比单一的负性情绪更为强烈、持久，带给人的痛苦更大。抑郁者会感觉到生活无趣，高兴不起来，心情沉重，精神状态差，缺乏动力，对外界的兴趣减退或消失，自信心下降。抑郁的具体表现有以下几个方面。

（1）表现为强烈而持久的悲伤、忧虑，情绪低落，心境悲观、冷漠。

（2）在自我认识评价方面，表现为自我评价过低，感到自卑，认为自己没有用处，生活毫无意义，未来没有希望，常自我责备甚至谴责。

（3）在生活方面，表现为对生活缺乏兴趣，没有喜欢或者主动想去做的事情，不愿与他人接近，回避社会生活。

（4）在躯体方面存在不适感，如食欲下降，全身无力，失眠或者早醒。

抑郁情绪的最坏结果是轻生。由于长期受严重的抑郁情绪困扰，人生态度低沉、悲观，极度自卑，部分人会表露轻生意念。研究表明，抑郁症侯群与轻生之间存在着明显的正相关，相当多的抑郁症患者有轻生意念，严重者采取过轻生行为。对于大学生长期表现出的悲观、绝望情绪，尤其是曾经表露过轻生念头或有过轻生行为者，应该予以及时的关注，并向专业机构和专业人员寻求帮助。

（二）焦虑

焦虑是指对未来某种可能发生的可怕情境产生的一种不愉快的情绪体验，是个体预期到某种可怕的情境将会发生，又感到自己无法采取有效的措施加以预防和解决，从而感到害怕、提心吊胆、忧心忡忡、紧张不安、烦躁、易激怒，并伴有手心足心出汗、坐卧不安、食欲不振、疲倦乏力等生理症状。

焦虑是大学生常见的情绪状态，当在学习、生活、工作各个方面遭遇挫折或担心需要付出巨大的努力的事情来临时，他们便会产生这种状况。大学生的焦虑情绪与人格特点、年龄阶段、生活事件、挫折等因素有关。适应困难、学习考试压力、人际关系紧张、生活困难、职业选择的矛盾及青春期的冲动与社会禁忌之间的冲突是引起大学生焦虑的重要因素。

（三）自卑

自卑感是因对自己评价过低而产生的压抑、羞愧的情绪体验，是自我意识中自我情绪体验形式之一。自卑感的出现可能有生理心理缺陷基础，也可能仅仅是出于想象。自卑的人自我评价过低，评价不符合自身的实际情况，因而会轻视自己，对自己没有信心，在社会生活中表现出胆怯、退缩，担心不被他人尊重，对他人的评价异常敏感。为了避免受到进一步的心理伤害，不愿与人接触，把自己封闭起来。

大学生的自卑感存在着性别差异。女性较男性更易产生自卑感，其原因是由于社会文化更强调男性角色的独立、进取特征，而强调女性角色的依赖、温柔特征，女性大学生的自信心普遍弱于同龄男性大学生。

（四）冷漠

冷漠是一种对外界刺激漠不关心、冷淡、退让的消极情绪体验。处于青春期的大学生兴趣广泛、感情丰富、情感体验深刻而强烈。但是，有些大学生与这一特点不相符，他们对学习和活动应付了事、缺乏兴趣，对学习成绩不在意，对同学、集体和社会态度冷淡，对一切无动于衷。尤其是随着网络信息的发展和手机的普及，学生在人际关系中的冷漠感表现更为凸显。

冷漠通常是个体不堪承受挫折的压力，而攻击行为无效或无法实施，又看不到改变境遇的可能性；反复遭受同一挫折却又无力改变，长期得不到相应的回报，会出现用逃避、退让、冷淡等方式进行自我保护，进而产生冷漠的反应。

冷漠状态对大学生的身心产生极大的危害，是个体压抑内心愤懑情绪的一种表现。外表冷漠，内心备受孤独、痛苦、寂寞、不满、愤恨的煎熬，充满强烈的压抑感。大学生由于缺少宣泄的途径，巨大的心理能量无法释放，会破坏心理平衡，进而导致心理疾病和心理障碍。

大学生要充分认识到冷漠对身心健康的不利影响，要积极行动起来，分析产生冷漠情绪的原因，找出症结所在，勇敢面对生活中的挫折和不幸，富有热情和希望地生活在当下，积极乐观地面对生活，面对未来。

（五）愤怒

愤怒是当事物不符合自己的需要和愿望，受到挫折时的情绪体验。愤怒依据程度可分为不满、气恼、暴怒等。

个体的自尊受到伤害、人格受到侮辱时，往往会产生强烈的愤怒情绪，甚至勃然大怒。这时当事人会失去控制而表现出极端的情绪，如出现叫喊吵骂、捶胸顿足、打人毁物、蛮横粗暴。这类情绪状态的特点是来得快、来得猛，但持续时间较短。突然的、强烈而短暂的激情状态，可伴有一定程度的意识障碍，当事人不能意识到由此而可能产生的冲动性行为的后果，因而不能自行控制。

有人说“愤怒以愚蠢开始，以后悔结束”，所以大学生要理智控制自己的愤怒。例如，在意识到即将发生冲突时，可以通过有意识地降低说话的音量、放慢语速、避免身体前倾，就可以淡化、缓和紧张冲突的气氛；在怒火中烧时，先从 1 数到 10 再开口；或当自己控制不住愤怒的情绪时，可以迅速离开现场，避开双方都在“气头”上，冷静后，愤怒的情绪会减弱或消失；还可以转移注意力，把注意力从引起不良情绪反应的刺激情境转移到其他事物上去。

（六）嫉妒

嫉妒是因为自己的社会尊重需要程度未得到满足而产生的不良情绪反应，也是大学生中比较普遍的一种现象。

1. 自私自利

嫉妒是以自私为核心，以对在某方面别人超过自己而心怀不满为特征的消极心理现象。尽管嫉妒者表达嫉妒的方式和程度不尽相同，但是性质基本相仿，要么凡事“唯我独尊”，希望自己占有一切荣誉或优先地位，要么以一种“不患寡而患不均”的心态看待现实，容不得别人有任何优越之处。因此，一旦发现周围的人在某一方面优越于自己，心理上就失去平衡。轻者醋意萌生，对他人的优越之处装得不屑一顾、不值一提，本来与他人过从甚密，现在却有意回避疏远。稍重者贬损苛求，不考虑他人的优点，偏关注其一个缺点；甚至在其背后散布流言蜚语，让不知情者去议论、猜测、传播，以混淆视听、蛊惑人心。严重者嫉恨如仇，完全为妒火所控制，必以摧毁他人而后快，从而做出各种危害他人身心健康的事情。因此，在现实生活中，嫉妒对人际关系的危害非常大。

2. 攀比

嫉妒者最容易对那些过去主、客观条件与自己相差不多，或者不如自己的人产生嫉妒。嫉妒者看到跟自己差不多的人或者过去不如自己的人取得新成就、新优势，便会产生不平衡心理，于是便产生忧虑、愤怒、怨恨的心理。在这种心理的支配下，竭力去贬损别人的不足，以求得心理上的病态快慰。在生活中，人们总是相互联系的，总是有许多“差不多”的地方，如年龄差不多、学历差不多、能力差不多、地位差不多、资历差不多、工资差不多等，而这些都可以拿来攀比。因此，如果有人在某一方面打破了这种的均衡状态，就很容易成为嫉妒的对象。

3. 心胸狭窄

嫉妒也是一种与社会发展相抵触的守旧、逆反心理。嫉妒者心胸狭窄，为个人想得太多，为集体想得太少；为自己想得太多，为他人想得太少。为了满足自己的病态心理，宁肯守旧，也不让别人出头；不愿以奋斗和竞争去赶超他人，而是试图用某种不道德的方式将他人强行拉回原来的位置，以求得自己原来的均衡状态。由于嫉妒者往往会在背后打击嫉妒对象，必然造成隔阂与敌对，严重危害人际交往。因此，大学生要清醒准确地了解自己，正确地认识自己、评价自己，找出自己与竞争者之间的差距，明确努力的方向。将嫉妒转化为前进的动力和压力，把精力用在专业知识、技能的学习上，积极参与各种活动，培养广泛的兴趣爱好，在生活、学习和工作中丰富知识、发展能力、完善个性，告别嫉妒心理，与同学携手前进，共同发展。

二、大学生情绪困扰的原因

由于大学生正处于思想、心理和生理的变化时期，他们的状态及情绪还不稳定，且缺乏社会磨炼，适应能力较弱，心理承受能力相对较差，面对学习、生活中各种困难时，容易导致焦虑、抑郁、自卑、逆反等不良情绪。

（一）社会环境

随着社会经济的快速发展，人们生活节奏的加快，传统价值观念的改变，以及就业市场对人才的高要求等问题出现，容易引发大学生的心理与行为严重失调，使其产生焦虑和担心等不良情绪。

（二）家庭因素

家庭是人才成长的启蒙学校。家庭经济状况，家长教育态度、内容与方式，家庭成员之间的亲疏关系，对学生情绪、情感水平的培养起着非常重要的影响。当前，生活节奏的加快、社会的转型对家庭的冲击较大，如单亲家庭、留守儿童等问题家庭增多，在成长过程中，越来越多地影响着大学生的情绪。另外，家长对子女过高的期望或要求，加重其子女的心理负担，使之产生焦虑不安等情绪。

（三）学校环境

随着我国高校教育体制改革的深入，高校对学生的学习、综合素质等方面也要求更高，并制定了完善的考核标准。大学生稍有松懈就会在竞争中失利，这也成为大学生产生消极情绪的诱因之一。

（四）遗传因素

情绪与遗传的关系不是简单的一一对应关系。但研究发现，遗传背景在精神和心理疾病发病中起一定的作用，严重精神疾病的产生、发展是遗传基因所预先决定的，具有某类遗传基因的个体对环境中相关的刺激敏感，容易导致紧张、压抑等反应，并诱发症状。

（五）生活事件因素

生活事件是诱发个体情绪反应的刺激物。生活环境对情绪健康的影响是由于客观存在着个体与环境的交互作用，但这种关系的性质非常复杂。部分刺激对个体具有威胁性，这种威胁性被个体明确认识到，但是个体的能力和经验不足以克服困境，这时生活环境对个体形成生活压力，威胁个体的情绪稳定与健康。

影响大学生情绪健康、诱发情绪障碍的因素还有很多。社会文化，尤其是流行文化、音乐、时尚等对大学生的影响也不容小觑；性别也使男女大学生的情绪活动各具特色；不同的民族传统和风俗习惯对各民族大学生的情绪健康也有不同的影响。

第三节 大学生情绪的控制与调节

稳定与适度的情绪状态不仅是心理健康的表现，而且可以帮助大学生更好地适应社会，追求事业发展，愉快地享受生活。

一、大学生情绪控制与调节的意义

（一）有助于提高身心健康水平

研究表明，情绪对人的身心健康影响非常大。长期或过度的紧张、焦虑、恐惧、抑郁、等消极情绪，会直接影响到生理功能，导致神经、心血管、内分泌等系统的功能紊乱，引发疾病。情绪反应会致病，但也可以用于疾病的治疗。一般而言，积极乐观的情绪有助于加速病人康复，减轻病人的痛苦感受，提高生活质量。情绪治疗疾病的主要方面是帮助病人营造轻松、愉悦、乐观、上进的情绪体验，最常用的方式是诱发病人露出笑容，如看幽默的文学艺术作品或表演，或者进行放松训练等。

（二）有助于提高心理活动效率

人类心理活动包括情感过程、认识过程和意志过程三个基本方面，其中情感过程的核心是情绪活动。从三者的关系来看，情感过程与认识过程和意志过程不是彼此分离、互不相干的，而是密切联系、相互影响的。其中，情感体验所构成的恒常心理背景或一时心理状态，是认识过程和意志过程的心理背景，对信息的接收、选择、加工、存储、回忆、思维等认识活动，对态度、动机、行为等意志过程，都有发动和协调作用。在积极稳定的情绪状态下，思维活动的效率高，思路开阔，解决问题准确迅速，不易被困难和挫折阻止。相反，在不适度的情绪状态下，无论是积极情绪还是消极情绪，都会影响到心理活动的效率和意志活动水平。如果情绪低落，则心理活动水平低，对外界刺激反应迟钝，思维行动迟缓，稍遇困难就停止行动；如果激动、兴奋过度，则意识范围狭窄，考虑问题不全面，易盲目而冲动地做出决策和行为，造成不良的后果。

人类情绪活动也受认识过程的影响和制约。没有对事物的认识，就不可能有对事物的态度体验和反应，即不可能出现情绪。因此，人在一定程度上可以控制或调节情绪活动，减少过度的情绪体验对心理活动效率的不利影响。对大学生而言，最为典型的例子是焦虑对学习效率的影响。一般而言，平时情绪稳定、不易过分焦虑的人比那些容易激动焦虑的人学习成绩好；情绪稳定的情境可以提高学习效率，而高度焦虑的情境可以降低学习效率；适中的焦虑程度对大多数人可产生最佳的学习效果。

二、大学生健康情绪的标准

健康的情绪是健全人格的必要条件之一。一般而言，情绪的目的性恰当、反应适度，符合社会规范的要求，就是情绪健康的标准。

（一）情绪健康的六项指标

心理学家瑞尼斯等提出了情绪健康的六项指标。

（1）发展出某些技巧以应对挫折情境。

（2）能重新解释与接纳自己与情绪的关系，不会一直自我防卫，能避免挫折，并安排替代的目标。

（3）某些情境会引起挫折，可以避开并找寻替代目标，以获得情绪满足。

（4）能找出方法，缓解生活中的不愉快。

（5）能认清各种防卫机制的功能，包括幻想、退化、反抗、投射、合理化、补偿，避免养成错误的习惯，以至防卫过度，造成情绪困扰。

（6）能寻求专家的帮助。

（二）情绪健康的八个特点

心理学家索尔指出情绪健康的八个特点。

（1）独立，不依赖父母。

（2）增强责任感，提升工作能力，减少被外界接纳的渴望。

（3）去除自卑情结、个人主义及竞争心理。

（4）适度的社会化与教化，能与人合作，并符合个人心愿。

（5）成熟的性态度，能组织幸福的家庭。

（6）培养适应，避免敌意与攻击。

（7）对现实有正确的了解。

（8）具有弹性及适应力。

对大学生来说，情绪健康表现为个体具有积极、乐观、愉快、稳定的情绪，对不良情绪具有自我调控能力，情绪反应适度，高级的社会责任感（理智感、道德感、美感等）能够得到良好的发展。

三、大学生情绪调控的原则

（一）疏导性原则

对情绪的控制与调节不能等同于对情绪的抑制或压抑。正常的情绪体验和反应如果受到过多的压抑，将会有害于身心健康。例如，被激怒时，血压升高是正常的生理应激反应，如果愤怒的情绪长期受到压抑，就会积怒于心，紧张的情绪体验不能随愤怒的发泄而平息，其血压升高的生理反应将长期保持下去，长此以往将转变为病理状态。情绪的外部表现可以人为控制，但是其内在的情绪体验及伴随的生理变化则不为主观意志所控制，需要运用科学的方法加以调节和控制，使情绪得到舒缓。

（二）建设性原则

建设性原则是指旁人以建设性的态度去了解、辅导大学生克服情绪障碍时适用的原则。

建设性的态度之所以必要，是因为大学生对他人的态度与看法十分敏感。如果旁人采取非建设性的态度，将直接触发大学生的心理自卫机制。因此，要引导大学生合理地宣泄情绪，以建设性的态度关心理解其困境，是解决问题的关键。

四、大学生情绪调控的方法

情绪的调控不仅与身心健康有密切的关系，还与一个人能否适应社会、获得事业成功和更好地享受生活有密切的关系。大学生要学会自我管理情绪，善于处理情绪，觉察情绪，并理性控制情绪。

调控情绪的方法很多，下面几种方法有助于不良情绪的调节。

（一）认知调控法

认知调控法是指当个人出现不适度、不恰当的情绪反应时，理智地分析和评价所处的情境，分析形势，厘清思路，冷静地做出应对。认知调控的关键是控制与即时情绪反应同时出现的认知和想象。例如，当人非常愤怒时，常会做出过激行为，如果此时能够告诫自己冷静地对愤怒的原因进行分析，找出可能的解决办法，进行积极的自我暗示，就能使过分的反应有所缓解。认知调控法在实际应用时可分为以下两步：一是分析刺激的性质与程度；二是寻找多种解决问题的方案，冷静思考后选择最佳的方法。

（二）交往调节

当大学生遇到一些不舒心、不如意的事情时，便会产生不良情绪，这时可以主动找朋友聊聊天，通过与朋友的交流分享，稳定情绪，缓解压力。朋友间彼此交流的过程，就是不良情绪缓解的过程，比一个人自怨自艾、独处冥想要好的多。

（三）活动转移法

活动转移法是指在处于情绪困境时，暂时将问题放下，从事所喜爱的活动以转变情绪体验的性质，达到调控情绪的目的。事实证明，音乐是调控情绪的最佳方式之一。欢快有力的节奏能使情绪消沉者振奋，轻松优美的旋律让紧张不安者心理放松。大学生可以通过欣赏音乐，把内心的体验转化成心灵的曲调。

文体活动也是调控情绪的良好方法。当情绪状态不佳时，参加各种体育活动是极好的情绪调控手段。体育活动既可以放松紧张的情绪，又实现平衡情绪的目的。

（四）情绪放松技术

情绪放松技术有很多种。利用放松技术可以使人从紧张、抑郁、焦虑等不良情绪中解脱出来。

首先是准备工作：穿着宽松柔软的衣服独自进入自己的空间。基本姿势：坐在凳子上，放松两肩稍稍低垂，目视前方，舒展一下身体和头部使全身呈优美姿势。两手放在大腿上互不相碰，双脚慢慢分开，把身体调整到你感到舒服的状态。

其次是训练工作开始时，两臂、两腿用力伸展，双手、双脚同时用力使之略有颤抖的感觉。突然松劲，全身的肌肉会立刻松弛下来，练习时要体会和抓住这种感觉。接下来闭上双目，重复一遍动作。在松劲的一瞬间开始做腹式呼吸，张开嘴巴深深呼气，停止呼吸片刻，再从鼻孔慢慢吸入新鲜空气，直至吸饱为止。此刻停止呼吸一两秒后再张口收腹将腹内气息全部吐尽。腹式深呼吸做完后，呼吸平缓下来，头脑里浮出愉快的情境（情境在练习之前就先选好，这个情境应该与自己的美好经历和感受相联系）。在愉快的情境浮现的同时，随着呼吸，口中念着："我的心里很安静。"这时，你会发现自己的内心会逐渐地平静下来。随后，每次训练时间以 10～15 分钟为宜。在起床后、午饭后和睡觉前进行训练效果最佳。掌握训练的要领之后，每遇到情绪波动就可以用这种方法来自我调节。

（五）情绪疏泄法

情绪疏泄法是指在大学生处于较激烈的情绪状态时，允许大学生直接或者间接地表达其情绪体验与反应的方法。简单而言，即高兴就笑、伤心就哭。坦率地表达内心的情绪，会令人心情舒畅，同时，与情绪体验同步产生的生理改变将较快地恢复正常。

情绪疏泄法可以分为直接疏泄法与间接疏泄法。直接疏泄法是在刺激引发情绪反应之后，即时表达自己的内心感受。如果遭遇到不公平对待，可以马上体现出来；被人伤害后，直接告诉对方自己很生气，要求赔礼道歉。间接疏泄法是在脱离引发强烈情绪的情境之后，向与所处情境无关的人表达当时的内心感受，发泄自己的愤怒、悲痛等体验。

情绪疏泄法也有"度"的问题，强调其合理性，而不是一味地发泄情绪。大学生应该学会克制、容忍、忍让，情绪的发泄不得损害他人的利益。

（六）PAC自我写照法

1959年，美国医生埃里克·巴恩创立了一种心理调节方法——PAC自我写照法。PAC分别为“父母”（P）、“成人”（A）、“儿童”（C）的英文字头。巴恩指出，要保持心理健康，一个人一生要保持三种心理。

P：要保持慈爱。要像父母双亲关心子女那样体谅别人，关心别人，有一颗慈爱的心。

A：要保持理智。要有成人的成熟心理，遇事冷静，能够理智地、正确地观察现实，适应现实生活。

C：要保持“童心”。不要强行压抑自己的本能性需要。人的一生要有孩子般自然、朴素的情感。

人的PAC不是天生的，但是人在幼小时形成的种种不同的行为模式对人的成长起着重要影响。因此，一个人要保持心理健康，需要以PAC为标准，即保持儿童般的天真、自然和热情，又要有成人般的理智和父母对子女般的慈爱。

（七）求助心理咨询

当大学生陷入较严重的情绪障碍无法自我缓解时，有必要寻求社会支持和帮助。大学生应该建立自己的社会支持系统，如亲人、朋友、老师，或者是专业的社会工作者、心理医生。一是可以将他作为倾诉的对象，把苦恼倾诉之后，会有轻松解脱的感觉。二是提供看问题的新的视角和思路，帮助大学生走出个人习惯的思维模式，重新评价困境，寻找新的出路。三是心理医生可以提供专业方法及建议，运用心理学手段和方法帮助大学生有效地缓解情绪障碍。

拓展阅读

食物调节情绪

多年来的研究显示，某些特定的食品能影响大脑中某些化学物质的产生，从而改善人们的情绪。列举如下。

（1）全麦面包。食物中的色氨酸能提高大脑中5-羟色胺的水平，使人产生愉悦的感觉。而全麦面包能帮助色氨酸的吸收。在吃富含蛋白质的肉类、奶酪等食品之前，先吃几片全麦面包，可以保证色氨酸进入大脑，而不至于被其他氨基酸挤掉。

（2）咖啡。早上喝一杯咖啡确有提神醒脑的作用。咖啡因能使血压暂时性略有升高，并阻断使我们感到瞌睡的化学物质传递。适度饮用，但每天喝3杯以上可能会使人烦躁、易怒。

（3）水。每天应喝足够的水，防止因缺水而感到萎靡不振。不能用咖啡或其他含咖啡因的饮料代替。

（4）香蕉。紧张情绪与镁缺乏密切相关，所以生活忙碌的人在食谱中应补充富含镁的食品，如香蕉。

（5）橙子。每天150毫克剂量的维生素C（约两个橙子）就可以使紧张、易怒、抑郁的不良情绪得到改善。

（6）辣椒。辣椒中含的辣椒素能刺激口腔神经末梢，使大脑释放出内啡肽。这种物质能引起短暂的愉快感。

（7）巧克力。许多女士，尤其是当她们受到经期前综合征或不良情绪困扰时，特别想吃巧克力。因为巧克力具有镇定作用。

（8）牛肉。为了降低胆固醇完全忌吃牛肉，往往引起缺铁，使人感觉疲劳、心情抑郁。试验表明，每天吃100克牛肉的人比完全素食的人可多吸收50%的铁。

课后作业

结合自身情绪的特点，分析积极情绪和消极情绪对学习和生活的影响，并说明从中受到什么启发？

心理测验

情绪稳定性自测量表

指导语：有的人能力平庸，却能冷静地处理判断事物，因而取得了成功；有的人虽然聪明睿智，但情绪却不稳定，因而影响到了个人的发展。情绪的管理越来越被人们关注，是否要检查一下自己的情绪稳定程度？请对下列各题做出“是”或“否”的判断。

1．即使发生了不快，也能毫不在乎地去思考别的事情。

2．不介小隙，经常保持坦然的态度。

3．做任何事情都制定有具体可能实现的目标。

4．遇到担心的事情，喜欢写在纸上进行分析。

5．失败时也注意仔细思考，反省原因，不会愁眉不展。

6．有休闲自娱的爱好。

7．发生问题时，常常倾听众人的意见。

8．工作学习能有计划进行，遇挫折不气馁。

9．遇到困难时，往往改变生活的形式、节奏。

10．在工作和学习上，尽管别人比自己优秀，仍能坦然面对。

11．常常满足于微小的进步。

12．乐于一点一点地积累有益的东西。

13．很少感情用事。

14．尽管很想做某件事情，但不可能时也会打消念头。

15．往往能理智周密地思考和判断问题，不拘泥于细枝末节。

【评分标准和结果解释】

选“是”计 1 分，“否”计 0 分。各题得分相加，然后计算总分。

0～3 分：情绪很不稳定。常常患得患失。

4～6 分：情绪不太稳定。常常拘泥于一些小事，总是忙忙碌碌，耗费心思。

7～9 分：情绪一般化，时好时坏。对于一些重大事情，自己不能做出决策。

10～12 分：情绪比较稳定。擅长处理问题，不拘细节，胆大心细。

13～15 分：情绪非常稳定。能沉着大胆地处理任何一件事，而且从不畏惧困难。

心 理 训 练

我的情绪天气

一、活动目的

1．对情绪有初步认识，进一步了解自己的情绪特点。

2．学会适当地表达个人情绪。

二、活动时间

大约 20 分钟。

三、活动道

卡片若干。

四、活动场地

室内为宜。

五、活动程序

（一）情绪气象台：播报“情绪天气”

所有学生在班级内用下面的形式播报一下自己现在的情绪状态：

情绪天气
天气（晴、多云、阴、小雨、大雨、暴雨）： 气温（-10～10℃）： 风力（1～10 级）： 情绪指数（最多 5 颗星）：

（二）情绪表演：大家都来演一演、猜一猜

1．准备一些写有表示情绪词语的卡片（如愉快、喜悦、悲痛、伤心、生气、愤怒、害怕、惊恐等）。

2．学生五人一组，每组派一名学生上前抽取两个情绪词语，然后组内讨论如何将卡片上的情绪以动作表达出来（事先不能让其他小组学生知道）。

3．按小组分别表演，表演完后，其他小组猜他们表演的是什么情绪。教师告诉学生：情绪分正面情绪和负面情绪，但没有好坏之分，并且学会分辨正面情绪和负面情绪。

4．各组全部表演完后，评选出最佳表演组（哪一小组的表演是大家一看就知道是什么情绪的）。

5．讨论活动心得。

（三）角色互换：一吐为快

学生们已经播报了自己的情绪天气，现在我们来进一步说明自己的情绪：你最近有什么不良情绪吗？是怎么引起的？请和组内同学说一说，向他倾诉你的烦恼。

1．两人一组，固定时间为 6 分钟，每人有 3 分钟倾诉时间。

2．在一名学生倾诉时，另一名学生只能倾听，通过一定的语言、动作和表情表达自己对对方情绪状态的理解，不得插入关于自己的情绪话题。

3．时间到，立刻交换倾诉方，不得拖延。

4．倾诉完后，彼此交流：如果自己遇到对方的事情，会怎么做？会是怎么样的情绪反应和表现？

六、注意事项

1．控制时间。

2．随机分组。

第十章 大学生网络心理

大学是人才和信息高度密集的地方。大学生已然成为社会的主要群体，也是网络“冲浪”的主力军。随着科技的不断发展和新技术的更新迭代，大学人才培养的过程、水平及科学研究活动越来越多地依赖信息技术，而网络作为信息传播的媒介也越来越多地成为高校师生获取知识的重要渠道，这必然对大学生的学习、生活乃至思想观念产生巨大的冲击，对大学生的世界观、人生观、道德观、价值观及思维和行为方式产生广泛而深刻的影响。

第一节 大学生网络使用及其对心理健康的影响

在信息化时代，网络帮助大学生迅速改变学习观念、效率观念、全球意识等，为他们不断接触新事物、新技术，接受新观念提供了有利条件，网络使用已成为当代大学生必须掌握的一种技能。但毋庸置疑，网络也对大学生的身心健康产生了不容忽视的消极影响。对待网络，要肯定并发挥其优势，正视并克服其弊端，使大学生在适应信息时代，让人与人之间的交流变得更加顺畅、紧密的同时，自觉提升网络素养，抵制网络色情、虚假新闻、网络恶搞、恶意软件、网贷诈骗等负面影响的侵袭，能够明辨是非，保持头脑冷静，不在网络中迷失自己。

一、大学生网络使用现状

据中国互联网络信息中心发布的第 49 次《中国互联网络发展状况统计报告》显示，截至 2021 年 12 月，我国网民规模达 10.32 亿，互联网普及率达 73.0%，网民总体规模持续增长，城乡人数差异较 2020 年缩小 0.2 个百分点，超过全球和亚洲平均水平。背后的原因是：一是网民上网总时长保持增长，上网设备使用呈现多元化。每周人均上网时长达到 28.5 小时，上网终端设备使用更加多元，网民使用手机上网的比例达 99.7%，使用台式电脑、笔记本电脑、电视和平板电脑上网的比例分别为 35.0%、33.0%、28.1%和 27.4%，互联网深度融入日常生活。二是即时通信等应用广泛普及，各类个人互联网应用用户规模呈普遍增长态势。即时通信、网络视频、短视频用户使用率分别为 97.5%、94.5%和 90.5%，用户规模分别达 10.07 亿、9.75 亿和 9.34 亿。在线医疗、在线办公、网上外卖、网约车、在线旅行预订、互联网理财、网络直播、网络音乐等用户规模增长较快，手机支付、即时通信、移动网络等更加普及，公共服务水平提质增效。

随着网络的迅猛发展，不同形式的网络平台应用、碎片式的海量信息悄然无声地渗透到大学生学习、生活、交往、娱乐的方方面面，在他们身边创建了一个“虚拟现实”的世界，进而也为大学生的思想引领、生活方式、价值认知等方面的变化提供了一个全新的媒介生活条件和网络生活空间，潜移默化地改变着大学生的文化娱乐方式、人际交往、思想道德、心理状态等各个方面。网络对大学生的精神生活产生积极影响的同时，也带来多方面的消极影响。

调查显示，10～29 岁网民占比为 30.6%，高于其他年龄段群体；50 岁及以上网民群体占比 26.8%，这表明互联网进一步向中老年群体渗透。中青年网民、高中以上学历人群仍然是我国网络用户十分密集的人群。在网络安全问题中，网民遭遇各类网络安全问题的比例为62.0%，遭遇个人信息泄露的比例为22.1%，遭遇网络诈骗的比例为16.6%，遭遇设备中病毒或木马的比例为 9.1%，遭遇账号或密码被盗的比例为 6.6%。进一步调查发现，虚拟中奖信息诈骗占比为 40.7%，遭遇网络购物诈骗的比例为 35.3%，遭遇网络兼职诈骗的比例为 28.6%，遭遇冒充好友诈骗的比例为 25.0%，遭遇钓鱼网站诈骗的比例为 23.8%，遭遇利用虚假招工信息诈骗的比例为 19.8%。

二、大学生网络使用易出现的问题

（一）无节制

大学期间的生活环境相对宽松，较充裕的课余时间原本是用于大学生继续学习深造和个性发展的。但随着大学生网络使用越来越生活化、日常化，具有强大交互功能和娱乐功能的网络消耗了大学生过多的时间与精力，导致大学生上网没有节制。许多大学生即使明知在网上没有特别需要做的有益事情，也仍然无法抑制频频上网的冲动。每个人可支配的时间是固定的，上网时间过长，自然会挤占其他事务的时间，如学习、睡眠、运动及用餐等。网络娱乐化程度的加深，过于频繁的网络使用使大学生在娱乐消遣上投入大量的时间和精力，不仅降低了课余时间的利用质量，而且直接影响到大学生的身体健康，造成课堂打盹、补觉，甚至上课缺勤。这种行为必然导致精力不足，严重影响大学生的学习质量和高校的学风建设。

（二）感性化

在网络上寻找“存在感”的大学生不同于现实中的身份，网络的虚拟性和隐秘性使大学生摆脱了现实生活中的顾忌，上网时表现为感性化。大学生不论是参与网络舆论还是进行交友互动，都单纯依靠感性决定而忽视了科学理性的思维方式和生存态度，摆脱了理性思维中对于道德和法律的遵守。另外，网络的虚拟性带来的不仅是身份的虚拟，还有情感和立场的虚拟。由于网络的隐秘性，大学生在网上容易受到不良舆论导向和文化导向的影响，不自觉地参与网络语言暴力，甚至演化为现实暴力。在立场上，因为虚拟身份的可塑性，大学生能够任意转变或塑造自己的立场，造成大学生在上网时容易被错误的价值观引导，不能坚持自己的正确认知，缺少理性辨识，以致被误导。

（三）盲目化

很多大学生在网络使用上容易出现盲目化，不能科学理性地使用网络的学习功能，容易受到网络娱乐化倾向的影响，使网络成为一个简单的娱乐交友平台，造成网络强大学习功能和丰富知识储备的浪费。大学生使用网络的地点延伸至课堂，直接影响到大学生在课堂上的学习状况，网络的娱乐化倾向很容易让大学生丧失对学习知识的兴趣，严重影响到大学生的学习质量和学习效果。有些大学生使用网络时，忽视了自身应该遵守的学术道德和学术规范，滋长了弄虚作假和急功近利的心理，放弃了刻苦钻研的品格，直接照搬网络上的现成内容，直接影响到自身的学习能力和创新能力的培养。

（四）错位化

网络让交往互动更加简单，一定程度上简化了人与人之间的关系，也让情感表达更加表面化。这种简单的交往，使大学生在网络上可能得到部分人的认可，但一旦回到现实社会，可能会面临人际关系的危机和社会关系的挫折，从而影响了大学生的自我认知。现实社会人际关系复杂，竞争压力大，大学生倾向于将网络作为可依赖的避风港，认为网络中人际关系简单，没有竞争和压力，许多大学生因此沉迷于网络，迷恋网络游戏、钟情于网上聊天、过度地在网络上寻求刺激等，把课余时间都倾注在网络上，从而极易自我封闭、脱离现实。这对于世界观、价值观尚未完全成熟的大学生来说，危害很大。

三、网络对大学生心理健康的影响

（一）积极影响

1. 改变了大学生的学习、生活、思维方式

随着网络从电子通信、信息共享逐渐发展到电子商务、在线办公、远程教育、在线医疗等，渗透到社会生活的各个方面，人们可以从浩如烟海的信息中迅速检索到自己需要的内容，可以和素未谋面的陌生人交流谈心，可以和远隔万里的亲人朋友互通音讯，可以便捷在家中购物、看电影等。调研显示，大学生上网的主要动机依次是看电影等休闲活动、查阅资料、浏览新闻、社交聊天、消磨时间、网购等。网络充实了大学生的生活，提升了大学生的生活质量，提高了大学生的学习效率，但也极易产生深度依赖。

2. 促进大学生角色重建

对于大学生而言，当周围环境相对固定与稳定时，改变自我角色面临很大困难。例如，一个生活中性格内向的大学生，在未来的职业期望上却希望扮演诸如组织领导者的角色，然而在现实生活中，周围的人对其已经形成了某种既定的印象，可能就会给他的角色重建与转换带来阻碍和困难。但在进行网络交往时，网上交往群体并未形成既定的角色概念与角色期待，这就给了个体很大的自由重塑自我、重建角色，扮演内心渴望的不同角色，进行角色学习与体验。这对于现实生活中角色单一和受到现实压抑的大学生来说非常重要。

3. 促进大学生社会化进程

大学阶段是大学生社会化进程中极为重要的阶段。大学生通过学习专业文化知识和各种行为规范，参与实践锻炼和人际交往，逐步调整和完善自身，成为合格的社会成员。传统教育往往受到环境、背景的多重制约，具有显著的地域性特征，广播、电视等大众传媒虽然在一定程度上拓宽了人们受教育的范围，但仍属于传统教育的范畴。网络的出

现突破了时空限制，将海量的教育资源整合在一起，向他们呈现了一个文化多元的世界，使其可以了解当今世界各地的科学、文化、艺术等信息，有利于大学生经过比较、鉴别而内化为自身的价值理念与行为准则，加速大学生成长的社会化进程。

（二）消极影响

1. 不良信息带来的负面影响

网络给人们带来海量的信息和丰富的新知识的同时，也给人们带来了鉴别信息真伪的难题。大学生接受网络信息与知识的能力较强，运用网络获取信息和知识也非常普遍。但由于阅历、经验等不足，他们对网络海量信息的鉴别真伪能力还比较欠缺，尤其是面对不良信息时显得茫然和随意。网络上的不良信息对大学生的身心健康、理性认知和思想道德产生了很多负面影响，部分大学生深受其害。

网络上的不良信息主要包括几个方面：一是带有政治目的的不良信息，如刻意夸大社会问题、传播政治谣言、分裂国家的言论、邪教或恐怖组织的网络宣传等。二是网络黄赌毒信息，有些网站利用文字、图片和视频的方式来传播淫秽色情、网络赌博、毒品侵害等信息，引诱涉世不深的大学生参与。三是网络诈骗信息，有些网站利用人们占小便宜的心理，精心制造骗局，达到诈骗钱财的目的。

2. 对网络产生心理依赖

网络的普及使很多大学生对网络产生了日益强烈的依赖心理，有些大学生甚至产生了网络心理障碍。网络心理障碍是指上网者往往没有一定的理由，无节制地花费大量时间和精力在网络上持续聊天、浏览，以致影响生活质量，降低学习效率，损害身体健康，并出现各种行为异常、人格障碍，表现为情绪低落、兴趣丧失、睡眠障碍等。

大学阶段是大学生成长发育的最后冲刺阶段，长时间上网不仅会导致视力减退、发育迟缓、颈背劳损等身体损伤，还会使大学生产生认知障碍，使他们对周围事物的感知能力和准确判断能力降低。少数大学生严重依赖网络，影响学业和健康成长。

3. 对传统的学习方式产生冲击

网络在改变大学生日常生活的同时，也对传统的学习方式产生了很大的冲击。网络使大学生的知识获取途径多元化，传统的课堂教学方式受到挑战，很多传统书籍可以在网上阅读，成为大学生获取课外知识的新途径。一方面，网络学习的发展势头已经给高校教学提出了警示，如何结合大学生学习方式的改变推动教育教学改革，已是迫在眉睫；另一方面，网络学习仍然停留在“量变”的层面，学习内容驳杂、良莠不齐，大学生往往有迷茫之感，无从选择、不知所措。

4. 网络影响大学生的人际交往

在网络化时代，大学生的交往范围突破了原来家庭与学校的圈子，转而在无限的网络空间寻找沟通交流的对象。其一，通过网络进行人际交往已经成为大学生日常交际的重要组成部分。网络交际主要通过各种聊天工具和交际网站来实现，如大学生利用QQ、微信、微博等构建起的熟人和陌生人的交际圈，突破了地域的限制，突破了传统交际对象的限制，大学生可以与身处世界各地的好友与陌生人实现即时低成本的沟通交流。其二，网络交流方式也在一定程度上影响了大学生的日常人际交往。部分大学生将网络交际作为自己主要的沟通交流方式，长期沉迷于网络交际的虚拟世界，特别是迷恋在网络上与陌生人沟通交流的感觉。这种做法可能会产生一定的负面效应。一方面，网络上的陌生人的身份难以辨认，容易使坏人掩盖身份，对大学生进行金钱欺诈和情感欺骗；另一方面，沉迷于网络交流，使一些大学生在现实环境中无法融入班级和宿舍交往圈，从而无法与同学、朋友等构建起良好的人际关系，使自己的现实交际圈日益狭窄。

第二节　大学生网络心理调适

一、大学生网络心理概述

（一）网络心理的含义

网络心理一般是指个人为逃避现实生活而过分依赖网络提供的虚拟现实场景的一种心理表现。广义的网络心理是指所有与网络相关的心理活动；狭义的网络心理是指在虚拟的网络世界中上网者的思维、意识、认知活动等。伴随着网络社会的出现，大学生各种各样的网络心理需求、网络思想认知、网络情感和网络行为倾向纷纷涌现，借助虚拟平台提供的自由空间交汇、碰撞并生长，既为大学生的学习、生活、成长提供了前所未有的机遇，也给大学生的心理健康带来了强烈的冲击，产生了许多网络心理问题。

高校是网络发展的前沿，在网络飞速发展的时代，大学生的学习、生活、工作，甚至是个人的成长都离不开网络。丰富的网络世界既满足了大学生对各类信息的渴望，又为大学生提供了一个自由平等交流的平台。他们在网络世界中表达自己，宣泄情绪，展现不同的自我。网络的开放性、虚拟性、平等性及个性化的特点，使大学生对网络世界非常向往。大学生处于人生观、价值观、世界观形成的重要阶段，比较容易受外部环境、社会风气的影响，更容易受网络新闻、网络舆论等的影响。这些因素会导致大学生产生一些违背现实的认知或悲观消极的心理状态。

（二）网络心理的类型

1. 网络道德心理

大学生对网络的运行机制所知甚少，加之学校对网上交往的心理引导不够完善，因而存在着严重的道德心理失范问题。网络的开放性、大众性、虚拟性、直接性等特点，使网上交往容易打破身份、阶层、职业、生理条件等限制，为人们的交往提供了前所未有的时空环境和便利条件。但是，网络交往的复杂性、多面性，也造成了大量的道德心理失范问题，主要表现为侵犯知识产权、电脑病毒和网络攻击盛行、黑客袭扰和色情暴力信息泛滥等一系列反伦理的网络违法行为。据有关部门统计，网络上非学术性信息中，相当大的比例与色情暴力内容有关，有相当多自我控制能力较弱的大学生出于好奇或冲动去接触这类信息，从而导致自身道德意识的扭曲。网络上瘾的大学生将有限的时间花在网络上，把自己的思想、感情沉浸于网络中不能自拔，逐渐形成一种反社会性、流行性、无意识性的道德冷漠和病态的道德心理。从网络思想教育的角度来看，大学生网络交往中的负面道德倾向还常常伴随错误的思想意识倾向出现。在网络中，反动或造谣中伤的信息层出不穷，社会阅历尚浅，世界观、人生观、价值观尚在形成中的大学生极易造成思想混乱和信仰危机。

2. 网络恋爱心理

网络交往中的恋情称为“网恋”，是网络时代的衍生物。网恋具有的新鲜魅力、无限的机会和主动的方式，虽然也流露出一些被传统恋爱方式掩盖的自由情感及相应的情感张力，但由于网络交往所具有的虚拟性与现实性的隔膜，常常会导致事与愿违的结局，相应的网恋悲剧也屡见不鲜。基于虚拟现实环境的网恋毕竟不同于通过见面、书信、电话等交流方式进行的现实恋爱，后者尽管不如前者有更多的想象空间和对异性产生的神秘感，但它却是踏实可见的。现实恋爱将“永恒”作为价值取向，而网恋却不同于此。网恋语言成了一种独自狂欢的游戏语言，对大学生树立正确的恋爱观及日后现实的恋爱、婚姻生活极为有害。

3. 网络人格心理

网络人格失常大多是网瘾导致的。大学生过度上网所形成的人格障碍，与网络全方位的虚拟化（丧失真实姓名、性别、年龄等）不无关系。身份虚幻感、平等感、自由感使大学生产生了一种“没有人知道我是谁”的隐匿人格心理，使他们在网上有勇气更真实地表达自己，或者敢于“以假制假”。因此，网络交往中“双重人格”“多重人格”的现象非常普遍，表现为网上网下的心理缺乏统一性，人格失去了应有的和谐与完整，人们交往的真诚度大大降低。

二、大学生网络心理问题的主要表现

（一）网络恐惧

一部分来自经济较为落后地区的大学新生，中学时代可能接触网络比较少。当他们进入大学面对不同形式的网络界面，看到层出不穷的电子书籍、电脑软件，看着周围同学熟练地使用网络，自由地浏览、聊天，自己却有很多盲点时，害怕别人笑话自己是“网盲”，害怕自己被五花八门的网络知识和软件使用弄得眼花缭乱，从而产生网络恐惧。

（二）网络焦虑

网络焦虑是网络时代特有的现象。网络办公与学习已成为一种常态，我们如果有着急完成的工作，电脑或网络却出现故障，就会产生焦虑情绪，时间长了就会显得紧张不安，个体就会感到极度不适，担心漏掉重要的信息，害怕给工作带来负面影响，继而引发心理和生理上的反应，甚至出现失眠、头痛、食欲下降、焦虑等症状，长期的焦虑会诱发生理疾病。

（三）网络孤独

网络孤独是指部分大学生依赖网络进行人际交流，以致沉溺其中，远离周围的同学，变得越来越孤僻。上网并不能通过获取大量信息、网络娱乐、网络人际交往来战胜孤独感，反而会加重原有的孤独感，或因触网而引发新的孤独感。

（四）网络强迫

随着网络信息的发展，现在很多大学生顺其自然地成了“微信控”“微博控”“QQ控”“抖音控”，经常毫无目的地打开微信朋友圈、网页等，欲罢不能地反复刷新、查看，哪怕每次刷新看到的都是一些无聊的信息，甚至是垃圾信息也在所不惜，甚至不论何时何地也要带上手机，晚上睡觉前也会强迫性地多次打开手机浏览最新信息。

（五）网络成瘾

成瘾是指个体不可自制地反复渴望从事某种活动，给自己造成某种不良后果，但仍然无法控制的行为。部分大学生因为长期迷恋网络，导致上课注意力不集中，学习成绩下降严重，生活节律紊乱，视力下降，一旦离开网络，便难以从事其他有意义的事情，表现为情绪低落、思维迟缓、记忆减退、食欲不振等，对网络产生精神依赖。

（六）校园网贷

从网络消费者的群体特点来看，大学生渐渐成为网络消费的主流用户，但由此产生的校园网贷问题不容忽视。大学生通过分期付款、支付利息的方式在电商平台上购买自己想要的商品或服务，即网贷消费。大学生热衷新鲜事物，消费欲望强烈，存在超前消费、攀比消费、追风消费等不健康的消费心理，对于网贷消费模式的方便、快捷、低门槛特点的接受程度高，但防范意识差，追随潮流，不计后果，容易陷入网贷泥潭不能自拔。

三、大学生网络心理调适策略

（一）树立良好的自我意识

良好的自我意识是指大学生能够客观、正确地对自己进行评价，勇于面对由自我认识产生的情感体验，最后对自己的情绪进行及时、合理的调节。良好的自我意识能够指引和纠正大学生的行为方式、调控大学生的心理活动。例如，一名大学生通过自我分析与评价，发现自己对网络的依赖越来越严重，已经影响到自己的学习与生活，在选择上网与休息时产生了痛苦的情绪体验，但是在自我调适的作用下，最终他能够严格限定自己的上网时间，把更多的时间和精力投入学习中。这名大学生能够自觉进行心理调适就是良好自我意识的具体表现。

（二）培养良好的自我情绪调节能力

良好的情绪状态在大学生心理健康发展中有着至关重要的地位。只有善于进行情绪调节的人，才不会迷失在网络世界。大学生要善于认识生活中各种负面事件所引起的情绪变化，在上网时做到自我克制。由于网络具有虚实两重性，在网络中意志的放纵，很可能会导致现实中的意志薄弱。

（三）掌握面对挫折与解决困难的方法

大学生树立正确的价值观，培养良好的意志品质，锤炼挫折承受力，是保持网络心理健康的重要途径。首先，端正对待挫折的态度。由于挫折对人的心理发展具有积极和消极的双重作用，大学生要面对它、正视它，在挫折中学习，敢于迎难而上，始终保持积极乐观的生活态度，正视失败和及时进行目标调整。其次，善于自觉主动地控制自己。控制自己是培养意志的关键所在，大学生要善于对自己做出行为限定，明确自己的目标和任务，克服外界诱惑，在自我控制的行为过程中逐渐形成良好的意志品质。最后，善于运用自我宣泄法和他助宣泄法。自我宣泄的方法有眼泪缓解法、运动缓解法、转移注意法等。他助宣泄的方法有模拟宣泄法（如棒打橡皮人）、倾诉宣泄法等。

当然，自我调适是大学生解决网络心理问题最直接、最有效的方法，只要大学生从培养个人兴趣爱好、树立远大理想目标、建立良好人际关系、参与团体心理辅导等角度出发，积极主动，共同努力，最终形成教育与自我教育的良性循环，就一定能够克服网络心理带来的消极影响。

第三节　大学生网络成瘾的预防与矫治

一、网络成瘾的含义

“网络成瘾”是由美国精神病学家古德伯格博士首先提出的，其主要受害群体是青年学生。网络成瘾可以表述为，在无成瘾物质的作用下，个体无法控制自己的上网行为，反复地过度上网，导致出现社会功能受损及网络行为失控，从而产生的个体生理、心理上对网络的依赖和迷恋。网络成瘾导致的心理、生理、社会功能受损，严重影响到网民及其家庭的正常生活，乃至整个社会的安定和发展。网络成瘾过程具有阶段性的特征，可以采取预防和矫治相结合的戒除方法。

二、网络成瘾的诊断标准

美国心理学会对网络成瘾提出了十项诊断标准，具体是：①关闭网络后依然沉浸在网络环境中；②嫌上网的时间太少而不满足；③无法控制正常上网；④一旦减少上网时间就会焦躁不安；⑤一上网就能消散种种不快；⑥上网比上学、做功课更重要；⑦为上网宁愿失去重要的人际交往和工作；⑧不惜支付巨额上网费；⑨对亲友掩饰频频上网的行为；⑩下网后有疏离、失落感。

中国青少年网络协会制定的判别网瘾的标准，分为必要条件和补充条件。必要条件是：上网给青年学生的学习、生活或现实中的人际交往带来不良影响。在这一前提下，只要满足三个条件（补充条件）中的任何一个，即判定个体属于上网成瘾。三个补充条件包括：①总是想着去上网；②每当网络被切断或由于其他原因不能上网时，会感到烦躁不安、情绪低落或无所适从；③觉得在网上比在现实生活中更快乐或更能实现自我。在非网瘾群体中，同时满足以下两个条件则表示个体具有网瘾倾向：①实际上网时间往往比自己预期的时间长；②向亲人隐瞒自己的上网时间。

三、网络成瘾的类型

（一）网络交际成瘾

网络交际成瘾是指网络成瘾者沉湎于虚拟的网络交际活动，喜欢通过社交软件去结识朋友，建立自己的人际交往圈，在线朋友很快变得比现实生活中的家庭成员和朋友更为重要，他们对现实的人际交往兴趣减弱，网络人际交往逐步取代了现实中的人际关系。

（二）网络色情成瘾

网络色情成瘾主要是指网络成瘾者对网上与色情相关的内容上瘾。网络色情对大学生身心健康的负面影响尤其深远，由于部分大学生自控能力不强，在网络色情面前缺乏防范意识和抵制能力，极其沉溺于网络色情中不能自拔，甚至走上犯罪道路。

（三）网络游戏成瘾

网络游戏成瘾是网络成瘾中常见的一种类型，也是对大学生影响较深的一种网络成瘾类型。网络游戏包括网络对战游戏、网络角色扮演游戏等。网络游戏成瘾者将大量时间、精力和金钱花费在网络游戏上，这让他们获得虚拟成就感的同时，对他们的认知模式、行为方式和身心健康造成了严重损害。

（四）网络技术成瘾

网络技术成瘾是指痴迷于钻研网络技术且技术水平比较高，如电脑病毒制造者、网络黑客利用网络技术以毁坏、盗用他人信息或获得经济利益，乐此不疲，日久成瘾。最典型的例子就是黑客喜欢攻破别人的网站，对于大部分黑客而言，他们攻破网站不是为了金钱，而是为了满足个人的好奇心，获得满足感。

（五）网络信息收集成瘾

网络信息收集成瘾者花费大量时间用于在网上查找和收集信息，伴随一系列的强迫性冲动和工作效率下降两个典型特征，而收集到的信息往往不予关注。

（六）其他网络成瘾

其他网络成瘾有网站制作成瘾、网上讨论成瘾、论坛（BBS）成瘾、网上购物成瘾、网上赌博成瘾、网络窥探成瘾等。

按照网络介质和场所的不同，网络成瘾也可分为网吧网络成瘾、手机网络成瘾、个人网络成瘾。网吧网络成瘾者一般会被网吧的娱乐气氛、舒适环境和营销策略吸引，把大量精力用于去网吧上网。手机网络成瘾是借助移动互联网方便、快捷的优点，手机迅速地占领了年轻人的生活空间，成瘾者会通过手机来聊天、通信、读书、游戏等。个人网络成瘾者沉迷于自己的电脑，一旦网络中断，就会出现迷茫和无所事事的感觉，甚至认为所有的工作都无法再继续下去，这种依赖关系与网络办公自动化的普及有一定关系。

四、大学生网络成瘾的危害

（一）导致大学生理想信念缺失

大学生正处于自我形象逐渐清晰的青春发育期，他们向往感情自由和思想自由，追求自我设计的理想人生。由于现实与理想存在落差，大学生容易形成自我封闭，继而寻找转移、倾诉和宣泄自己的不良情绪及内在情感的平台，把情感满足和压力释放转向网络以寻求支持，这种依赖不断强化了他们的“虚拟人生”，使他们越来越习惯和偏好把自己在现实中不能实现或难以实现的理想寄托于虚拟网络，使真实人格和现实生活异化，淡化了现实生活中的理想和信念，弱化了大学生的社会责任感和道德感，给心灵的成长造成扭曲，使理想信念缺失。

（二）导致大学生学业荒废

部分大学生把大部分时间和精力耗费在网络上，且成瘾行为经常反复发作，最直接的影响就是荒废学业。大学生网络成瘾导致中断学业（退学、休学）的现象已经不是个例。在出现课程不及格、学分修不够等而降级或退学的在校大学生中，网络成瘾者占了相当大的比例。而学习成绩一旦出现断崖式下跌，大学生就很容易对学习失去耐心，从而导致恶性循环。

（三）严重影响大学生身心健康成长

长时间坐于电脑前，会导致视力下降、精神疲惫等身体机能的损伤。网络成瘾大学生患上眼科疾病的概率明显高于普通人群，严重的会导致视网膜脱落；长时间使用键盘和鼠标，会造成手部肌肉僵硬，甚至引起肌腱炎。此外，长时间操作电脑还对颈椎、腰椎等部位产生影响，造成颈椎病、腰间盘突出等疾病。

（四）导致大学生丧失意志品质

网络成瘾大学生由于沉湎于网络，过分迷恋网络世界，造成思维迟钝、精力不足，学习成绩大大下降，甚至为了上网而旷课、逃学。对网络生活的过于投入导致他们缺乏现实中与人交往的能力和方法，在人际交往中表现出过于功利、自我中心、不尊重他人、过于依赖、妒忌心强、自卑、自暴自弃、有敌意、退缩、偏激、不合群等特点，甚至会产生自闭倾向，丧失了大学生应该拥有的意志和品质，给以后的工作和生活留下深远的负面影响。

（五）影响家庭和谐与自身发展

过度依赖网络会对大学生的学业生涯、人际关系、道德观念、身体健康等多方面造成极大影响，容易使他们对周围环境产生错位认知，甚至严重影响家庭、朋友关系。对于大学生而言，很多家庭为了将大学生培养成才甚至倾尽所有，而陷入网瘾的大学生却肆意挥霍钱财、感恩意识消退，给家庭增加了负担。陷入网瘾的大学生犹如早谢的花蕾，极易变得情感冷漠、心灵麻木，与现实生活逐渐脱轨，他们把丰富的大学生活和宝贵的成长机会付诸网络虚拟，渐渐疏远了同学、老师、朋友和亲人，最终对心理和人格发展造成消极影响，甚至无法正常完成学业。

五、大学生网络成瘾的预防

（一）通过自我调节，有效预防大学生网络成瘾

1. 树立健康向上的心态，加强自我克制力

如果大学生能够树立健康向上的心态，就可以有效的避免网络成瘾。大学生要充分了解自己的性格特点，通过各种性格测试加以把握，以此为依据，制订对应的心理练习方案，时刻认识到网络成瘾的成因和危害，定期进行自我调节和疏导，让日常的紧张情绪得以放松，从而建立并保持对网络成瘾的克制。

2. 培养对所学专业的兴趣，提高自制能力

大学生应培养对自身所学专业的热爱，努力学习专业知识来充实生活，不断提升自我把控能力。大学生要针对所学的专业制订切实可行的计划，然后就按部就班地去执行；可以邀请一个学习认真踏实、按部就班的同学来协助你完成计划，监督计划落实情况，慢慢习得良好的行为习惯，达到提高自制、自控能力的目的。

（二）加强学校的教育引导，使学生科学使用网络

1. 开展思想政治教育，培养大学生的社会责任感和使命感

学校应遵循大学生思想政治教育的客观规律，以满足大学生成长成才的需要为出发点，以培养大学生优秀品德、提高大学生文化素养为目的，创新性地开展日常的思想政治教育工作。大学生是社会的中坚、祖国的未来，培养大学生的社会责任感和使命感，使之明确自己在家庭、学校和社会中的责任和义务，准确定位，树立合理的发展目标，这是帮助大学生远离网瘾的关键。学校应积极开展感恩诚信、责任担当等相关主题的思想教育活动，激发大学生对家庭、学校、社会的感激之情和责任感，并使之转化为学习、生活的动力，鼓励大学生勇于承担所应肩负的责任。

2. 建立班级朋辈辅导员制度，帮助大学生保持心理健康

朋辈辅导员就是指与大学生这一群体处于同一等级、同一“辈分”的热心于所从事的工作并经过专业培训，在大学生中从事咨询等工作的学生。在班级设立的朋辈辅导员会积极引导班级同学们树立正确的人生观、价值观和世界观，帮助同学们建立健康的人际关系，适时掌握同学们的思想动态并给予疏导，一旦出现网络成瘾的苗头，及时与辅导员、学校心理健康教育部门联系，共同开展针对性的咨询和治疗，从而有效防止大学生因心理和情绪的原因沉迷于网络游戏。朋辈辅导员可以单独与网络成瘾倾向的同学进

行“交流式”的咨询，帮助同学及时解决心理的烦恼和困惑，提升学习和生活的信心、勇气；组织班级同学集体进行心理辅导，通过班级内的人际交互作用，运用团体动力和适当的心理咨询技术，帮助全体同学认识自我、探索自我，调整、改善与他人的关系，学习正确的学习态度和方式，从而促进班级同学的自我发展和自我实现。

3. 建立健全大学生监督管理制度，营造良好的学习氛围

宽松的环境不能起到良好的约束作用，为了防止大学生沉迷网络，学校要有相应的纪律加以防范。通过校规校纪的规范，控制网瘾学生无节制上网，引导其遵守网络公共道德规范，严格自律，杜绝不健康的上网方式等。规范的制度管理约束，可以使大学生的行为得到有效监控，并使学习和生活变得有秩序、有规律，为预防和戒除网瘾提供有力保障。同时，通过加强对大学生日常的监督和管理来掌握他们的基本状态，定期通报大学生的出勤情况和课堂表现，及时发现产生网瘾倾向的学生，进而采取针对性的干预和辅导措施，避免其在网络成瘾方面陷得更深。

4. 积极利用网络，开展相关思想政治教育活动

网络思想政治教育对于网瘾学生有着独特的优势，积极利用网络开展思想政治教育能对网瘾学生教育起到突破性作用。网络思想政治教育要与网络人际交往相结合，可根据不同的交往形式而有所不同。一是公共型交往形式，如网络聊天室、电子公告板等。这一形式的交往对象大多是陌生且动态变化的，话题丰富，能吸引众多志趣相投的人聚在一起，形成网络群体。辅导员可以针对学生的不同志趣，与他们进行思想情感沟通，发表有见地的言论以树立威信。二是个人型交往形式，如即时通信、电子邮件、手机短信等。这一形式对交往对象大多有一定了解且较为固定。辅导员通过个人型交往形式及时了解学生的思想动态，通过长期的关心和帮助，有针对性、有步骤地对其进行教育。三是公共型与个人型相结合的交往方式。辅导员一方面可通过对等的网络交往，捕捉学生的思想、心理动态，使相互之间的交流更加频繁、有效和深入，另一方面可以创建自己的网络表达空间，通过表达自己的态度体验、生活感悟等，引发学生的共鸣，达到教育引导的目的。要多开展丰富多样的，有利于培养大学生求职、就业等方面能力的竞赛活动，使大学生积极地利用网络，正面提高网络的使用技巧，培养自己的创新能力及就业竞争力。同时，要在校园网建立心理健康网站，普及网上的心理健康教育，为大学生提供一个集知识性、趣味性、科学性于一体的健康网络环境。

5. 重视大学生情感教育，促进大学生个体的健康发展

网络交往是大学生进行情感交流与沟通的一种表现，也是在校大学生情感宣泄的一种方式，已经成为大学生人际交往的一个重要方面。但是网络交往并非交往的全部，需要引导大学生正确面对网络情感，加强大学生现实中的情感沟通和疏导。情感教育要尊重并培养学生的情感需要、动机、兴趣及潜能，在教育过程中启发学生的主观能动性，培养他们情感的自我调控能力，促使其产生一种积极的情感体验，来面对学习、工作及生活中的一切，形成独立、健全的个性与人格特征，以促进大学生个体的健康发展。

（三）积极调整家庭教育方式，使大学生合理使用网络

宽严相济的家庭教育会促进大学生的身心健康成长，使其对网络建立正确的认知，帮助大学生养成良好的学习习惯，从而合理正确地使用网络。家庭作为教育的开始，对培养身心健康的学生起着基础性作用，父母与孩子的内心交流对孩子的成长有着重要影响。良好的家庭教育是家庭成员共同努力创造的，这是孩子良好品质形成的基础。父母要以身作则，良好的教养和处事态度是孩子健康成长的关键。家长要善于处理家庭矛盾，增强家庭责任意识，让孩子健康快乐地成长。家长要经常与孩子保持内心的沟通，掌握孩子的思想动态，从启蒙教育开始，帮助他们正确认识电脑和网络，并逐步培养他们合理使用电脑和网络的能力和习惯。

六、大学生网络成瘾的矫治

（一）大学生网络成瘾的主观矫治对策

1. 自我心理干预

针对网瘾者的心理需求，积极创造条件满足他们的各种心理需要。网瘾者也可以采取一些心理自我救助的办法，尽可能避免急于上网条件反射的建立，不断弱化、破坏对网络的心理期待和依赖。

（1）自我提醒法。将上网的好处和坏处分别列在一张纸上，按程度轻重排好顺序，每天思考一次，每次一分钟，尤其是在网瘾发作时。也可以将纸贴在显眼的地方，如电脑上、宿舍墙壁上、门上。每天多时段内默念或大声对自己念上网的坏处，战胜自己的网瘾。

（2）自我暗示法。当有了沉迷网络的念头时反复自我暗示，如“不行，现在应该学习，等周末再说”“我一定能戒除”，每当抵制住了诱惑，认真学习，度过了充实的一天后，就进行自我鼓励，如“今天我又赢得了一次胜利，继续坚持，加油”。这样不断强化，形成良性刺激，加强自己的意志，使上网的欲望得到抑制。语言暗示既可通过自言自语，也可将提示语写在日记本上，或贴在墙壁上、床头上，以便经常看到、想到，鞭策自己专心去做。

（3）厌恶疗法。在左手腕戴上一根粗橡皮筋，当自己有上网念头时立即用右手拉弹橡皮筋，橡皮筋回弹便会产生疼痛感，从而转移并压制上网的念头。拉弹的同时，还要提醒自己，网瘾有危害。

（4）想象满灌法。想象自己上网成瘾后的种种极端后果，如被大家看不起，被别人羞辱，对不起自己的父母、亲人等，想象自己长时间上网后萎靡不振的样子，使自己厌恶自我网瘾的形象，并用理想自我激励自己。

（5）转移注意力法。在其他活动中寻找快乐，如听一些优美抒情的音乐，去运动场跑步、打球，从事除了上网以外的业余活动。

（6）规范生活法。打破紊乱的生活节奏，重新规范每天的作息时间，无特殊情况不

打破规律，并在最易出现上网行为的时间段安排不同的活动，用更有意义的事充实自己的生活，感受生活的乐趣和意义。

（7）系统脱敏法。与家人或好朋友订出总体计划，由家人或好朋友监督实施，在两个月内逐步减少上网时间，最终达到偶尔上网或不上网的目标。自己若能按计划执行则由家人、朋友或自己给予奖励，做不到时则给予惩罚。

（8）放松训练法。在运用系统脱敏法的过程中，为应对戒除网瘾过程中出现的紧张、焦虑、不安、气愤等不良情绪，采用肌肉放松法、想象放松法、深呼吸放松法以稳定情绪、振作精神。

2. 正确使用网络

大学生网瘾矫治过程中，高校图书馆丰富的文献、图书资源，可以更好地充实大学生的业余学习生活。图书馆所收藏的文献是经过筛选而逐渐积累起来的，这些文献反映了文学、哲学、宗教、艺术、科学等领域里的卓越成就。图书馆资源的特点是既有教辅读物，也有经典名著，品种齐全，内容丰富，可谓是知识的宝库。大学生可以根据自己的阅读兴趣或计划来选择借阅，从而不断充实自己的头脑。图书馆是大学生自愿、自主获取知识的场所，学校要积极开展相关的活动来宣传图书馆的广泛用途，努力引导网瘾大学生来学习知识。网瘾大学生自身要积极主动，专注于图书馆的丰富藏书，转变对网络的注意力，重新确立自己的人生目标。

3. 加强体育运动

网络是一个虚拟的空间，它使我们脱离现实，人与人之间的联系减少；而体育是一个真实的世界，它既有身体的对抗，又有智力的较量，在增强学生体质的同时，更能加强人与人之间的沟通交流，在培养大学生良好个性品质的基础上，对提高其心理适应能力发挥着不可替代的作用。体育运动可以使人感受到运动的魅力，身体机能得到锻炼的畅快感，越是投入自己喜欢的体育活动中，就越能体会和享受到运动的愉悦和身心上的满足。

长期上网不仅会对大学生身心造成巨大的损伤，而且长期的“人—机”交流，会导致大学生产生自我封闭的意识，在正常的人际交往中出现各种各样的问题，如变得冷漠、不善与人交际、不合作、不合群等。同时长期沉迷于网络还会荒废学业、浪费青春，一些不良信息更是会误导大学生甚至导致其走上犯罪的道路，同时长期的沉迷网络、日夜颠倒还会对正在成长的大学生身心健康造成严重的影响，引起食欲不振、体重减轻、精力不足、身体变得越来越弱，严重的可导致神经紊乱、免疫功能降低等问题。体育锻炼可以在某种程度上缓解这些症状。

（二）大学生网络成瘾的客观矫治对策

1. 加强思想政治教育，帮助网瘾大学生重树正确的理想信念

网络成瘾使大学生丧失理想信念，理想信念是一个人的灵魂，因此矫治网络成瘾大学生须从理想信念教育做起。正确的理想信念不是凭空产生的，而是源于科学理论的武

装，不断加强和改进对网瘾大学生的思想政治理论课教学，用科学的理论武装其大脑，使其能深刻认识社会的高速发展已经与自身停滞不前的现状严重矛盾。同时，在网络信息化的大背景下，还要创新理想信念教育的方法和手段，与专业教育有机结合，增强理想信念教育的说服力、感染力。要特别注重以网瘾大学生身边的模范人物和群体的先进行为来引导、激励和带动，同时不能缺少受教育者自身的参与。网瘾大学生需要别人的尊重和人格的平等对待，希望从身边的具体实际、实情出发，注重培养自主发展、自主选择、自主评价和自我控制的能力，提高自己的思想觉悟和认识水平，以及自觉纠正自己的错误思想和行为，让自己逐渐树立正确的理想信念。

2. 加强对网瘾大学生的学习帮扶

对于网瘾大学生，学校要结合他们的个体情况，建立专门的帮扶体系以帮助其摆脱网瘾，让老师和同学一起帮助他们恢复学习的兴趣，重拾学习的信心。网瘾大学生的普遍特点是对其专业学习不感兴趣，对其生活现状不满意，加上对网络的诱惑缺乏自控，从而造成课业成绩越来越糟糕，对学习的兴趣越来低。教师应及时了解网瘾大学生的学习状况，结合他们的专业、年级等情况，建立专门的学习帮扶体系，针对长期旷课或一个学期内有多门课程出现成绩较差的网瘾大学生，启动“学习援助计划”，帮助其分析原因，找出根源，提高他们的学习成绩，重拾他们对学习的兴趣和信心。

（1）树立帮扶思想，严格选取帮扶人员。要严格筛选出政治立场坚定、学习优异、工作积极主动并具备良好道德情操的学生担任帮扶人员，以耐心、专业、负责任的态度开展工作。

（2）宣讲优秀事迹，重视先进分子的示范作用。专门针对网瘾大学生举办宣讲活动，让学习成绩优异、各方面发展突出的同学就他们关于学习成长经历、学习能力培养、综合素质提高等方面的经验和感受等展开讨论，对网瘾大学生起到激励作用。

（3）灵活开展工作，建立督学帮扶体系。帮扶计划主要采用“一对一”的帮扶形式，组合方式较为灵活，并以合理的督学帮扶体系作为帮扶工作顺利实施的保障。

3. 对网瘾大学生进行职业生涯规划和就业指导

由于网瘾大学生理想信念的缺失，他们对自己的未来是迷茫、没有方向的，因此职业生涯规划就显得尤为重要。

（1）帮助网瘾大学生客观准确地认识自我。一个有效的职业生涯设计必须是在充分且正确认识自身条件与相关环境的基础上进行的，而对网瘾大学生的自我评估就更加重要。要正确客观地审视自己、认识自己、了解自己，做好自我评估，包括自己的兴趣、特长、性格、学识、技能、思维方式等，要清楚自己想干什么、能干什么、应该干什么、在众多的职业面前会选择什么等。

（2）确立目标。网瘾大学生的目标不宜过高，其短期目标、中期目标、长期目标和人生目标都要适当合理，使之既有现实性又有前瞻性。

（3）环境评价。网瘾大学生所处的环境和其他普通学生不同，在分析一般环境条件的特点、发展变化情况的同时，还要把网络对其严重的影响加以分析说明，进一步使其明确网络成瘾的危害。

（4）职业定位。网瘾大学生要结合其自身的性格、兴趣和技能来确定最终职位方向。

此外，大学生网瘾群体对社会交际普遍有一种恐惧心理，要针对这种情况提出具体的解决措施，对大学生网瘾群体建立分阶段、多层次的教育或者引导，内容涵盖政策指导、形势分析、信息灌输、心理辅导及相关服务的全程化就业指导体系，通过这种形式培养网瘾大学生的职业意识，帮助他们积极与社会建立联系，组织他们积极参加实习、社会兼职、勤工俭学，通过各种各样的就职前培训，提高求职技巧，为其今后的生活及发展奠定良好的基础。

4. 鼓励网瘾大学生参加社团活动

社团活动有助于大学生确立正确的价值观，提高独立生存的能力，陶冶情操，培养健康情趣，还有利于大学生身心的健康发展，形成良好的个性品质，强化大学生的社会责任意识，加速大学生自身的社会化进程。网瘾大学生往往会丧失理想信念，参加社团活动对于理想信念的恢复有着良好的效果。

5. 专业知识教学与网络娱乐相结合

应将专业知识教学，尤其是计算机相关知识，渗透到网络娱乐中。这种渗透根据网络娱乐类型的不同而不同，从而吸引众多学生的关注和参与，抓住学生的兴趣点，化成瘾为优势，从另一个角度来审视网络或成瘾的优劣势，并分析学生的兴趣点所在，逐步引导大学生将网络成瘾的劣势向专业课程的学习中转换。

拓展阅读

挽救被手机分散的注意力

手机已经是我们日常生活中不可或缺的通信工具，相信有些人可能已不习惯没有手机的生活。但是，不知道大家有没有意识到我们在利用手机的同时，自己的时间、精力也被分散了。

你一定常常来回切换手机上的各种软件，从你的 E-mail 到微信，然后到 QQ 和微博，又从优酷到你的学习文档，最后又回到微信上。

看起来在学习的时候发几条聊天信息给你的好友并不是什么影响学习的大事，然后就是不可停止的交流，有人回复，有人点赞，这样下来一个美好的早晨就过去了。

手机注意力分散症是大多数大学生学习效率长期不能提高的重要原因之一。看一条微博的热门话题，看一个点击率高的视频，翻一翻有没有收到微信或者 QQ 信息……这些都在无形中降低我们的学习效率。

下面我们将应用一些技巧来应对手机注意力分散症。

1. 发现浪费的时间

也许你从来没有意识到自己浪费了多么长的时间在手机上。俗话说，知己知彼，百战不殆。只有了解自己的时间花在哪里了，你才能发现浪费的时间有多少。

使用专有跟踪软件进行监视，可以得出非常详细的报告，你可以知道自己什么软件的使用率最高。

你会发现使用手机进行的某项活动会占用较长的时间。手机是非常有用的工具，但要根据实际需求情况进行使用。

2. 尝试没有网络的一天

尝试每个月中至少有一天不使用网络。从早上起床一直到晚上睡觉，远离与网络的任何接触。

3. 尝试学习期间不用网络

在学习的时候，就专心学习，要养成不上网的习惯。第一次可能会让你觉得很不习惯，但坚持几次，就会改变过来，从而养成好的学习习惯。

4. 控制手机浏览量

PageAddict 是监测浏览习惯的统计分析软件。可把你经常浏览的网页分类，得出自己消耗的时间，分别对各个分类限制浏览时间。若超过了时间，该软件就会提示“返回学习”，并且强制锁定浏览器页面。

5. 在学习时不使用微博

学习时尽量避免微博信息的打扰。你也许很高兴得知朋友此时此刻做了什么，但是这和学习无关。应将微博设置成学习时间内没有提示的模式。

6. 谨慎使用即时通信工具

即时通信工具在很多人的学习和生活中变得越来越重要。无论是自由创作者，还是公司职员都常常需要使用即时通信工具。如果你的学习离不开即时通信工具，那你需要合理安排使用它们。

若不想由于即时通信工具使用而浪费时间，那么就要使用该工具的隐身功能，并关注留言信息。

你刚刚有了灵感正准备奋笔疾书，忽然一条信息发过来影响了你的学习思路。关闭提示音和自动弹出，会让你的学习效率加倍。

7. 只检查预定的任务

频繁地查看手机是否收到信息是一个坏习惯。要养成每天在固定的时间查看的习惯。还可以专门设置一个时间提醒自己。

课后作业

1. 谈谈网络给你带来的利与弊，应如何正确对待网络？
2. 评估自己是否存在网络心理问题。如果有，如何进行自我调适？

心 理 测 验

网络成瘾量表

指导语：本测验采用四级评分制，即 4——非常符合，3——比较符合，2——有时符合，1——偶尔符合。将各题得分相加，统计总分，总分越高，网瘾越严重。

1．曾不止一次有人告诉我，我花了太多时间上网。

2．如果有一段时间不上网，我就会觉得心里不舒服。

3．我发现自己上网的时间越来越长。

4．我会因为不能上网变得烦躁不安、喜怒无常，而一旦能上网就不会这样。

5．不管再累，上网时总觉得自己很有精神。

6．我每次都只想上一会儿网，但常常上网很长时间。

7．虽然上网对我日常与同学、家人的关系造成负面影响，我仍未减少上网时间。

8．我曾不止一次因为上网每天睡眠时间不到四小时。

9．最近以来，我平均每周上网的时间比以前增加许多。

10．我只要有一段时间不上网就会情绪低落。

11．我很担心上网时个人隐私被人发现。

12．我发现自己沉迷在网络中而减少了与周围朋友的交往。

13．我曾经因为上网而腰酸背痛，或者有其他身体不适。

14．每天早上醒来，我想到的第一件事就是上网。

15．上网对我的学业已经造成了一些负面影响。

16．我只要有一段时间不上网，就会觉得自己好像错过什么。

17．因为上网的关系，我与家人的沟通少了。

18．我宁愿上网也不愿意和朋友出去玩、参加各种活动或者体育锻炼。

19．我每次下网后，其实要去做别的事，却又忍不住再上网看看。

20．没有网络，我的生活就没有乐趣可言。

21．我因为熬夜上网而导致白天精神不济。

22．我曾经尝试不再将大量时间用在网络上，却无法做到。

23．我习惯减少睡眠时间，以便能有更多的时间上网。

24．比起以前，我必须花更多的时间在网络上才能得到满足。

25．我经常因为上网不能按时吃饭。

【评分标准与结果解释】

35 分以下：你是一个轻度上网者，只是有时会上得多些，但能自我控制。

36～75 分：你是一个中度上网者，网络可能影响了你的正常生活，你需要谨慎对待。

76～100 分：你是一个重度上网者，上网已经给你的学习、工作、生活和人际关系等方面带来很多负面影响，你需要戒除网瘾了。

心 理 训 练

网瘾的危害

一、活动目的

1．帮助学生了解上网和网瘾的区别。

2．帮助学生了解网瘾对人的危害。

3．帮助学生了解如何正确和科学地使用网络。

二、活动时间

30 分钟。

三、活动道具

可借助投影设备进行 PPT 或音视频辅助解说。

四、活动场地

小型会议室或教室。

五、活动程序

1．教师做开场白，可借助 PPT 或音视频资料，通过案例分析，说明网瘾的危害，如网瘾导致的青少年犯罪、自毁、学业不及格等。

2．联系自己身边的人和事，由学生分组（5～8 人一组）讨论：

（1）上网和网瘾有什么区别？

（2）我们应该对网络游戏说“不”吗？

（3）为什么有人会染上网瘾？

（4）迷恋网瘾的人会造成什么后果？

3．举例讨论：摆脱网瘾的方法，如堵疏结合、转移注意力等。教师适时进行引导和提示。

4．学生推选代表进行小组陈述：做网络的主人，不做网络的奴隶，让网络更好地服务我们的学习与生活。

5．教师总结：我们的学习与生活越来越离不开网络，经过刚才同学们的讨论和陈述可知，网络是一把双刃剑，既带来便利，也有很多负面影响。希望同学们能够健康、安全上网，创造美好的人生。

六、注意事项

1. 教师注意控制时间，提前做好分组安排。
2. 教师做好话题引导，避免放任自流，偏离主题。
3. 教师总结时要阐明网瘾危害，给出结论，指出方法。

第十一章　大学生常见心理障碍及应对

人的心理从正常到异常并没有一个绝对的分界点，二者之间也没有绝对的界限。心理健康与心理障碍之间形成了一个连续谱，大多数人都游离在这个连续谱中，在不同的位置、状态间摆动，时程有长有短，程度有轻有重。心理健康可能转化为心理障碍，心理障碍经过调适也可能转变为心理正常，人们既不能随便给自己和他人贴上心理障碍的标签，也不能讳疾忌医，应以科学的态度对待心理障碍。

大学生常见心理障碍

第一节　心理障碍的概念及其产生的原因

一、心理障碍的概念

世界上任何事物都有正、反两个方面，人的心理活动同样存在两个方面，与正常心理活动相反的就是异常心理活动，即心理障碍，指丧失了正常功能的心理活动。对此，也有学者称之为“心理疾病”。“疾病”和“障碍”的含义类似，然而疾病是指对其病因、病理机制、临床表现、治疗和预后都比较清楚，而障碍可以有相对多的假设，至今人们对心理障碍的很多理解还停留在假设水平，因此，使用“心理障碍”比用“心理疾病”更加适宜。

心理障碍是指一个人由于生理、心理或社会原因而导致的各种异常心理过程、异常人格特征的异常行为方式，是一个人表现为没有能力按照社会认可的适宜方式行动，以致其行为的后果对本人和社会都产生不良影响的。

二、心理障碍产生的原因

（一）生物学因素

生物因素又称躯体因素，是指包括遗传、体质、结构、生理、生化、感染、年龄和性别等对心理障碍的产生和发展起作用的因素，这些因素的共同特点是可以找到结构上或有形的病理变化。任何心理现象虽然都是观念的东西，但必然有其物质基础，与物质活动有着不可分割的联系。如果我们作深入细致的考察就会发现，人的感觉、知觉、思维、气质、能力、性格等心理活动在形成过程中，都有环境和遗传的双重作用。正常心理是如此，心理障碍也同样如此。

1. 遗传因素

研究表明，遗传造成的染色体畸变，以及代谢基因的减少，能直接导致心理异常，但这种情况并不多见。不过很多严重的心理异常，如精神分裂症和躁狂抑郁症等，都受遗传因素的影响。精神病人亲属中随着血缘关系从远到近，其患病率也出现从小到大的趋势。许多调查研究数据表明，重度精神疾病在发病原因上，遗传因素确实有明显的作用，但是对于遗传因素作用的机制尚不清楚。

2. 大脑机能状态和脑损伤

脑是产生心理活动的器官，正常和异常心理现象均源于脑。关于脑与心理的关系，有一个经典案例。1848 年，25 岁的英国铁路工人盖奇在一场离奇的爆炸事故中受伤，一根长约 109 厘米、直径 3 厘米的铁棒，贯穿他的头颅。盖奇失去意识后很快苏醒，十分幸运地存活了下来，但是性情大变。受伤前，他聪明、诚实、有责任心、朋友众多；受伤后，尽管聪明如旧，言语、行动能力未受损害，但他变得冷漠、情绪不稳定、易激惹，缺乏责任心，与周围人的关系变得不在友好。150 年后，人们试图用影像学技术，如磁共振（magnetic resonance，MR）、X 线计算机体层扫描（computed tomography，CT）等精确定位盖奇的大脑损伤部位时发现，负责情绪管理及理性判断等功能的脑区受损，虽然智力仍保持正常，但在进行理性思考、处理情绪等方面会出现困难。由此我们可知，大脑的损伤可引起人格的改变。

3. 神经发育异常

遗传与环境因素相互作用导致大脑神经发育异常，可引起不同的临床表现。例如，颞叶内侧及海马体萎缩，可导致认知功能损害；额叶、颞叶神经发育异常，可引起情绪、人格等改变。目前认为，神经发育异常可能是重大心理障碍（如精神分裂症、儿童注意缺陷障碍、物质依赖）的共同发病机理。这些患者共同表现为大脑结构和功能的可塑性改变，包括额叶、颞叶内侧及海马体等脑区的灰质和白质减少及体积缩小，临床上共同表现出发育迟滞和认知功能损害等。

4. 神经生化学异常

大脑结构十分复杂，包含约 1000 亿个神经细胞和更多的神经胶质细胞，神经细胞间通过突触进行联结，并进行信号传导，这些联系使大脑形成了各式各样的环路，构成了行为和精神活动的结构基础。信号传导通过神经递质（如 5-羟色胺、多巴胺、内源性阿片肽等）及相应受体得以进行，神经递质保证了脑内信息的传递，是大脑活动的物质基础。当脑内神经递质受体的数量、活性发生改变时，常引起人的心理活动的改变，这也是对心理障碍进行药物治疗的生物学基础。

研究发现，5—羟色胺功能活动降低与抑郁症患者的抑郁心境、食欲减退、睡眠障碍、昼夜节律紊乱、内分泌紊乱、性功能障碍、焦虑不安、不能应对应激、活动减少等密切相关；而 5—羟色胺功能活动增高与躁狂症的发病有关。抗抑郁药主要通过阻滞 5—羟色胺、去甲肾上腺素的回收，产生抗抑郁作用。

（二）社会因素

个体生活在社会环境中，不断接受社会教化，达到个人成长。在此过程中，应激性生活事件、家庭环境和成长经历、人际关系、父母的教养方式、社会阶层、经济状况、文化背景等会导致个人发展的差异性，同时也可能会成为影响心理障碍的因素。

1. 应激性生活事件

应激源是作用于个体，使其产生应激反应的刺激物。人类的应激源非常广泛，从学业、沟通、恋爱、婚姻到战争、洪水等均可引起应激反应。就生活事件而言，恋爱婚姻与家庭关系问题、学校与工作场所的人际关系问题是应激的主要来源；社会生活的一些共同问题如洪水、地震、战争、交通事故等，以及个体的某种特殊遭遇，如身体的先天或后天缺陷、某些遗传病、被虐待、被遗弃、遭遇性暴力等是应激源的另一个重要来源。其中严重的负性生活事件常会导致各种慢性应激反应，甚至引起心理障碍，如急性应激障碍及创伤后应激障碍。

2. 家庭环境

家庭环境对每个人个性的形成及能力的发展起着至关重要的作用，在家庭中如何建立及维持亲密关系，如何形成及保持自主性，如何进行恰当的沟通，这些如果处理不当就会导致各种各样不必要的烦恼。对人格障碍的研究发现，早期不良的家庭环境和父母教养方式是人格障碍的重要影响因素。例如，母爱剥夺可能是反社会人格的重要成因。父母教养态度的不一致，会使小孩生活在矛盾的牵制中，无所适从，或在父母间周旋，形成不诚实的习惯；父母酗酒、吸毒、偷窃或本身有精神疾病或人格障碍，会对儿童起到不良“示范”等。但是，个体出现性格偏离、行为方式不当或心理障碍，并不完全是父母的过错。每个孩子在成长中，都难免会受到伤害，不满父母的约束、批评、过度关注，甚至觉得父母不爱自己，觉得自己是家庭的“受害者”，有时父母采取的方式不为子女所接受。但是人成长到一定阶段，就不能一味将自己发展缺陷的所有过错归咎于父母，而应依靠自己不断学习和成长，增强自我认知，促进自我改变。

3. 社会文化背景

各种社会规范并不统一，对于心理障碍的诊断也受到不同社会文化背景的影响。在同一文化背景下，不同的场合，不同的人群，社会规范也不尽一致。以同性恋为例，美国在 20 世纪 70 年代以前很长的时间内，一直将同性恋列入精神障碍的诊断范围，但此后受到同性恋群体的反对与施压，逐渐将同性恋视为一种正常人的不同生活方式。截至 2017 年 5 月，世界上已经有西班牙、瑞典、比利时、意大利等 22 个国家宣布同性恋合法，人们对待同性恋的眼光也日趋缓和。

即便在同一文化背景中，不同成长背景的人群，其心理障碍的分布也是不同的。大量的研究表明，在不同的社会结构群体（如不同的社会阶层、性别、种族、婚姻状况、文化程度）中，心理障碍的分布是不同的。一般来说，处于社会劣势的群体，其心理障碍的患病率较高；相反，处于社会优势的群体，其心理障碍患病率较低。

（三）心理因素

在不同的历史阶段，人们对于心理障碍是如何产生的做出各种猜测，至今仍无一个公认的说法，经过心理学家和临床工作者多年的努力，各个心理学理论流派对于心理障碍产生的原因从不同角度、不同层面进行解释，并形成了不同的理论体系。需要指出的是，虽然这些理论观点并不相同，但并不是相互对立、不调和的关系，而是相互补充、相互促进的。以下就是每个流派给出的不同解释。

心理分析流派认为，所有的行为、思维和情感在很大程度上都受到潜意识的影响。在人格发展过程中，本我和超我常会出现矛盾冲突，为调节冲突，自我逐渐发展出心理防御机制，如投射、否认、退行、合理化等。每个人都在不同程度上运用心理防御机制，当防御机制本身适应不良时，就会导致异常的病态行为。例如，一个人童年遭受了虐待，但无力反抗，就会将内心的愤怒通过转移机制隐藏，成年后可能表现为对妻子、孩子的虐待，同时也容易与他人产生暴力冲突。

人本主义流派认为，任何人都有着积极的、奋发向上的、自我肯定的、无限的成长潜力。在没有外界压力的情况下，每个人都会自然地实现自我成长、自我接纳和自我实现。但是，当处于社会及家庭的压力下，人的自身体验被闭塞，或者自身价值体验的一致性丧失、被压抑、发生冲突，导致人的成长潜力受到削弱或阻碍时，就会表现为心理病态和适应困难。

行为主义流派认为，行为是学习的结果，异常行为是一种习得的反应类型。个体的适当行为未得到合理的强化，或不适当行为被强化，或原本是适当的行为却在不适当的情境下被强化。例如，一个社交能力不足的人，可能由于早期社交行为的强化不当，致使正常社交技能未能得到发展。

认知流派认为，个体的行为、情绪等在很大程度上受到认知（思维）的调节，异常行为主要源于不合理的信念及不恰当的归因模式、自我认知和预期等。归因可分为情境归因和个人归因，不同的归因模式对我们行为和情绪的影响不同。例如，将考试失利归因为情境因素（考试太难）而非个人因素，个体会产生较少的负性情绪；将朋友的粗鲁归因为情境因素（他太累了）会让我们更加宽容，而归因为个人因素（他总是过于挑剔、粗鲁）则很可能影响人际关系。自我认知尤其是自我效能感，在焦虑、抑郁方面扮演着重要角色；自我效能低者在面对压力时可能产生严重焦虑，焦虑并非源于事件本身，而是自觉无法应对该事件，自觉无法获得想要的结果而导致抑郁情绪。每个人都有其独特的自我信念。不恰当的自我信念可导致经常出现焦虑、抑郁等负性情绪或不适当的行为。

目前，各心理学派各有其优点和缺点，没有哪个流派是绝对正确、全面的。倾向于将多种流派的观点整合，以更好地解释心理障碍的成因。心理治疗也倾向于将多种流派的观点整合，以发展出最有利于来访者的治疗方法。

第二节　大学生常见的心理障碍及其识别

心理障碍作为心理异常的一种表现类型，是心理状态的病理性变化，属于心理病理学范畴。具有不同于一般心理问题的持久性和特异性，并不必然与某情境有关，即并非由特定情境直接诱发，但在某些情境下可能加重。心理障碍通常是一般心理问题积累、迁延、演变的表现和结果。比如，因某次考试失败导致心理失衡（一般心理问题），若长时间不能缓解，并在以后的考试中更加担忧、害怕，即为心理障碍。心理障碍既可单独发生，也可能多种心理障碍集中或综合发生，这时则可构成心理疾病。

心理障碍分类迄今为止还没有一种非常完整、科学的分类系统。传统的方法是把心理障碍分为心理过程障碍和个性心理障碍两大类；临床精神医学把心理障碍分为重性精神病、神经症、心身疾病和人格障碍四大类；医学心理学又把心理障碍分为轻度心理障碍、重度心理障碍、心理生理障碍、脑器质性疾病所致心理障碍和特殊条件下所产生的心理障碍等。下面对心理障碍的常见类型进行详细的阐述。

一、神经症

神经症又称神经官能症，是一组非精神病功能性障碍的总称。《中国精神障碍分类与诊断标准（第三版）》对神经症的描述性定义：神经症是一组主要表现为焦虑、抑郁、恐惧、强迫、神经衰弱症状或疑病症状的心理障碍的总称。本障碍有一定的人格基础，与病人的现实处境不相称，但患者对存在的症状感到痛苦和无能为力，自知力完整或基本完整，病程多迁延。神经症的共同特点：起病常与素质和心理社会因素有关；存在一定的人格基础，常常自感难以控制本应可以控制的意识或行为；症状无相应的器质性基础；社会功能相对完好，一般意识清楚，与现实接触良好，人格完整，无严重的行为紊乱；一般没有明显或较长的精神症状。

神经症的严格诊断必须由专业人员出具，对于处在青年期的大学生来说，这是一种最为常见的较为严重的功能性心理障碍。不健全的人格特征是此类疾病的发病基础，在人格基础上，如果遇到重大的心理创伤，便会导致神经症的发生。在大学生中，比较常见的有焦虑症、恐惧症、强迫症及神经衰弱。

（一）焦虑症

焦虑是人们在遇到压力、挑战、困难或危险时，自然会出现的一种正常的情绪反应。适度的焦虑能让人保持一定的紧张水平，调动能量并做出相应努力，提高学习和工作效率。

只有当引起焦虑的原因不存在或不明显，焦虑程度与环境因素不相称，焦虑的持续时间超过一定的范围，以致影响正常的生活、学习、工作时，才可以认为患了焦虑症。焦虑症与正常焦虑情绪反应不同：第一，它是无缘无故的、没有明确对象和内容的焦急、紧张和恐惧；第二，它是指向未来的，似乎某些威胁即将来临，但是患者自己说不出究竟存在何种威胁或危险；第三，它持续时间很长，如不进行积极有效的治疗，几周、几月甚至数年迁延难愈；第四，焦虑症除了呈现持续性或发作性惊恐状态外，同时伴有多种躯体症状。

焦虑症是以焦虑为主要临床表现的神经症，发作时持续地出现焦虑、紧张、恐惧，伴有头晕、心悸、胸闷、呼吸急促、出汗、口干等自主神经系统症状，以及肌肉紧张和运动性不安。其焦虑情绪并非由具体的、实际的威胁引起，而是一种没有明确客观对象和具体观念内容的恐惧不安的心情。焦虑症者往往体验到一种莫名其妙的恐惧和烦躁不安，对未来有不祥预感，同时伴有一些躯体不适感。焦虑症有两种最主要的临床表现形式：惊恐障碍和广泛性焦虑。

1. 惊恐障碍

惊恐障碍的基本特征是反复发作的严重焦虑（惊恐发作），发作无时间性，且与特定情境无关，故难以预料。常有突发的心悸、胸闷、窒息感和眩晕感。由于病人自感气闷，常导致过度换气，过多的二氧化碳被呼出致血液向碱性偏移，从而会导致双侧或一侧轻度手指发麻、刺痛，严重者累及面部和四肢，如感觉口周发麻。病人会出现头重脚轻的感觉，使惊恐更加严重。这时病人会继发对死亡的恐惧，或害怕失控、发疯。部分病人会有出冷汗、手抖、站立不稳症状。少数病人出现胃肠道症状如上腹不适、腹内空虚或腹痛。每次发作时间长短不一，短者数分钟，长者可达 1 小时以上，一般 15～30 分钟。由于发病时会有强烈的呼吸系统及心血管系统的症状，故病人常去心脏内科就诊，但往往检查结果是心脏功能无明显异常。

2. 广泛性焦虑症

广泛性焦虑症的基本特征为广泛和持续的焦虑，但无特定的情境。主要症状变化很多，病人对客观存在的威胁或坏的结果过分担心，因此终日神经过敏，容易紧张，对声、光过敏，注意力不能集中。病人的外表常表现为面容焦虑、眉头紧锁、两手颤抖、面色苍白或出汗。由于交感神经亢进和骨骼肌紧张性增强，可有一系列躯体症状，如心跳加快、心前区不适、胸闷、呼吸不畅、口干、尿频、便意、生理紊乱、头昏眼花、肌肉酸痛、头痛等。另外还可有不安宁、易疲乏、睡眠障碍，常表现为不易入睡，入睡后易醒. 常诉有噩梦、夜惊，醒后很恐惧，不知为何害怕。

当上述症状持续时间超过 6 个月，因为难以忍受而感到痛苦，或者影响到学习及日常生活时，可以寻求精神卫生专业人员的帮助。进行心理治疗和药物治疗常采用的药物有抗焦虑药、抗抑郁药（部分抗抑郁药物有抗焦虑作用）。适当的呼吸训练、放松训练等可有效缓解焦虑症状。

大学生常见的焦虑有自我形象焦虑、学习焦虑与情感焦虑等。自我形象焦虑是担心自己不够漂亮、没有吸引力、体貌过胖或矮小等，也有的学生因为雀斑、青春痘等影响自我形象而引起焦虑，这类焦虑主要与自我认知有关，需要通过调整自我认知重新接纳自我，建立新的自我形象。学习焦虑是与学习有关的焦虑如考试焦虑等，在学生的情绪反应中最为强烈，需要引起重视。情感焦虑是多数由于恋爱受挫而引发的自我否定，认为自己不具备爱人与被爱的能力，因而过度担心引起的焦虑。

（二）恐惧症

恐惧，是一种正常的情绪反应。在正常情况下，我们对某些事物或场合也会有恐惧心理，如鼠、蛇、黑暗而寂静的环境、社交场合。但这些恐惧的发生有一定的合理性，程度相对较轻，发生的频率较少，不会伴有持续回避行为，对日常生活不会造成影响。

而恐惧症主要表现为过分和不合理地惧怕外界某种客观事物或情境，患者明知这种恐惧反应是过分的或不合理的，仍难以控制而反复出现。恐惧发作时常伴有明显的焦虑和自主神经症状，如心慌、手抖、出汗、腹泻等。恐惧的对象可能是单一的或多种的，如动物、广场、封闭空间、登高或社交活动等。根据恐惧的对象，恐惧症可分为广场恐惧症、社交恐惧症和特殊恐惧症（害怕高处、飞行、封闭空间、吃某些东西等）。

1. 广场恐惧症

广场恐惧症是恐惧症中常见的类型。主要表现为对某些特定环境的恐惧，如广场、密闭的环境和拥挤的公共场所等。患者害怕离家或独处，害怕进商店、剧场、车站或乘坐公共交通工具，因为患者担心在这些场所出现恐惧感而得不到帮助，无法逃避，因而回避这些环境，甚至不敢出门，恐惧发作时还常伴有抑郁、强迫、社交焦虑、非现实感等症状。

2. 社交恐惧症

社交恐惧症主要表现为对一种或多种人际处境持久的强烈恐惧和回避行为。恐惧的对象可以是某个人或某些人，也可以相当泛化，包括除了某些特别熟悉的亲友之外所有的人。具体表现：恐惧被别人注视，恐惧自己会做出出丑的言行举止，或者怕自己在别人面前张口结舌，怕吃饭时由于有人注视而丑态百出；或者由于旁边有陌生人而恐惧，手发抖以致无法写字，害怕在公共场所等。由于害怕，他们拒绝参加各种聚会，也可能回避所有公众场合如餐厅、剧场和公共车辆等，在极端的情况下，可引起完全的社会隔离。该症状与广场恐惧症的不同在于，患者的先占观念是害怕别人给予不好的评价和自己感到发窘，从而行为上表现出避开与他人的接触和交谈，而不是害怕无法离开。

大学生常见的社交恐惧症，主要表现在生理和心理两个方面。在生理上，表现为面部肌肉僵硬、不自然，身体的某些部位不由自主地发抖、心跳加快、手心冒汗等症状；在心理上，主观上感到别人都在盯着自己，看到了自己的紧张表现，甚至觉得别人还在心里嘲笑自己，同时他们的心里会产生一种逃避心理，在公共场合，尽量逃到不被人注意到的角落，而且尽量不发言来减轻自己的紧张。大学生只有正确地认识社交恐惧症，并下决心改变，运用科学的心理学原理和方法技巧，才能使自己走出心理怪圈。

3. 特殊恐惧症

特殊恐惧症指对存在或预期的某种特殊物体或情境而出现的不合理恐惧。最常见的恐惧对象有某些动物（如猫、狗、蛇、老鼠）、昆虫（如蜜蜂、蜘蛛）、登高、雷电、坐飞机、外伤或出血、锐器及特定的疾病（如放射性疾病、性病、艾滋病）等。当上述症状行为持续一个月以上，导致个人痛苦及社会功能受损时，建议寻求心理卫生专业人员的帮助，进行心理治疗和药物治疗。

（三）强迫症

强迫症是以强迫症状为主要表现的一种神经症性心理障碍。强迫症状是控制不住地出现一种观念、欲望或意志行为，明知没有必要却仍然控制不住地那么做。如果硬性控制就会觉得内心不安。主要表现为以下两类。

1. 强迫观念

强迫观念是指脑中反复出现某一概念或相同内容，明知没有必要，却无法摆脱。可表现为反复回忆既往琐事，无法摆脱；反复思索无意义的事情，如一位会计师反复思索了十年，眉毛为什么长在眼睛的上面而不是眼睛的下面，自知没有意义但却不能摆脱；脑中总是出现一些对立的思想，反复怀疑自己的行为是否正确。

2. 强迫行为

复杂化、程式化地做某种表面看来似乎有目的的行为，如反复检查门窗是否关好，反复洗手洗衣物，反复数高楼大厦的门窗、楼梯、门牌号等；或者不相信自己，为了消除疑虑而反复询问他人；或者表现为某种复杂的特定的仪式。例如，某学生进宿舍前习惯在门口做一个立正动作，再走进去，某次因与友人相拥进入，来不及完成立正动作而焦虑不安；后借故走出，在门口完成立正，才平静下来。

强迫观念和强迫行为可占据一天中的数小时，患者体验到这种观念，但这种观念违反自己的意志，需极力抵抗，但无法控制，会给本人造成很大的困扰，并影响日常的工作、学习等。正常人有时候也会出现一些类似强迫观念和强迫行为的现象，这可能源于他们过分谨慎和惯于焦虑的性格特征。如果出现疑似症状，且症状超过三个月，且明显影响日常生活，如不能正常完成学业，影响人际交往，应及时去心理卫生机构进行专业诊断和治疗，包括心理治疗和药物治疗。

（四）神经衰弱

神经衰弱是长期的紧张和压力造成的精神易兴奋和脑力易疲劳的现象，常伴有情绪困扰、易怒、易发脾气、睡眠障碍、记忆减退、肌肉疼痛等。

神经衰弱的具体表现：对外界的声、光刺激过于敏感，使人分心的联想或回忆闯入脑海，注意力集中困难，易受无关刺激的干扰。经常感到精力不足、萎靡不振或脑力迟钝、肢体无力、困倦思睡。做事丢三落四，说话常常说错，记不起刚经历过的事。容易烦扰，特别是与现实困难有关，常感到困难重重，无法解决。遇事容易激动；或者烦躁易怒，易发脾气，事后又感到后悔；或者易于伤感、落泪。多伴有紧张性头痛和睡眠障碍。另外，还可伴有头昏、耳鸣、心慌、气短、腹泻等。

神经衰弱多与抑郁、焦虑情绪有关，大学生若出现上述症状并持续，以致影响学习及日常生活，应及时去心理卫生机构进行专业诊断和治疗。

神经衰弱是大学生中极为常见的心理障碍，它的特点是容易兴奋，迅速疲倦，并常常伴有各种躯体不适感和睡眠障碍。引起神经衰弱的原因，是长期存在的某些精神因素引起大脑技能活动的过度紧张，使精神活动的能力减弱。有易感素质和不良性格特征的人，更易患神经衰弱。大学生神经衰弱的发生，主要是缺乏面对现实的勇气和良好适应能力，如学习负担过重，思想不稳定，个体自我调节失灵，对社会、对人生思虑过多，在家庭问题上、恋爱问题上犹豫徘徊等。所有这些，在患者头脑中产生强烈的思想冲突，使神经活动过程强烈而持久地处于紧张状态，超过了神经系统本身的张力所能忍受的限度，从而引起崩溃和失调。对于神经衰弱的大学生来说，合理安排学习和生活作息，适当参加娱乐活动和体育锻炼，并进行必要的心理治疗，一般可以收到较好的效果。

二、心境障碍

人们都体验过喜悦和悲伤、兴奋和沮丧、积极和消极的情绪。感受过它们给生活带来的影响。正常情况下，这种情绪反应是由现实生活中的某种原因引起来的，它反映了客观外界事物和人的需要之间的关系。伴随着情绪的发生，会有生理的变化和一定的外显行为，它是暂时的、温和的。当这种情绪反应持续而极端，且严重扰乱了个人生活的时候，可能就成心境障碍了。心境障碍也叫情感性精神障碍，是指各种原因引起的以显著而持久的情感或心境改变为主要特征的一组障碍，其主要表现为情感高涨或低落，并伴有相应的认知和行为改变。心境障碍主要包括：抑郁症（抑郁发作）、躁狂症（躁狂发作）、双相情感障碍等。具体如下。

（一）抑郁症（抑郁发作）

抑郁症是以显著而持久的心境障碍为主要特征的一种疾病，抑郁症患者常有对人和事兴趣丧失、自罪感、注意力不集中、食欲丧失和有死亡或自杀想法，其他症状包括认知功能、语言、行为、睡眠等异常表现。所有这些变化的结果均导致患者人际关系、社会和职业功能的损害，近年来抑郁症已成为威胁人类健康和影响生活质量的严重疾病。

抑郁症的临床表现按心理过程内容概括为“三低症状”，即情绪低落、思维迟缓和意志减退，但不一定出现在所有的抑郁患者身上。目前，对抑郁症归纳为核心症状、心理症状群与躯体症状群三个方面。

1. 核心症状

抑郁的核心症状包括情绪低落、兴趣缺乏，精力减退。①情绪低落：可以从闷闷不乐到悲痛欲绝，生活充满了失败，一无是处，对前途失望甚至绝望，存在已毫无价值（无望和无用感），对自己缺乏信心和决心（无助感），十分消极。②兴趣缺乏：对以前喜爱的活动缺乏兴趣，丧失享乐能力。③精力不足，过度疲乏：感到疲乏无力，无精打采，语调低沉，语速缓慢，行动迟缓，严重者可终日卧床不起。

2. 心理症状群

①焦虑：常与抑郁伴发，可伴发躯体症状，如胸闷、心跳加快和尿频等。②自罪自责：患者对自己既往的一些轻微过失或错误深加责备，认为自己给社会或家庭带来了损失，使别人遭受了痛苦，自己是有罪的，应当接受惩罚，甚至主动去“自首”。③精神病性症状：主要是妄想或幻觉。④认知症状：注意力和记忆力等下降，认知扭曲也是其主要特征。⑤自杀：有自杀想法和行为的占 50%以上，约有 10%～15%的患者最终会死于自杀。偶尔出现扩大性自杀和曲线自杀。⑥精神运动性迟滞或激越。⑦自知力受损。

3. 躯体症状群

表现为：①睡眠紊乱，多为失眠（少数嗜睡），包括不易入睡、睡眠浅及早醒等，早醒为特征性症状。②食欲紊乱，表现为食欲下降和体重减轻。③性功能减退。④慢性疼痛，为不明原因的头痛或全身不适。⑤晨重夜轻，患者不适以早晨最为严重，在下午和晚间有不同程度的减轻。⑥非特异性躯体症状，如头昏脑涨、周身不适、心慌气短，胃肠功能紊乱等，无特异性且多变化。

（二）躁狂症（躁狂发作）

躁狂症是一种异常夸张的欢欣喜悦或愉快的情感状态，典型表现以心境高涨、思维奔放和意志行为增强（活动增多）为基本特征。

1. 心境高涨

患者主观体验特别愉快，自我感觉良好，整天兴高采烈，笑逐颜开，不知疲倦，洋溢着欢乐的风采。患者感到天空格外晴朗，周围事物的色彩格外绚丽，自己无比快乐和幸福。患者虽然心境高涨，但情绪不稳，变幻莫测，时而欢愉，时而暴怒，易激惹。有的患者以愤怒、易激惹和敌意为特征，可因一点小事暴跳如雷，怒不可遏，甚至有破坏或攻击行为，但瞬间即逝。

2. 思维奔逸

表现为联想加快，内容丰富多变，自觉思维非常敏捷，思潮犹如大海中的波涛；言语跟不上思维的速度，常表现为言语增多，滔滔不绝，口若悬河，声音嘶哑。但思想内容肤浅，零乱不切实际，主题易转移，有时出现意念飘忽甚至音联或意联。患者自我评价过高，高傲自大，目空一切，盛气凌人，可表现为认为自己是最伟大的，能力是最强的，是世界上最富有的。

3. 意志行为增强

表现为精力旺盛，活动增多，不知疲倦，整天忙忙碌碌，广泛交际。但做事总是虎头蛇尾，有始无终，一事无成；对自己行为缺乏判断力，随心所欲，不计后果，任意挥霍钱财；有的还注意穿着打扮，喜欢招引别人的注意，举止轻浮。

另外，患者很少有躯体不适主诉，食欲增加，睡眠减少。因患者极度兴奋，体力过度消耗，容易引起失水、体重减轻等。

患者还会有夸大妄想、关系妄想等精神病性症状，也会出现与心境一致的幻觉。

（三）双相情感障碍

双相情感障碍是指既有躁狂发作又有抑郁发作的心理障碍。躁狂发作和抑郁发作可以交替出现，也可混合发作。双相情感障碍发作是突然性的，经常在数小时或数天内发生，且没有明显的诱发事件。首次发作是躁狂而不是抑郁，经常在20～30岁之间发生，有90%的双相障碍患者第一次发病在50岁之前。

双相情感障碍容易反复发作，不易康复。有些极端的症状会引发很多问题。患者极度活跃以及反常的行为会给学习和工作带来很大的麻烦。由于不会处理问题，他们的社会关系也很难维持。与单相抑郁相比，双相情感障碍患者的离婚率更高，酗酒也很常见。大约 20%～50%的慢性双相情感障碍患者的社交与职业功能受损，患者尝试自杀和自杀成功率较高，约有 15%的患者选择自杀。

三、人格障碍

人格障碍（personality disorders）是指人格特征明显偏离正常，使患者形成了一贯的反映个人生活风格和人际关系的异常行为模式。这种模式显著偏离特定的文化背景和一般认知方式（尤其在待人接物方面），明显影响其社会功能与职业功能，造成对社会环境的适应不良，患者为此感到痛苦。人格障碍的主要类型如下。

1. 偏执型人格障碍

偏执型人格障碍是以明显的猜疑和偏执为主要特征的一类人格障碍，始于成年早期，男性多于女性。表现为对周围的人或事物敏感、多疑、心胸狭窄、固执己见，常怀疑别人的用心，怀疑被他人利用或被伤害，不切实际地争辩，总认为只有自己才是正确的，有的因自我评价过高而形成超价观念。

2. 分裂型人格障碍

分裂型人格障碍是以观念、行为和外貌装饰的奇特、情感冷漠，以及人际关系明显缺陷为主要特征的一类人格障碍。男性略多于女性。

3. 反社会型人格障碍

反社会型人格障碍是以行为不符合社会规范和行为准则为主要特征的一类人格障碍。

4. 表演型人格障碍

表演型人格障碍是以高度情感性和以夸张的行为吸引他人注意为主要特征的一类人格障碍。

5. 强迫型人格障碍

强迫型人格障碍是以普遍的焦虑不安，疑虑重重，过分担忧恐惧和苛求完美，拘泥细节为主要特征的一类人格障碍。

6. 焦虑型人格障碍

焦虑型人格障碍是以一贯感到紧张、提心吊胆、不安全，以及自卑为主要特征的人格障碍，总是需要被人喜欢和接纳，对被拒绝和受到批评过分敏感，因习惯性地夸大日常处境中的潜在危险，而有回避某些活动的倾向。

7. 依赖型人格障碍

依赖型人格障碍是以过分依赖为特征的一类人格障碍。他们常常是在没有别人反复建议与保证下便不能做出日常决定，一般是难以自己主动确定计划，，缺乏自信心。经常把责任推给别人，以应对逆境。

四、性心理障碍

（一）性心理障碍的含义

性是人类最重要的生存本能之一，性心理的表现形式十分丰富。医学范畴的性心理障碍，是指两性行为的心理和行为明显偏离正常，并以这类性偏离作为性兴奋、性满足的主要或唯一方式，除此之外，与性无关的精神活动并无其他明显异常。

性心理障碍的病因尚不明确，生物遗传学方面的研究结果尚未得到有力论证。而某些性格特征突出的，或具有某种人格障碍的人更易产生性心理问题。一般的突出性格特征是各种类型性变态患者多数是内向、怕羞、安静少动、不喜交往的人，或者孤僻的、性格比较温和的，他们缺乏与别人交往的能力。相当数量的男性患者对妇女怀有偏见，如当自尊心受到伤害时对妇女产生偏见，激起强烈的仇恨和报复心等。环境和社会因素，尤其是家庭教育是否得当，对性心理障碍的形成也有着至关重要的影响，父母的性观念会通过他们有意或无意的举动而影响到下一代，如有些父母会把孩子当作另一性别的孩子进行教养，或者不经意间使儿童接触到了一些色情物品。

（二）性心理障碍的类型

性心理障碍主要包括性身份障碍和性偏好障碍。

1. 性身份障碍

性身份障碍主要指个体对自身性别的认定与解剖生理上的性别特征不同，往往为自己的性别而深感苦闷，为自己不是异性而感到遗憾，并有改变自身性别的解剖生理特征以达到转换性别的强烈愿望（如进行手术或服用异性激素）；严重者渴望自己是异性或坚持自己是异性。

2. 性偏好障碍

性偏好障碍指在性行为中性偏好方式的选择偏离正常的一组行为，主要包括恋物症、露阴症等。

（1）恋物症。在强烈的性欲望与性兴奋的驱使下，反复出现收集异性使用的物品的行为，如乳罩、内裤、饰物等，在接触这些物品时引起性兴奋，被称为恋物症。正常人对心上人所用之物也会有想抚摸、闻嗅的念头和举动，有些人以迷恋物品作为提高正常性兴奋的手段，这些都不能被视为恋物症。只有当所恋物品成为性刺激的重要来源，或获得性满足的必要条件，或作为激发性欲的惯用和偏好方式时，才被视为恋物症。

恋物症几乎仅见于男性，开始出现这种现象往往是偶然的，后来通过条件反射以恋物症的方式固定下来。为了取得上述物品，他们会不择手段去偷，因而触犯法律，但一般不试图接近物品的主人。

（2）露阴症。患者反复多次在陌生异性毫无准备的情况下暴露自己的私密部位以达到性兴奋的目的，有的进行自慰，但无进一步性侵犯行为施加于对方。该症状几乎仅见于男性，患者个性多内向，私密部位暴露之前有逐渐增强的焦虑紧张体验，时间多在傍晚，并与对方保持安全距离，以便逃脱。

这些性心理障碍的患者并不是道德败坏、品行不良的人，也不是性欲亢进的淫乱之徒。他们对一般社会生活的适应是正常的，许多人在工作中尽职尽责，工作态度认真，常受到好评。他们的社会生活和一般人没有什么差别，也有一般人的道德伦理观念，因此，常对自己触犯社会规范的行为深表悔恨，但却无法控制以致再犯。

五、进食障碍

进食是人们赖以生存的基本生理需要之一，健康的饮食行为是满足人的食欲、保持身体健康的基础。随着物质供应的不断丰富，以及当今社会“以瘦为美”的审美取向，节食行为已经成为现代人，尤其是青年女性热衷的方式。

进食障碍，多见于青少年女性，这些患者往往存在某些个性弱点，如过分依赖、过分追求完美、处理心理冲突能力较差等，或有不同的家庭问题；发病前往往有某些难以解决的生活事件，且影响情绪；患者常常采取不恰当的进食行为缓解内心的压力。

（一）神经性厌食

神经性厌食患者过度关注体形，恐惧“肥胖”，拒绝保持与年龄、身高相称的最低正常体重；有些患者即使已经“骨瘦如柴”，仍认为自己肥胖，即使体重很低，仍怕体重增长或发胖而不肯进食，并拒绝治疗。这些患者对进食种类及数量有着严格的挑选和控制，限制蛋白、油脂，且为避免“发胖”，患者常采取过度运动、诱吐、腹泻药等方法避免体重增加。部分患者同时伴有发作性暴食，即在节食一段时间后，无法控制食欲而暴食，之后为避免体重增加再节食。患者常常伴有焦虑、抑郁情绪，营养不良；营养不良可严重影响患者的生理功能，导致头发脱落、皮肤松弛、牙齿脱落、电解质紊乱；内分泌障碍，多表现为生理功能变化；停止生长发育，身体各器官功能衰竭，最终可导致死亡。

（二）神经性贪食

神经性贪食患者常有反复发作的、不可抗拒的、冲动性的暴食欲望，而发作性地大量进食，吃到难以忍受的腹胀为止，进食量为正常人的数倍；之后因恐惧暴食带来的体重增长，采用一些不恰当的代偿行为，如诱吐、滥用泻药、节食等，以至于形成“暴食—恐胖—诱吐—节食—暴食”的恶性循环。严重时患者边吃边吐，可以持续数小时，直到筋疲力尽才罢休。患者对自己的暴食发作充满内疚、自责、羞愧、耻辱，所以暴食发作常常是偷偷进行的，患者极力掩饰。部分患者将食物视为“不离不弃、永不背叛”的伙伴、自己唯一的寄托。

神经性贪食症患者的体重可能是正常的，反复暴食、诱吐可引起的体征有腮腺肿大、龋齿、慢性咽喉炎等。严重时可见急性胃扩张、胃破裂、电解质紊乱等急症，并危及生命。

神经性厌食和贪食常常同时出现，对个人及家庭都造成很大的痛苦，并很可能造成生命危险。建议及早识别，并及时寻求专业人员的帮助。常采用的措施有维护患者的躯体健康、治疗躯体并发症，促使患者积极主动参与治疗，重建健康饮食的习惯。

六、睡眠障碍

很多人都患有睡眠方面的障碍，成年人会出现睡眠障碍的比例高达30%，睡眠障碍通常有失眠、嗜睡、睡眠—觉醒节律障碍、睡行症、夜惊、梦魇等，最常见的为失眠症，患病率可高达20%。

引起失眠的原因有许多，很多人在其生活中的某个阶段都曾出现失眠，常见的原因有：①急性应激，如过分兴奋、精神紧张、居丧、身体不适及睡眠环境改变等可引起失眠；②咖啡因、茶碱等兴奋性药物可引起失眠；③心理性失眠，常由于过分担心自己入睡困难，以致思虑过多或焦虑，试图入睡或醒来再睡时的沮丧、愤怒和焦虑导致难以入眠；④心理障碍、抑郁症、焦虑症常伴有入睡困难、早醒。

失眠常有多种形式，包括入睡困难、睡眠不深、易醒、多梦早醒、再睡困难；醒后不适或有疲乏感，或白天困倦；部分还有睡眠感的缺失。以入睡困难最为常见，常并发焦虑情绪。对失眠的恐惧和对失眠所致后果的过分担心反而加重失眠，失眠者常常陷入这样的恶性循环。部分长期失眠的人不惜长期使用镇静催眠药来改善睡眠，以致引起药物依赖。

治疗失眠，主要包括消除诱因、减轻睡前焦虑、养成良好的睡眠习惯。其中，减轻睡前焦虑最为重要。睡眠最重要的是恢复精力、体力，一个人并非一定要睡上8小时，也不是一定要从晚上10点开始睡。失眠具有过程性，会随焦虑情绪的消失而好转，所以学会耐心等待，失眠也会“不翼而飞”。

七、精神分裂症

精神分裂症是一种常见的病因尚未完全明了的心理障碍，多起病于青壮年，常有感知、思维、情感、行为等多方面的障碍和精神活动的不协调，一般无意识障碍和明显的智能障碍。精神分裂症的临床表现多样，几乎精神科的全部精神症状和症状群，在精神分裂症的不同时期和不同类型均可出现，个体之间症状差异很大，即使同一患者在不同阶段或病期也可能表现出不同症状。

（一）感知觉障碍

精神分裂症可出现多种感知觉障碍，最突出的感知觉障碍是幻觉，包括幻听、幻视、幻嗅、幻味及幻触等，而幻听最为常见，这是一种没有现实刺激作用于听觉器官时出现的知觉体验。

1. 评议性幻听

幻听的内容为描述或评论患者正在进行的思考和行为。有时，患者幻听到他人连续地对患者的举动不断进行评论，或命令他做某种事，如拒绝进食、伤人、自伤。例如，一位患者听到屋外她的同学在谈论她，说她不合群、自私，虽然没有人听到这些声音，但患者坚信这些人的存在，反复外出找说话的人，并常与窗外的“这些人”争辩。

2. 争辩性幻听

患者听到两个或多个不同的说话声，他们的意见有分歧，似乎在争辩。谈话内容以斥责、讽刺、嘲笑，甚至威胁、辱骂或命令性质的较多见。

3. 命令性幻听

命令性幻听是指个体听到命令性言语的一种幻听。例如，患者听到有人命令其伤害某人或者破坏某物等，多见于精神分裂症。命令的内容有时清晰具体，有时模糊难辨。命令性幻听往往诱使病人造成刑事后果，给他人、家庭及社会造成危害。命令性幻听是与违法犯罪行为关系最为密切的一种幻觉，它所导致的危害行为多于评价性幻听和其他幻觉。患者对命令性幻听往往丧失辨认能力，无条件地服从，因此会产生各种严重危害行为，如伤害、纵火、杀人、破坏等。

（二）思维障碍

思维障碍是精神分裂症的核心症状，主要包括思维形式障碍和思维内容障碍。思维形式障碍是以思维联想过程中表现的障碍，包括思维联想活动过程（量、速度及形式）、思维联想连贯性及逻辑性等方面的障碍。妄想是最常见、最重要的思维内容障碍。最常出现的妄想有被害妄想、关系妄想、影响妄想、嫉妒妄想、夸大妄想、非血统妄想等。据估计，高达80%的精神分裂症患者存在被害妄想，被害妄想可以表现为不同程度的不安全感，如被监视、被排斥、担心被投药或被谋杀等，在被害妄想的影响下患者会做出防御或攻击性行为。

1. 思维鸣响

当患者想到什么，就听到（幻听）有说话声讲出他所想的内容，即幻听内容就是患者当时所想的内容。例如，患者想喝水就出现“喝水、喝水”的声音，想看书时就出现“看书去”的声音。患者看书时有时也听到有声音跟着他将书的内容念出来。患者的体会是“自己的思想变成了声音”。

2. 思维阻塞

思维阻塞患者感到思考的进程突然中断，无法继续。我们突然想不起来的情况通常是这样的：一方面，我们清楚地知道自己的记忆有问题；另一方面，我们仍能继续思考，力图想起来，通常伴随着焦虑。但是，思维阻塞的患者并无焦虑，他不认为自己的记忆出了问题，而是某种无形的力量把他的思维切断、堵住了，使他突然丧失了思考能力。

3. 思维被撤走、被插入

患者在思考的进程中，突然感到就要想到的内容被某种无形的力量抽离走了；或感到某些思想不是自己的，而是被某种无形的力量强行插进来的。

4. 被动体验

被动体验包括躯体、情感和冲动被动体验，指患者在说话、运动、发生某种情感或内心冲动时，感到不是出自自己的意志，而是某种无形的力量引起的。

5. 被害妄想

患者由于缺乏安全感，导致对外界的极度不信任，而产生的一种幻想。他会无中生有地坚信某人（或某群体）对自己、自己的亲人、家庭进行监视、攻击或迫害。这些迫害活动包括盯梢、向食物中投毒等。在妄想的支配下，患者拒食、逃跑、控告，以致自伤或伤人。

6. 嫉妒妄想

患者坚信自己的恋人（爱人）对自己不忠，与其他异性有不正当的关系，如跟踪、监视行为，拆阅别人写给恋人（爱人）的信件，检查恋人（爱人）的衣物等。

7. 夸大妄想

患者在患病初发时，会不可思议地认为自己处理事物的能力大增，认为自己在其他一些涉及生老病死、国家大事的事情方面，也很有能力，如坚信自己有非凡的才能、至高无上的权利、大量的财富等。

8. 疑病妄想

患者对自身的健康非常敏感，只要哪儿出现了不舒服的情况就怀疑得了大病。例如，有的患者偶尔出现心悸、心动过速的情况，就怀疑自己有严重的心脏病，即使多次到数家医院检查，结果均正常，但仍然焦虑和怀疑，极大地影响了正常生活。

（三）情感障碍

情感淡漠及情感反应不协调是精神分裂症患者最常见的情感症状，此外，不协调的性兴奋、易激惹、抑郁及焦虑等症状也较常见。患者对周围事物的情感反应缺失，早期为细致的情感缺失，如对亲人的关心体贴（情感平淡），严重时对涉及自身利益的重大事情漠不关心，对一般人都感到痛苦的事，患者无相应的情感反应（情感淡漠）。还可表现为情感与周围环境不协调，无原因地自笑，很难与人进行情感沟通。

（四）意志和行为障碍

多数患者的意志减退甚至缺乏，表现为孤僻离群、被动退缩、缺乏主动性和积极性，整日无所事事，生活懒散，无高级意向要求（意志减退），对工作、学习、交往没有兴趣，能力明显下降，社会功能受损。还可出现愚蠢、幼稚、怪异行为。患者症状较轻时，表现出少语、少动，行为迟缓；严重时不吃、不喝、不语、不动，伴肌张力增高（紧张性木僵）。在木僵状态时，会突然出现兴奋、冲动、行为杂乱（紧张性兴奋）等症状。

（五）认知功能障碍

在精神分裂症患者中认知缺陷的发生率高，约85%的患者出现认知功能障碍，如信息处理和选择性注意、工作记忆、短时记忆和学习、执行功能等认知缺陷。认知缺陷症状与其他精神病性症状之间存在一定的相关性，如思维障碍明显的患者其认知缺陷症状更明显，阴性症状明显患者的认知缺陷症状更明显，认知缺陷可能与某些阳性症状的产生有关等。认知缺陷可能发生于精神病性症状明朗化之前（如前驱期）。认知功能或者随着精神病性症状的出现而急剧衰退，或者是随着病程延长而逐步衰退，初步认为慢性精神分裂症患者比新发精神分裂症患者的认知缺陷更明显。

精神分裂症患者常不认为自己患病，也不觉得自己的行为异常，不主动求治；部分认为自己有病，但其关心内容常是与其病情无关的内容。这些都是自知力缺乏的表现，自知力缺乏是重性精神障碍的特征，常影响对治疗的依从性。

上面只简述了精神分裂症的几种特征性症状，当出现疑似症状时，应及时到精神专科机构就诊。部分患者没有自知力（不能意识到自己出现问题），相关人员应及时联系其监护人对患者进行诊治。多数精神病性症状是可以消除和改善的。

第三节　心理障碍的应对措施

心理障碍并非不可治愈，由于历史文化原因和对疾病本质认识的不足，社会公众对心理障碍患者存在一定的偏见和歧视，并持排斥态度，患心理障碍成了一种“羞耻”。这种羞耻感的存在，使心理障碍患者及其家人倾向于掩盖症状，不愿公开病情、不愿就医，致使其丧失早期的诊治机会，严重影响疾病的治疗和预后。面对心理障碍，客观认识疾病、积极求治才是改善预后最好的办法。

一、自我调节

除了一部分缺乏自知力的心理障碍患者，很多心理障碍都是由早期的烦恼、情绪不佳逐渐发展而来的。在这些烦恼出现初期，学会自我调节，对于延缓、遏制疾病的进展是十分有效的。

（一）认识烦恼

1. 认识自己的心理状态

学业繁重、未来迷茫、恋爱无望，这些烦恼在大学生中是十分普遍的，但有些大学生却处于愁苦中而不自知，只是不停地抱怨、思虑，伴随情绪差，却意识不到自己的情绪变化，或者虽然有所察觉，但对情绪变化的原因、性质和特点等不了解。例如，某大学生抱怨：“最近总感觉烦躁，学不下去，失眠，总这样下去，考试、奖学金怎么办？”

仔细回顾原因，半个月前他向暗恋的女生表白被拒绝，很是伤心、失落，虽然告诫自己“要坚强，天涯何处无芳草”，却难消失落情绪。失落情绪得不到表达，消极的状态影响到学习，转化为学业上的困扰。

一个人只有清楚地意识到自己的情绪状态及原因，才有可能将情绪对自身的伤害降到最低，上述大学生在了解到自己烦恼的根源在于情感受挫时，或向家人、朋友倾诉，寻找他人的帮助，或等待时间自然复原，都可以帮助他减轻烦恼或提升解决烦恼的能力。

2. 认识心理障碍

当发现自己长期处于焦虑、抑郁的状态，或被确诊为抑郁症、强迫症等心理障碍后，害怕同学、老师歧视自己，或惧怕自己“大难临头、患上绝症”等都是没有必要的，这种消极的想法只会加重烦恼。对于抑郁症、强迫症，目前有多种药物和心理治疗的方法能治愈或改善。人们常以为自己的病情最重、痛苦最多，以致痛苦感增加。多虑源于无知，详细了解了所患疾病的性质、原因、表现、治疗方式，更多接触病友，对疾病有了客观认识，痛苦感也会相应减轻。

（二）与烦恼共处

1. 接纳烦恼

所谓烦恼，是人们对外部事物及内部心理现实的不满和担忧；或表现为不快、伤心、不安、烦躁，或表现为身体不适，或发展为焦虑、抑郁、恐惧及躯体疾病。在日常生活中，谁也无法摆脱烦恼，只要有情有欲，就会有烦恼。烦恼是普遍的，也是必要的。不经历相思之苦，就难以享受重逢之乐；不经历压力和挫败，就难以体会成功的喜悦。考试失败、失恋、疾病，必然产生烦恼，这是无法完全避免的。而另一部分烦恼，如“总是控制不住在公众前讲话紧张，我真没出息”“他总想出风头，真讨厌”等想法，却是自寻的，是可以消除的。

人们自寻烦恼，往往在于或苛求自己对自己的想法、行为完全负责，或苛求他人对他们自己头脑中的想法、情绪和欲望负责，或苛求社会没有弊端、完全公正和公平。然而人是否真的能控制自己全部的思维和行为？出现怎样的念头、怎样的情绪反应，并非完全是人能够主观控制的。一个内向、不善言辞的人第一次公众演讲，没有经验，自尊心又强，很关注自己的表现，就难免紧张；越是不允许自己紧张，紧张程度就越严重；接受自己必然紧张的事实，查找不足，进行有针对性的锻炼，如有意增加在公众前讲话的练习，紧张感反而会逐渐消失。因此，只有区分哪些是自我无法控制的，哪些是自我能控制的，接受不可为的部分，改变可为的部分，才有可能真正远离“自寻之烦恼”。

2. 接纳心理障碍

当出现焦虑、抑郁、强迫等负性体验时也应做好区分，学习接纳。前面已介绍了焦虑、抑郁、恐怖、强迫的恶性循环，对于这些负性体验的消极评价，比如“我不应该如此”“我要改变”“我怎么会这么失败”等对自己的评价，常会导致注意力过分集中在症状上，进而导致对症状的感受性增强，痛苦感加重。要学会了解自己的心理状态，比如

“我感到自己最近压力很大”“我感到自己很焦虑”；要了解出现这些负面情绪的原因，比如“我在反复回顾自己曾经的一些失败”“我失恋了，一直没有走出来”；要认识到情绪的发展有一定过程，一味强迫自己立即恢复是不现实、不科学的，比如“任何人失恋都会感到痛苦、烦恼，所以要接受失恋这一事实”，学会转移注意力，比如去做有意义的事，参加志愿者活动，或者出去旅行。学会与烦恼相处，明白它只是人生中的一次经历，烦恼就会在不经意间消散。

（三）积极求治

由于社会歧视、病耻感的存在，部分大学生患者不能及时就诊，常导致病情迁延。讳疾忌医永远不是好的办法，而必要的求助才是强者的行为。

人不可能一生都不患病，更不可能永远没有烦恼。一个心理健康的人，不在于没有烦恼，而在于有多种解决烦恼的办法。家庭、社会也是如此，和谐的家庭和社会不在于没有问题、矛盾，而在于拥有解决问题的途径。每个人解决烦恼的能力不是天生的，更多是后天逐渐学习得到的。人们习惯于外表强大，“有泪不轻弹”，认为这是强者的表现；殊不知人无完人，敢于承认、接纳自己的缺点，在必要时，能够积极地利用亲人、朋友、老师、医院等资源，更是强者的行为。

二、家庭和社会干预

家庭干预，将直接影响患者的疾病康复、社会适应和生活质量。社会支持也是影响个体心理健康状况、患者病情治疗和预后的重要因素。大量研究表明，社会支持系统越完善，个体心理健康水平越高，幸福感越强。而社会歧视、不公平待遇常引起患者社交活动受限、工作机会缺失。

（一）家庭干预

良好的家庭关系（不仅仅是物质支持、督促服药）有助于患者的预后。很多心理障碍患者在住院期间痊愈，回家后很快复发，很大程度上是因为不良的家庭环境未改变，患者再次表现出同样的行为模式。

家庭是一个系统、一个整体，每个成员间都互相影响。一个家庭成员出现问题，常会导致整个家庭系统出现紊乱。有研究显示，家庭心理健康教育和家庭治疗的开展，能减少精神分裂症的复发次数。在家庭心理健康教育和家庭治疗中，家庭成员共同了解疾病知识，共同制订康复计划（做家务、学习、人际交往等），对家人提供心理支持，鼓励家人之间进行开放的、有效的沟通，改善家庭关系，从而可改善心理障碍患者的预后。

（二）社会干预

社会干预主要包括预防和康复等内容。向大众进行心理健康教育、普及精神卫生知识，从而提高公众心理健康水平，为早期发现、诊治心理障碍奠定基础。目前的心理障碍服务体系尚待完善，以让个体能更有效地接触心理咨询、心理治疗、精神专科治疗。社区康复内容广泛，包括早期发现、后期随访、预防复发等。社会干预是一项宏大的工程，对于提高全民身心健康、促进心理障碍患者痊愈及回归社会等是十分重要的。我国各级各类学校开展的学生心理健康教育可被视作对于心理障碍的一种社会干预方式。

三、心理干预

心理干预主要包括心理咨询和心理治疗，两者都是专业性的心理疏导、心理矫治和健康促进技术，只是服务对象稍有差异，前者主要针对心理健康和亚健康人群，后者主要针对临床患者。

在临床工作中，心理治疗可以作为唯一的、主要的或辅助的治疗方法。神经症、儿童少年期情绪和行为障碍都可以进行心理治疗。对于成人应激障碍、情绪障碍等问题，也常根据情况，将心理治疗作为其主要的或辅助的治疗方法，即便对于缺乏自知力的重型心理障碍，目前也发现，支持性心理治疗、行为治疗也是有效的。心理治疗之所以有效，在于治疗关系中的支持、关心、信任及传递的希望。

四、生物学干预

目前，心理障碍的生物学干预主要包括药物治疗和电休克治疗。药物治疗是改善心理障碍，尤其是重型心理障碍的主要和基本措施。电休克治疗可用于一些心理障碍的急性期。

20 世纪 50 年代初，氯丙嗪的出现，开创了现代精神药物治疗的新纪元；心理障碍成为可治愈的疾病，心理障碍的生物学基础被证实，而不再是道德败坏、脆弱等的代名词。精神疾病药物主要可分为抗精神病药物、抗抑郁药物、心境稳定剂和抗焦虑药物，此外，还有精神振奋药物和改善脑代谢药物等。

无抽搐电休克疗法为“电抽搐疗法”的改良法，是以一定量的电流通过大脑引起意识丧失的治疗方法，是精神障碍（尤其是重型精神障碍、急性期）非常重要的治疗手段。治疗前使用麻醉剂和肌肉松弛剂，以避免引起抽搐，比电抽搐疗法更为安全。

很多人对用药存有疑虑，认为“能不用药就不用，所有的药物都有副作用”，不仅在精神科，在综合医院这种现象也很常见。其实，所有的治疗方案都是有利有弊的，最终方案的制定在于“利弊取舍”。对于轻度的心理障碍，单纯的心理治疗是有效的，可以不使用药物治疗。但对于中重度的心理障碍，药物在控制急性期症状、延缓病情进展、促进痊愈、预防复发等方面，起着十分重要的作用，建议使用药物治疗。随着医学的发展，目前选用的药物副作用相对较少，但其中存在较大的个体差异性，一些患者毫无不适，一些患者则出现较严重的副作用（在治疗剂量内，发生概率较小）。权衡利弊，建议中重度心理障碍患者，或自我痛苦感较重的患者，及时使用药物治疗。

拓展阅读

案例分析：复旦大学投毒案

学校是培养人才的摇篮，2013 年复旦大学发生了一起轰动全国的投毒案。复旦大学投毒案，指 2013 年 4 月上海复旦大学上海医学院研究生黄×遭他人投毒后死亡的案件。

犯罪嫌疑人林××是受害人黄×的室友，投毒药品为剧毒化学品 N-二甲基亚硝胺。在我们的观念里，像林××这种受过高等教育的人，不会做出如此荒唐之事的。而且他所学的专业，还是救死扶伤的医学专业，但就是这样一个不管是在高中还是在大学，成绩都名列前茅的学生，却向与自己同住了三年的室友黄×投毒，据调查其背后并没有什么深仇大恨，只是因为一些生活的小事，让人难以琢磨。

人格是个人在适应环境的过程中所表现出来的系统的独特的反应方式。或许我们可以从对林××的性格分析中找到问题的些许答案和教育启示。基于网上关于林××成长经历和生活细节的暴露，我们可以看出该学生具有极度自尊、自我中心、偏执、易怒、记仇、嫉妒等心理特点，具有偏执型人格的性格特征。

轰动一时的复旦大学投毒案以黄×被毒杀身亡而开始，林××被执行死刑而告终。两位“天之骄子”在最好的年华失去生命，足以警醒广大青年在关注自我成功、成才的同时，一定不可忽视自身的心理健康，特别是自我人格的发展与完善，因为，人格的功能性告诉我们“性格决定命运”。通过本章各人格障碍特点的学习，我们可以知道人格的缺失或出现严重偏差，不仅会给自身长期的情绪状态、行为模式、人格关系等心理健康方面带来损害，还可能会给自身和他人带来生命危险，所以要注重培养自身的健全人格。广大青年要以社会主义核心价值观为指导，珍爱生命、遵守法纪、团结友善，为自己的人生发展与幸福打下坚实的根基。

课后作业

1．大学生常见的心理障碍有哪些？这些心理障碍有哪些外在表现？

2．大学生应如何预防心理障碍？

心理测验

抑郁自评量表

指导语：请根据你近一周的感觉来进行自我评定，主要评定症状出现的频率。抑郁自评量表采用四级评分，A 代表没有或很少时间，B 代表小部分时间，C 代表相当多时间，D 代表绝大部分或全部时间。

1．我觉得闷闷不乐，情绪低沉。

2．我觉得一天之中早晨最好。

3．我经常觉得自己想哭。

4．我晚上睡眠不好。

5．我吃得跟平常一样多。

6．我与异性密切接触时和以往一样感到愉快。

7．我发觉我的体重在下降。

8．我有便秘的苦恼。

9．我心跳比平时快。

10．我无缘无故地感到疲乏。

11．我的头脑跟平常一样清楚。

12．我认为平时做的事情并没有困难。

13．我觉得不安而平静不下来。

14．我对将来抱有希望。

15．我比平常容易生气激动。

16．我觉得做出决定是容易的。

17．我觉得自己是一个有用的人，有人需要我。

18．我的生活过得很有意思。

19．我认为如果我死了，别人会生活得更好。

20．平常感兴趣的事我仍然感兴趣。

【评定标准及结果解释】

对于 A、B、C、D 正向计分题分别按 1、2、3、4 计分；反向计分题分别按 4、3、2、1 计分。反向计分题号：2、5、6、11、12、14、16、17、18、20。

总分乘以 1.25 取整数，即得标准分。分数越高，症状越严重。标准分的临界值为 50。

心 理 训 练

放 松 训 练

一、活动目的

1．体验放松的感觉，掌握放松训练的基本方法。

2．放松身心，提高心理健康水平。

二、活动时间

25 分钟。

三、活动道具

音响设备，选择舒缓的音乐作为背景音乐。

四、活动场地

室内或环境优美的室外。

五、活动程序

1．在一张舒适的椅子上坐下，做一些细微的调整，最终让自己感到尽可能的舒服，尽可能的无拘无束，让你的思绪掠过你的双颊和肢体，看一下是否每个地方都是放松的，没有束缚，没有绷紧着的衣物，身体也没有不舒服的姿势。然后，做一些必要的调整，让自己处于最舒服的姿势。

2．逐步放松身体的各个部位。现在让你的注意力从你的头顶，漫游到你的头皮及前额，舒展头皮和前额的所有肌肉。任其自然放松。舒展这些肌肉，让你的头皮舒服地躺在你的头顶。让这种放松弥漫到你的眉头、眼睑，甚至是你的眼睛。让你的眼睛舒服地休息。继续让放松扩散，扩散到你的双颊、嘴唇和下颌，让你的整个双颊变得舒服、放松。注意你的下巴，让控制下巴的肌肉放松，任其自然。你会注意到由于重力的原因，你的下巴会微微下坠，而你的嘴唇会稍稍分开。

在你放松面部时，也要放松舌头、喉咙和声带，让你的舌头舒服地躺在嘴巴里。让放松的状态继续延续，扩散到你的脑后方，让所有的肌肉顺着你的颈部垂向你的双肩，舒展颈部和肩部所有的肌肉。你可以把它们想象成有很多小结的绳子，而你打开了这些结子。它们松散而柔软地垂下来。舒平它们，让它们自由、柔顺、宽松地垂在那里。继续放松你的双肩与颈，让放松感扩展到你的胳膊，放松你上臂所有的肌肉，然后再到肘部和前臂，舒展所有的肌肉，任其自然。放松你的手腕、手掌部所有的肌肉，再到你的指尖，让你的胳膊感到舒服、沉重和放松，让你的血液通畅地流到你的指端，直到你已经消除了上肢与肩部的紧张感，血液流动得更加舒畅，更加轻松地流到你的指尖。

继续放松你的头与脸，你的颈、肩膀与上肢，同时将你的注意力转移到后背上部，顺着你的肩膀和后背上部舒张开你所有的肌肉，沿着你的背脊继续放松。下移到你的后背中部，舒展你所有的肌肉，再下移到后背下部，以相同的方式下移到你的腰部和臀部。让放松的感觉扩展到你的身体两侧，让肋部的肌肉放松，注意你每一次呼吸的呼与吸，吸进的空气通过你的鼻孔，向下，再向下进入到你的肺部，当肺充满空气时，再将它呼出，让你的呼吸平稳、缓和而富有节奏。伴随着每一次呼吸让你完全坐到椅子中去。让放松扩及你的腹部、腰部，舒展胃部所有的肌肉，让你的胃部变得非常放松，注意体会这种放松的感觉。

放松已围绕于你的臀部、腰部和骨盆的肌肉，让你的骨盆放松舒展，继续让放松蔓延到你的大腿、膝盖、腿部和脚，让你的腿变得十分沉重，舒服地放松，放松你的脚腕、脚跟和脚板，甚至到你的脚底与脚趾。随着你的腿部变得舒服，血液更加舒畅地流向你的脚趾，让你的脚变得更加温暖。

你的整个身体从头到脚趾，都是放松的，平和而安静，内部极其平静。现在随着每一次呼吸，让你的躯体再放松一点，随着你的每一次呼吸，让你的身体进一步深陷到椅子中去，感到舒服的沉重感和放松感。尽管你越来越放松，但你明白清醒；尽管你明白清醒，却异常放松。

3．体会放松后的感觉。放松让你的整个身体做了深层的休息，使你精神焕发，恢复活力。

六、注意事项

1．确保感觉舒适、房间温暖，穿舒适的衣服，排空肠胃，餐后一个小时内不做练习。

2．第一次放松训练时，可以由教师带着学生一起做，这样可以减轻学生的焦虑。

3．放松训练的指导语应尽量清晰、明了，可以提高训练的有效性。

4．放松训练结束后，学生要注意体验放松后的感觉。

5．多做有规律的练习，尽可能坚持下去。

第十二章　大学生心理咨询

大学生心理咨询

随着中国经济的飞速发展，人民物质生活水平得到不断提高，人们对精神需求、快乐幸福生活的追求越来越强烈。很多人开始有意识地关注自己的心理健康，遇到心理困扰，迫切希望能够得到专业人士的指导和服务。心理咨询作为解决人们心理困扰、帮助人们恢复健康心理的专业手段，近年来在我国得到快速发展，人们对心理咨询的接纳和认可程度也越来越高。本章希望通过对心理咨询的客观论述，使大学生对心理咨询有深刻而科学的认识。

第一节　心理咨询概述

由于心理咨询在我国起步比较晚，许多人只是基于传统观念来理解心理咨询，一提到心理咨询就会想到“精神病”“心理障碍”等，对心理咨询的认识存在诸多误区。例如，认为自己没有心理疾病，不需要心理咨询，甚至不需要上心理健康教育课程；只有精神病患者才会看心理医生；心理咨询就是聊天，不能解决问题；心理咨询就是催眠等。

一、心理咨询的定义与分类

（一）心理咨询的定义

心理咨询在英文中被称为counsel（咨询），也有被译作“心理辅导”的。它是一个内涵非常广泛的概念，涉及职业指导、教育辅导、心理健康咨询、婚姻家庭咨询等诸多方面。心理咨询的历史虽有近百年，但至今有关心理咨询的内涵与外延仍没有一个统一的说法，没有哪一种已知的定义得到了专业工作者的公认，也没有哪一种定义能简洁明了地反映出心理咨询的丰富内涵。不同心理学流派对心理咨询有着不同的见解。

1984年美国出版的《心理学百科全书》肯定了心理咨询的两种定义模式：教育模式和发展模式。该书认为：“咨询心理学始终遵循着教育的模式，而不是临床的、治疗的或医学的模式。咨询对象被认为是在应对日常生活中的压力和任务方面需要帮助的正常人。咨询心理学家的任务就是教会他们模仿某些策略和新的行为，从而能够最大限度地发挥其已经存在的能力，或者形成更为适当的应变能力。”该书还指出：“咨询心理学强调发展的模式，它试图帮助咨询对象得到充分的发展，扫除其成长过程中的障碍。”

《中国大百科全书·心理学》对心理咨询是这样定义的：“一种以语言、文字或其他信息为沟通形式，对来访者予以启发、支持和再教育的心理治疗方式。其对象不是典型的精神病患者，而是有教育、婚姻、职业等心理或行为问题的人。”

国内外很多心理学家或心理咨询专家都曾对心理咨询有着自己独特的见解，他们的表述不同，侧重点不同。下面归纳了国内外一些比较有代表性的关于心理咨询的观点，从中可以看出，尽管有各种各样的不尽相同的解释或定义，但彼此之间仍存在某些共同性的特征。

（1）心理咨询是一个过程，它有一系列的步骤，并且需要多次进行，往往不是一次就能彻底解决问题的。

（2）心理咨询是一种咨询师和来访者之间建立的工作同盟关系，这种工作同盟关系对咨询和咨询效果有着很大的影响。咨询需要以理解、尊重和真诚为基础，咨询师与来访者会在互动或交谈中彼此影响，但是咨询师要始终保持中立的态度；来访者需要主动参与和积极配合咨询师。

（3）心理咨询是一系列心理活动的过程。从来访者的角度看，在咨询过程中需要接受新的信息，学习新的行为，学会调整情绪及解决问题的技能，做出某种决定，这都涉及一系列的心理活动。

（4）心理咨询是由专业人员从事的一项专业服务。咨询师必须是受过严格专业训练，拥有这项服务所必需的知识和技能（尤其是具有接受他人的基本态度和理解他人的能力）、取得权威机构认可的从业资格。

（5）心理咨询的服务对象不是有精神病、明显人格障碍、智力障碍或脑器质性病变的患者，而是在心理适应和心理发展上需要帮助的正常人。

（6）心理咨询的最终目标是“助人自助”（帮助别人获得自己解决自己问题的能力），而不是简单的同情、安慰、劝导、批评或提出建议，也不是单纯帮助别人解决问题，更主要的是培养来访者独立思考与有效决策和行动的自助能力，促进来访者的成长和发展。

综上所述，我们尝试给心理咨询做出如下定义：心理咨询是指获得执业资格的心理咨询师在和来访者建立稳固的工作同盟的基础上，运用心理咨询的相关专业技术和方法，帮助来访者解决心理问题，恢复心理健康，提高适应能力，促进个性发展与潜能发挥。

（二）心理咨询的分类

1. 按内容分类

心理咨询按内容可以分为障碍性咨询和发展性咨询。

（1）障碍性咨询，指对存在程度不同的非精神病性心理障碍、心理生理障碍者的咨询，以及某些早期精神病患者的诊断、治疗期或康复期精神病患者的心理指导。重点是去除或控制症状、预防复发。从事这类咨询的人员需要受过足够的精神医学和临床心理学训练，咨询的地点一般为专门的心理卫生机构、综合性医院下设的心理咨询机构、社区心理卫生机构及由专业人员开设的私人诊所等。

（2）发展性咨询，指帮助来访者更好地认识自己和社会，充分开发潜能，增强适应能力，提高生活质量，促进人的全面发展。咨询的内容十分广泛，凡是在人生各阶段出现的心理问题都属于咨询的范围，如工作、学习、恋爱、婚姻、家庭生活、职业选择等。咨询的地点一般为非医疗机构，如学校、社区、企业。

2. 按咨询对象分类

心理咨询按咨询对象可以分为个体咨询和团体咨询。

（1）个体咨询，指咨询师与来访者之间的一对一咨询。它是心理咨询最常见的形式，优点是针对性强、保密性强，咨询效果明显；但咨询成本较高，需要双方投入较多的时间、精力。

（2）团体咨询，指将咨询的心理问题相同或相似的来访者组成同质性团体，咨询师同时对多个来访者进行咨询。团体咨询在团体动力、人际互动、相互模仿、学习和支持等方面有着个体咨询难以比拟的优势。因为其咨询面广、咨询成本低，一个咨询师可以同时对多个来访者开展工作，所以在学校、医院、大型企事业单位等人员比较集中的组织中应用越来越广泛。而且它对某些心理问题（如人际关系问题）或心理障碍的咨询效果明显优于个别咨询。但是这种咨询形式难以兼顾每个个体的特殊性。

3. 按方式分类

心理咨询按方式可分为门诊咨询、现场咨询、信函咨询、电话咨询和网络咨询。

（1）门诊咨询，指来访者到专科医院、综合性医院、私人心理诊所、高校心理咨询中心或心理健康教育中心等开设有心理门诊的机构寻求心理咨询帮助，它是个体咨询最常见的方式。门诊咨询具有以下特点：一是来访者无须太多等待，来访者和咨询师直接进行沟通，效率更高；二是来访者和咨询师进行面对面的交流和互动，可以使咨询师更加及时、精准地掌握来访者的非语言信息，有助于咨询师更加真实地掌握来访者的性格特点、行为模式和情绪状态等关键信息，所以咨询效果较好；三是门诊咨询可以让咨询师更加方便地严格执行心理咨询的各项规范，使心理咨询变得更加科学高效。

（2）电话咨询，指用电话的方式开展咨询。其主要适用于心理危机者或有自杀观念、自杀行为的人。国外有专线电话，只限于心理危机者使用，主要目的是防止自杀。目前国内很多城市建立了“心理援助热线”，除了处理各种心理危机外，也为其他心理问题者提供服务。其优点是快捷、方便、保密性强。但由于缺乏咨询师与来访者之间面对面的直接交流，难以进行准确的心理评估，限制了咨询师的干预能力。

（3）网络咨询，指来访者通过社交软件或电子邮件等网络互动手段进行咨询。近年来，随着移动互联网的发展，人们通过网络进行沟通更加快捷，更加接近现实互动，网络咨询日趋普遍。对于那些由于个人身体条件、地域环境的限制而不能直接、方便地寻求心理咨询，以及由于个人生活风格、认知习惯不愿意面对咨询师的人来说，网络咨询尤为必要。随着互联网的发展，网络咨询未来可能成为一种很普遍的心理咨询形式。虽然人们可以通过网络视频实现更加真实的人际互动，但是和现实中的沟通相比，网络沟通在感受性、即时性等方面仍存在不足。

4. 按时间长短分类

心理咨询按时间长短可分为长期咨询和短期咨询。心理咨询的期限并无严格的规定，要根据来访者的意愿、咨询的内容及咨询师的水平和治疗取向等因素而决定，也要斟酌现实情况，如来往的方便与否、咨询费的负担等进行。

（1）长期咨询，指咨询的时间较长久，如超过两三个月，甚至长达数年。因咨询的目的不仅在于问题的解决和症状的消失，而且要改善性格及行为的方式，促进心理成长，所以需要的时间较长。一般而言，对于比较严重的心理障碍或精神分析治疗取向的咨询多是长期咨询。长期咨询更多以改善性格特点和人际互动模式等深层次的心理问题为目标，所以需要时间较长。

（2）短期咨询，指咨询的时间较短。至于多长期限为短期，学者们意见不一，可能是三、四次，也可能是十次左右，也可能一两个月。短期咨询的重点在于问题的解决和症状的去除。

二、心理咨询的常见认识误区

心理咨询是缓解心理压力与提高心理承受能力的好方法。每个人一生中都需要心理咨询，但现实中还有不少人对心理咨询存在一些认识误区。

（一）心理咨询就是聊天

心理咨询不同于一般意义上的聊天，尽管心理咨询的方式主要是谈话，但心理咨询师利用心理学的专业理论知识，还有社会学、哲学、医学等方面知识，有严格科学的理论体系和操作规程，从而达到解决心理问题的目的，帮助求助者解除心理危机，促进人格的发展。

（二）精神疾病患者才需要心理咨询

目前人们对心理咨询虽有所了解，但仍有人认为是治精神疾病的，或者已经到了精神疾病的程度才需要来看心理医生。其实，心理咨询、主要的对象是正常人，或者是存在心理问题的亚健康人群，而不是人们常误认为的病态人群，病态人群如精神分裂症、躁狂症等疾病患者是精神科医生的工作对象。

（三）去做心理咨询丢人

有一些人认为看心理医生是不光彩、不体面的事，往往是偷偷摸摸地来心理门诊，担心被别人发现。如同人得了躯体疾病需要到正规的医院做检查、看医生一样，人得了心理疾病，也需要寻求专业人士的帮助。

同时，个体存在心理问题求助于心理咨询并不意味着有什么不正常；相反，却表明了个体具有较高的自我认知和生活目标，希望通过心理咨询更好地完善自我，使生活更幸福，而不是回避和否认问题。寻求心理咨询并非某些人理解的所谓“有病”，而是一个人的心理天空暂时被雾霾遮蔽，需要从这种遮蔽状态里走向晴天。一些发展性的心理咨询如自我规划、职场选择、潜力提升等则更是和“有病”“不正常”毫无关系。

（四）心理咨询师具有透视人心的本事

有些来访者将心理咨询师神化，认为心理咨询师是从事心理学的，应该一眼就能看出来访者的心理问题，否则就是不称职；或者来访者羞于表达内心感受，不愿将自己的心理活动吐露出来，认为咨询师能够猜得出来。实际上，心理咨询师也是人，只是利用心理学原理，以来访者提供的问题为基础，需要来访者主动的配合和互动，只有这样才能解决心理问题。而且很多时候，心理问题的解决可能更多和来访者有关，咨询师只是在其中发挥陪伴、指导的作用。正如古话说的："解铃还须系铃人，心病还需心药医。"

（五）好的心理咨询，看一次就有效

心理治疗不同于药物治疗，心理问题很少看一次就能有效解决的，需要来访者定期或长期进行咨询。除非是非常轻微的心理问题，做一次心理咨询就能达到理想的效果。而且许多问题是"冰冻三尺非一日之寒"，这些有性格方面的原因，也有现实原因，而且可能涉及方方面面。心理咨询有着严格的时间限制，每次只有一个小时左右，所以要想在一个小时内解决一个长期困扰求助者的问题，似乎可能性不太大。心理咨询需要一个了解心理问题的过程，一个讨论、分析、操作、反馈、修正、再实践的过程，一般不能一次就彻底解决心理问题。

（六）心理咨询会泄露自己的隐私

有的大学生很想去做心理咨询，但又害怕暴露自己的隐私，总担心把自己的秘密告诉别人会不安全，尤其是在自己学校做心理咨询可能会更不安全。其实这种担心是多余的。心理咨询的一条重要原则就是对来访者负责，要求咨询师具有良好的职业道德，必须对来访者的个人情况保密，不得泄露给任何个人或单位。当然心理咨询也不是完全保密，也存在保密例外的情况，如来访者可能有自杀或攻击、危害他人的倾向，来访者患有致命性传染病，来访者虐待儿童等特殊情况，咨询师出于对来访者负责，对生命的尊重，会考虑和有关人员联系。

第二节　大学生心理咨询的特点

一、大学生心理咨询的原则

（一）保密性原则

保密性原则是心理咨询最重要的原则。遵循保密性原则是建立良好咨询关系的基础，是咨询师的职业道德。心理咨询保密范围包括对咨询的谈话内容保守秘密，不公开来访者的姓名，拒绝关于来访者情况的调查等。保守秘密是对来访者负责的表现，同时，来访者的个人隐私也是受法律保护的。咨询师随意泄露来访者的秘密，不仅要受到舆论谴责，而且要负法律责任。但是，如果发现来访者有明显的自杀意图、存在伤害性人格障碍或精神疾病，应及时向有关部门反映，以便采取防范措施。

（二）理解性原则

理解性原则是指咨询师应设身处地地体会来访者的情绪、情感体验，正确理解其想法和看法，使来访者在精神上得到理解与支持。因为来咨询的大学生想通过咨询得到帮助，他们对咨询师抱有很大的希望，同时也可能存在某种担心和疑虑，所以咨询师要热情地接待他们，向他们讲明心理咨询的基本精神与原则，让他们感受到真诚的帮助，这样才能建立融洽的咨询关系。

（三）中立原则

中立原则是指咨询师在心理咨询过程中应始终保持不偏不倚的立场，确保心理咨询的客观与公正。咨询师不得把自己的情感、利益掺杂进去，要保持冷静、清晰的头脑。心理咨询过程中，咨询师不要轻易批评对方，不要把自己的价值观强加于对方。

（四）以来访者为中心原则

美国人本主义心理学家、来访者中心疗法创始人罗杰斯认为，来访者有理解自己、不断趋向成熟、产生积极的建设性变化的巨大潜能。如果这种潜能被激发，来访者就可以自己找到解决问题的答案。激发这种潜能需要咨询师在心理咨询过程中营造真诚、接纳、积极关注的氛围。咨询师不应该主导咨询过程，扮演指导者或教育者的角色，而应该扮演支持者、陪伴者的角色。

以来访者为中心原则要求咨询师在心理咨询过程中不应主观地将自己的理解或解释强加给来访者，或者要求来访者一定要怎样做或一定不能怎样做，而应该与来访者共同分析、讨论，寻求解决问题的方案，并对各种方案的利弊进行分析，最终采取哪一种方案去解决问题，则应由来访者自己选择，咨询师不能代替。同时咨询师更不能代替来访者解决问题。例如，来访者面临考研和就业的两难选择，咨询师不能告诉来访者他应该去考研或者去就业，而是应该和来访者一起分析考研和就业的利弊，让来访者自己做出决定。

当然针对大学生，由于其生活阅历尚浅，心智水平仍不成熟，心理咨询师可以根据来访者的具体情况，在某些特殊问题上给予一定的指导。但是整个心理咨询过程应该由来访者充当主角，而不是由咨询师主导心理咨询过程。

（五）发展性原则

发展性原则是指咨询师要以发展变化的观点来看待来访者的问题。大学生心理咨询的核心是成长问题。因此，咨询师不仅应当了解来访者已有的发展历程和结果，更重要的是揭示来访者今后的发展可能性和发展方向，这就要求咨询师具有较高的洞察能力和预见能力，一方面要对大学生的内在潜能和发展条件有准确的估计，另一方面要对大学生的发展目标和发展道路有恰如其分的揭示和把握，从而使大学生提高自信心，增强适应能力，完善人格。

二、大学生心理咨询的内容

在大学生心理咨询的实践中，大量的工作是围绕以下内容开展的。

（一）适应咨询

大学生在学习、工作和生活中会遇到各种各样的烦恼，由此产生各种各样的心理矛盾。其咨询的目的是解决心理问题，减轻心理压力，改善自己的适应能力。例如，学习成绩不如意感到忧虑；陷入失恋痛苦而难以自拔；人际关系不协调与同学产生矛盾；远离父母，缺乏生活自理能力而感到焦虑等。这些问题都是大学生在学习和生活中遇到的问题，产生这些问题的大学生心理基本上是健康的，不能给其贴上“精神病”的标签。这些问题，大学生不去寻求心理咨询可能也会自行解决，但是解决的速度往往比较慢，甚至会积累一些负面因素。遇到这类问题的大学生如果能够主动地寻求心理咨询，在咨询师的引导下，认清问题的性质，发现问题的症结，尝试新的行为方式，体验新方式带给自己的变化，促进新的适应行为的产生，往往就能有更快、更大的变化。

（二）发展咨询

在人生的发展历程中，每个人都会因为成长而不断遭遇各种冲突和困扰，成长迅速的大学生来讲更是如此。大学生寻求发展咨询的目的是更好地认识自己，扬长避短，开发潜能，提高学习、工作和生活的质量，追求更完善的发展。如怎样处理好爱情与学习的关系、怎样获得更多的朋友等。咨询师接受过系统、科学的训练，通过与来访者的共同探讨，可以帮助来访者全面客观地认清自我，发现自己的优势和潜能，同时也看到自己尚待发展的地方，共同确定今后努力的方向，确定合理的发展目标、发展计划，促进来访者的全面发展。寻求发展咨询的来访者往往是心理比较健康、不存在明显心理冲突、基本适应环境的大学生。高校心理咨询中心所做的工作几乎都与发展咨询相关。

（三）障碍咨询

寻求障碍咨询的来访者属于有不同程度的心理障碍，或者有某种心理疾病，为此苦不堪言，影响了学习和生活。障碍咨询的目的是通过系统的心理治疗，帮助来访者克服障碍，缓解症状，恢复心理平衡。障碍咨询主要解决的问题是各类神经症，主要有强迫症、恐惧症、焦虑症、疑病症、严重的神经衰弱等。对于这类问题，仅仅通过自我调整，很难彻底解决问题，有时还需要辅助药物治疗，所以存在这类问题的大学生，千万不能讳疾忌医，让问题变得越来越严重，长期影响自己的学习和生活状态，应该及时到心理健康教育中心或专科医院寻求专业的帮助。

综上可知，一方面，心理咨询可以有效帮助大学生解决学习和生活中遇到的各种问题，为大学生的顺利成长保驾护航；另一方面，大学生应该树立积极的心理咨询态度，通过参加各种形式的心理咨询活动，开发自己的潜能，实现自己的全面发展。

三、大学生求助心理咨询时的注意事项

心理咨询是发生于咨询师和来访者之间的互动过程，来访者的积极参与对心理咨询有促进作用。大学生要注意以下几个方面以使心理咨询发挥应有的效果。

（一）强烈的咨询动机

来访者的咨询动机越强烈，越是强烈地希望改变自己、改变现状，咨询效果就越好。有些来访者，不一定是自愿来的，咨询动机不强烈，就很难从心理咨询中受益。当然，咨询师也可以在心理咨询过程中激发来访者的求助动机。一般来说，心理咨询需要来访

者自愿参加咨询。有些大学生有希望改变自己的想法，但不是很清楚自己的问题，这时可以抱着试试看的态度去咨询，心理咨询过程也许会让他们有意想不到的收获。

（二）对心理咨询持积极态度

来访者要相信心理咨询的有效性，相信这一过程会对自己有所帮助，这对心理咨询有积极的促进作用。心理咨询能够让求助者宣泄不良情绪，有效缓解心理压力。通常，心理咨询会给求助者带来轻松的感觉，但是心理咨询很多时候并不是一个愉快的过程，因为心理咨询会涉及个人的痛苦经历，会给来访者带来强烈的情绪反应，这时来访者可能会对心理咨询产生负面的态度，但这是保证心理咨询的有效性所必须经历的过程。有些时候，咨询师也许不能提供有效的帮助，求助者可能不再继续咨询，但是不必因为某个特定的咨询师的表现而否定心理咨询的有效性，求助者可以再换一个咨询师试试。

（三）坦诚谈论自己的问题

有的来访者由于各种顾虑，如担心被嘲笑、被看不起，或者担心秘密可能被泄露，不愿或不敢说出自己的问题。有的来访者认为心理咨询师是心理学专家，应该能看出自己的问题，如果看不出来，就不是好的咨询师。这些想法会阻碍来访者坦率地与咨询师讨论自己的问题。咨询师需要遵守一定的职业伦理，如保密性原则、中立原则等，一般不会对来访者做道德判断，也不会有偏见。因此，来访者可以打消不必要的顾虑。心理咨询是一门临床实践科学，咨询师需要根据来访者提供的信息来进行分析，这就要求来访者坦诚地谈论自己的问题，只有这样，咨询师才能全面、准确地了解来访者的心理问题，从而使心理咨询取得成效。

（四）积极行动改变自己的行为

在心理咨询过程中，虽然咨询师对咨询效果有重要的影响，但是起决定作用的还是来访者本人。咨询师可以帮助来访者宣泄消极情绪，帮助来访者理性地认识和分析问题，教给来访者处理问题的技能和方法，但是如果来访者不能把在心理咨询中体验和学习到的东西运用于实际生活中，那么无异于纸上谈兵。来访者需要努力地尝试改变自己的思维和行为，积极地在实践中去练习，这样才能真正掌握在心理咨询中所学到的东西。

第三节　心理咨询的经典流派与方法

心理咨询源于职业指导，在发展过程中产生了上千种心理咨询技术和方法，目前主流的心理咨询流派有四种，分别是精神分析疗法、行为疗法、认知疗法、来访者中心疗法。其他很多技术和方法都是基于上述流派的理论衍生出来的。精神分析疗法主要是强调对来访者潜意识的探索和领悟；认知疗法关注来访者对事件的想法或评价，通过改变不合理的、不客观的想法、评价和信念解决来访者的心理问题；行为疗法主要通过强化、模仿和学习等方法改变来访者不适应的行为模式，解决来访者的心理问题；来访者中心疗法强调以人本主义思想为基础，认为人有解决自己问题的潜能，通过对真诚、接纳、积极关注的咨询氛围的营造，激发来访者自身的潜能，促进来访者自己解决问题。

虽然各个流派的关注点不尽相同，但都是被实践证实的有效的心理咨询技术，原因是人的心理活动或状态是意识和潜意识、认知、行为、情感交互作用的系统，改变其中的一部分，就会带动其他部分的改变，进而引起整个心理系统的变化。

一、精神分析疗法

（一）精神分析疗法的原理

精神分析疗法主要通过挖掘来访者潜意识中的心理矛盾和冲突，找出症结，并把它们带到意识领域中来，使来访者对此有所领悟，在现实原则的指导下使症状得以纠正和消除，从而建立良好、健康的心理结构，达到心理健康的目的。

弗洛伊德认为，精神症状的根源是被压抑到无意识中未能得到解决的欲望，它们是来访者早年形成的症结。通过精神分析，来访者能够真正意识并在感情上体验到这是幼年期形成的病根，现在看来已经没有意义了。来访者能够洞察到以前意识不到的致病因素，症状也就失去了存在的意义。这种洞察叫作领悟。使来访者达到真正的领悟，是精神分析疗法的基本原理。

精神分析疗法的基本目标：一是使潜意识意识化，使潜意识冲突表面化，让来访者重新认识自己或重建人格；二是帮助来访者克服潜意识冲突，强调咨询师隐匿自身的角色，让来访者通过对自身的潜意识冲突获得领悟，摆脱困扰自己的各类症状。在心理咨询过程中，咨询师与来访者既要相互信任，又要保持一定的距离，以保持咨询所必需的客观性。

（二）梦的分析

弗洛伊德创立的一个非常重要的治疗技术是梦的分析。弗洛伊德认为梦由“显梦”和“隐梦”两个部分组成，显梦是梦的意识部分，是个体在对梦进行描述时常常谈到的。隐梦是梦的潜伏内容，是精神分析的重要方面，它是隐藏的、无意识的。根据弗洛伊德的观点，梦是无意识愿望的表达，而到达意识水平的东西则是有所伪装的和标志性的。

如果无意识的性和攻击冲动在意识水平上直接给予表达，会使个体感到很不安，于是通过梦的形式将意识的潜伏内容转变为更容易接受的表现内容。梦的工作方式主要有凝缩、转移、戏剧化等。其中，凝缩是将几种潜在因素表达为一种表现的成分。转移是将潜在内容的一个不重要的方面在梦中表现为很重要的东西；或者可能出现相反的情况，即重要的潜在成分在梦中表现得不重要。戏剧化是无意识因素转换成视觉形象或梦中情境的形象的过程。除了这些工作，梦的工作中的二级修正也很常见。梦之所以离奇难懂、不合逻辑，正是这些工作方式作用的结果。

弗洛伊德认为，在梦中出现的所有物体都具有象征性，多数与无意识的性和攻击冲动有关，成为性器官和性行为的象征。例如，阴茎在梦中可能由棍子、蛇、工具或其他长形的东西来表示；子宫的象征是空的物体，如盒子、烤箱、箱子或橱柜；女性可能由房子或房间来表示；性活动可能由浇草地或爬台阶来表示；敌意通过死亡或事故表达。这些例子相对来说比较直接、明显。在实际的梦中，标志常常更加复杂并以微妙的关系交织在一起，需要咨询师有较强的解释能力。

为了得到梦的潜隐内容，咨询师需采用自由联想技术，要求来访者对梦的内容进行自由联想。通过联想，咨询师就可以获得梦的真实意义。在分析过程中，来访者可能会歪曲梦的内容，因此咨询师还需突破来访者的防御心理，才能达到理解梦的象征性的目的。

（三）自由联想

在精神分析疗法中，自由联想是咨询师探寻无意识内容、释放被压抑的内心冲突的主要方法。自由联想是弗洛伊德于 1895 年创造的。在最早的操作中，自由联想是来访者躺在沙发上，咨询师坐在沙发的后面，避免两人直接和持续地面对，这就使氛围更加放松，并且防止分析过程出现不必要的干扰（如来访者对咨询师面部表情可能做出的反应）。为了使这一技术有效，来访者必须同意遵守基本的规则，即他们在没有意识的和理智的思维过程的情况下，说出脑海自动浮现的各种场景、画面、思想或感受，不论其如何微不足道、荒诞不经、有伤大雅，都要如实报告出来。咨询师的工作则在于对来访者报告的材料加以分析和解释，直到从中找出来访者无意识中的矛盾冲突，即心理障碍的根源。在弗洛伊德看来，浮现在脑海中的任何东西不是无缘无故的，而是事先存在于个体的内心，都是有一定因果关系的，借此可以发掘出无意识之中的症结。

二、行为疗法

行为疗法的理论源于桑代克和华生的行为主义、巴甫洛夫的经典条件反射学说与斯金纳的操作条件反射学说。但行为疗法作为一种可供临床应用的系统的心理治疗方法，却是 20 世纪 50 年代的事情。20 世纪 40 年代末，诞生于南非的精神病学家——沃尔普在实验条件下造成动物的所谓实验性神经症，即设置持续的紧张情境造成动物行为异常和生理功能的混乱，然后用行为疗法技术将其消除或纠正。到 20 世纪 50 年代，沃尔普把行为疗法系统地应用到临床。他在 1958 年发表的《交互抑制心理疗法》，是行为疗法发展史上的一个重要标准。从此以后，行为疗法被广泛应用于心理治疗。

（一）行为疗法的基本特点

1. 行为疗法的对象是个体的非适应性行为

行为疗法旨在对个体的非适应性行为进行矫正。非适应性行为又被称作问题行为或靶行为。

2. 行为疗法强调环境事件的重要性

行为疗法认为，人类行为是由其所处环境中的各种事件所控制的，行为疗法的目的就是识别这些事件，对与非适应性行为有关联的环境事件进行评估，改变非适应性行为和环境中的控制变量之间的相互关系，从而对非适应性行为加以矫正。行为疗法在重视环境事件影响作用的同时，还认为过去的经验也可能提供一些与非适应性行为有关联的环境事件的有用信息，这可能有助于分析当前的某些非适应性行为及选择合适的治疗技术与方法。

3. 行为疗法不关注内在主观的心理活动

有些心理咨询方法，如精神分析疗法、来访者中心疗法，关注的更多的是人的意识或潜意识等内在主观的心理活动，但是行为疗法基于行为主义理论，特别强调客观性和可观察性。行为主义认为意识或潜意识看不见，摸不着，类似于“黑箱”，无法进行直观的观察和验证，其真伪无法得到证实。行为疗法只关注个体的外显的可记录的行为。

4. 行为疗法是一种系统的、操作性很强的方法

行为疗法特别强调治疗方法的可操作性，其程序有着精确的描述和严格的操作步骤，这样便于咨询师正确实施这些程序。除此之外，行为疗法还重视对治疗干预效果的评价，咨询师可以及时把握治疗干预的效果。

（二）系统脱敏法

系统脱敏法也称交互抑制法或缓慢暴露法，由沃尔普于 1958 年创立。这一疗法主要运用交互抑制理论，在系统的程序下，由轻而重，逐渐消除在某一特定的情境下产生的超出一般紧张的焦虑或恐惧状态。该法主要用于治疗恐惧症，也适用于其他以焦虑为主导症状的行为障碍，如口吃、性功能障碍、强迫症等。

交互抑制理论认为，个体不可能有相对不同的情绪同时发生，譬如高兴和不快；如果有相反性质的情绪反应，这两种情绪就会交互作用而产生抵制和抵消。也就是说，要消除不安或恐惧的负性情绪反应，就要有相反的正性情绪反应来进行抑制，从而抵消负性情绪。饥饿的猫进食后，得到一种满足和快感，就可以抑制焦虑紧张的反应。不过，沃尔普又指出，这种抑制力是很有限的，通常只能应对比较轻微的焦虑。所以，对恐惧刺激情境的暴露要由远及近、由轻到重，循序渐进，焦虑程度每次只增加一点，逐步达到最严重的程度。这种通过渐进性暴露于日益恐惧的刺激情境以逐步消除恐惧反应的治疗方法，就是系统脱敏法。对于人类，沃尔普采用了全身肌肉放松来代替食物作用作为抑制焦虑或恐惧的反应，即让一个原可引起微弱焦虑或恐惧的刺激在来访者面前重复暴露，同时来访者以全身肌肉放松来进行对抗，从而使该刺激逐渐失去引起焦虑或恐惧的作用。

1963 年，经严格控制条件的对照研究证实，系统脱敏法是一种安全有效的治疗手段，可用于临床治疗。系统脱敏法是人类医学史上第一种规范化的行为疗法。

（三）冲击疗法

冲击疗法又称情绪冲击疗法或满灌疗法。其基本原则与系统脱敏法相反，不再是让来访者按轻重程度逐渐面对所恐惧的情境，而是一下子就将来访者置于能引起其极大恐惧的刺激情境中，意图物极必反，从而达到消除恐怖情绪的目的。该疗法的治疗原理是：来访者的恐惧反应是过去习得的，现在将来访者置于感到恐惧的事物面前，这时如果没有真正的危害发生，那么最终来访者会使恐惧情绪消退。冲击疗法可分为现实冲击疗法和想象冲击疗法。前者是让来访者到现实的情境中体验强烈的恐惧情绪；后者是在咨询师口头指示下，来访者想象可怕的情境，体验恐惧情绪。

虽然冲击疗法具有方法简单、疗程短、收效快的优点，但它会使来访者承受巨大的痛苦，甚至引起超过来访者心理承受能力的焦虑而导致恐惧反应加剧，以致欲速则不达。沃尔普建议，冲击疗法应该在其他疗法都失败后使用。因此，冲击疗法不宜滥用，而且咨询师应该对使用该疗法时的各种影响因素进行周全的考虑和有效控制，以尽量降低风险和伤害。

（四）模仿学习

模仿学习的原理来自社会学习理论。它是利用人类通过模仿学习获得新的行为反应来帮助某些具有不良行为的人，以适当的反应取代不适当的反应，或者帮助某些缺乏某种行为的人学习到某种行为。因此，恐惧症患者能够通过模仿榜样的行为而消除恐惧反应。例如，在治疗一个对蛇恐惧的来访者时，咨询师首先演示了接近蛇的完全不令人恐惧的行为，以一小步一小步的方式，逐步接近蛇，最终接近蛇笼或触摸蛇。通过观看演示，咨询师鼓励并协助来访者一步步地模仿咨询师的行为。来访者最终达到能够抓起蛇，并让蛇在身上自由爬行的状态。无论何时，咨询师都不能强迫来访者完成某种行为，在任何环节出现了小的阻力时，咨询师都可以让来访者回到前面已经成功完成了的行为那里，从对他威胁较小的接近行为重新学习。模仿学习常常采用三种方式：看电影或录像、听录音、由咨询师示范。

三、理性情绪疗法

作为主流的心理咨询流派，认知疗法（也称认知行为疗法）得到众多咨询师的认可。为认知疗法发展做出重要贡献的心理学家不止一人，而且许多心理学家各自相对独立地发展出各自的理论体系。随着这些理论体系的成熟，人们发现它们有着相近的理论基础。一般认为，属于认知方法流派的有埃里克·伯思的相互作用分析法、梅钦鲍姆的认知行为矫正法、阿尔伯特·艾利斯的理性情绪疗法，以及格拉塞的现实疗法。其中，阿尔伯特·艾利斯的理性情绪疗法享有很高的知名度，其“认知—行为”取向的色彩也特别突出，所以我们把它作为认知疗法的代表做较详细的介绍。

（一）理性情绪疗法的特点

1. 人本主义倾向

虽然理性情绪疗法以改变来访者不合理的思维或负性的核心信念为主，但是阿尔伯特·艾利斯明确宣称，“理性情绪疗法不刻意装作是‘纯客观的’、科学的或以技术为核心的，它对人类的困难及其基本解决途径采取明确的人本—存在主义的倾向”。这种倾向首先表现在理性情绪疗法对人的个性的观点上。和许多人本主义者一样，阿尔伯特·艾利斯也认为人有其固有本性，虽然人具有先天生物倾向性，有积极的，也有消极的，但人要活着，活得快乐，总是一个不争的事实，这是人的本性。理性情绪疗法断定，人从其本性出发，就有追求一种充实的、自我实现的生活倾向。作为一种基于人本—存在主义的疗法，理性情绪疗法的治疗目标就是帮助来访者克服其非理性的、自损的行为，帮助来访者获得生命的最大价值，帮助来访者追求长期的幸福而不是眼前的短暂快乐。在治疗力量上，理性情绪疗法信赖、重视来访者的意志、理性选择的作用，强调人能够“自己救自己”，而不必依赖魔法或超人的力量。

2. 教育的倾向

理性情绪疗法有很浓厚的教育色彩，也可以说它是一种教育的治疗模式。首先，虽然在人性观的层面，理性情绪疗法倡导人本—存在主义，认为人有自我实现、追求长期幸福的潜能和意愿，但是在具体的操作层面，理性情绪疗法也会用一种它认为合理、健全的心理生活方式去教育来访者。理性情绪疗法的基本目标就是要帮助来访者更富理性地思考问题，更适宜地去体验和感受，更有效地行动。其次，理性情绪疗法的治疗过程有很强的教导味道。在心理咨询过程中，咨询师经常用讲解、说服乃至辩论的方式来教导来访者对自己的不合理信念进行质疑和反驳，并大量利用理性情绪疗法的书籍、讲座、录音录像、讨论会、示范等教育技术，教会来访者采用更加理性、客观的思考方式，以理性的信念和思考方式取代非理性的思考方式。

（二）ABC 理论

在理性情绪疗法建立之初，阿尔伯特·艾利斯便利用 ABC 理论的框架来概括和解释来访者的心理问题。其中，A 代表诱发性事件；B 代表对诱发性事件的认知和信念；C 代表个体的情绪和行为反应或结果。ABC 理论的要点就是情绪不是由某一诱发性事件本身引起的，而是由经历这一事件的个体对这一事件的解释和评价引起的。人们通常会认为人的情绪及行为反应是直接由诱发性事件 A 引起的，即 A 引起了 C，但 ABC 理论却指出，诱发性事件 A 只是引起情绪及行为反应的间接原因，而人们对诱发性事件所持的信念、看法、解释（B）才是引起人的情绪及行为反应（C）的直接原因。

例如，两个人一起走在路上，迎面碰到一个认识他俩的人，但对方没与他们打招呼，径自走过去了。这两个人中的一个人对此是这样想的：“他可能正在想事情，没注意到我们；就算是看到了我们而没理我们，也可能有什么特殊的原因。”而另一个人却可能有不同的想法：“他可能是故意这样做的，就是不想理我，就是看不起我。他凭什么这么对待我？”这样，他们两个人的情绪及行为反应就会不同：前者可能觉得无所谓，该干什么还继续干什么；而后者则可能怒气冲冲，以致无法平静下来做自己该做的事情。

我们从这个例子可以看到，人们的情绪及行为反应与人们对事物的想法、看法有关，在这些想法和看法背后，有着人们对一类事物的共同看法，这就是信念。在上述例子中，第一个人可能持有“待人要宽容”的信念，而第二个人则不同，他可能持有“别人绝不能不公正地对待我”这样的信念。这两个人的信念，前者在理性情绪疗法中称为合理的信念，后者则称为不合理的信念。合理的信念会引起人们对事物的适当的、适度的情绪和行为反应；而不合理的信念则相反，会导致不适当的情绪和行为反应。当人们坚持某些不合理的信念，长期处于不良的情绪状态之中时，最终将会导致心理障碍的产生。

（三）不合理信念的特征

对于人们所持有的不合理的信念，美国心理学家韦斯勒等人曾总结出下列三个特征：绝对化的要求、过分概括化和糟糕至极。

绝对化的要求这一特征在各种不合理的信念中是最常见到的。对事物的绝对化的要求是人们以自己的意愿为出发点对某一事物怀有认为其必定会发生或者不发生这样的信念，这种信念通常与“必须”和“应该”这类字眼联系在一起。例如，“我必须获得成功”“别人必须很好地对待我”“生活应该是很容易的”等。持有这样信念的人极易陷入情绪困扰。首先，客观事物的发生、发展都是有一定规律的，不可能按某个人的意志去运转；其次，这个世界上没有绝对的真理，复杂、多变、无限可能性、不确定或许才是这个世界的本来面目。对于某个具体的人来说，他不可能在每件事情上都获得成功，他周围的人和事物的表现和发展也不会以他的意志为转移。因此，当某些事物的发生与个体对事物的绝对化要求相悖时，个体就会感到难以接受、难以适应并陷入情绪困扰。

过分概括化是一种以偏概全的不合理思维方式的表现。阿尔伯特·艾利斯曾说过，过分概括化是不合逻辑的，就像以一本书的封面来判定一本书的好坏一样。持有过分概括化信念的人常会对自身有着不合理的评价。一些人在面对失败或挫折时，往往认为自己“一无是处”“一文不值”等。以自己做的某一件事或某几件事的结果来评价自己，评价自己作为人的价值，其结果常常会导致自罪自责、自卑自弃心理及焦虑、抑郁情绪的产生。过分概括化的另一个方面是对他人的不合理评价，即他人稍有差池就认为他很坏、一无可取等，这会导致一味地责备他人及产生敌意和愤怒等情绪。阿尔伯特·艾利斯认为，一个人的价值是不能以他是否聪明、是否取得了成就等来评价的，人的价值就在于他具有人性。他因此主张不要去评价整体的人，而应代之以评价人的行为、行动和表现。这也正是理性情绪疗法所强调的要点之一。这一疗法常用的一句名言就是“要评价一个人的行为而不要去评价一个人”。因为在这个世界上，没有一个人可以达到完美无缺的境地，所以阿尔伯特·艾利斯指出，每个人应接受自己和他人是有可能犯错误的人类一员。

糟糕至极是一种认为如果一件不好的事情发生将是非常可怕、非常糟糕的。这种想法会导致个体陷入极端不良的情绪体验，如耻辱、自责自罪、焦虑、悲观、抑郁的恶性循环之中难以自拔。当一个人讲某件事情糟透了的时候，这往往意味着对他来说这是最坏的事情，是一种灭顶之灾。阿尔伯特·艾利斯指出，这是一种不合理的信念，因为对任何一件事情来说，都可能有比之更坏的情形发生，没有任何一件事情可以定义为是糟糕至极的。当一个人沿着这种思路想下去时，当他认为遇到了糟糕至极的事情时，他就是把自己引向了极端的负性情绪状态之中。理性情绪疗法认为非常不好的事情确实有可能发生，尽管有很多原因使我们希望不要发生这种事情，但没有任何理由说这些事情绝对不会发生。我们将努力去接受现实，在可能的情况下去改变这种状况；如果这种状况不可能改变，我们就要学会接纳它，继续生活下去。

在所有的不合理信念中，都可以找到上述三种特征。每个人都或多或少地会具有不合理的思维与信念，而那些有严重心理障碍的人，他们不合理信念的倾向更为明显。心理障碍一旦形成，他们难以自拔，这时就需要进行矫正了。

认知疗法并不是有些人认为的教会人具有“阿 Q”精神，也不是不顾事实强行灌输积极考虑问题的方法，而是基于来访者具体的想法和行为，找出其真实存在的但是来访者自己没有意识到的不合理信念，并将其加以矫正，使来访者以更加合理、客观、科学的视角看待周围的人和事，摆脱情绪困扰，获得更具适应性的思考方式。

四、来访者中心疗法

20世纪80年代初，有人曾对800名临床和咨询心理学家做了一次调查，结果发现，对当代心理咨询最有影响力的心理学家中，“来访者中心疗法”开创者卡尔·罗杰斯名列第一。

来访者中心疗法的治疗过程是人本主义基本理论与指导思想的贯彻和实施过程。咨询师的主要作用和责任是建立来访者和咨询师之间和谐的人际关系和良好的环境气氛，以便激发和调动来访者自身具备的解决自己问题的潜能，在治疗中不断成长和进步。

（一）来访者中心疗法的特点

来访者中心疗法的所有特点可以归纳为一点，即强烈的人本主义倾向。这一倾向与心理学的一个派别——人本主义心理学一致，或者说是与人本主义心理学思想在心理咨询领域的表现一致。

1. 基本理念的人本主义色彩

心理学的根本问题是怎样看待人。在人本主义心理学派出现之前，心理学领域最有影响的两大学派是精神分析学派和行为主义学派。人本主义心理学派是作为对这两大学派的反对力量而出现的。它一方面反对精神分析学派从对心理障碍患者的观察去推论人性，认为这样看人都是“病态的人”；另一方面反对行为主义学派从对动物的观察去推论人性，认为行为主义学派眼里的人是“大一点的小白鼠”。人本主义心理学派主张应该从健全发展的人身上去观察人的基本属性，这样才能正确把握“人是什么样的”这一根本属性。

具体到罗杰斯及其来访者中心疗法，其人本主义精神可归纳为以下几点：相信人本质上是好的，即人性本善；相信人有向好的、强的、完善的方向发展的强大潜力；相信人能够自我依赖，自强自立；主张心理学应该研究人的价值和尊严，心理咨询和治疗应该为恢复和提高人的价值、尊严做出贡献等。

2. 重视来访者的主观经验世界

罗杰斯认为，一个人的主观经验世界才是他的真正的现实世界。他从何而来，要往何处去，为什么痛苦悲伤，这一切只有进入他的主观经验世界才能理解。所以，来访者中心疗法反对用一些外在的指标、标准来衡量、评估来访者。其理由除了认为这种诊断或评价容易使咨询师见“病”不见人，容易产生一种自大、自负的咨询态度之外，最主要的就是认为这种“从看台上观察来访者”的做法根本无法了解来访者独一无二的主观经验世界。

3. 反对教育的、行为控制的治疗倾向

来访者中心疗法的基本假设之一，就是来访者有能力发现价值，发现自己的问题，并有潜在的个人资源来获得价值，解决自己的问题。所以，这种疗法反对咨询师耳提面

命式的教导，摒弃由咨询师告诉来访者什么好、什么不好的做法。同理，来访者中心疗法也不主张采用奖励、惩罚等行为控制手段来“治疗”来访者。总之，它反对一切对来访者施加影响的做法。

4. 由来访者主导治疗进程

由于咨询师总是不如来访者更了解他自己，所以会谈的主题和方向应交给来访者掌握，由来访者选择。咨询师信任来访者有能力主导治疗进程，并相信，没有咨询师指导性的干预，来访者能够更自由地自我探索，从而获得对自己最有价值的收益。

5. 咨询师做来访者的朋友和伙伴

罗杰斯认为咨询师在会谈中能做的最好工作是创造一种气氛，一种能够让来访者不感到有威胁和限制，能够自由地感受情感、探索自我的氛围。要做到这一点，首要的条件是建立、发展和维系双方之间的情感联系。因此，咨询师和来访者双方应该做脱去了角色面具的朋友，像一对结伴到个人内心世界进行“探险”的伙伴。咨询师在来访者的带领下，陪伴来访者探索自己的内心世界，在来访者探索自己内心世界过程中，遇到挫折和痛苦的时候，咨询师及时给予陪伴和安慰。

（二）来访者中心疗法的过程

罗杰斯针对心理咨询过程提出过 12 个步骤。他强调，这些步骤并非是截然分开的，而是有机地结合在一起的。

1. 来访者前来求助

来访者前来求助是一重要的前提，如果来访者不承认自己需要帮助，希望有某种改变，心理咨询是很难成功的。

2. 咨询师向来访者说明心理咨询的情况

咨询师要向来访者说明，对于他所提的问题，这里并无解决的答案。心理咨询只是提供一个场所或一种气氛，帮助来访者自己找到某种答案或自己解决问题。咨询师要使来访者了解心理咨询的时间是属于他自己的，可以自由支配，并商讨解决问题的方法。咨询师的基本作用就在于创造一种有利于来访者自我成长的气氛。

3. 鼓励来访者自由表达情感

咨询师必须以友好的、诚恳的态度接受来访者，促进来访者对自己的情感体验做自由表达。来访者开始表达的大多是消极的或含糊的情感，如敌意、焦虑、愧疚与疑虑等。咨询师要有掌控会谈的经验，有效地促进来访者自由表达情感。

4. 咨询师要能够接受、认识、澄清来访者的消极情感

这是很困难同时也是很微妙的一步。咨询师接受了来访者的这种信息必须对此有所

反应。但这种反应不是对表面内容的反应，而应深入来访者的内心深处，注意发现来访者影射或暗含的情感，如矛盾、敌意或不适应的情感。不论来访者所讲的内容如何荒诞无稽或滑稽可笑，咨询师都应以接受来访者的态度加以处理，努力创造出一种气氛，使来访者认识到这些消极的情感也是自身的一部分。有时，咨询师需要对这些情感加以澄清，但不是解释，目的是使来访者对此有更清楚的认识。

5. 来访者成长的萌动

当来访者充分暴露其消极的情感之后，其模糊的、试探性的、积极的情感不断萌生出来，成长由此开始。

6. 咨询师对来访者的积极情感要予以接受和认识

对于来访者所表达出的积极情感，如同对其消极情感一样，咨询师应予以接受，但并不加以表扬或赞许，也不予以道德评价，而只是使来访者在其生命之中能有这样一次机会去了解自己，使之既无须为自己有消极情感而采取防御措施，也无须为自己具有积极情感而自傲。在这样的情况下，促使来访者自然达到领悟与自我了解的境地。

7. 来访者开始接受真实的自我

由于社会评价的作用，大多数情况下，人们做出任何反应总有几分保留；价值的条件化，使人们具有一个不正确的自我概念，因此常常会否认、歪曲若干情感和经验。这与人的真实的自我是有很大距离的。在心理咨询过程中，来访者因处于能被人理解与接受的良好的气氛之中，有一种完全不同的心境，能够有机会重新考察自己，对自己的情况达到一种领悟，进而达到接受真实自我的境地。来访者的这种对自我的理解和接受，为其在新的水平上达到心理的整合奠定基础。

8. 协助来访者认清可能的决定及应采取的行动

领悟的过程必然涉及新的决定及应采取的行动。此时，咨询师要协助来访者认清其可能做出的选择。另外，对于来访者此时常常感到恐惧、缺乏勇气及不敢做出决定的表现，咨询师应有足够的认识。此时，咨询师不能勉强对方或给予某些劝告。

9. 疗效的产生

如果领悟导致了某种积极的、尝试性的行动，此时疗效就产生了。由于是来访者自己得到了领悟，自己对问题有了新的认识，并且是自己付诸行动的，这种疗效即使只是瞬间的，仍然很有意义。

10. 进一步扩大疗效

当来访者已能有所领悟并开始进行一些积极的尝试后，心理咨询就转向帮助来访者发展其领悟以求达到较深的层次，咨询师应注意扩展其领悟的范围。如果来访者认为自己能达到一种更完全、更正确的自我了解，则会具有更大的勇气面对自己的经验、体验并考察自己的行动。

11. 来访者的全面成长

来访者不再惧怕选择，处于积极行动与成长的过程之中，并有较大的信心进行自我指导。此时，咨询师与来访者的关系达到顶点，来访者常常主动提出问题与咨询师共同讨论。

12. 心理咨询结束

来访者感到无须再寻求咨询师的协助，心理咨询就此终止。通常，来访者会对占用了咨询师许多时间而表示歉意。咨询师采用与以前的步骤中相似的方法认清这种感情，使来访者接受和认识心理咨询即将结束的事实。

拓展阅读

大学生需要心理咨询的情形

大学生在面临以下情形时，应当进行心理咨询，寻求帮助。

（1）生活中遇有重大选择或重大事件时，犹豫不定或无法调整者。

（2）学习或生活压力大、无力承受但又不能自行调节者。

（3）初涉世事，对新环境适应困难者。

（4）经受挫折后精神一蹶不振者。

（5）过分自卑，经常感到心情压抑者。

（6）在社交方面自感有障碍（如怯懦、自我封闭等）的人。

（7）经历了失恋之后心灵创伤无法自愈者。

（8）寝室人际关系不和睦，渴望通过指导改正者。

（9）轻度心理障碍者，如强迫症、恐惧症、焦虑症等患者。

（10）带有某种身体疾病，对此产生心理压力者。

（11）经常厌食或暴食者。

（12）睡眠状态发生改变的初期失眠者。

（13）长期为自己的想法或行为感到困惑或痛苦者。

课后作业

1. 心理咨询常见的认识误区有哪些？
2. 阐述理性情绪疗法的基本内涵，并结合自身实际，举例说明。

心 理 测 验

简易应对方式问卷

指导语：下面列出的是当你在生活中经受挫折打击或者遇到困难时可能采取的态度和做法。请你仔细阅读每一项，然后在右侧最符合本人情况的数字下打“√”：“不采取”为0，“偶尔采用”为1，“有时采用”为2，“经常采用”为3。

项目	不采用	偶尔采用	有时采用	经常采用
1．通过工作、学习或其他活动摆脱困扰	0	1	2	3
2．与人交谈，倾诉内心烦恼	0	1	2	3
3．尽量看到事物好的一面	0	1	2	3
4．改变自己的想法，重新发现生活中什么是重要的	0	1	2	3
5．不把问题看得太严重	0	1	2	3
6．坚持自己的立场，为自己想得到的东西努力	0	1	2	3
7．找出几种不同的解决问题的方法	0	1	2	3
8．向亲戚、朋友或同学寻求建议	0	1	2	3
9．改变原来的一些做法或改正自己的一些问题	0	1	2	3
10．借鉴他人处理类似困难情境的办法	0	1	2	3
11．发展业余爱好，积极参加文体活动	0	1	2	3
12．尽量克制自己的失望、悔恨、悲伤和愤怒感情	0	1	2	3
13．试图休息或休假，暂时把问题（烦恼）抛开	0	1	2	3
14．通过吸烟、喝酒、服药和吃东西来解除烦恼	0	1	2	3
15．认为时间会改变现状，唯一要做的便是等待	0	1	2	3
16．试图忘记整件事情	0	1	2	3
17．依靠别人解决问题	0	1	2	3
18．接受现实，因为没有其他办法	0	1	2	3
19．幻想可能发生奇迹改变现状	0	1	2	3
20．自我安慰	0	1	2	3

【评分标准与结果解释】

简易应对方式问卷由积极应对和消极应对两个维度（分量表）组成，包括20个项目。积极应对维度由项目1～项目12组成，重点反映积极应对的特点，如“尽量看到事物好的一面”和“找出几种不同的解决问题的方法”等；消极应对维度由项目13～项目20组成，重点反映消极应对的特点，如“通过吸烟、喝酒、服药和吃东西来解除烦恼”和“幻想可能发生奇迹改变现状”。具体计分方式如下。

1．算出积极应对维度和消极应对维度的平均分：

积极应对维度平均分=项目1～项目12得分之和/12

消极应对维度平均分=项目13～项目20得分之和/8

2．算出积极应对维度和消极应对维度的标准分：

积极应对维度标准分=（积极应对维度平均分-1.78）/0.52

消极应对维度标准分=（消极应对维度平均分-1.59）/0.66

3．算出应对倾向值：

应对倾向值=积极应对维度标准分-消极应对维度标准分

应对倾向值大于 0，提示被测者在应激状态下主要采用积极的应对方式；小于 0，则提示被测者在应激状态下更习惯采用消极的应对方式。

有必要指出的是，所谓的积极和消极是相对的，并不是积极的应对方式就一定有积极的后果，或者消极的应对方式就会产生消极的后果。不同的应对方式，在不同的时间和情境，在不同的人身上，会有不同的结果。

心 理 训 练

风雨人生路——盲行

一、活动目的

1．增强团队互信，提高团队协作能力。

2．通过角色体验，让学生理解朋友间他助与自助同等重要，使学生感受到朋友间信任与被信任、爱与被爱的幸福与快乐。

二、活动时间

20 分钟。

三、活动道具

眼罩，旅程的中需要跨越、下蹲、上下楼梯等多种障碍物。

四、活动规则

1．“盲人”戴上眼罩后原地转三圈，失去方向感后体验盲人的无助。

2．“盲人”旅行过程中，“拐杖”只能用肢体动作引导，不允许进行语言交流。

3．在“盲人”与“拐杖”角色互换的旅行过程中，最好不要选择原来的伙伴，选择新对象为好。

五、活动程序

1．一半学生扮演盲人，“盲人”戴上眼罩原地转三圈，另一半学生扮演帮助盲人的“拐杖”，由“拐杖”帮助“盲人”完成跨越障碍的旅行。完成后交换角色，重新体验。

2．教师提示学生回味刚才的活动过程和感受：

（1）无论扮演的是“盲人”还是“拐杖”，你内心深处最深切的感受是什么？

（2）在行进过程中，你遇到了什么障碍？是如何克服的？

（3）你凭借的是什么？依靠的是什么？

（4）当你安全护送“盲人”或被“拐杖”安全护送到目的地时又有什么感受？

（5）在今后的日常生活中，你如何将今天的体会运用到学习和生活中？

教师及时对发言学生的感受给予反馈。

3．教师对整个活动进行点评，升华活动的体验和主题，引导学生知晓在面对挫折和挑战时，要学会寻求帮助，理解信任的重要性。“人”字的结构就是相互支撑，人生中总会遇到挫折、孤独和挑战，大家要互相信任、互相帮助，只有这样，才能获得人生的共赢。

六、注意事项

1．学生初次尝试时要给予提醒，谨慎前行，避免受伤。

2．障碍物的摆放和空间布局要考虑学生的体形，避免学生受到伤害。

第十三章　生命关怀与心理危机应对

生命的个体性、唯一性，使我们不能把思考生命意义、开掘生存价值的事情委托给他人。人生意义是哲学问题，但又不是形而上学的哲学问题，它是每个人每时每刻都在回答的哲学问题。人生是一个有始有终的过程。我们无法决定自己生命的长度，但可以掌握自己生命的宽度，活出人生的精彩，实现生命的价值。

心理危机预防与应对

第一节　生命的意义

一、解读生命密码

（一）生命的内涵

生命是众多学科的研究对象，不同学科从不同角度探索生命。因此，对于生命就有许多不同的解释。从文学的角度来看，生命就是性命，有性命的人，能表现出人类特有的本性，可以自由地思考、想象、感受、哭泣或者微笑；从生理学角度来看，生命必须具备心脏跳动、会呼吸、大脑有活动等条件；从法律的角度来看，生命指法律主体始于出生、终于死亡的整个过程；从医学的角度来看，生命是活着的状态，具有新陈代谢、生长、繁衍及对环境的适应所表现出来的特征，动植物器官能完成其所有或部分功能的状态；生命哲学则认为生命是世界的绝对的、无限的本源，它跟物质和意识不同，是积极地、多样地、永恒地运动着的。生命不能借助感觉和逻辑思维来认识，只能靠直觉或体验来把握。

对生命的理解如此之多，似乎可以肯定，有多少门学科，就有多少种生命的定义，甚至毫不夸张地说，有多少人研究生命，就有多少种生命的定义。在此我们认为，人的生命是自身繁殖、生长发育、新陈代谢、与环境进行物质和能量交换、遗传及对刺激的反应等的复合现象。它兼具自然属性和社会属性，是自在生命与自为生命的统一体。

（二）生命的过程

1. 生命的来源

从人的角度来讲，生命始于父亲的精子和母亲的卵子的结合。在受精过程中，大约有 4 亿个精子相互竞争。在 4 亿个精子中，大约只有 100 个能够穿越重重障碍，到达母亲体内的卵子附近。而这 100 个强壮的精子中，最终只有一个幸运地刺破卵子膜。之后，精子与卵子相互结合，塑造出一个全新的生命。可以说，我们每个人的诞生，都是一个极小概率的事件，这是生命的奇迹。胎儿从母亲的身体脱离出来，真正开始了个体生命的旅程。美国心理学家埃里克森将个体的发展分成八个阶段：婴儿期（出生至 1 岁）、幼儿期（1～3 岁）、儿童早期（4～6 岁）、儿童晚期（7～12 岁）、青少年期（13～18

岁）、青年期（19～25 岁）、成年期（26～60 岁）和老年期（61 岁至生命结束）。大学生正处在第五个阶段——青年期，这里我们先来一起回顾一下青年期前的几个阶段。

婴儿期和幼儿期是身心发展的加速期，神经系统（特别是脑）的结构和机能飞速发展，为智慧的产生准备了生物学前提。在此基础上，其心理也在外界刺激的影响下发生了很大变化：从吃奶到断奶，学会了人类独特的饮食方式；从躺卧状态、不能自由行动发展到能够随意运用自己的双手去接触和摆弄物体，双腿站立，并学习独立行走；从完全不懂语言过渡到能通过语言进行简单的交际；通过社会交往还发展了与他人的亲密关系。不过，婴儿和幼儿的心理活动带有明显的直觉行动性，思维离不开动作。

进入了儿童早期，我们开始与其他小朋友交往，最喜欢的就是玩游戏。这时与伙伴之间的冲突不可避免地发生了，在打打闹闹中我们逐步学会了怎样与其他人一起玩、一起做事。同时我们开始有了不少幻想，有了一些目标，并为目标实现而努力。随着与成人交往的增多，五六岁已能掌握 3500～4000 个词汇，并开始由有声的外部语言向无声的内部语言过渡，在成人的帮助下初步领会书面语言等。我们还逐步按照成人的要求掌握了一些社会规范和道德准则。这一切为进入学校开始正规学习奠定了基础。

进入儿童晚期，正好处在小学学习阶段。小学生的主导活动是学习，这促使儿童的心理在许多方面发生质变。例如，认知活动随着学习活动而发展，显著地表现在由口头语言向书面语言转变，从具体形象思维向抽象逻辑思维过渡；情感内容逐渐充实，荣誉感和责任感等高级社会情感迅速发展，儿童逐渐领会各种社会规范和道德准则的意义，并学会按照道德准则来调节自己的行动。

青少年期是个体迅速发展、冲突较大的阶段，通常也叫青春期。进入青春期的我们，心理和身体都经历着“疾风骤雨”般的变化。这些变化让我们既欣喜又震惊，开始敏感地关注自身的变化，一直以来的无忧无虑被“少年的烦恼”取代。“我是谁”“我想成为什么样的人”等成为每个青少年都会思考的问题。为了回答这些问题，我们会运用自己积累的有关自己和社会的知识，做出种种尝试性的选择。为了表现自己的独立，我们会做出一些看似荒唐的举动，不喜欢成人用他们的理想和标准来要求我们。心理学家埃里克森建议青少年拿出一些时间，出去旅行。暂离学校，找一份工作；暂离工作去上学，休息一下，闻一闻玫瑰花香，以此达到自我了解。慢慢地，我们找到了这些问题的答案，形成了自我认同感，理解了自己是怎样的人，接受并欣赏自己，由此获得了自我同一性。

完成高考的洗礼，回顾走过的生命之路，我们对于“我从哪里来”开始理出一点头绪。然而，当转身面向未知的生命历程时，我们又将开始迷惑“要去往何处”。

2. 生命的结束

大学校园的莘莘学子正处于青年期，从现在这个年龄到 35 岁，个体的身心仍处于发展期，身体素质和生理素质都会逐渐达到最为成熟的状态。具有良好的同一性的青年人，可以建立对人的亲密情感，使爱情和婚姻得以实现。处于 35～60 岁的成年人又叫中年人，正由壮年向衰老过渡，但他们在社会和家庭中却处于承上启下的中坚地位，既要承担工作负担，又要肩负赡养老人、抚育儿女的重任，从而成为负荷最大的人群。心理学家哈维斯特提示成年人应着力寻找或发展一些有意义的闲趣，以便减轻生命中难以承受之重。

61 岁的到来让我们的生命进入人生的最后一段行程——老年期。老年期最为突出的特征是身心功能衰退，如视力下降，听觉、嗅觉失灵，记忆力下降，思维迟滞，灵活性差等。当然，老年人的能力并非一无是处。有研究表明，老年人在解决需要文化知识经验参与的实际问题时，并不比年轻人差，甚至在不少方面超过年轻人。在情绪和情感方面，由于身心功能的老化、社会交往和角色地位的改变及生活范围狭小，老年人容易产生低落、孤独、疑虑、抑郁、颓丧等消极体验。不过，也有一些老年人在回首往事时感受到时光没有虚度，因此可以超然物外，宁静淡泊地安度余生。

回顾过去，我们是否会感叹“逝者如斯夫”？是否开始珍惜现在的生活？展望未来，面对祖辈们已经走过的生命历程，预想到自己的中年和老年，我们应该对那些正值中年和老年的人多一份理解和尊重。

（三）生命的本质

生命的本质究竟是什么？生命的本质只在于它的功能而不在于它的物质基础吗？让我们先观察生命的特点，然后再剖析生命的本质。

1. 生命的共同性与独特性

广义的生命，是生物体所具有的存在和活动的能力。具体到人的生命，则是由生理生命、心理生命和社会生命三个部分紧密联系、相互作用而成的。这一切都是生命的共同性。然而每个生命又是独特的，仅从生物学的角度就可见一斑。在人类的生殖细胞中，每个正常人身上都含有 23 对染色体，内部包含着 2.6 万～3.9 万个不同的基因，卵子与精子结合的过程中，数万个基因在重组，无重复，无相同。每个个体的生命都是独一无二的、无可替代的。因此，存在主义哲学家及心理学家弗洛姆说：“人只有实现自己的个性，才能正视整个人类普遍的经验。人一生的任务恰恰是既要实现自己的个性，同时又要超越自己的个性，达到普遍的经验这样一个充满矛盾的任务。”

2. 生命的有限性与无限性

人在世界上存活的时间是有限的。但是，自然生命的有限性并不能阻断人类精神生命的无限性。正如学者钱穆所说的：“身生命极短暂，仅限于各自的百年之寿。心生命可悠久，长存天地间，永生不灭。”这种永存是通过个体在有限的生命里创造不朽的价值来实现的。例如，孔子的一生立德立言，终为万世师表；李白的一生行走作诗，终创众多千古绝句。身的温饱是短暂的，而心的安宁则是长久的。身体的享受难以与人分享，而心的收获则可以在分享中不断丰裕。

3. 生命的规定性与自由性

每个人从呱呱坠地的那天起，就具有了人的所有特性，不会变成超人甚至神灵，这是自然的规律。人的一生也不可能无所顾忌，为所欲为，这是法律和道德的规定。但是，这一切规定性不能掩盖生命的自由性。人的生命是在自由中展开的，自由是人的生命的最基本、最自然的要求。面对人的自由和不确定性，人的生活道路只能由自己去筹划、去选择、去确立，人正是通过自主的活动促成了自我的发展。人还要追求更高级的自由——人格自由、精神自主等。自由和自主之人的生命之所以重要，是因为自由和自主意味着人的尊严，是人类最深刻的人性需要。

（四）人类生命的二维四重性

生命的特性决定了生命的无价，正如日本思想家池田大作所说："最崇高尊贵的财宝，除生命外断无他物。"

人的生命是如此奥妙和复杂，定然不是上述几个特点所能囊括的，如它的能动性、受动性、包容性与适应性等，都值得我们去观察思考。在有关人类生命各种基本属性的描述基础之上，我国学者郑晓江提出一个"二维四重性"理论，试图对生命的不同方面进行概括。他认为，生命首先可以分出两个维度，即实体性生命维度和关系性生命维度；关系性生命又可以再分为三个不同的方面，即血缘性亲缘生命、人际性社会生命、超越性精神生命。

1. 实体性生命，或称"自然性生命"

人的生命经历了数百万年的进化，适应了自然界的变化，成为现在的"我"。从人的生命创生的过程中，我们知晓，人的生命是宇宙长期演化的结果，也是天地的"精华"。因此，我们必须对生命抱敬畏之心。

2. 血缘性亲缘生命

任何一个生命都不是凭空诞生的，一定是父精母血孕育而就的，人由此传承了父母的血脉，同时也繁衍子孙后代，这就使人之生命与前辈建构了关系，也与后辈密不可分。关键在于，人在获得生理性血缘生命的同时也就传承了亲缘性，而父母遗传的"亲缘"不是纯生理与自然的，是千百年文化与文明凝聚而成的。换句话说，人类在实体生命的层面其血缘中就包含有亲缘性在内。人类这种血脉相承的血缘维系铸就了人的生命在生物复制与社会复制两个方面的延续性。实际上，人生不可能拥有一切，人死也不等于什么都没有了。人们生儿育女，子女的生理性血缘生命就是父母的生理性血缘生命在世界上的延续，长辈的基因和形象将永久地保留在代代相传的子女身上，长辈的观念、精神也将长久地留在晚辈们的记忆之中。这也是对死亡的一种存在意义上的超越。所以，子孙后代也延续了个体的生命，从这个意义上看，人的血缘性亲缘生命以基因的方式得以传递。

3. 人际性社会生命

人生活在社会中，与社会其他人和组织结成复杂的关系，其生命必然打上社会的烙印，即所谓的"人际性社会生命"；反之，一个完全脱离了社会的人，将不被称为"人"。生命体一定要与外界进行物质和能量的交换才能生存。人生在世，除了要摄取、消化、吸收、排泄物质以维持生理性血缘生命存活与成长外，还要与社会各方面的人交换信息、意见、思想、观念等，以维持人际性社会生命的存活与成长。这种人与他人、社会的关系可以延续到其生理生命终结之后，也就是说，一个人虽然离开了世界，但如果有很多活着的人想着他，提到他，则其人际性社会生命还存在着。

4. 超越性精神生命

人类与动物区别最大的地方也许就在于有了超越性精神生命，包括人的精神、意识、思维、心理等。人的精神生命最大的特征在其“超越性”，人既可思考上溯无穷之前，也可思考亿兆年之后；既可思考实体性物质，也可创造出自然所没有的无穷无尽的精神世界。所以，人们如果在生前能够创造出丰富的精神产品，在其逝后仍然让无数人受益，造福社会，推动历史的发展，那么，其生命就会以精神创造出的价值方式永远延续着，这就是“二维四重性”理论对生命本质的诠释。可是，在现代社会中，有人误认为，拥有了电脑的信息世界就有了一切，沉溺于其中而不能自拔，置血缘性亲缘生命和人际性社会生命于不顾，这种人生模式是错误的。

在市场经济社会中，也有一些人只是埋头赚钱以维生，甚至不惜与亲人、朋友、社会各界人士产生剧烈的摩擦，这是只重血缘性亲缘生命的品质而置人际性社会生命于不顾，也不是一种正确人生模式。

还有一种人，受到中国传统文化伦理至上观的影响，只看重自己在社会关系中的地位及他人眼中的形象，而置自我的生存状态于不顾，即便伤身害体也在所不惜，这是只重人际性社会生命而忘记了血缘性亲缘生命的重要性。

生命的变异现象在人的身上，绝不仅仅意味着子辈与父辈在血缘性亲缘生命上的差异性，更要求我们在继承原有文化与文明传统的基础上，充分展示我们的社会创造力，为人类社会的发展、文明的进步增添一些新的东西，让下一辈人能够生活得更好，这既是我们每一个人所肩负的社会责任问题，也是生命进化的内在要求。

人的生命存在就意味着责任，其“生”也有责任，其“去”也有责任。

二、追寻生命意义

爱因斯坦曾说：“一个人活着就应该扪心自问，我们到底应该怎样度过一生，这是个合情合理的问题，也是一个非常重要的问题。”人们可能终其一生寄希望于过得幸福，却可能不明白理想与现实总是有距离的。尼采认为，因为存在不幸福，幸福才存在。显然幸福是一件复杂的事情。那些领悟到生活真谛的人都有相同之处——他们所追求的幸福，是让那些握在手中的东西物尽其用，在寻找生命的价值和意义中获得满足感。否则，他们的追求就显得苍白。

（一）为何要追求生命的意义

1. 生命的精神层面需要追寻意义

人的生命是有限的、短暂的，由于生命有限，人才追求精神、信仰的无限，用对生命意义的追求来弥补生命的有限。正因为如此，人的生命是有限与无限的统一，也是肉体与精神的统一，人不仅是一种“饮食男女”的自然存在，更是一个精神的追求者，表现为人对理想、感情、道德、信仰、价值的追求，在有限的自然生命里，人会不断地追问“为什么而活着”。心理学家弗兰克尔告诉我们，人能够为他的理想与价值而生，甚至能够为他的理想与价值而死。为此，他还做了大规模的调查研究，结论是，追寻生命的意义对大多数人来说是“事实”，而非“信条”。

2. 生命的短暂需要意义来超越

不可预测性让人的生命显得脆弱而又短暂，似乎一切如白驹过隙、转眼云烟。对此弗兰克尔总会不厌其烦地说：“生命中真正短暂的是潜力，一旦潜力得到了实现，那么在实现的那一刻它就成为现实，它们被保存下来，成为历史，在那里它们得到了救赎，免除了短暂性。”所发生过的一切都不会被否定，也不会被忘却，存在过了就是一种最真实的存在。只要我们牢记人类存在的短暂性，不断地抉择，积极解决问题，追寻自己生命中不朽的意义，那么凡存在过的，便会永恒地存在，因此它们就从短暂性中被解救及保存起来。

3. 生命的痛苦需要意义来承载

尼采说过：“懂得为何而活的人，几乎任何痛苦都可以忍受。”看不出个人生命有何意义、有何目标，因而觉得活不下去没什么意思的人，最是悲惨了。他很快就会迷失。我们必须认清一个事实——真正重要的不是我们对人生有何指望，而是人生对我们有何指望。我们应该认清自己无时无刻不在接受生命的追问。面对这个追问，我们不能以说话和沉思来答复，而应该以正确的行动和作为来答复，到头来，我们终将发现生命的终极意义在于探索人生问题的正确答案，完成生命不断安排给每个人的使命，人一旦发觉受苦即是他的命运，就会把受苦当作自己的使命——独特而孤单的使命。弄明白了忍受生命之痛的意义，我们就能有勇气面对所有的痛苦，把软弱的时刻和黯淡的泪水减到最低量。

（二）如何追寻生命的意义

“人为什么活着？”最后总是取决于如何回答，谁在回答，在什么情境下回答，这就正如我们去问一位下棋高手说：“大师，请告诉我在世界上最好的一步棋如何下法？”事实上根本没有所谓最好的一步棋，而是要根据棋局中某一特殊局势、对手的人格特点而定。生命的意义也是如此，它因人、因事、因时而异。每个人都是独特的，也只有他具有特殊的机遇去完成其独特的天赋使命，并体悟其中的真谛。弗兰克尔指出，人的生命必然是存在意义的，只是每个人所承载的使命因时、因地而不同。

对死亡的恐惧一直盘踞在人们的精神活动中，多数人惧怕死亡。其实，死亡并不可怕，因为每个人注定是要去面对死亡的。如果说生是偶然的，死则是必然的，人们无法决定自己生命的长度。死亡又是具有偶然性的，因为不可预料之天灾人祸可能在瞬间中断我们的生命。了解了死亡的这些特点，我们就应该对生命更加敬重，更加热爱生活，珍惜当下的每一刻。只有死亡的事实才能深刻地渗透出生命的意义问题，这个世界上的生命之所以有意义，正是因为有死亡。假如在我们的世界里没有死亡，那么生命就会丧失意义。

正因为有了死亡，才有了对生命的思考；因为有了终结，才能凸显过程的重要；因为死亡的必然性，才显得生命的可贵。所以，死亡对这个世界具有不可忽视的价值，它可以使我们更好地珍爱生命，过有价值的人生。不幸的是，现代人在生的状态上要远远优于前人，但由于特别关注“生”，无暇对“死”做深度思考，在死亡问题上产生了极大的困惑与恐惧，这就使现代人的生活品质难以真正提高。

人生通常是一个危险、玄机莫测的障碍训练场。哀伤、喜悦和其他各种复杂的情感都在这里相遇。尼采有一句充满智慧的名言：参透“为何”，才能迎接“任何”。我们只有明白生命中潜伏的痛苦的意义，才能克难前行，以“负责”来答复生命。

对生命过程的完整体验，既包括对人生的幸福和快乐的体验，也包括对痛苦和磨难的体验；既包括对顺境的体验，也包括对逆境的体验。在艰难困苦之中奋斗过来的人，所体验到的战胜磨难后的成就感，与顺境中的满足感是不可相比的。挫折与磨难是人生的财富，只有经历过挫折和磨难的锻炼，人生才能得以升华。

第二节　心理危机概述

生命好比一条河流，既有波平浪静的河段，也有漩涡暗涌的河段。人生中的逆境，考验人的意志，也锻炼人的能力，会对我们的身心力量构成严峻的挑战。当我们的能力不足以从容应对挑战时，我们就可能陷入心理危机之中。当危机比较严重，会让我们失去安全感并带来剧痛和创伤，甚至让我们开始怀疑生命的意义。认识和学会应对心理危机，是现代人保持心理健康的一项重要内容。

“心理危机”这一概念是美国心理学家卡普兰首次提出的。他认为，每个人都在努力保持一种内心的稳定状态，使自身与环境稳定协调。当重大问题和剧烈变化使个体感到问题难以解决时，正常的生活受到干扰，内心的紧张不断积累，继而个体出现无所适从甚至思维和行为的紊乱，进入一种失衡状态，这就是心理危机的状态。通俗一些说，心理危机是个体所拥有的能力和资源不能有效应对挑战时的状态。

中文“危机”两个字，可以这样解释：“危”就是危险（死亡的威胁或危险）；“机”就是机遇（生命的希望或给予）。危机是危险与机遇并存，危险对应存在转机，就如中国成语描述的那样：“凤凰涅槃”“破茧成蝶”“山重水复疑无路，柳暗花明又一村”。

一、对心理危机的理解

（一）危机是新的起点

危机意味着旧的系统平衡不再继续，体现在个人生活中，就是正常进程被打断，现状被颠覆。这固然令人压力巨大，甚至手足无措。但这也意味着我们面临着一个改变的契机，可以由此开始新的探索。

让·皮亚杰在论述儿童认知发展过程时讲到了一个“平衡化”的理论：个体在成长过程中，会不停地遇到外来刺激，通过同化与顺应机制，机体格式从相对较低水平的平衡，到该平衡被打破，发展到相对较高水平平衡的建立，个体的心理水平也相应达到了新的台阶。可见，一个人的心理发展过程就是不断地打破已有的平衡，建立新的平衡的过程。而每一次现有的平衡即将被打破时，就会构成心理危机。换句话就是，心理危机是个体心理发展到一定程度才可能发生的。

大家已经熟知的埃里克森的人格发展八阶段理论与皮亚杰的理论，具有异曲同工之妙。埃里克森把人的一生从出生到死亡划分为八个相互联系的阶段。每一个发展阶段都需要解决某一具有普遍性的心理危机。当然这种心理危机并不是一种灾难性的威胁，而是发展中的重要转折点。前一阶段的心理危机解决了，发展到一定程度又出现新一阶段的心理危机。

现实生活中，不管是什么原因导致了心理危机，都与个体的心理成熟程度密切相关。我们之所以不知所措，甚至痛苦不堪，是因为成长本身包含的痛苦及各种现实原因的干扰所致。明白了这些，当我们再面对任何心理危机时，就可以放松心态，比较坦然地面对。

心理危机发展的过程，就是心理危机转变的过程。心理危机来临时，我们先是慌乱无措，因为那些我们以为的许多理所当然都消失了。当心理危机发展到中间阶段时，我们也不得不进行新的筹划。不同的解决策略最终反映出的会是“成长”或是“沉沦”。

危机来临时，损失和收获常常同时发生，相伴而来，但人们最初处于那种极度的混乱、痛苦之中，稳定、平和受到了震动，并且被永远改变。这需要我们付出努力来战胜它，竭尽全力重新恢复原来的秩序。想要获得新生活意味着要敢于冒险，但是我们喜欢抓住原有的习惯和价值观不放。这种犹豫会让我们错过那些安全到达彼岸的机会，很有可能让我们走向沉沦。

因此，在面临危机时，最简单却又最重要的是要有勇气面对现状，并采用最佳的方式去改变这一切。在面对转变时如果有决心和信心，那将会有所得亦有所失。如果情况从危险向好的方向转化，就表明事情有了转机，而且可能变为一种机遇。在这个过程中我们还将发现，危机成了我们迈入一个突破性的、更好的和全新的生活阶段的新起点。

（二）危机是对个人应对能力的一种测试

一旦某个危机出现，通常会引发其他危机，出现连锁反应，许多时候，个人对危机的反应可能引发进一步的危机或其他附带效应。无论如何，危机是对个人应对能力的一种测试。

危机对我们的应对能力的第一个测试，便是能否头脑冷静、清醒地面对那些使我们动摇的情感，是否有决心、勇气和自信心。危机体验是一种难过的经历，它使我们抛离了正常的生活轨道，切断了与周围人的联络。面对危机，有的人惊慌失措，拼命使用惯常的防御手段，似乎要把自己绑在桅杆上逃离风暴。有的人则相反，能够面对危机，解决危机，让自己变的更加强大。

危机对我们的应对能力的第二个测试，则是能否具体地、实事求是地灵活对待。导致心理危机的原因，可能来自四个维度——自然的维度、社会的维度、个体的维度和精神的维度。每一类危机事件对心理的影响方式是不同的，因此我们的应对方式也应灵活。这个过程不存在什么捷径，我们只有尽快承认和认识到到底正在发生什么，应当如何对待和驾驭眼前的局势，才能争取到最好的结果。

在危机时刻，用于衡量我们存在的尺子是自我恢复能力。由于战胜危机耗费精力，所以我们必须时常提醒告诫自己要拥有强大的自我恢复能力。

二、心理危机的分类

心理危机大体可以分为三类：境遇性心理危机、发展性心理危机和病源性心理危机。

（一）境遇性心理危机

当人们遇到无法预测和控制的事件时，有时可能会导致以下两种心理障碍。

急性应激反应（acute stress response，ASR）指由于受到突发的重大生活事件（如父亲或母亲突然亡故、父母双双失业、与同学或老师冲突升级等）而引起的情绪和行为失调。主要表现为意识障碍、意识范围狭隘、定向障碍、言语缺乏条理，对周围事物感到迟钝，有强烈的恐惧感，产生精神运动性兴奋或精神运动性抑制。一般在受到刺激后数分钟或数小时发作，持续数小时或一周，一个月内缓解。

创伤后应激障碍（post-traumatic stress disorder，PTSD）指在遭受强烈的或灾难性精神创伤事件之后，数月至半年内出现的后遗症，又称延迟性心因性反应或创伤后压力反应。它强调这个现象是经历创伤后所产生的合理结果，而非病患心理状态原本就有问题。这些应激事件往往具有异常惊恐或灾难的性质，如残酷的战争、被强暴、地震、凶杀等，常引起个体极度恐惧、害怕、无助之感。症状主要包括噩梦、性情大变、情感解离、麻木感（情感上的禁欲或疏离感）、失眠、逃避或回避，在梦中或清醒状态时常会引发创伤回忆、易怒、过度警觉、失忆和易受惊吓。

（二）发展性心理危机

发展性心理危机指在正常成长或发展过程中，由环境或者自身生理的急剧变化导致个体面临一些重要的成长性问题而出现的心理冲突和焦虑。例如，在人生的重大转变时刻（升学、就业）和生理发育的高峰期（青春期），外界对个体的要求往往出现重大改变，而这与他们不够成熟、缺乏社会经验同时并存，从而形成心理危机。对于大学生来说，发展性心理危机的表现有适应心理危机、性心理危机、就业心理危机等。虽然所有大学生都有可能遇到各自独特的发展性心理危机，也必须要以不同方式进行处理。

（三）病源性心理危机

病源性心理危机指躯体疾病和精神疾病出现时的心理应激反应。躯体疾病可能引发患者焦虑、抑郁、恐惧，甚至是性格改变。而精神疾病，如重度抑郁、精神分裂症等发作时直接构成心理危机。

除此之外，一些失调的行为也会引发心理危机，如品行障碍等。有关资料证明，这类心理危机主要是大学生社会危机或家庭危机的表现。

三、心理危机的特征

心理危机的特征包括以下几个方面。

（1）突发性。心理危机常常是出人意料、突如其来的，具有不可控制性。

（2）紧急性。心理危机的出现具有紧急的特征，它需要人们去紧急应对。

（3）痛苦性。心理危机在事前事后给人带来的体验都是痛苦的，甚至可能涉及个人尊严的丧失。

（4）无助性。心理危机的降临，常常使人觉得无所适从，而且心理危机使人们未来的计划受到威胁和破坏。由于心理自助能力差、社会心理支持系统不完善，心理危机常常使个体感到无助。

（5）危险性。心理危机之中隐含着危险，这种危险可能影响到个体的正常生活与交往，严重的还可能危及自己和他人的生命。

四、心理危机导致的结果

心理危机的结果包括以下几种。

（1）个体顺利度过心理危机，并学会了处理心理危机的方法与策略，能够有效提升心理健康水平。

（2）个体度过了心理危机但留下了心理创伤，可能影响今后的社会适应。

（3）个体经不住强烈的刺激而自伤自毁。

（4）个体未能度过心理危机而出现严重的心理障碍。

五、引发心理危机的因素

心理危机一般有四个维度，在这些维度中，有些源于自然和外部，有些则源于我们自身或其他人的行为。所有这些都将改变我们的生活。我们依照这四个维度，可以将心理危机的来源分成以下四类。

（1）自然维度。自然维度是人类生存的物质空间，我们与客体和物质等相互作用，因此会遇到许许多多挑战。这一层面的危机可能源于自然（如地震、海啸等灾害），也可能源于我们自身的疾患、所爱的人患病或死亡等。

（2）社会维度。社会维度的危机意味着我们社会状况或个人地位的骤然改变。和平年代的大学生很少遭遇到战争或革命，但是离家独立生活学习、打架斗殴或丢失财物等也会对大学生的自我认知产生重大冲击。

（3）个体维度。在现实生活中，即使我们能够避开那些自然的和社会方面的危机，但还是无法避免那些偶然发生的个体危机。这种危机通常由失败的经历所触发，如无法完成自己非常重视的计划、考试没考好、没通过面试或其他测试等。

（4）精神维度。当心理危机碰触我们存在的本质时，它们可能会触碰到我们的世界观。人们对自身体验的评价主要取决于自己如何看待这些问题，如果一贯的评价标准受到冲击，就会让个人的整个精神世界崩溃，以至于对生命存在的意义产生怀疑。

第三节 大学生心理危机的预防与干预

心理危机干预就是对处于心理危机状态的个体采取明确有效的措施，使症状得到缓解，使心理功能恢复到危机前的水平，并获得新的应对技能，以预防将来心理危机的再次发生。心理危机干预的主要目标是降低急性、剧烈的心理危机和创伤的风险，稳定和减少危机或创伤情境产生的严重后果，促进个体从心理危机和创伤事件中恢复或康复。帮助的及时性、迅速性是其突出特点，有效行动是心理危机干预成败的关键。

一、心理危机现象的识别

判断正常心理和异常心理是一个比较复杂的问题，因为正常心理和异常心理无明确的界限，正常人在某个时期也会有异常的心理活动，精神病患者哪怕是最严重时也有正常的心理活动。近年来，国内外不少心理学家为正确地区分正常心理和异常心理，制定了不少测验工具和量表，并应用现代化的工具去处理数据，使心理测量判断技术有了很大进步。但是，由于人的心理活动极其复杂，简单的量表测得的结果只能起参考作用，判断一个人心理是否异常及异常的程度，主要还靠认真观察。

（一）主客观是否一致

主客观是否一致主要是观察个体心理活动与外界环境的协调性。一个人的心理活动及受它支配的情感和行为，应与外界相协调，而不应发生矛盾和冲突，他的言谈和举止行为，应该能得到正常人的理解。例如，一名大学生在班级里唱一首歌曲，可赢得大家的掌声，但如果他在某次会议上突然引吭高歌，就会使人们感到惊讶。我们说前者为心理正常，后者为心理异常，因为后者和外界环境不协调。

（二）知、情、意是否统一

知、情、意是否统一就是观察个体心理活动与情感和行为的一致性。一个人的心理活动应与受它支配的情感和行为是一致的，人们常说，“人逢喜事精神爽，闷上心来瞌睡多”“酒逢知己千杯少，话不投机半句多”，都说明了这种一致性。例如，一名大学生面带笑容地讲述他的不幸遭遇，他对痛苦事件缺乏相应的内心体验，知、情、意不统一，是心理异常的表现。

（三）人格是否相对稳定

人格是否相对稳定即观察当事人心理活动的相对稳定性。一个人受遗传因素、家庭教育、环境影响，对现实有比较稳定的态度和习惯的行为模式，这就是人的性格特点。如果一个人几年来一直寡言少语，不明原因突然变得话多而爱交往，给人一种判若两人之感，这就说明他可能心理异常。

二、心理危机的应对

心理危机带给我们巨大的压力。心理危机出现时，我们的意识里会全力应对挑战。

若存在心理危机，就意味着我们的力量和身心资源是不足的，我们只能勉强应对，但结果不一定成功，这就是心理危机凶险的一面。不成功的应对，会导致身心系统的崩溃，或留下持久的心理创伤。因此，现代人保持心理健康的一个重要问题，就是要学会应对心理危机。

（一）自我应对

心理和身体一样，都是有一定免疫力的。大学生应充分调动自身潜在的力量，有效应对可能发生在自己身上的心理危机。

1. 自我调适

对于大学生来说，遇到心理危机时要能积极主动调适，否则对学习效率和生活质量都会产生影响。

1）审视自己的生命观

当前，许多大学生出现“生命的困顿”，表现为陷入严重的郁闷、无聊、纠结，认为“活得很累”，严重者则发展到网瘾、自闭、斗殴、自残；再严重者沦入吸毒、自杀、伤害他人的种种困境之中。现代人尤其是青少年往往对生命的理解狭隘化，或仅仅视生命为实体性生理生命，于是沉溺在感官的享乐之中，一旦得不到满足，则认为整个生命无价值，人生无意义。当代中国大学生的“生命的困顿”主要表现在生命价值的缺失与生活意义的迷惘上。

郑晓江提出的“生命二重性”原理告诉我们：人的生命不仅具有物质性形态（实体性生命），还具有人文形态（关系性生命）。所以，人死后离开世界，实体性生命归于“无”，但并不是一切都结束了，人的血缘性亲缘生命、人际性社会生命、超越性精神生命仍然会存在下去，表现出来。既然如此，我们的生命不仅存在于现在，还可以存在于未来。那么，我们就应该也必须好好地把握生活，珍惜生命，创造价值，让人生精彩，以使我们的关系性生命在实体性生命终结之后，还能得到永久的延续。这便是关于人的生命意义何在的答案，这也是我们需要奋斗的根本理由之一。

2）审视情绪，找回理智，重新出发

心理危机的爆发会让大学生情绪混乱、认知扭曲。大学生可以尝试用以下方法进行自我调适。

（1）审视情绪。心理危机中表现最突出的就是情绪反常和失控。进行情绪管理是转化危机的关键一步。有关情绪管理的具体内容在前面章节中已有具体叙述，在此仅特别提醒几个要注意的问题。

首先，要努力察觉情绪，不管我们处在何种负面情绪中，先要接受自己真正的情绪。例如，当我们因朋友约会迟到而对他冷言冷语时，不妨先问问自己：“我现在有什么感觉？”冷言冷语背后的情绪是生气。只有当我们认清自己的情绪，知道现在的感受时，才有机会控制情绪，才能对自己的情绪负责，而不会被情绪左右。

其次，要尽力分化情绪。由于情绪本身的复杂多变，我们直接感受或表现出来的可能不是心理真实情绪反应，如以生气的方式来掩藏内心受伤的情绪等，所以我们要学习辨识我们真正的需求或感受。还以朋友约会迟到的例子来看，我们之所以生气是因为他让我们担心。觉察和辨识可以避免自己沉浸在持续恶化的情绪中，帮助我们将注意力集中在自己的内心，有安定情绪、促进自我了解的作用。

最后，要认识到“负面”情绪的价值和意义。在某种意义上，情绪并无好坏之分，它只是告诉我们，在生命过程中有些事情出现了，需要我们去处理。每种情绪都有其意义和价值，负面情绪也是如此。例如，愤怒的情绪可以推动我们去改变令人不满的现状，痛苦情绪则会指引我们离开威胁或伤害。明白了这一点，我们就不再盲目地抗拒内心的情绪，而可以运用这些情绪的价值和意义，去改变糟糕的“情况”和“威胁”。

（2）找回理智。首先，要检查非理性信念，恢复理性思维。在情绪基本冷静下来，能够思考时，我们要做的便是检查和反省自己在遭遇刺激事件后，在感到焦虑、抑郁或愤懑时对自己“说”了些什么。理性情绪疗法的创始人埃利斯告诉我们，在初期识别出那些与具体诱发事件或情境相联系的非理性信念就够了，进一步挖掘它们背后更一般化的生活哲学和人生信条可放在稍晚　些时候进行。检查非理性信念的关键是把握它的“非理性”特征，如“糟糕至极”“因此所有的……”“必须……”“应该……”或“绝对不能……”等。总之，看想法中是否包含倾向于把事物和自己看得绝对化、过分概括的成分。

其次，重新认识自我。我们应该对自己的现有情况进行客观准确的评价，认清自己的实力、特长、薄弱环节和潜力所在。不要过高或过低评估自己，可以采用列清单的办法进行自我重新评估。在对自己做出客观准确地评估后，给自己一个合理的定位。自我是人格的核心，时刻保持清醒的自我认识和客观的自我评价将有助于人格的稳定和完善。

当然我们还必须正确认识危机事件，对危机事件要有理性认识，我们已经述及“它意味着新的起点”“是对我们应对能力的检测”，因此要抓住时机积极应对。

（3）重新出发。情绪稳定了，认识清晰了，最后就是要付诸行动。作为一名大学生，要对自己的生活有计划、有目标。大学课余时间充裕，对于自学的要求非常高，所以我们要把自己的学习和生活安排得充实一些，把每天、每周、每个阶段的任务和目标合理地安排好并付诸实施，避免过多的空想。

2. 积极求助

并不是每次心理危机都可以靠自己有效应对。事实上，心理专家总是劝告人们，当遭遇危机时，要积极求助。

许多大学生对求助他人解决心理问题顾虑重重，男生尤其如此。例如，担心别人帮不了自己、认为自己的问题应该自己解决、觉得求助于人没面子，怕暴露隐私、不愿承担专业求助的花费（指向专业心理人员咨询的费用）等。与心理危机造成的恶劣后果比较起来，这些风险或“成本”都是微弱的。要有效利用学校中设有的心理咨询中心，它们大多可为我们提供免费、专业的心理服务。

（二）朋辈互助

我们身边都有同学或朋友，既有向别人求助的时候，也免不了有助人解困的时候。当朋友或同学满心烦扰或痛苦不堪地向我们伸出求助之手时，大多数人会毫不吝啬地伸出援助之手。以下是一些朋辈互助的忠告。

1. 要学会倾听

安抚求助者，让其充满烦乱、焦虑甚至恐惧的心灵归于平静。因为在求助者讲述自己的经历和现在的体验过程中，他们能够构建自己的身份地位，并为自己的生活赋予意义和目的。当求助者的经历中包含背后隐藏着的“苦难”或“羞耻”时，聆听的这种治疗的作用就更加明显。

虽然我们强调要尽量少说多听，但毕竟人是灵动的，不可能面对一个向我们倾诉的来访者毫无反应，所以我们要有反应的倾听。为此，必须把握两点要领：其一，识别出求助者所表达的关键信息（内隐的、感受性的、主要的、有助于当事人自我了解的、促进探索的、促进对情境的理解的等）；其二，把这种了解尽可能清楚、明白、简明、贴切地传达给求助者。

2. 要学会观察，报危情

当人处于严重心理危机状态时，有可能产生自杀或自伤等极端的想法和行为，这也是最危险的情况。我们需要特别注意观察并发现这些危险因素。

1）要留心求助者的任何自杀征兆

对于绝大多数经受巨大心理痛苦而想自杀的人来说，自杀前常常会出现以下迹象。

（1）言语上的直接或间接的征兆：直接对人说“我想死”“我不想活了”等，或间接对人说“我所有的问题马上就要结束了”“现在没有人可以帮助我”“没有我，他们会过得更好”“我再也受不了了”“我的生活毫无意义”等；谈论与自杀有关的事或开自杀方面的玩笑，甚至谈论自杀计划，包括自杀方法、日期和地点。自杀计划的可行性越强，危险就越大。

（2）行为上的征兆：出现突然明显的行为改变（如中断与他人的交往或出现很危险的举动）、抑郁表现（对什么事情都失去兴趣，学习成绩全面下降，懒散，个人卫生状况急剧下降）、将自己珍贵的东西送人、频繁出现意外事故、不遵守课堂规则，逃学或多次旷课、酗酒、生活一塌糊涂等。

总之，不论他们用什么方式流露，不要害怕询问他们是否考虑自杀，这样不会使他们自杀，反而会挽救他们的生命。我们可以尝试这样问：“你的心情是否如此糟糕，以致想结束自己的生命？”“在你痛苦、绝望的时候想过要结束生命吗？”

2）及时转介情况危急者

如果我们发现求助者当时自杀的危险性很高，不要让他们独处，而要把他送到能够提供心理服务的诊所或医院。如果他们对寻求专业帮助心存恐惧或者担忧，应花时间倾听他们的担心，告诉他们大多数处于这种情况的人需要帮助，解释建议他们寻求专业帮助不是因为对他们的事情不关心。对出现自杀行为（服毒、割腕等）的人，要立即送到最近的医院进行抢救。

对于那些有明显精神病性障碍甚至精神分裂症的求助者，或者有较高的敌对性和攻击倾向者，特别是已有详细攻击或伤害他人计划的求助者，要及时转介到学校的心理健康教育中心，交由老师按相关程序处理。

最后，要特别注意的是，无论我们发现了哪种危险情况，都不要承诺自己会保密，应请其他人最好是老师一起承担帮助他们的责任。

（三）专业帮助

心理危机的解决，需要自助和互助，更离不开专业帮助。了解专业的干预人员如何帮助当事人应对心理危机，有助于我们学会配合干预人员，提高心理危机应对效能。干预人员一般会按照六个步骤进行心理援助。

1. 确定问题

首先，干预人员会认真、关注地倾听来访者的陈述，帮助来访者了解自身所面对的困难。然后，他们会根据来访者的语言信息和非语言信息，确定来访者所处的状态和存在的问题。最后，根据对来访者的评估确定接下来的援助流程。

2. 保证求助者安全

在心理危机援助过程中，保证来访者的安全是首要目标，干预人员会尽其所能，做出适当的安排，把来访者对自己和他人的身心危险性降低到最小。为了保证这一目标稳妥实现，干预人员会不断对求助者进行自杀或他伤的危险性评估，同时会预备一些替代冲动和自我毁灭行动的解决方法。

3. 给予支持

在与来访者的交谈过程中，干预人员不会去评价来访者的经历与感受是否值得称赞，或者是否是心甘情愿的，而是始终提供一个机会，让来访者相信“这里有一个人确实很关心我”。来访者也会在感受干预人员的言语和行动的过程中，认识到他们是以关心的、积极的、不偏不倚的态度在对待自己，是能够真正给予来访者以支持、接纳和肯定的人。

4. 探索可变通的解决方法

处于心理危机中的来访者，在多数情况的下思维是不灵活的，不能恰当判断什么是最佳选择，有时甚至会认为自己无路可走了。这时，干预人员会帮助来访者认识到有许多变通的应对方式可供选择，帮助来访者探索自己可以利用的解决方法。来访者会因此搜索到可以获得的环境支持、可利用的应对方式，发掘出积极的思维方式。干预人员还会帮助来访者回忆起有哪些人曾经关心过他们、帮助过他们，找到可以用来战胜目前心理危机的方法和资源。慢慢地，来访者的应激焦虑水平就会降低。

5. 制订计划

接下来，干预人员会在来访者的主导之下，协助来访者制订行动计划来矫正来访者情绪的失衡状态。计划的内容因人而异，但一般会涉及以下两点：①明确有哪些人、组织、团体或机构能够为来访者提供支持和帮助；②明确来访者现在能够理解和付诸行动的应对机制或步骤流程。

在制订计划的过程中，也许来访者会退缩，这时干预人员会鼓励来访者勇敢地迈开走向新生的第一步。也许来访者会依赖干预人员的帮助，这时干预人员会要求来访者好好把握和行使自己权利；也许来访者的计划会有许多奇思妙想，这时干预人员会由衷地欣赏和赞美。通过制订计划并付诸实施，来访者会感到不再那么依赖干预人员了，而且恢复了行动力和自制力。

6. 得到承诺

通过前面的努力，来访者已经为自己制订了一个积极可行的行动计划，为了确保落实，干预人员会要求来访者签订承诺书。在结束本次心理危机援助工作前，与来访者同甘共苦一路走过的干预人员，会要求从来访者那里得到另外一个承诺，以避免再次发生心理危机或危机升级。

你所在的大学校园里，就有这样一个专业机构，它的名称可能叫“心理咨询中心”或者“心理健康教育中心”，中心的老师都是这方面的专业干预人员。千万不要忘了，心里有“事”了，感觉迈不过这个坎了，就拨通心理咨询中心的电话。

三、大学生心理危机干预的重点对象

大学生心理危机干预的重点对象包括以下几个。

（1）在心理健康测评中筛查出来的有心理障碍或自杀倾向的学生。

（2）由于学习压力过大而出现心理异常的学生，如第一次出现不及格科目的优秀学生、需要重修多门功课的学生、将试读的学生、将被退学的学生、完成毕业论文有严重困难的学生等。

（3）生活学习中遭遇突然打击而出现心理或行为异常的学生，如家庭发生重大变故（亲人死亡、父母离异、父母失业、家庭暴力等）、遭遇性危机（性伤害、性暴力、性侵犯、意外怀孕等）、受到意外刺激（自然灾害、校园暴力、车祸等其他突发事件）的学生等。

（4）个人感情受挫后出现心理异常或行为异常的学生，如由于失恋、单相思而情绪失控的学生等。

（5）人际关系失调后出现心理异常或行为异常的学生，如当众受辱、受到惊吓、与同学发生严重人际冲突而被排斥的学生、与老师发生严重人际冲突的学生。

（6）性格内向孤僻、经济严重贫困且出现心理异常或行为异常的学生，如性格内向、不善交往、交不起学费的学生，需要经常向亲友借钱的学生。

（7）身体出现严重疾病，如患上肺结核、肿瘤等，医疗费用很高但又难以治愈的疾病，个人很痛苦、治疗周期长、经济负担重的学生。

（8）患有严重心理疾病并已经被确诊的学生，如患有抑郁症、恐惧症、强迫症、癔症、焦虑症、精神分裂症、情感性精神病等疾病的学生。

（9）出现严重适应不良导致心理异常或行为异常的学生，如新生适应不良者、就业困难的毕业生。

（10）由于身边的同学出现心理危机而受到影响，产生恐慌、担心、焦虑、困扰的学生，如自杀或他杀者同宿舍、同班的学生等。

四、心理危机干预的主要技术

1. 支持技术

支持技术的应用旨在尽可能地解决危机，使求助者的情绪状态恢复到危机前水平。由于在危机开始阶段求助者的焦虑水平很高，应尽可能使之降低，干预人员可以应用暗示、保证、疏泄、环境改变、镇静药物等方法。如果有必要，可考虑短期的住院治疗。

2. 解决问题技术

解决问题技术可以帮助求助者按以下步骤进行思考和行动，常能取得较好效果：①明确存在的问题和困难；②提出各种可供选择的方案；③罗列并澄清各种方案的利弊和可行性；④选择最可取的方案；⑤确定方案实施的具体步骤；⑥执行方案；⑦检查方案的执行结果。

在这里，干预人员的作用在于启发、引导、促进和鼓励。干预人员的职能包括：①帮助求助者正视危机；②帮助求助者正视可能应对的方法；③帮助求助者获得新的信息或知识；④可能的话在日常生活中给予求助者帮助；⑤帮助求助者回避一些应激性境遇；⑥避免给予求助者不恰当的保证；⑦敦促求助者接受帮助。

3. 倾听技术

心理危机干预浓缩了一系列的治疗技术和策略，要求干预人员比日常心理咨询更加主动、积极和自信。良好的倾听技术是干预人员必须具备的能力，实际上有时仅仅倾听就可以有效地帮助所有的求助者。为了做到很好的倾听，干预人员必须关注求助者。

有效倾听需要注意以下几点：①要在开始时就用自己的言语向求助者真实地说明自己将要做什么；②要让求助者知道，干预人员能够准确地领会其所描述的事实和情绪体验；③要帮助求助者进一步明确了解自己的情感、内心动机和选择；④要帮助求助者了解危机境遇的影响因素。

五、自杀心理危机的识别与干预

（一）自杀危险性的识别

有自杀倾向的大学生一般具有以下特征：遭遇了不能忍受的心理痛苦；心理需求遇到挫折；在情感上感到绝望无助；对自杀的态度通常是矛盾的；想与别人交流，但找不到与人交流的途径；为了寻找出路和心灵的解脱。

对于干预人员来说，值得庆幸的是几乎所有想自杀的求助者都提供了几种线索或求救信号。按照自杀研究领域的权威学者施奈德曼及求助者同事的观点，没有任何人百分之百地想自杀。一般来说，大学生在自杀前都会出现一些迹象。因此，注意观察识别，许多自杀行为就可以有效阻止。自杀的征兆可以表现在语言上、行为上和各种症状中。如果求助者无论何时具备了下述的 4～5 项，干预人员就有理由认为该当事人正处在自杀的高危时期。

（1）求助者有自杀家族史。

（2）求助者曾说过要自杀，或有过自杀未遂经历。

（3）求助者已经制订一个特别的自杀计划。

（4）有条理地安排后事，将自己珍贵的东西送人。

（5）收集与自杀方式有关的资料并与人探讨。

（6）将死亡或抑郁作为谈话、写作、阅读内容或艺术作品的主题。

（7）谈论自己现有的自杀工具。

（8）抓伤或划伤身体，或者有其他自伤行为。

（9）求助者最近有朋友或家人死亡或自杀，或其他丧失（如父母离婚、个人受虐待或遭受性虐待等）。

（10）求助者陷入特别的创伤中而难以自拔。

（11）求助者有药物和酒精滥用史，或突然地使用或增量使用成瘾物质。

（12）求助者最近有身体和心理创伤。

（13）求助者有失败的医疗史。

（14）求助者独居并与他人失去联系。

（15）求助者患有抑郁症，或处于抑郁症的恢复期，或最近因抑郁症住院。

（16）求助者有突然的性格改变、有攻击性或闷闷不乐，或者最近从事高危险性活动。

（17）求助者的学习成绩突然显著恶化或好转，慢性逃避或拖延，或者出走。

（18）求助者出现身体症状，如进食障碍，失眠或睡眠过多，慢性头痛或胃痛，月经不规律。

（19）求助者陷入以前经历过的身体疾病、心理障碍或性虐待的回忆中不能自拔，有严重的绝望感或无助感。

（20）求助者是精神病患者（如患有精神分裂症、抑郁症等）。

上面描述的警示信号，可使干预人员或其他任何与求助者接近或亲近的人开始挽救生命的行动。

（二）自杀危机的干预

1. 自杀咨询的规则

首先，要弄清楚求助者已考虑或筹划用哪种方法自杀，一般来说方法越具体，离行动就越近。其次，劝导求助者多看光明面的做法是不值得提倡的，如果求助者能够在情感上接受光明面，他也不至于陷入今天的境地。最后，干预人员应该始终对自杀抱有高度的警惕。因为自杀者大多是性格高度内向者，他（她）可能不会暴露出任何自杀迹象，但只要他（她）具有任何一点自杀的可能，就应千方百计引出他（她）的自杀动机。

2. 自杀干预的原则

1）五要

（1）要保持平静、沉稳，对求助者随之而来的暴风雨般的情绪要有心理准备。

（2）要给求助者充分的机会倾诉，以便确定危机类型、诱发事件及严重程度；不要试图消解自己被求助者引起的沮丧感。

（3）必要时询问客观问题，只要得当，可有镇静作用。

（4）要直接面对事情，切勿涉及深层及潜意识原因（这些留待以后再做）。

（5）要向社区、医院、法律援助等机构求助。

2）十不要

（1）不要对求助者进行责备或说教。

（2）不要批评求助者或对他的选择、行为提出批评。

（3）不要与其讨论自杀的是非对错。

（4）不要被求助者告诉你的危机已过去的话误导。

（5）不要否定求助者的自杀意念。

（6）不要急躁，要保持冷静。

（7）不要分析求助者的行为或对其进行解释。

（8）不要让求助者存在自杀的想法。

（9）不要把自杀行为说成是光荣的、浪漫的、神秘的，以防止别人盲目仿效。

（10）不要忘记跟踪观察。

拓展阅读

子衿的故事

台湾地区陈子衿7岁时患上了罕见的疾病，从此在药味、消毒水味及手术的“陪伴”下成长。成年后，她不幸又患上骨癌与胆管癌，被告知可能活不到23岁。疾病的折磨没有打倒子衿。刚开始，子衿也很痛苦、很害怕，但每次觉得快要被击倒前，都挺过来了，而且变得更加坚强。对她而言，多得一种癌症，不过是早死5分钟和10分钟之间的差别而已，一次次与病魔搏斗的结果让她明白自己的生命承受这些苦是有意义的，于是，她不再焦虑、愁苦和绝望，不再去想自己能不能活过23岁，而是发誓要在有限的生命里，让自己没有遗憾；要像一颗小太阳一样，让生命发光、发热，照耀全世界。她坚定地告诉自己：无论遇到什么样的困难，也绝不能被自己打败。所以，子衿时时刻刻都保持着快乐，完全不像个生病的人。她还通过自己的努力写下《全新的开始》《不理会太阳的向日葵》等书。她以笑容勇敢面对生命中接踵而来的病痛和磨难，用乐观、努力、欢笑去感染他人，被网友称赞为“世界无敌超级勇敢抗癌美少女”。

子衿虽然已经于 2008 年离我们远去了，但是她用自己的生命过程向我们诠释了一个基本信条：生命的价值并不在于获得快乐或避免痛苦，而是要实现生命的意义。这就是为什么人在某些情况下宁愿受苦，只要他确定自己的苦难具有意义即可。

不用说，除非痛苦是绝对必需的，否则它就没有意义。例如，可用手术治疗的癌症，就不应该要患者平白忍受痛苦。就算患者忍受下来了，那也只能算是一种“被虐狂”，不能算是英雄气概。不过，医生如果既不能治愈这种疾病，也无法减轻患者的痛苦，就应该激发他的潜能去实现痛苦的意义。当我们的生命必然要经历苦难、挫折和不幸时，需要去发掘其中的意义，它能激发我们在苦难中体验生命甚至是享受生命的巨大潜力。

像子衿所承受的这种极端的痛苦，不可能每个人都会经历。但有两类痛苦是每个人都要经历的：一种为求而不得之苦，即由于各种内因、外因导致目标不能达成所致的挫折，如竞选学生会干部失败、追求心仪的女孩被拒绝等；另一种为得而复失之苦，即由于不可抗拒的力量导致拥有之物失去的挫折，如亲人离世、恋人的移情别恋等。这些痛苦如果无法避免，我们就应努力发现承受这些痛苦的意义，然后勇敢担当，这样生命的痛苦就被力量取代。例如，一位大学生因失恋而寝食难安，巨大的痛苦让他不停地追问“为什么会这样”，不久他发现原来现在的经历是自己必经的坎坷，是命运向自己展示其多面性的馈赠，是自我需要完善的警告。于是，他走出了情绪的阴霾，一股内在的强大力量让他微笑着面对发生的一切。

课后作业

1．如果让你用几句话来形容生命，或谈谈你对生命的看法，你会如何诠释？

2．如果你的朋友出现心理危机事件，你会如何应对？

心理测验

生命意义感测验

指导语：请仔细阅读每个题目，根据自己的实际情况，在下列语句中选择最能代表你的感受的数字填在括号内，这些数字是从一个极端到另一个极端，分别代表不同程度的感受。“4”代表介于中间的状态，请慎重考虑是否选择这个答案。

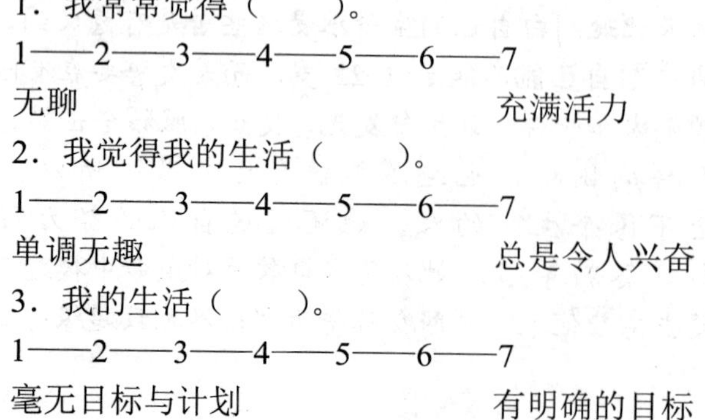

1．我常常觉得（　　）。

1——2——3——4——5——6——7

无聊　　　　　　　　　　充满活力

2．我觉得我的生活（　　）。

1——2——3——4——5——6——7

单调无趣　　　　　　　　总是令人兴奋

3．我的生活（　　）。

1——2——3——4——5——6——7

毫无目标与计划　　　　　有明确的目标

4．我的一生（ ）。
1——2——3——4——5——6——7
空虚且毫无意义　　很有意义与目标
5．我觉得每一天（ ）。
1——2——3——4——5——6——7
都一成不变　　都是崭新的一天
6．如果可以重新选择，我宁愿（ ）。
1——2——3——4——5——6——7
从未出生　　再活几次这样的人生
7．如果不再上学，我会（ ）。
1——2——3——4——5——6——7
无所事事　　做一些我一直想做的事
8．我在达成生活目标方面（ ）。
1——2——3——4——5——6——7
毫无进展　　完全达成我的理想
9．当我空闲时，我觉得（ ）。
1——2——3——4——5——6——7
空虚且沮丧　　生活多姿多彩
10．我觉得周围世界（ ）。
1——2——3——4——5——6——7
很令我感到困惑　　很有意义且适合
11．如果今天我死了，我会觉得（ ）。
1——2——3——4——5——6——7
此生全然毫无价值　　不虚此生
12．想到我的生命，我（ ）。
1——2——3——4——5——6——7
常怀疑我为什么活着　　能了解我活着的理由
13．我是一个（ ）。
1——2——3——4——5——6——7
很不负责任的人　　很负责任的人
14．对于“人有选择的自由”这个观点，我相信（ ）。
1——2——3——4——5——6——7
完全受遗传和环境的影响　　人有完全的自由
15．我觉得死亡是（ ）。
1——2——3——4——5——6——7
很可怕的事　　很自然的事，是生命的一部分
16．对于自杀，我（ ）。
1——2——3——4——5——6——7
曾认真想过　　从不考虑

17．我觉得自己寻找生命意义、目标或任务的能力（　　）。

1——2——3——4——5——6——7

完全没有　　　　　　　　很强

18．我觉得我的生命（　　）。

1——2——3——4——5——6——7

不是我能控制的　　　　　　掌握在我的手中

19．我觉得日常的任务或工作是（　　）。

1——2——3——4——5——6——7

痛苦与沉闷的来源　　　　　快乐或满足的来源

20．我已发现，我的生活（　　）。

1——2——3——4——5——6——7

没有目标　　　　　　　　有明确且令我满意的目标

【评定标准及结果解释】

此测试共 20 道题目，考查四个维度，分别为生活态度、生活目标、生命价值和生活自主。其中，生活态度涉及第 1、2、5、7、9、15、19 题；生活目标涉及第 3、4、8、13 题；生命价值涉及第 6、10、11、12、16 题；生活自主涉及第 14、17、18、20 题。四个维度的得分相加即为总分，总分越高，说明个体的生命意义感水平越高。

该量表的总分为 20～140 分，得分小于 92 分，表明个体生命意义感较低；得分介于 92～112 分，表明个体生活目标及意义尚不明确；得分高于 112 分，表明个体生命意义感较强，具有明确的生活目标及意义。

心 理 训 练

体 验 无 常

一、活动目的

1．帮助学生体会生命的意义。

2．帮助学生寻求生命的价值。

二、活动时间

需要 20 分钟。

三、活动道具

A4 纸、中性笔若干，一段飞机出现严重故障的视频。

四、活动场地

室内。

参考文献

阿尔伯特·艾利斯，黛比·约菲·艾利斯，2015．理性情绪行为疗法[M]．郭建，等译．重庆：重庆大学出版社．

樊富珉，王建中，2006．当代大学生心理健康教程[M]．武汉：武汉大学出版社．

黄希庭，郑涌，2009．大学生心理健康教育[M]．上海：华东师范大学出版社．

蓝琼丽，徐传庚，2013．大学生心理健康教育[M]．西安：西安交通大学出版社．

乐国安，2002．咨询心理学[M]．天津：南开大学出版社．

李晶，2013．大学新生适应教育[M]．北京：北京理工大学出版社．

李葵，2011．大学生心理健康教育[M]．北京：世界图书出版公司．

林崇德，2002．咨询心理学[M]．北京：高等教育出版社．

鲁忠义，安莉娟，2015．大学生心理健康教育[M]．北京：教育科学出版社．

陆竹棠，王国彬，2018．大学生生涯规划与就业指导[M]．北京：中央民族大学出版社．

罗新兰，2014．大学生心理健康[M]．杭州：浙江大学出版社．

彭聃龄，2004．普通心理学[M]．北京：北京师范大学出版社．

沈德立，2013．大学生心理健康[M]．北京：高等教育出版社．

陶国富，王祥兴，2003．大学生学习心理[M]．上海：华东理工大学出版社．

张剑平，2014．虚实融合环境下的适应性学习研究[M]．杭州：浙江大学出版社．

赵会利，马小红，2014．大学生职业生涯与就业指导[M]．北京：世界图书出版公司．

中国互联网络信息中心，2019．第 43 次中国互联网络发展状况统计报告[EB/OL]．(2019-02-28)[2019-04-24]. http://www.cnnic.net.cn/hlwfzyj/hlwxzbg/hlwtjbg/201902/P020190318523029756345.pdf.

钟毅平，1999．点石成金：学生学习心理与智力开发[M]．长沙：中南工业大学出版社．

五、活动程序

1. 播放飞机出现严重故障的视频，引导学生感受飞机就要失事的状态。想象自己在一架客机上，宽敞平稳。飞机在万米高空飞行，突然机身连续抖动，颠簸得非常厉害，空姐要求大家把安全带系好。广播里传来机长的声音。他说，飞机发生了严重的机械故障，正在紧急排除，为了应对最危急的情况，现在将由空姐分发纸笔，乘客有什么遗言要向家人交代，请写在纸上。空姐会在三分钟后收取大家的纸条，然后统一密封在特制的匣子里，这样即便飞机坠毁，遗言也可以完整保存下来。按照飞机现在的飞行高度，在完全失去动力的情况下，还可以滑翔极短的时间……

空姐托着盘子走过来，惨白的面颊上，职业性的微笑已被僵硬的抽搐所代替。盘子里盛的不是饮料，不是纪念品，也不是航空里程登记表，而是纸和笔，人们无声地领取这些特殊的用品，有抽泣声低低传来……人们领到了半张纸和一支笔。现在，面对这张纸，郑重写下你想写的话。

2. 引导学生思考：你对于死亡具体害怕什么？面对那张纸，你写下了什么？你会把这些文字写给谁？假设飞机故障排除了，你又获得了新生，接下来的日子会对“为什么活”有新的认识吗？

3. 全班交流，教师进行梳理总结，引导学生进一步明确生命的意义。

六、注意事项

1. 注意选择适宜播放的飞机失事视频。

2. 指导语的语气要适当，符合场景。

3. 充分调动学生的积极性，引导学生体验生命的无常。

4. 关注学生的情绪状态，若出现情绪低落应及时予以引导。